天津建设年鉴

YEARBOOK OF TIANJIN CONSTRUCTION

2019

天津市住房和城乡建设委员会 编

南开大学出版社
天津

图书在版编目(CIP)数据

天津建设年鉴.2019／天津市住房和城乡建设委员会编.—天津：南开大学出版社，2020.9
ISBN 978-7-310-05958-4

Ⅰ.①天… Ⅱ.①天… Ⅲ.①城市建设–天津–2019–年鉴 Ⅳ.①F299.272.1-54

中国版本图书馆 CIP 数据核字(2020)第 167042 号

版权所有　侵权必究

天津建设年鉴2019
TIANJIN JIANSHE NIANJIAN 2019

南开大学出版社出版发行
出版人：陈　敬
地址：天津市南开区卫津路94号　邮政编码：300071
营销部电话：(022)23508339　营销部传真：(022)23508542
http://www.nkup.com.cn

北京虎彩文化传播有限公司印刷　全国各地新华书店经销
2020年9月第1版　2020年9月第1次印刷
285×210毫米　16开本　23.75印张　18插页　525千字
定价：260.00元

如遇图书印装质量问题，请与本社营销部联系调换，电话：(022)23508339

编辑说明

《天津建设年鉴》是由天津市住房和城乡建设委员会主办,年鉴编委会领导,市住建委办公室和天津市住房和城乡建设发展服务中心负责组织、协调、推动,年鉴编辑纠编辑的专业性年鉴,2018年创办,每年编辑出版1卷,公开发行。本卷是第2卷。

《天津建设年鉴》坚持以习近平新时代中国特色社会主义思想为指导,深入贯彻习近平总书记系列讲话精神,始终坚持城市建设以人民为中心的发展理念,突出年度重点、行业特点和地方特色,努力推动城市建设高质量发展。

《天津建设年鉴2019》力求全面、科学、合理、准确、翔实记述载录天津市住房和城乡建设事业发展,阐述科学决策、思路创新、工作实绩、重大举措,指导行业发展。

本年鉴采用分类编辑法，主体内容分为类目、分目和条目3个层次，分目是主要信息载体，《天津建设年鉴2019》共22个分目。

本年鉴选材时间范围为上一年度。因2018年底进行了机构改革，原市建委和市房管局相关内容分别收录在本年鉴中。

《天津建设年鉴2019》在编辑出版过程中，得到了城建领域各有关单位和部门的积极支持和配合，在此一并致谢。并请所有关心和支持《天津建设年鉴2019》编辑出版的各界人士给予批评指正。

2020年6月

《天津建设年鉴 2019》编辑委员会

主 任 委 员：宋力威　蔡云鹏

副主任委员：张　巍

委　　　员：（以姓名笔画为序）

于　涌　于鹏洲　王世来　王俊河　王　津　王振卫
王祥雨　王朝晖　左克鑫　石　林　邢广民　师　生
关　静　安承明　孙晓光　孙　超　孙　强　芮淑霞
杜建刚　李庆义　杨　阳　杨　林　杨治刚　杨瑞凡
何敬兴　谷燕成　沈永芳　张利兵　张庚新　邵丽红
林谷春　赵文书　赵　斌　俞晓群　宫克明　袁德隆
贾国英　夏敬雄　徐　禄　高　薇　曹　林　韩炳谦
黑金山　穆怀建　戴　雷

《天津建设年鉴 2019》编辑组

组　　长：俞晓群　张庚新

副组长：周洪明　孙国萍　宋雪城　李　菁

工作人员：王少勃　丁志恒　肖忠钰　贾　琼　穆　阳　邵　妍　张　鹏

天津城市建设风貌

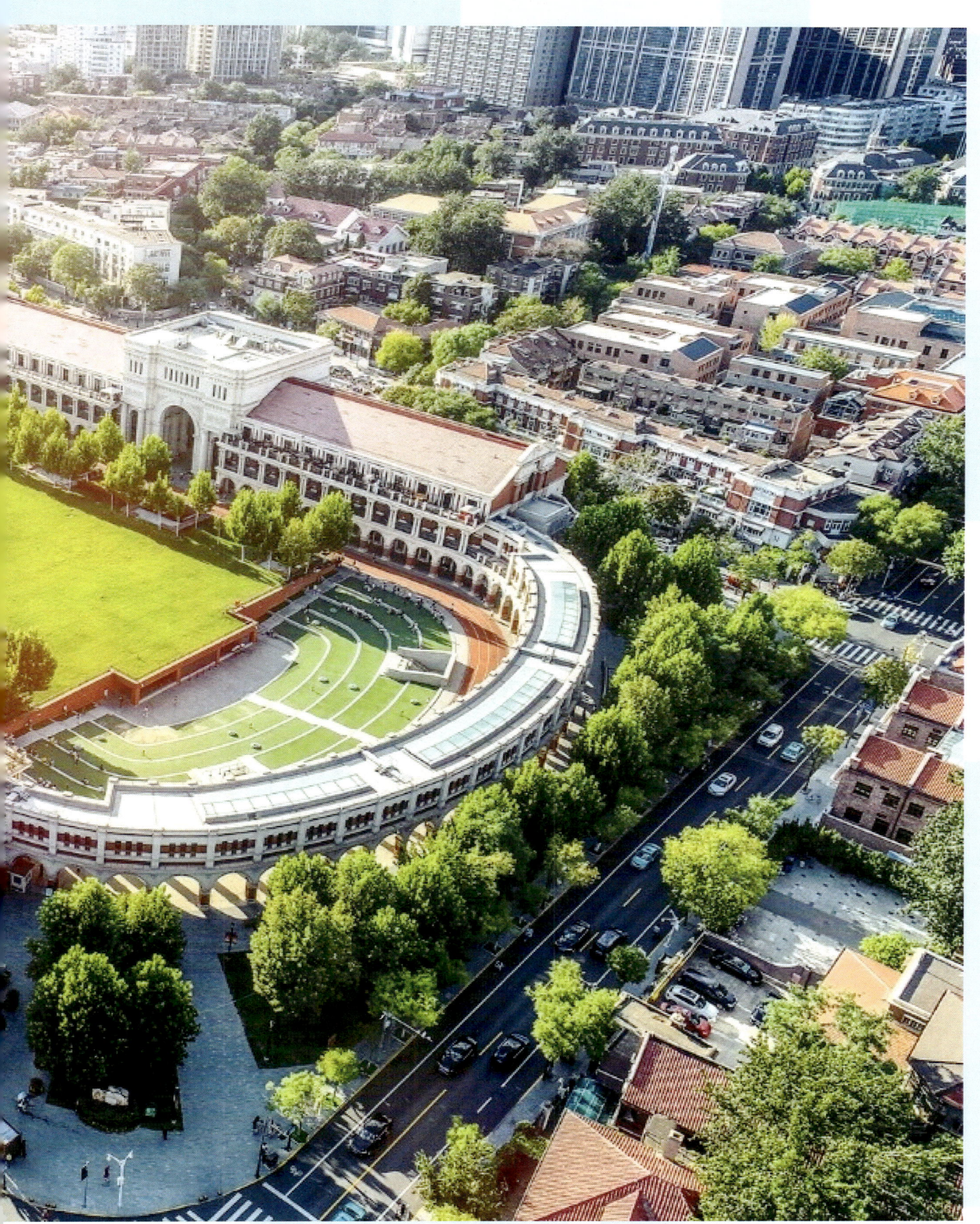

民园晨晖　图片摄影　张鹏　曹鹏

海博馆

津湾广场

天津城市建设风貌

中新图书馆

四季汇现代城

奥体中心

璀璨水滴

通向繁荣

生态城动漫园

天津城市建设风貌

凯旋望金街

周大福广场（津沽棒）

丽兹卡尔顿夜景

天津城市建设风貌

水上春光

桂林里

先农大院

天津城市建设风貌

静园

关麟征旧居

马占山旧居

庆王府

民园西里

小楼春荫

和苑西区

华城庭苑

天津城市建设风貌

生态城起步区

双青新家园

和苑小景

水上居住区鸟瞰

宁园致远塔

静谧湖光

城中漫步

天津城市建设风貌

秋色尽染

乡野绿意

绿道夜色

旧时记忆

天津城市建设风貌

鸟瞰恒隆

远眺天塔

奥城夜色

天津城市建设风貌

民园一角

夜色下的海河风景线

棉三创意街区

目 录

第一篇 城乡建设综述
城乡建设综述 ·················· 3

第二篇 基础设施建设
轨道交通工程 ·················· 9
铁路建设 ·················· 11
市政基础设施建设 ·················· 13
地下综合管廊建设 ·················· 16
海绵城市建设 ·················· 17
基础设施项目投资评审 ·················· 18

第三篇 建筑业管理
概况 ·················· 23
建筑市场管理 ·················· 24
劳务用工管理 ·················· 25
工程咨询服务 ·················· 26
建筑市场信用体系建设 ·················· 27
招投标管理 ·················· 28

第四篇 建设工程质量安全
概况 ·················· 31
建设工程质量管理 ·················· 32
施工安全管理 ·················· 33
文明施工 ·················· 35
建筑施工应急管理 ·················· 36
设备材料管理 ·················· 37
执法监察 ·················· 38
国家级、市级奖项获奖情况 ·················· 39

第五篇 房地产开发建设及房地产市场监管
房地产开发建设 ·················· 57
房地产市场监管 ·················· 59
住房保障制度与管理 ·················· 61

第六篇 房屋管理及历史风貌建筑保护
房屋管理 ·················· 65
历史风貌建筑保护 ·················· 67

第七篇 物业管理
概况 ·················· 71
物业行业管理 ·················· 72
房屋专项维修资金管理 ·················· 75
物业招投标管理 ·················· 78

第八篇 房屋征收管理
概况 ·················· 81
推进棚户区改造 ·················· 82
推进安置房建设 ·················· 83
拆房扬尘治理 ·················· 84

第九篇 村镇建设
农村困难群众危房改造 ·················· 87
农村人居环境示范村提升改造 ·················· 89
传统村落保护与发展 ·················· 90
提升农民自建房质量安全管理水平 ·················· 91
结对帮扶困难村 ·················· 92

第十篇 工程勘察设计
行业管理 ·················· 95
施工图审查和勘察设计质量监管 ·················· 97
地方标准编制及管理 ·················· 98

第十一篇 科技发展及技术进步

建筑节能 …………………………………… 101
绿色建筑 …………………………………… 102
装配式建筑 ………………………………… 107
建设科技成果推广与转化 ………………… 109
建设领域科技专家库 ……………………… 111
工程建设工法 ……………………………… 112

第十二篇 信息化建设

信息化建设 ………………………………… 119
网络安全管理 ……………………………… 121

第十三篇 城乡建设政策及法规

规范管理与执法监督 ……………………… 125
推动普法工作 ……………………………… 127
严格行政复议 ……………………………… 128

第十四篇 改善营商环境

政务服务工作 ……………………………… 131
工程建设项目审批制度试点改革 ………… 133
"双万双服"工作 …………………………… 136
招商引资 …………………………………… 138
经济协作和对外援建 ……………………… 140

第十五篇 党建工作

全面从严治党 ……………………………… 145
巡察工作 …………………………………… 149
宣传和统战工作 …………………………… 153

第十六篇 行政工作

政务和信息公开 …………………………… 157
建议提案办理 ……………………………… 159
信访维稳 …………………………………… 161
档案管理 …………………………………… 163
应急管理 …………………………………… 166

第十七篇 人才建设工作

专业能力培训 ……………………………… 171
政治思想学习 ……………………………… 172
党性修养培训 ……………………………… 173

第十八篇 滨海新区及功能区建设

滨海新区 …………………………………… 177
天津经济技术开发区 ……………………… 200
天津东疆保税港区 ………………………… 209
中新天津生态城 …………………………… 214
滨海高新技术产业开发区 ………………… 224
天津港保税区 ……………………………… 227

第十九篇 行政区建设

和平区 ……………………………………… 237
河东区 ……………………………………… 243
河西区 ……………………………………… 252
南开区 ……………………………………… 260
河北区 ……………………………………… 266
红桥区 ……………………………………… 276
东丽区 ……………………………………… 280
西青区 ……………………………………… 286
津南区 ……………………………………… 299
北辰区 ……………………………………… 308
武清区 ……………………………………… 311
宝坻区 ……………………………………… 318
静海区 ……………………………………… 324
宁河区 ……………………………………… 335
蓟州区 ……………………………………… 339

第二十篇 社团及协会

工会工作 …………………………………… 349
妇联工作 …………………………………… 352
天津市建筑业协会 ………………………… 353
天津市房地产开发企业协会 ……………… 357
天津市物业管理协会 ……………………… 359

第二十一篇 媒体聚焦

宣传报道情况 ……………………………… 363

第二十二篇 大事记

2018年天津市城乡建设大事记 …………… 373

第一篇
城乡建设综述

城乡建设综述

2018年，城乡建设工作坚持以习近平新时代中国特色社会主义思想为指导，深入贯彻落实中央决策和市委、市政府部署，紧紧围绕京津冀协同发展和"五个现代化天津"建设，抓改革、促发展，强服务、惠民生，转作风、守底线，各项工作取得了新的业绩，为天津城市建设高质量发展做出了积极贡献。主要取得了以下成效：

【超额完成指标任务】 主动抢抓历史性窗口期，加强投资推动，调整建设时序，加快建设进度，市政基础设施和房地产开发投资2676亿元，完成年度计划的150%；房地产新开工2479万平方米；成交各类房屋2435万平方米。主动对接战略性新兴产业，筹集60幢优质小洋楼，精准招商引企，形成良好的示范引导效应。

【综合交通建设加快推进】 组建市重点工程指挥部，完善组织管理机制，统筹推进重大项目建设。京滨、京唐城际正在紧张施工，天津至北京大兴国际机场联络线已获批复，京津冀交通一体化加快推进。地铁5、6号线形成闭合环线，全市运营里程达到220千米，轨道交通网络化格局初步形成。积极推进国家会展中心配套基础设施建设，华昌道立交桥主线等一批主干道路实现通车，城市路网不断优化。

【坚持惠民利民】 大力改善群众居住条件，实施57万平方米棚户区改造以及4041万平方米老旧住房改造，68万户群众直接受益；开工建设棚改安置房2.4万套，基本建成3万套；新增租房补贴家庭0.5万户。改造农村困难群众危房5158户，累计让3万户群众住上放心房。完成水气热旧管网改造230千米，实施208万平方米既有居住建筑节能改造、173万平方米既有公共建筑供热计量及节能改造，居民居住更加暖心。南大道等5条道路建成通车，完成张贵庄等3座污水处理厂提标改造，启动河西区南昌路和北辰区果园新村城市修补试点，基础设施和配套服务进一步完善。严控施工和拆迁扬尘，服务美丽天津建设。12319热线实现"通快灵"，办结满意率超过90%。

【强化改革创新】 全面落实工程建设项目审批制度改革试点任务，深入推进"一制三化"改革，工程项目审批时间压减一半以上。以市场化改革为导向，拓展投融资渠道，地铁7、11号线政府和社会资本合作（PPP）融资工作进入招标阶段，津沧高速改造等14个项目引资54.6亿元。停止外地建筑企业进津登记，精简建筑企业资质申报要件，进一步减轻企业负担。积极推进招投标监管改革，简化前置审核，取消建设工程合同备案，招投标环节实现"零梗阻"。深化"双万双服促发展"活动，调研服务600余次，解决企业难题166件。

【房地产市场健康发展】 坚持"房子是用来住的，不是用来炒的"定位，以市政府名义印发《关于进一步做好我市房地产市场调控工作的通知》（津政办发〔2018〕14号），严格落实"三价联控"，坚决遏制投机购房，满足群众合理住房需求，实现国务院住房价格稳控目标。强化舆论引导，稳定群众预期，保障"海河英才"计划顺利实施。加快培育和发展住房租赁市场，总规模达到3760万平方米，租购并举的住房制度逐步形成。基本建成房地产开发企业诚信评价体系，企业经营更加规范。

【城市建筑绿色发展】 制定《关于加快推进被动式超低能耗建筑发展的实施意见》（津建科〔2018〕535号）等一系列政策，新建建筑全部达到绿色建筑标准。新建居住建筑全面推行四步节能标准，启动居住建筑五步节能标准编制，继续保持全国前列。推进装配式部品部件生产基地建设，新开工装配式建筑217万平方米。大力推进海绵城市建设，完成55项新项目，世芳园等21个海绵改造老旧小区经受住了汛期考验。有序推进5.7千米地下管廊建设，积极探索推广经验。

【加强房屋管理服务】 加强直管民用公房管养，102.97万平方米公房得到维修，2.28万户群众受益。启动70万平方米历史风貌建筑安全查勘，对27幢、4.24万平方米历史风貌建筑进行传统工艺维修，小洋楼资源得到有效保护。修改后的《天津市物业管理条例》和《天津市社区物业管理办法》通过审议，物业法规体系进一步完善。强化物业企业诚信建设，1031家物业企业信用等级优良水平达到84%。全面推行"双随机一公开"监管制度，1936个物业管理小区等级化考评合格率超过99%。

【建筑业规范发展】 修订《天津市建筑市场主体信用奖惩办法》（津建发〔2018〕2号），加大对失信主体的惩戒力度，10家违法违规企业列入"黑名单"，3家企业清出天津市建筑市场。加强建筑业劳务用工管理，劳务费投诉调解结案率100%，有效维护农民工合法权益。完成《京津冀城市地下综合管廊消耗量定额》编制，"京津冀工程造价信息共享·天津"上线运行，京津冀计价体系一体化工作稳步推进。

【安全维稳有力落实】 落实工程质量提升三年行动，严格执行工程质量终身责任制，建设工程质量竣工验收合格率100%。大力实施精品战略，14项工程荣获鲁班奖和国家优质工程奖。开展建筑施工安全专项治理，安全生产事故持续下降。出台《天津市既有建筑玻璃幕墙使用维护管理办法》，玻璃幕墙实现清单式管理。强化信访源头治理和积案化解，信访增量明显减少，群众满意度进一步提高。深入开展扫黑除恶宣传发动和线索排查，切实做到"有黑必扫、有乱必治"。

【全面从严治党扎实推进】 坚决把党的政治建设摆在首位，开展习近平新时代中国特色社会主义思想专题培训，筑牢讲政治的思想根基。有力肃清黄兴国等反面典型的恶劣影响，全面净化政治生态。严格落实中央和市委部署，按期完成机构改革任务。推进"两学一做"学习教育常态化制度化，深化"五好党支部"创建，基层党建工作进一步夯实。加强廉政建设，用好监督执纪"四种形态"，严格干部日常监督管理，依法依规做好违纪案件办理，反腐败斗争不断深化。扎实开展不作为不担当专项治理、形式主义官僚主义集中整治，营造干事创业良好氛围。积极推进工、青、妇、群、团、老干部工作协同发力，机关建设进一步加强。

第二篇
基础设施建设

轨道交通工程

【概况】 天津市中心城区城市轨道交通工程建设由天津轨道交通集团有限公司承担。2018年，天津中心城区轨道交通在建项目7个，均为续建项目，包括5号线、6号线一期南段、1号线东延线、4号线一期、10号线一期、7号线一期和11号线一期，共154.72千米，车站129座。完成投资129亿元。4号线一期完成2座车站封顶，盾构推进0.9千米；6号线一期南段（水上公园东路站—梅林路站）开通试运营，实现6号线一期贯通运营；5号线（丹河北道站—中医一附院站）开通试运营；1号线东延线（双林站—李楼站区段）开通试运营。截至2018年底，天津轨道交通建成线路达到6条，总长度220千米，车站总数154座。

2018年天津市中心城区轨道交通在建项目汇总表

序号	线路名称	起讫站	线路长度（千米）	车站（座）	开工时间	预计通车时间	工程建设情况
1	1号线东延线	双林—双桥河	16.04	11	2013.10	2019	续建
2	5号线	北辰科技园北—李七庄南	34.84	28	2012.7	2018	续建
3	6号线一期南段	水上公园东路—梅林路	14.13	13	2012.7	2018	续建
4	4号线一期	东南角—新兴村	19.40	14	2016.3	2021	续建
5	10号线一期	屿东城—于台	21.18	21	2016.5	2021	续建
6	7号线一期	喜峰道—赛达路	26.53	21	2017.3	2023	续建
7	11号线一期	水上公园西路—东丽六经路	22.60	21	2017.4	2023	续建
	合计		154.72	129			

【天津地铁1号线东延线工程】 天津地铁1号线东延线由双林至双桥河。线路走向为从地铁1号线财经大学站后与既有线接轨，在双林站前入地，沿景盛路地下敷设，下穿外环线和天津大道后，经过李楼站后线路转向东，沿规划海沽道敷设，下穿机场大道、津岐路等。线路全长16.04千米，设站11座，全部为地下线。全线设双桥河车辆段1座、辛柴路主变电所1座。

全线控制中心接入地铁3号线华苑车辆段综合控制中心。2013年10月开工，计划总投资126.66亿元。2018年，完成投资9.25亿元，双林站至李楼站区段开通试运营。

【天津地铁5号线工程】 天津地铁5号线由北辰科技园北至李七庄南。线路走向为途经规划淮东路、均富路、群芳路、靖江路、东风立交桥、大直沽西路、琼州道、广东路、乐园道、宾水道、宾水西道、凌宾路、昌凌路、外环线和梨园头。线路全长34.84千米，设站28座。全线设梨园头车辆段1座、双街停车场1座、主变电所2座。全线控制中心接入地铁3号线华苑车辆段综合控制中心。2012年7月开工，计划总投资253.83亿元。2018年，完成投资34.89亿元，丹河北道站至中医一附院站开通试运营。

铁路建设

【北京至唐山城际铁路】 北京至唐山城际铁路（京唐铁路）是《京津冀地区城际铁路网规划》中的重要线路，是京津冀协同发展交通一体化率先突破的标志性项目。起自北京市，终至河北省唐山市，沿线经过北京市通州区、河北省廊坊市、天津市宝坻区和河北省唐山市，线路全长153.1千米，其中天津市宝坻区43.4千米，设计时速为350千米，全线共设置车站7座，预留车站1座，其中在宝坻区设宝坻南站。由京唐城际铁路有限公司建设管理，项目总投资约449亿元，其中天津段约98亿元。截至2018年底，京唐铁路（天津段）桩基完成42.8%，墩柱完成4.7%，箱梁预制完成12.2%。

【北京至天津滨海新区城际铁路】
北京至天津滨海新区城际铁路（京滨铁路）是《京津冀地区城际铁路网规划》中的骨干线路，是连接北京、天津宝坻、天津滨海国际机场和天津滨海新区等区域的重要通道，建成后将与京津城际高速铁路一并为京、津两市提供公交化快速客运服务。京滨铁路项目正线长约97.8千米，全线设宝坻南、宝坻周良、北辰、天津滨海国际机场和滨海5座车站，设计时速为250千米（宝坻南至北辰段基础设施预留进一步提速条件）。由京滨城际铁路有限公司建设管理。项目总投资约238亿元。截至2018年底，京滨铁路宝坻至北辰段桩基完成55.2%，墩柱完成12%，箱梁预制完成19.5%。京滨铁路北辰至滨海新区段，由天津市发展和改革委员会组织工作专班，专题研究天津滨海国际机场T3航站楼与京滨铁路机场站一体化规划建设相关工作。

【天津南港铁路】 南港铁路是南港工业区的重要干线货运铁路，对提升南港地区集疏运能力、拉动区域经济发展有着重要的作用，是天津市实施"双城双港"总体发展战略的必要条件，对于提高滨海新区在区域经济发展中的战略地位，形成滨海新区特别是南港港区与周边地区方便快捷的交通联系具有重要意义。南港铁路项目地处滨海新区大港境内，线路自天津西南环线八米河线路引出，沿独流减河、海港路，设万码南站、南港站后至分区车场一站，正线全长33.3千米，项目总投资约43亿元。截至2018年底，南港铁路路基、桥梁工程基本完成。

【天津至北京大兴国际机场联络线】
天津至北京大兴国际机场联络线是北京大兴国际机场客流集疏运的快速客运通

道之一,是服务于临空经济区的重要交通方式,与津保铁路、京雄城际相连形成京津两地又一新的重要通路,也是吸引天津地区深入京津冀北部生态发展带腹地的旅游线。线路起自天津西站,利用津保铁路至胜芳站,由胜芳站新建线路引出,经安次区,永清县引入京雄城际固安东站,利用京雄城际至北京大兴国际机场。其中新建胜芳站至固安东站段线路长度约48千米,新设廊坊高新区站、永清站,项目总投资约97亿元。2018年12月14日,河北省发展和改革委员会会同天津市发展和改革委员会联合批复了天津至北京大兴国际机场联络线项目建议书。

市政基础设施建设

【概况】 2018年，聚焦完善城市快速路、主干路网建设，打通区域交通堵点、断点，补齐市政基础设施短板，助力经济建设，拉动投资增长。

【东纵快速路跨华昌道立交桥主线完工通车】 工程位于河东区，是中心城区快速路骨架路网中的重要节点，包括道路、排水、桥梁、照明工程，总投资约2.6亿元。道路面积4.52万平方米，长度760米，设计车速每小时60千米，道路等级为城市快速路。排水工程最大管径直径600毫米；桥梁面积为1.09万平方米，长度425米，最大单跨55米；路灯83盏，最大电压10千伏。工程于2017年12月开始断交施工，2018年底完工。建设单位为天津城市基础设施建设投资集团有限公司，勘察单位为天津市地质工程勘察院，设计单位为天津市市政工程设计研究院，施工单位为天津第七市政公路工程有限公司，监理单位为天津市华盾工程监理咨询有限公司。

【外环线东北部调线津汉—津榆公路段主线工程完工】 工程位于中心城区东北部，主要有津汉立交桥的津汉及东外环节点，建设北环铁路、京津塘高速、胜捷路、规划金钟路等分离式立交桥及西减河中桥、跨新开河大桥、志成道延长线互通式立交桥。工程总投资约4亿元。全长10.8千米，总面积92万平方米，设计车速每小时80千米。照明工程共设灯杆1064根，箱式变电站12座，最大电压10千伏。工程于2018年完工。建设单位为天津高速公路集团有限公司，勘察、设计单位为天津市市政工程设计研究院，施工单位为中铁十三局集团有限公司、中铁十八局集团第五工程有限公司，监理单位为天津市路驰建设工程监理有限公司。

【津沧高速公路（津静公路立交桥—张家窝立交桥）改造工程】 工程位于西青区，外环线和津晋高速之间，共分为津静收费站迁移、津静路立交桥改造和津沧高速公路快速化改造三部分，工程总投资约15.7亿元。2018年9月开工建设。全长约5.07千米，其中3.59千米由天津高速公路集团有限公司以及中铁十四局集团共同投资建设，这也是天津市高速公路项目中首个政府和社会资本合作（PPP）项目。全线共建设互通式立交桥1座、分离式立交桥4座，迁建主线收费站1座，地道1座，泵站1座。建设单位为天津高速公路集团有限公司，设计单位为天津市市政工程设计研究院，施工单位为中铁十四局集团第二工程有限公司、天津市兴业龙祥建设工程有限公司，监理单位为山东省德州市交通工程监理公司。

【志成道泰兴路立交桥工程】 工程位于河北区与北辰区交界，现状志成道与规划泰兴路交叉处，总长度约1326.84米，其中桥梁长度约703米，采用菱式立交形式，同步实施泰兴路跨新开河桥梁，长约133米。志成道采用双向六车道城市快速路设计标准，设计车速为每小时80千米；泰兴路采用双向六车道城市主干路设计标准，设计车速为每小时60千米。总投资3.85亿元。2018年9月开工建设。建设单位为天津高速公路集团有限公司，勘察、设计单位为天津市市政工程设计研究院，施工单位为天津路桥建设工程有限公司，监理单位为天津市路驰建设工程监理有限公司。

【光荣道（天平路—外环线）建成通车】 全长2.7千米，规划为城市主干路。建设单位为天津城市道路管网配套建设投资有限公司，勘察单位为天津市勘察院，设计单位为天津市市政工程设计研究院，施工单位为天津城建集团有限公司、天津第一市政公路工程有限公司、天津第六市政公路工程有限公司。

【淮东路（普济河道—外环线）全段建成】 工程位于北辰区，全长7千米，规划等级为城市主干路，设计车速每小时50千米，工程总投资约10亿元。建设单位为天津城市道路管网配套建设投资有限公司，勘察单位为核工业天津工程勘察院、天津华北工程勘察设计有限公司、中铁工程设计院有限公司，设计单位为天津城建设计院有限公司，施工单位为天津城建集团有限公司、中铁一局集团天津建设工程有限公司，监理单位为天津华地公用工程建设监理有限公司、天津市华盾工程监理咨询有限公司、天津华北工程监理公司。

【中石油桥下陈塘铁路卡口改造工程】 工程位于南开区中石油桥与陈塘庄铁路交口，新建车行道约3900平方米，人行道约820平方米；新建桥梁2座，按单幅桥布置，采用三跨简支板梁桥，约640平方米；新建铁路平交道口148米，工程投资6050万元。2018年7月通车。建设单位为天津市道路桥梁管理处，代建单位为天津市道桥建设发展有限公司，勘察单位为黑龙江省第一水文地质工程地质勘察院，设计单位为天津市市政工程设计研究院，施工单位为天津市市政道桥建筑工程公司，监理单位为天津市路驰建设工程监理有限公司。

【南仓桥辅道卡口改造工程】 工程位于京津公路立交南仓桥北侧辅道，建设单位为天津城市基础设施建设投资集团有限公司，勘察、设计单位为天津市市政工程设计研究院，施工单位为中铁一局集团有限公司，监理单位为上海建通工程建设有限公司。

【雪莲路（津滨大道—津塘公路）卡口改造工程】 工程北起津滨大道，南至山青道，道路长1500米、宽40米。建设单位为天津城市道路管网配套建设投资有限公司，勘察单位为武汉市地质工程勘察院，设计单位为天津市海顺交通工程设计有限公司，施工单位为天津市管道工程集团有限公司，监理单位为天津市华泰建设监理有限公司。

【海河东路卡口改造工程】 海河东路（十三经路—十五经路）：长700米、宽26米，规划为城市次干路。路面面积约1.82万平方米。总投资约为2094.39万元。排水工程最大管径为直径800毫米。中水工程最大管径为直径300毫米。路灯工程新建15米灯杆15根,新建箱式变电站1座,铺设低压电缆950米,最大电压10千伏。绿化工程种植行道树190棵。建设单位为天津市海河建设发展投资有限公司,勘察单位为天津市勘察院,设计单位为天津市市政工程设计研究院,施工单位为天津市市政道桥建筑工程公司,监理单位为天津市赛英工程建设咨询管理有限公司。

【罗浮路北段卡口改造工程】 工程位于西青区,北起西青道,南至康安道。道路全长约837米,红线宽50米。建设单位为天津城市道路管网配套建设投资有限公司,勘察单位为天津市市政工程设计研究院,设计单位为天津城建设计院有限公司,施工单位为天津第一市政公路工程有限公司,监理单位为天津市赛英工程建设咨询管理有限公司。

【中纺前街地道卡口改造工程】 中纺前街地道呈东西走向,分别下穿铁路京山三线、城际铁路线和东纵快速路主线,全长839米,建设单位为天津城市基础设施建设投资集团有限公司,勘察、设计单位为天津市市政工程设计研究院,施工单位为天津第一市政公路工程有限公司,监理单位为中煤中原(天津)建设监理咨询有限责任公司。

地下综合管廊建设

【地下综合管廊建设】 2018年,天津市新开工建设综合管廊5.72千米,分别为静海区滨港电镀产业园区综合管廊工程2千米;西青区南站商务区综合管廊工程2.37千米;于家堡综合管廊1.35千米。截至2018年底,全市已开工建设综合管廊26.92千米,其中静海区综合管廊4.7千米已完工运营,在建2千米;宝坻区西环路综合管廊一期4.9千米、二期1.9千米;中新生态城项目一期1.1千米、二期3.5千米;西青区香泽道项目3千米、南站商务区综合管廊项目2.37千米;北辰区延吉道项目2.1千米;于家堡综合管廊项目1.35千米。

海绵城市建设

【加强组织推动工作】 2018年7月，天津市召开市海绵城市领导小组会议，金湘军副市长对海绵城市建设工作进行部署，并提出工作要求。8月28日，金湘军副市长赴现场查看试点区河畔公寓改造和第二新华中学海绵城市建设情况，对海绵城市建设效果给予充分肯定，要求要下大力量把海绵城市建设工作推动好、落实好。

【加强规划方案编制】 除市内六区以外的10个行政区均编制了区级海绵城市专项规划。全市16个行政区均编制了海绵城市建设实施方案。老区改造以"问题导向为主"，新区建设以"目标导向为主"，从源头减排、过程控制、系统治理方面科学确定了技术路线和实施路径。

【强化技术支撑】 启动《天津市海绵城市建设技术导则》《天津市海绵城市建设项目施工图设计审查要点》地方标准规范修编。出台《天津市海绵城市透水道路设施养护技术指南（试行）》。积极开展人才培养培训，多次组织召开海绵城市建设专题培训会，组织各部门、各区、规划设计单位、建设施工单位开展全方位系统化海绵城市培训。先后组织相关区、相关部门赴遂宁、池州、萍乡等试点城市调研学习。天津市海绵城市建设产业技术创新联盟举办了"天津市海绵城市建设产业技术创新联盟2018年会暨第二届海绵城市建设与装备技术研讨会"。

【强化考核督查】 加强对海绵城市建设工作的考核力度，2018年10月天津市海绵城市建设工作领导小组办公室与市政府督查室联合开展督查；海绵城市建设纳入河长制考核，形成推动合力，有效提升了各区的重视程度。

【试点项目初见成效】 解放南路和中新生态城2个试点片区，项目涵盖建筑小区、城市道路、公园绿地和水生态修复等多种类型，积极推进项目建设取得实效。在"7·24"大雨中2个试点地区经受住了考验，中新生态城基本未积水。旧楼区海绵改造同时还解决了排水管网错接、污水跑冒、道路破损、绿地缺失等问题，小区环境得到改善。

基础设施项目投资评审

【概况】 2018年，共完成基础设施项目投资评审420项，累计审核投资184.97亿元，审减投资9.19亿元。投资评审项目包括初步设计概算、工程变更、概算调整及地铁设施迁改等内容。基础设施项目投资评审工作由天津市市政公用和综合交通建设项目投资评审中心组织实施，委托有资质的咨询机构对投资情况进行具体审核，为项目造价管控和审批提供依据。

【项目前期阶段初步设计概算评审】 2018年，共完成初步设计概算评审53项，上报总投资58.03亿元，审核后投资53.64亿元，审减4.39亿元，其中包括天津城市交通改善项目河北区地铁接驳工程、沙柳路跨津滨大道立交桥工程、团结路地道改造工程初步设计概算等。

【项目实施阶段工程变更评审】 2018年，共完成工程变更投资评审66项，上报总投资14.47亿元，审核后投资12.31亿元，审减2.16亿元，其中包括地铁1号线东延双桥河车辆段初步设计变更、地铁6号线外院附中站设计方案变更、龙山道工程交通设施变更等。

【项目概算调整评审】 2018年，天津市共完成项目概算调整投资评审8项，上报总投资20.91亿元，审核后投资20.47亿元，审减0.44亿元，其中包括成林道延长线道路及配套工程、瑞景一号公交场站工程概算调整等。

【全面推进地铁4号线和10号线设施迁改工程造价审核工作】 2018年，对地铁4号线和10号线实施过程中的设施迁改费用进行审核，建立了迁改费用台账，审核了包括路灯、电力、给水、排水、中水、热力、燃气和园林绿化等各类迁改工程费用共计78项，累计上报投资3.33亿元，审核后投资2.07亿元，审减1.26亿元，为项目的顺利开展提供了有力保障。

【其他费用评审】 包括设施整改移交、项目资金使用、投资计划等费用评审共计215项，上报总投资88.23亿元，审核后投资87.29亿元，审减0.94亿元。

【世界银行贷款项目】 2018年，由天津市建委组织实施的"利用世界银行贷款——天津城市交通改善项目"正式开工建设。项目包括中心城区核心区绿色交通改善工程（和平区、南开区试点工程）、南开区地铁接驳工程等。绿色交通改善工程（和平区、南开区试点工程）涉及5条道路，总长7.5千米，主要改善内容包括：优化道路断面、老旧管网改善、交通设施提升、海绵城市绿化、街景照明等。南开区地铁接驳工程涉及20个站点，主要改造内容包括：步行通道、非机动车停车区、公交换乘、机动车停靠区、过街设施、公共空间营造等。通过交通改善项目的实施，达到合理分配交通路权、缓解交通拥堵、促进公交优先、改善交通环境的目的，构建安全、低碳、公平、活力的绿色交通体系，使慢行交通成为提升区域经济活力的引擎。

第三篇 建筑业管理

概　况

截至2018年底，天津市共有建筑业企业4828家。其中，特级施工总承包企业13家，一级施工总承包企业143家，二级施工总承包企业283家，三级施工总承包企业1336家；一级专业承包企业193家，二级及以下专业承包企业2409家；劳务分包企业1261家。全市建筑行业从业管理人员中，一级注册建造师1.34万人，二级注册建造师2.36万人，注册监理工程师3577人，注册造价工程师2864人；中、高级职称人员4.61万人；施工项目部管理人员34.99万人；持证上岗技术工人12.10万人（执业人员统计数据来源于住建部注册信息网；其余管理人员统计数据来源于"天津市建筑市场监管信息平台"）。

2018年，全年完成建筑业总产值3791.10亿元，同比下降11.1%。

建筑市场管理

深化建筑业审批制度改革,简化建筑业企业资质申报要件,并推行了建筑业资质(新办、增项)告知承诺审批。坚持市场开放政策,努力营造良好的营商环境。停止办理外地企业进津信息登记,进津企业可根据业务需要自主推送企业基本信息。开展全市建筑市场检查,严禁各区违规设立限制性门槛。废止工程项目部管理人员集成电路(IC)卡管理制度,将对施工现场管理人员的配备要求从招标环节改革为施工进场前。加强建筑市场执法检查,市、区两级建筑市场检查2316个项次,涉及建设单位2195家次,施工单位3000家次。

劳务用工管理

印发《市建委关于进一步加强房屋建筑和市政基础设施项目建筑业劳务用工管理工作的通知》（津建筑便函〔2018〕75号），加大实名制、总包负责制、工资预储账户等劳务用工管理制度的落实力度，促进了全市劳务用工管理的规范化和制度化。加强劳务费投诉调解工作，妥善处理农民工工资投诉，即时结案率达100%。促进建筑劳务人员职业技术水平的提升。通过市农民工学校、集团企业分校和施工现场农民工业校，组织开展多种形式农民工实用技能培训，共组织培训农民工5.3万人。举办天津市第七届建筑业职业技能大赛，设立砌筑工、钢筋工、装饰装修（镶贴）工、装饰装修（抹灰）工、建筑信息模型（BIM）技术应用5个比赛工种，全市设立18个分赛区，共有200多家企业、8万余名技术工人参与岗位练兵，有效提升了一线操作人员整体素质和技能水平。

工程咨询服务

　　截至2018年底，天津市有监理企业135家，工程造价咨询机构140家，招标代理机构151家。

　　稳步推进京津冀计价体系一体化工作，完成《京津冀城市地下综合管廊消耗量定额》主体编制工作。信息共享初见成效，京津冀三地造价信息化网络平台——"京津冀工程造价信息共享·天津"上线运行，实现了同步同载体造价信息共享发布。加强信息化建设，对现行计价依据有关数据资料进行分析整合并系统分析，编制预算定额大数据，为造价工作信息化管理提供基础平台。规范工程计价规则，服务建筑市场。对天津市2016届各专业计价依据中相关内容做出相应调整，确保建筑业增值税税率调整后工程计价工作的顺利进行。

建筑市场信用体系建设

优化信息归集流程，加大力度归集建筑市场各方主体的奖励、处罚和各类现场行为考核记录，信用平台共归集各类信用信息9495条。对2113家施工总承包企业、411家监理企业、274家招标代理机构进行了信用等级评定，评定结果向社会公告，信用成果纳入各管理环节应用。修订《天津市建筑市场主体信用奖惩办法》（津建发〔2018〕2号），对实施信用奖惩的建筑市场主体范围由施工、监理、招标代理、造价咨询等企业，扩大到上述企业和注册建造师、注册监理工程师等注册执业人员，信用奖惩工作的规范化水平进一步提高。将10家存在严重违法违规行为的企业列入"黑名单"，将其中3家企业清出天津建筑市场，对失信主体的威慑进一步增强。

招投标管理

简化招标前置审核,取消施工图设计文件审查合格书作为施工招标的前置要件,取消招标公告、招标文件、中标通知书、招标投标情况书面报告备案的前置审核,取消建设工程合同备案,将招投标活动的主动权还给市场各方主体。转变监管方式,明确了招标人、招标代理机构和评标专家的责任,以及监管机构的监管时机、监管方式,加强事中事后监管,提升了监管效能。据初步统计,工作效率提升至少30%以上。优化标准流程,针对企业反映突出的开标环节繁琐、投标保证金不及时退还等问题,修订了施工招标文件范本,规范了投标文件的编制,扩大了中标公示的内容和范围,节约了开评标时间,提高了工作效率,降低了工程交易时间和成本。

第四篇
建设工程质量安全

第四篇　建设工程质量安全

概　况

【概况】　认真贯彻落实党中央、国务院和市委、市政府关于安全生产工作的重要指示批示精神和部署要求,按照全面落实质量终身责任制和安全生产"党政同责、一岗双责、齐抓共管"的工作要求,牢固树立底线思维和红线意识,按照"隐患就是事故、事故就要处理"和"铁面、铁规、铁腕、铁心"的要求,狠抓企业主体责任、属地监管责任和部门监管责任的落实,深入推进安全生产隐患大排查大整治,扎实开展房屋建筑和市政基础设施等各类专项检查行动,加强对建筑施工安全和建筑质量违法违规行为惩处力度,大力开展质量安全宣传教育等工作,整体工作有序推进,促进了天津市建设工程质量水平的整体提升和安全生产形势稳定受控。

建设工程质量管理

【巩固工程质量治理两年行动成果】落实工程建设参建各方质量主体责任,固化法定代表人授权书、工程质量终身责任承诺书、竣工永久性标志牌三项制度。2018年,新办理质量监督手续的工程100%签订了法定代表人授权书和工程质量终身责任承诺书,新办理竣工验收备案的工程100%设立了永久性标志牌。

【工程质量管理标准体系建设】召开全市建设工程质量安全工作大会,印发了《天津市建委关于〈印发2018年天津市建设工程质量安全工作要点〉的通知》(津建质安〔2018〕129号),明确工作目标和具体任务。全面提高建设工程质量标准化水平,制定了《天津市建设工程质量管理标准化工作方案》(津建质安〔2018〕238号),严格执行工程质量有关法律法规和强制性标准,以施工现场为中心,以质量行为标准化和工程实体质量控制标准化为重点,在施工企业及施工现场推行质量管理标准化,实现施工企业的质量行为规范化和工程实体质量控制程序化,促进企业建立完善自我约束、持续改进的工程质量管理长效机制。

【加强天津房屋建筑工程质量阶段验收和竣工验收管理】建立科学公正、真实有效、责任清晰的工程质量验收机制,出台了《天津市房屋建筑工程质量阶段验收和竣工验收规定》(津建发〔2018〕5号),对规范建设单位验收行为,提高房屋建筑工程质量起到积极作用。

【落实"放管服"和优化营商环境工作要求】为企业创造良好发展氛围,出台了《天津市房屋建筑工程和市政基础设施工程竣工验收备案管理办法》,进一步简化建设项目竣工验收备案相关专业工程要件要求,提高竣工验收备案工作效率。

【深化行政审批制度改革】提高建设项目审批效率和便利化程度,切实提高行政服务水平,按照《国务院办公厅关于开展工程建设项目审批制度改革试点的通知》(国办发〔2018〕33号)和《天津市工程建设项目审批制度改革试点实施方案》(津政发〔2018〕22号)要求,结合房屋建筑项目验收工作实际,会同天津市规划局、天津市人民政府人民防空办公室、天津市公安局消防局联合制定了《天津市房屋建筑项目联合验收管理办法(试行)》(津建发〔2018〕8号)。

施工安全管理

【安全生产法规体系建设】 出台了《市建委关于印发〈天津市建筑施工安全专项治理行动方案〉的通知》（津建质安〔2018〕160号）。通过开展建筑施工安全专项治理行动，用两年时间，进一步落实工程安全生产主体责任，提升项目安全管理水平，强化危大工程安全管控措施，严格安全生产事故责任追究，健全工程安全监督管理体系和监管长效机制。印发了《市建委关于进一步加强我市建筑施工领域安全生产工作的通知》（津建质安〔2018〕32号）、《市建委关于深入开展安全生产大排查大整治的通知》（津建质安〔2018〕236号）、《市建委关于印发集中开展暑期建筑施工领域安全专项整治工作方案的通知》（津建质安〔2018〕391号）、《市建委市国土房管局市规划局市人防办市城市综合执法局关于开展2018年全市房屋建筑安全联合检查督查工作的通知》（津建质安〔2018〕410号）等管理性文件，加大执法检查力度，保持执法监督高压态势，确保安全生产形势稳定受控。

【安全生产事故查处】 2018年天津市建设工程共发生安全生产事故15起，造成17人死亡，其中1起为较大安全生产事故，造成3人死亡。按照事故类型统计，高处坠落事故8起，占事故总数的53.3%，死亡8人，占死亡总数的47.1%；机械伤害事故2起，占事故总数的13.2%，死亡2人，占死亡总数的11.7%；触电事故1起，占事故总数的6.7%，死亡3人，占死亡总数的17.6%；物体打击事故1起，占事故总数的6.7%，死亡1人，占死亡总数的5.9%；坍塌事故1起，占事故总数的6.7%，死亡1人，占死亡总数的5.9%；车辆伤害事故1起，占事故总数的6.7%，死亡1人，占死亡总数的5.9%；其他原因1起，占事故总数的6.7%，死亡1人，占死亡总数的5.9%。市、区两级建设主管部门积极配合安监部门做好事故调查处理工作，严肃查处事故有关责任单位和相关责任人，总结经验教训，杜绝同类事故发生。

【危险性较大工程管控】 为落实住建部37号部令，制定了《天津市房屋建筑和市政基础设施工程危险性较大的分部分项工程安全管理办法》（津建发〔2018〕9号），进一步强化危大工程参建各方主体责任，细化了方案编制内容，明确专家论证制度、条件验收要求，强化现场安全管理和监督管理，使监管执法更具可操作性。制定危大工程专家库管理制度,出台了《天津市超过一定规模危险性较大的分部分项工程专家库管理办法》,严格专家入库考核,实行日常管理和年度考评相结合的动态管理模式,建立专家诚信档案,并向社会公布,接受社会监督。同时配套制定了《关于进一步加强危险性较大分部分项工程监督管理的指导意见》,进一步加强市区两级建设工程质量安全监督管理机构对房屋建筑和市政基础设施工程中危险性较大分部分项工程的监督管理工作。

【开展安全生产宣传教育】 紧紧围绕"生命至上、安全发展"的活动主题,制定活动方案,组织开展全市建设系统"安全生产月"活动。活动期间,共发放宣传材料1.1万余份,开展现场安全生产知识宣讲300余次、警示教育19场、教育培训10余场,组织应急演练90余次,5000余人次受到教育,组织开展了安全文艺汇演、安全知识竞赛、安全摄影比赛及安全征文等活动。6月16日,组织天津建设领域单位参加天津市安全委员会办公室在天津商业大学举办的、主题为"生命至上、安全发展"的安全生产月宣传咨询日活动。

【"安管人员"培训】 按照监督执法培训计划,全年对建设工程监督执法人员陆续开展了"附着式升降脚手架技术与安全管理""大型工程技术风险控制要点""危险性较大分部分项工程安全管理规定""建筑施工消防管理"等12项培训,2000余人次参加培训。

组织开展"安管人员"考核培训工作,分4批组织"安管人员"考核工作,共计1.84万人通过了笔试,有力地促进了企业安全生产管理人员能力的提升,有效保障了建筑施工安全生产形势平稳受控。

文明施工

【加强施工场地内渣土管控】 项目开挖前制定专项方案，做到随挖随运，基坑周边严禁堆放渣土，做好苫盖及洒水，车轮不带泥上路。

【确保"双控设备"正常运行】 各项目工地对现场视频和扬尘监控设备进行检修维护，发现问题立即处理，确保信号正常上传。

【开展扬尘专项大检查】 结合不同季节、不同在施部位，开展扬尘专项大检查，相继开展了联合天津市环境保护局的开复工扬尘专项检查、各区扬尘督查、市委专项督查以及达沃斯等重要时期扬尘检查，对检查过程中发现的问题及时要求整改并跟踪复查，将扬尘检查与其他各专项检查有机结合，做到全时监管；对问题项目予以全市通报批评，将相关责任单位记入年度信誉体系，对相关责任人进行严肃问责，全市施工扬尘治理工作基本处于可控状态。

【规范扬尘监测数据和维保工作】 从完善设备安装管理、理顺设备运行流程、健全设备维护机制、规范设备拆除程序、建立服务商考核标准等方面着手，组织视频和扬尘监控服务商开展设备自查工作，对不正常的点位进行统计分析，对全市在施项目进行了设备点位专项排查工作。对维保不利、在线率不达标的厂家相关负责人进行了约谈，对考核成绩不佳企业做出暂停平台登录权限两个月的处理。通过对扬尘监测设备的专项排查和梳理行动，全市施工扬尘监测数据准确率得到明显提升，维保运行情况得到稳步改善。

建筑施工应急管理

【开展应急管理工作】 对《天津市建设工程安全事故应急预案》(津政发〔2018〕3号)进行了修订,更新了各区应急联络人员和应急队伍人员,同时对应急物资数量、存放位置、应急管理联系人等进行了统计,摸清底数,为及时有效开展应急工作奠定了坚实的基础。在夏季达沃斯论坛召开前,编制了《2018年夏季达沃斯建筑施工安保工作方案》,做好论坛召开期间的建筑施工安全应急管理工作。积极参与加强气象灾害监测预警及信息发布工作,与中国移动合作建立了短信平台,以短信形式将预警信息发送到各有关单位和全市在施建设项目负责人手机上,发送内容包括灾害天气预警、工程质量安全管理提示信息以及有关建设工程质量安全监督管理信息。短信平台的建立为工程参建单位和监督管理部门及时提供了相关信息,帮助他们及时应对气象灾害,采取有效防范措施,最大限度地减轻或避免了气象灾害对建设工程造成的损失。2018年,共发布恶劣天气预警和工程安全管理信息57条,全年没有因恶劣天气造成安全生产事故发生。

【建筑施工应急演练】 6月21日上午,由天津市城乡建设委员会、天津市建设工程质量安全监督管理总队主办,天津市滨海新区建设和交通局协办,中国建筑第三工程局有限公司承办的2018年天津建设系统塔吊及模板支架体系坍塌事故综合应急演练,在滨海高新区奇虎360天津创业平台项目正式启动。此次演练以"生命至上、安全发展"为主题,模拟违规采用塔吊吊运泵管浇筑混凝土,造成塔吊坍塌引起满堂架整体坍塌,导致多名工人被压的情况。演练人员分成通讯联络、警戒隔离、医疗救护、抢险救援、动力设备和事故调查6个小组,按照事故模拟、事故报告、启动预案、现场救援、应急恢复、应急结束6个环节进行,演练现场紧张有序,演练人员配合密切,观摩人员清晰地了解和掌握了应急救援程序,也检验了企业的应急先期处置能力。在没有提前通知的情况下,5支队伍在接到集结指令后,携带必要的应急物资和设备,于50分钟内全部集结完毕。本次演练锻炼了5支市级应急队伍的快速响应集结能力,进一步提高了建设系统应急处置能力和处置水平。

设备材料管理

【施工机械管理】 强化施工机械设备管理,通过建立建筑施工机械管理信息平台,对施工机械备案、安拆告知、使用登记、使用注销全过程实施信息化管理,对设备工作地点、运行状态、产权关系、使用管理进行跟踪监控。每季度发布报废清单,及时排除老旧设备使用安全隐患,2018年共报废1.74万台。

【建筑材料管理】 结合天津市"地条钢"专项整治,出台《市建委关于开展在施房屋建筑和市政工程严防"地条钢"死灰复燃专项检查的通知》(津建质安〔2018〕69号),加大对钢材使用信息公示的监督检查,严防"地条钢"用于建筑工程。天津市建设工程质量安全监督管理总队及各区监管支队持续对建设工程施工现场建筑材料进行严格监管,每季度对进入施工现场的建筑材料进行监督封样抽测,并对抽测结果进行通报。

执法监察

【执法监察】 2018年全市共查处各类违法违规案件673起,处罚金1.21亿元。其中,按照案件类型分类:建筑市场方面查处318起,处罚金9833万元;施工安全方面查处102起,处罚金379.21万元;工程质量方面查处109起,处罚金1266.47万元;文明施工方面查处144起,处罚金664万元。按照违法主体分类:处罚建设单位316起,处罚施工单位282起,处罚监理单位55起,其他单位17起,个人3起。停止在津投标资格2起。

不断加强考核工作,实施问责工作机制。日常巡查抽查和专项检查中,凡被全市通报批评或受到行政处罚的企业,天津市建设工程质量安全监督管理总队和各区支队都责令责任单位对相关责任人进行经济处罚、警告、处分等问责处理,处理结果全市通报。2018年,36家主体单位对9家责任单位、107名责任人实施了行政问责。

国家级、市级奖项获奖情况

【获奖情况】 经中国建筑业协会组织评选，天津住宅集团建设工程总承包有限公司承建的天津空港国际生物医学康复治疗中心医疗综合楼项目等4项工程，荣获2018—2019年度第一批中国建设工程鲁班奖（国家优质工程）。

经中国施工企业管理协会组织评选，上海建工七建集团有限公司承建的陆家嘴广场及商务大酒店工程等10项工程，荣获2018—2019年度第一批国家优质工程奖。

经天津市建筑施工行业协会组织评审，中国建筑第六工程局有限公司承建的天津国家会展中心海河通道工程第1标段(海河东道分离式立交桥、海河特大桥)等23项工程荣获2018年度天津市建设工程"金奖海河杯"奖。天津二建建筑工程有限公司承建的昆明路小学滨海学校（北塘小学）教学办公综合楼等97项工程荣获2018年度天津市建设工程"海河杯"奖。天津三建建筑工程有限公司承建的滨海新区档案馆等66个施工工地荣获2018年度"天津市市级文明工地施工示范工地"称号。天津第三市政公路工程有限公司承建的天津地铁5号线工程土建施工第10合同段等135个竣工工地荣获2018年度"天津市市级文明工地"称号。

1. 2018—2019年度第一批中国建设工程鲁班奖（国家优质工程）入选工程名单。

2018—2019年度第一批中国建设工程鲁班奖（国家优质工程）入选工程名单

序号	工程名称	承建单位	参建单位
1	天津空港国际生物医学康复治疗中心医疗综合楼项目	天津住宅集团建设工程总承包有限公司	
2	武清区体育场馆项目	天津市武清区建筑工程总公司	
3	天津体育学院新建体育馆及排球馆项目	中国建筑第六工程局有限公司	
4	天津市滨海新区文化中心（一期）项目文化场馆部分	中国建筑第八工程局有限公司	中建深圳装饰有限公司
			深圳市中孚泰文化建筑建设股份有限公司
			中建安装工程有限公司
			天津华惠安信装饰工程有限公司

2. 2018—2019年度第一批国家优质工程奖入选工程名单（天津地区获奖名单，排名不分先后）。

陆家嘴广场及商务大酒店工程。主申报单位：上海建工七建集团有限公司；建设单位：天津陆津房地产开发有限公司；勘察及设计单位：天津市勘察院、天津市建筑设计院；工程监理单位：上海建浩工程顾问有限公司；施工总承包单位：上海建工七建集团有限公司；参建单位：上海市安装工程集团有限公司、上海东尼建筑装饰有限公司、上海建筑装饰（集团）有限公司。

蓟汕高速公路（津滨高速—津晋高速）工程第二合同段。主申报单位：天津市公路工程总公司；建设单位：天津高速公路集团有限公司；勘察及设计单位：天津市市政工程设计研究院；工程监理单位：天津市华盾工程监理咨询有限公司；施工总承包单位：天津市公路工程总公司；参建单位：天津城建集团有限公司。

天津体育学院新校区二期项目（训练馆、田径馆）；天津体育学院新建体育馆及排球馆项目。主申报单位：天津体育学院；建设单位：天津体育学院；勘察及设计单位：天津市地质工程勘察院、杭州江南建筑设计院有限公司；工程监理单位：天津华北工程监理有限公司；施工总承包单位：中国建筑股份有限公司、中国建筑第六工程局有限公司；参建单位：中建城市建设发展有限公司、中建六局装饰工程有限公司、天津市南洋装饰工程有限公司、北京宝丰钢结构工程有限公司。

尚澜苑1号楼。主申报单位：中建二局第四建筑工程有限公司；建设单位：天津融侨置业有限公司；勘察及设计单位：天津华北工程勘察设计有限公司、海南南方建筑设计有限公司；工程监理单位：天津泰丰工程建设监理有限公司；施工总承包单位：中建二局第四建筑工程有限公司；参建单位：广东电白建设集团有限公司。

新建宝坻区体育馆工程。主申报单位：天津市宝坻区体育局；建设单位：天津市宝坻区体育局；勘察及设计单位：核工业天津工程勘察院、天津市天勘建筑设计院；工程监理单位：天津市博华工程建设监理有限公司；施工总承包单位：中铁七局集团有限公司、天津天一建设集团有限公司；参建单位：苏州苏明装饰股份有限公司、天津市中环系统工程有限责任公司。

天津体育学院新校区一期项目（乒乓球羽毛球训练馆、网球训练馆、游泳馆、行政楼、图书馆、大学生活动中心）。主申报单位：中国建筑股份有限公司、中建二局第三建筑工程有限公司；建设单位：天津体育学院；勘察及设计单位：天津市天友建筑设计股份有限公司、杭州江南建筑设计院有限公司；工程监理单位：天津华北工程监理有限公司、天津国际工程建设监理公司；施工总承包单位：中国建筑股份有限公司、中建二局第三建筑工程有限公司；参建单位：中建城市建设发展有限公司、中建六局装饰工程有限公司。

天津海河教育园区南开学校建设工程综合体。主申报单位：中建一局集团建设发展有限公司；建设单位：天津学苑置业有限公司；勘察及设计单位：天津市天友建筑设计股份有限公司；工程监理单位：天津市建设工程监理公司；施工总承包单位：中建一局集团建设发展有限公司。

中新天津生态城中部片区29号地块工程。主申报单位：中建三局集团有限公司；建设单位：中新天津生态城不动产登记中心；勘察及设计单位：天津市地质工程勘察院、中国建筑标准设计研究院有限公司；工程监理单位：河北鸿泰工程项目咨询有限公司；施工总承包单位：中建三局集团有限公司；参建单位：中建三局第三建设工程有限责任公司、北京筑邦建筑装饰工程有限公司、天津达胜琦基础工程有限公司。

天津中电晟发太平镇窦庄子一期95兆瓦渔光互补光伏发电项目。主申报单位：江苏南通二建集团有限公司；建设单位：天津中电晟发光伏发电有限公司；勘察及设计单位：天津市津典工程勘测有限公司、中国电建集团北京勘测设计研究院有限公司、天津市泰达工程设计有限公司；工程监理单位：中外天利（北京）工程管理咨询有限公司；施工总承包单位：江苏南通二建集团有限公司；参建单位：江苏启安建设集团有限公司、青海省地质基础工程施工总公司。

新建天津至保定铁路大北环线金钟河特大桥。主申报单位：中铁十四局集团有限公司；建设单位：津保铁路有限责任公司；勘察及设计单位：中国铁路设计集团有限公司；工程监理单位：天津新亚太工程建设监理有限公司；施工总承包单位：中铁十四局集团有限公司；参建单位：中铁十四局集团第三工程有限公司、中铁十四局集团第五工程有限公司、中铁十四局集团第二工程有限公司、中铁十四局集团电气化工程有限公司。

3. 2018年度天津市建设工程"金奖海河杯"和"海河杯"获奖工程名单（排名不分先后）。

2018年度天津市建设工程"金奖海河杯"获奖工程名单（排名不分先后）

序号	工程名称	承建单位	项目经理	建设单位	监理单位	参建单位
1	天津国家会展中心海河通道工程第1标段（海河东道分离式立交桥、海河特大桥）	中国建筑第六工程局有限公司	高小强	天津高速集团有限公司	天津市华盾工程监理咨询有限公司	
2	空客天津A330宽体飞机完成和交付中心定制厂房完成中心、动力站、物流中心、喷漆机库	天津市建工工程总承包有限公司	曹锐	天津天保置业有限公司	上海思费科工程管理有限公司	中建深圳装饰有限公司 天津安装工程有限公司
3	河北工业大学图书馆	天津二建建筑工程有限公司	康世风	河北工业大学	天津市华泰建设监理有限公司	天津二建水电安装工程有限公司 天津市神奇装饰工程有限公司
4	渤龙湖科技园中小学项目	天津二建建筑工程有限公司	张俊立	天津滨海高新技术产业开发区工程建设交易服务中心	天津市联合工程建设监理有限公司	天津二建水电安装工程有限公司

续表

序号	工程名称	承建单位	项目经理	建设单位	监理单位	参建单位
5	滨海新区档案馆工程	天津三建建筑工程有限公司	王军	天津滨海新区公共产业建设投资有限公司	天津开发区建设工程监理公司	天津卓容建设工程集团有限公司 天津中发机电工程有限公司 北京国泰瑞安消防工程有限公司
6	天津市全民健身中心	天津天一建设集团有限公司	杨涛	天津市体育局	天津市建设工程监理公司	福建凤凰山装饰工程有限公司
7	天津健康产业园体育基地东区A座、西区A座、科研大楼	天津天一建设集团有限公司	沈涛	天津市体育局	天津华北工程监理有限公司	福建凤凰山装饰工程有限公司 天津市神奇装饰工程有限公司 天津中发机电工程有限公司
8	天津健康产业园体育基地天津体育职业学院	天津天一建设集团有限公司	李阳军	天津市体育局	天津市建设工程监理公司	福建凤凰山装饰工程有限公司 广东建华装饰工程有限公司 天津中发机电工程有限公司
9	西青区体育馆	天津天一建设集团有限公司	应郁民	天津市民欣投资有限公司	天津市联合工程建设监理有限公司	天津锦丰盛泰科技集团有限公司 天津飞宇幕墙装饰工程有限公司 天津恒益建安集团有限公司
10	河北工业大学北辰校区机械、材料学院教学实验楼（含产业研究院）	天津天一建设集团有限公司	郭大忠	河北工业大学	天津市华泰建设监理有限公司	天津蓝点科技发展有限公司 天津市渤海安全技术有限公司
11	南瑞集团天津非晶变压器项目二期富通联合厂房工程	天津鑫裕建设发展股份有限公司	周云鹏	南瑞集团有限公司（天津）非晶合金电力设备分公司	天津市方兴工程建设监理有限公司	
12	东丽建材B地块蓝庭馨苑1—12号楼及地下车库A、B段	天津市兴业龙祥建设工程有限公司	傅玉明	天津滨海天瑞投资有限公司	天津市东丽区建设工程监理有限公司	

续表

序号	工程名称	承建单位	项目经理	建设单位	监理单位	参建单位
13	天津国家会展中心海河通道工程第二合同天津大道互通式立交桥	天津路桥建设工程有限公司	何柏杰	天津高速公路集团有限公司	天津市华盾工程监理咨询有限公司	
14	天津天河城购物中心工程	中建一局集团建设发展有限公司	左强	天津天河城购物中心有限公司	上海三凯建设管理咨询有限公司	
15	天津海河教育园区南开学校建设工程	中建一局集团建设发展有限公司	褚海伟	天津学苑置业有限公司	天津市建设工程监理公司	
16	天津体育学院新校区一期项目施工总承包工程二标段（图书馆）	中建二局第三建筑工程有限公司	韩成斌	天津体育学院	天津华北工程监理有限公司	
17	天津体育学院新校区一期项目施工总承包工程二标段（大学生活动中心）	中建二局第三建筑工程有限公司	韩成斌	天津体育学院	天津华北工程监理有限公司	
18	天津市第二实验中学工程（综合教学楼）	中建三局集团有限公司	邓新	天津城投置地投资发展有限公司	天津市北方建设监理事务所	中国机房设施工程有限公司
19	中新天津生态城十二年制学校	中建三局集团有限公司	杨明英	中新天津生态城不动产登记中心	天津国际工程建设监理公司	
20	中信城市广场二期项目信和苑4号楼	中国建筑第八工程局有限公司	王亮	中信保利达地产（天津）有限公司	北京赛瑞斯国际工程咨询有限公司	
21	天津生态城信息大厦工程	中国建筑第八工程局有限公司	贾战群	中新天津生态城不动产登记中心	天津国际工程建设监理公司	
22	快速路系统二期项目外环线东北部调线工程第1标段（津汉互通立交桥）	中国铁建大桥工程局集团有限公司	郭宏伟	天津高速公路集团有限公司	天津市路驰建设工程监理有限公司	
23	天津市滨海监狱迁建项目总包工程	中铁一局集团有限公司	宋卫峰	天津市滨海监狱	天津市建设工程监理公司	

2018年度天津市建设工程"海河杯"获奖工程名单（排名不分先后）

序号	工程名称	承建单位	项目经理	建设单位	监理单位	参建单位
1	昆明路小学滨海学校（北塘小学）教学办公综合楼	天津二建建筑工程有限公司	刘毅	天津滨海新区公共产业建设投资有限公司	天津开发区建设工程监理公司	天津二建水电安装工程有限公司
2	锂离子电池制造一期1号电池厂房及成品储存区（成品储存区）	天津二建建筑工程有限公司	刘泽	天津银隆新能源有限公司	河北德润工程项目管理有限公司	天津二建水电安装工程有限公司
3	锂离子电池制造一期1号电池厂房及成品储存区（1号电池厂房）	天津二建建筑工程有限公司	刘泽	天津银隆新能源有限公司	河北德润工程项目管理有限公司	天津二建水电安装工程有限公司
4	完检车间、1号—4号液体仓库（完检车间）	天津二建建筑工程有限公司	张克发	天津银隆新能源有限公司	河北德润工程项目管理有限公司	天津二建水电安装工程有限公司
5	年产汽车冲焊零部件2000万件套生产基地项目一标段（厂房A）	天津二建建筑工程有限公司	马金奎	天津北辰科技园区总公司	天津建工工程管理有限公司	天津二建机施钢结构工程有限公司
6	年产汽车冲焊零部件2000万件套生产基地项目一标段（厂房C）	天津二建建筑工程有限公司	马金奎	天津北辰科技园区总公司	天津建工工程管理有限公司	天津二建机施钢结构工程有限公司
7	天津中医药大学新校区一期本科生生活区学生食堂	天津二建建筑工程有限公司	王东声	天津中医药大学	天津国际工程建设监理公司	天津二建水电安装工程有限公司 江苏省一建建筑装修装饰有限公司
8	天津市红桥区人民法院审判综合楼	天津三建建筑工程有限公司	周杰	天津市红桥区人民法院	天津港保税区中天建设监理咨询管理有限公司	
9	天津中新药业集团股份有限公司医药物流中心一期工程（物流仓库）	天津三建建筑工程有限公司	邓应平	天津中新药业集团股份有限公司	天津市华泰建设监理有限公司	

续表

序号	工程名称	承建单位	项目经理	建设单位	监理单位	参建单位
10	天津中医药大学新校区一期工程（护理学院）	天津住宅集团建设工程总承包有限公司	刘剑	天津中医药大学	天津国际工程建设监理公司	天津住总机电设备安装有限公司
11	天津中医药大学新校区一期工程（中药学院）	天津住宅集团建设工程总承包有限公司	刘剑	天津中医药大学	天津国际工程建设监理公司	天津住总机电设备安装有限公司
12	天津中医药大学新校区一期工程（中医学院）	天津住宅集团建设工程总承包有限公司	刘剑	天津中医药大学	天津国际工程建设监理公司	天津住总机电设备安装有限公司
13	北辰医院新建科研教学楼项目一期	天津住宅集团建设工程总承包有限公司	蔡鸣	天津市北辰医院	天津辰达工程监理有限公司	天津华惠安信装饰工程有限公司
14	东丽区华城庭苑项目5号楼	天津住宅集团建设工程总承包有限公司	陈强	天津华兴置业发展有限公司	天津正方建设工程监理有限公司	
15	津辰双青（挂）2011—150号地块（荣翠园）限价商品房项目6号楼	天津住宅集团建设工程总承包有限公司	袁志军	天津华嘉置业有限公司	天津市华泰建设监理有限公司	
16	大港第十二小学工程（教学楼）	天津住宅集团建设工程总承包有限公司	刘立军	天津滨海新区公共产业建设投资有限公司	天津市图南建设工程监理有限公司	天津住总机电设备安装有限公司 天津市写意景观工程有限公司
17	天津健康产业园体育基地新建训练场馆区东区B座	天津天一建设集团有限公司	沈涛	天津市体育局	天津华北工程监理有限公司	福建凤凰山装饰工程有限公司 北京丽贝亚建筑装饰工程有限公司 天津中发机电工程有限公司
18	天津健康产业园体育基地新建训练场馆区东区C座	天津天一建设集团有限公司	沈涛	天津市体育局	天津华北工程监理有限公司	福建凤凰山装饰工程有限公司 北京丽贝亚建筑装饰工程有限公司 天津中发机电工程有限公司

续表

序号	工程名称	承建单位	项目经理	建设单位	监理单位	参建单位
19	天津健康产业园体育基地新建训练场馆区西区B座	天津天一建设集团有限公司	沈涛	天津市体育局	天津华北工程监理有限公司	福建凤凰山装饰工程有限公司 天津市神奇装饰工程有限公司 天津中发机电工程有限公司
20	天津健康产业园体育基地新建训练场馆区西区C座	天津天一建设集团有限公司	沈涛	天津市体育局	天津华北工程监理有限公司	福建凤凰山装饰工程有限公司 天津市神奇装饰工程有限公司 天津中发机电工程有限公司
21	天津健康产业园体育基地田径训练馆工程	天津天一建设集团有限公司	李金虎	天津市体育局	天津市建设工程监理公司	福建凤凰山装饰工程有限公司 天津市宏大伟业建筑装饰工程有限公司 天津中发机电工程有限公司
22	天津健康产业园体育基地射箭场附属用房工程	天津天一建设集团有限公司	李金虎	天津市体育局	天津市建设工程监理公司	福建凤凰山装饰工程有限公司 天津市宏大伟业建筑装饰工程有限公司 天津中发机电工程有限公司
23	津南区渌水道（双林农场）G地块公共租赁住房项目一标段1号楼	天津市三房建建筑工程有限公司	杜晓月	天津市保障住房建设投资有限公司	天津市建工建筑工程监理有限公司	
24	津南区渌水道（双林农场）G地块公共租赁住房项目一标段3号楼	天津市三房建建筑工程有限公司	杜晓月	天津市保障住房建设投资有限公司	天津市建工建筑工程监理有限公司	
25	独流减河橡胶坝工程	天津市水利工程有限公司	杜辉	天津市静海区水利工程建设管理中心	天津市泽禹工程建设监理有限公司	

续表

序号	工程名称	承建单位	项目经理	建设单位	监理单位	参建单位
26	外环河综合治理工程小孙庄泵站扩建工程	天津市水利工程有限公司	吴及英	天津水务投资集团有限公司	天津润泰工程监理有限公司	
27	引江向尔王庄水库供水联通工程施工（第1标段）	天津振津工程集团有限公司	张金鑫	天津市水利投资建设发展有限公司	天津润泰工程监理有限公司	
28	唐廊高速公路天津段一期工程第3标段西关引河大桥	天津路桥建设工程有限公司	葛乔亮	天津高速公路集团有限公司	天津市华盾工程监理咨询有限公司	
29	天津八里洲碧桂园一期倚涛庭院十三标段1号楼	中建五局第三建设有限公司	王涛	天津八里洲碧桂园房地产开发有限公司	天津市华泰建设监理有限公司	
30	天津八里洲碧桂园一期倚涛庭院十三标段3号楼	中建五局第三建设有限公司	王涛	天津八里洲碧桂园房地产开发有限公司	天津市华泰建设监理有限公司	
31	天津八里洲碧桂园一期倚涛庭院十三标段11号楼	中建五局第三建设有限公司	王涛	天津八里洲碧桂园房地产开发有限公司	天津市华泰建设监理有限公司	
32	天津八里洲碧桂园一期倚涛庭院十三标段12号楼	中建五局第三建设有限公司	王涛	天津八里洲碧桂园房地产开发有限公司	天津市华泰建设监理有限公司	
33	天津八里洲碧桂园一期倚涛庭院十三标段15号楼	中建五局第三建设有限公司	王涛	天津八里洲碧桂园房地产开发有限公司	天津市华泰建设监理有限公司	
34	天津经济技术开发区国有资产经营公司大陆汽车厂房（三期）项目6号新建厂房	中国建筑第六工程局有限公司	于海江	天津经济技术开发区国有资产经营公司	天津开发区建设工程监理公司	
35	天津松江置地有限公司美湖里商业综合体项目（酒店式公寓）	中国建筑第六工程局有限公司	王保华	天津松江置地有限公司	天津市建设工程监理公司	
36	天津松江置地有限公司美湖里商业综合体项目（写字楼）	中国建筑第六工程局有限公司	王保华	天津松江置地有限公司	天津市建设工程监理公司	

续表

序号	工程名称	承建单位	项目经理	建设单位	监理单位	参建单位
37	天津瑞龙城市广场（1号楼）	中国建筑第六工程局有限公司	李文才	天津宝龙金骏房地产开发有限责任公司	上海建科工程咨询有限公司	
38	天津宝龙国际中心和天津宝龙城市广场（2号楼）	中国建筑第六工程局有限公司	刘学伟	天津宝龙金骏房地产开发有限责任公司	上海建科工程咨询有限公司	
39	天津宝龙国际中心和天津宝龙城市广场（裙房）	中国建筑第六工程局有限公司	刘学伟	天津宝龙金骏房地产开发有限责任公司	上海建科工程咨询有限公司	
40	华锐全日冷链运营中心（冷链运营中心）	中国建筑第七工程局有限公司	谢竹发	华锐全日物流股份有限公司	北京兴电国际工程管理有限公司	
41	深特广场一期（永旺商场）项目	中国建筑第八工程局有限公司	张庆昱	天津深南建设发展有限公司	北京赛瑞斯国际工程咨询有限公司	
42	中信城市广场二期项目信和苑5号楼	中国建筑第八工程局有限公司	王亮	中信保利达地产（天津）有限公司	北京赛瑞斯国际工程咨询有限公司	
43	中信城市广场二期项目信和苑6号楼	中国建筑第八工程局有限公司	王亮	中信保利达地产（天津）有限公司	北京赛瑞斯国际工程咨询有限公司	
44	中信城市广场二期项目信和苑7号楼	中国建筑第八工程局有限公司	王亮	中信保利达地产（天津）有限公司	北京赛瑞斯国际工程咨询有限公司	
45	雀榕园1号楼	中国建筑第八工程局有限公司	赵亚军	天津绿城全运村建设开发有限公司	天津市华泰建设监理有限公司	
46	雀榕园3号楼	中国建筑第八工程局有限公司	赵亚军	天津绿城全运村建设开发有限公司	天津市华泰建设监理有限公司	
47	雀榕园7号楼	中国建筑第八工程局有限公司	赵亚军	天津绿城全运村建设开发有限公司	天津市华泰建设监理有限公司	
48	天津中医药大学新校区一期东区学生宿舍工程17号—18号楼	中国建筑第八工程局有限公司	亓立刚	天津中医药大学	天津国际工程建设监理公司	
49	天津中医药大学新校区一期东区学生宿舍工程9号—10号楼	中国建筑第八工程局有限公司	亓立刚	天津中医药大学	天津国际工程建设监理公司	

续表

序号	工程名称	承建单位	项目经理	建设单位	监理单位	参建单位
50	天津中医药大学新校区一期东区学生宿舍工程12号—13号楼	中国建筑第八工程局有限公司	亓立刚	天津中医药大学	天津国际工程建设监理公司	
51	天津中医药大学新校区一期东区学生宿舍工程15号—16号楼	中国建筑第八工程局有限公司	亓立刚	天津中医药大学	天津国际工程建设监理公司	
52	天津中医药大学新校区一期东区学生宿舍工程19号—20号楼	中国建筑第八工程局有限公司	亓立刚	天津中医药大学	天津国际工程建设监理公司	
53	天津中医药大学新校区一期东区学生宿舍工程21号—22号楼	中国建筑第八工程局有限公司	亓立刚	天津中医药大学	天津国际工程建设监理公司	
54	橡树湾6号地一期仰润轩一标段项目	中铁建设集团有限公司	李兵兵	华润置地投资（天津）有限公司	天津市东丽区建设工程监理有限公司	
55	中新天津生态城彩环路（彩嘉路—汉北路）道路排水工程施工一标段	中铁十局集团有限公司	刘克杰	天津滨海旅游区投资控股有限公司	天津市路弛建设工程监理有限公司	
56	津汉高速公路（西外环高速—汉蔡路）工程第4标段	中铁十八局集团第五工程有限公司	毕树兵	天津滨海新区投资控股有限公司	河北省交通建设监理咨询有限公司	
57	热源二厂煤改燃工程（建安施工）锅炉房、设备房	中铁十八局集团建筑安装工程有限公司	马可	天津泰达热电公司	天津市特种设备工程建设监理公司	
58	天津临空产业区热电新建工程（主厂房工程）	中国能源建设集团天津电力建设有限公司	于云滨	天津天保热电有限公司	浙江德邻联合工程有限公司	
59	天津市滨丽万家置业有限公司中街商业广场建设项目施工一标段	中冶建工集团（天津）建设工程有限公司	刘书政	天津市滨丽万家置业有限公司	北京华捷工程建设管理有限公司	

续表

序号	工程名称	承建单位	项目经理	建设单位	监理单位	参建单位
60	天津财经大学新建综合体育馆项目	中冶天工集团天津有限公司	高兴慧	天津财经大学	天津市森宇建筑技术法律咨询有限公司	
61	天津职业技术师范大学新建综合体育馆	中冶天工集团有限公司	张天文	天津职业技术师范大学	北京华捷工程建设管理有限公司	
62	北塘建设发展大厦工程	中冶天工集团有限公司	冯利军	天津市滨海新区北塘经济区建设开发有限公司	天津国际工程建设监理公司	
63	威海路以东住宅项目一期（津湖湾）1号楼	南通建工集团股份有限公司	谭国亮	天津中海海华地产有限公司	天津建华工程咨询管理公司	
64	威海路以东住宅项目一期（津湖湾）2号楼	南通建工集团股份有限公司	谭国亮	天津中海海华地产有限公司	天津建华工程咨询管理公司	
65	威海路以东住宅项目一期（津湖湾）3号楼	南通建工集团股份有限公司	谭国亮	天津中海海华地产有限公司	天津建华工程咨询管理公司	
66	太阳城10号地项目（皓林园）3—6号楼、配建二及地下车库工程3号楼	江苏南通二建集团有限公司	郭建飞	天津顺驰新地置业有限公司	天津建华工程咨询管理公司	
67	太阳城10号地项目（皓林园）3—6号楼、配建二及地下车库工程4号楼	江苏南通二建集团有限公司	郭建飞	天津顺驰新地置业有限公司	天津建华工程咨询管理公司	
68	太阳城10号地项目（皓林园）3—6号楼、配建二及地下车库工程5号楼	江苏南通二建集团有限公司	郭建飞	天津顺驰新地置业有限公司	天津建华工程咨询管理公司	
69	太阳城10号地项目（皓林园）3—6号楼、配建二及地下车库工程6号楼	江苏南通二建集团有限公司	郭建飞	天津顺驰新地置业有限公司	天津建华工程咨询管理公司	
70	天津中环六零九电缆有限公司逸仙园新厂区建设项目（1号联合厂房）	江苏南通三建集团股份有限公司	陆品球	天津中环六零九电缆有限公司	天津市博华工程建设监理有限公司	

第四篇 建设工程质量安全

续表

序号	工程名称	承建单位	项目经理	建设单位	监理单位	参建单位
71	盛世睿园 1—6 号楼、配建 1、配建 2 工程 1 号楼	江苏南通三建集团股份有限公司	汤卫东	天津盛众房地产投资有限公司	天津天一建设工程监理咨询有限公司	
72	盛世睿园 1—6 号楼、配建 1、配建 2 工程 4 号楼	江苏南通三建集团股份有限公司	汤卫东	天津盛众房地产投资有限公司	天津天一建设工程监理咨询有限公司	
73	盛世睿园 1—6 号楼、配建 1、配建 2 工程 5 号楼	江苏南通三建集团股份有限公司	汤卫东	天津盛众房地产投资有限公司	天津天一建设工程监理咨询有限公司	
74	盛世睿园 1—6 号楼、配建 1、配建 2 工程 6 号楼	江苏南通三建集团股份有限公司	汤卫东	天津盛众房地产投资有限公司	天津天一建设工程监理咨询有限公司	
75	中海油天津研发产业基地建设项目（北区一期）工业综合实验楼、分析楼 1 项目—工业综合实验楼项目	南通五建控股集团有限公司	张建	中海油田服务股份有限公司	天津中海石油工程管理咨询有限公司	
76	太阳城 10 号地项目（皓林园）1—2 号、7—9 号楼、配建 1 及地下车库工程 1 号住宅楼	通州建总集团有限公司	缪辉亮	天津顺驰新地置业有限公司	天津建华工程咨询管理公司	
77	太阳城 10 号地项目（皓林园）1—2 号、7—9 号楼、配建 1 及地下车库工程 8 号住宅楼	通州建总集团有限公司	缪辉亮	天津顺驰新地置业有限公司	天津建华工程咨询管理公司	
78	名士华庭五号地工程（一标段）8 号楼	江苏省苏中建设集团股份有限公司	吴跃文	天津南瑞房地产开发有限公司	天津港保税区中天建设咨询管理有限公司	
79	名士华庭五号地工程（一标段）9 号楼	江苏省苏中建设集团股份有限公司	吴跃文	天津南瑞房地产开发有限公司	天津港保税区中天建设咨询管理有限公司	
80	名士华庭五号地工程（一标段）10 号楼	江苏省苏中建设集团股份有限公司	吴跃文	天津南瑞房地产开发有限公司	天津港保税区中天建设咨询管理有限公司	

续表

序号	工程名称	承建单位	项目经理	建设单位	监理单位	参建单位
81	名士华庭五号地工程（一标段）19号楼	江苏省苏中建设集团股份有限公司	吴跃文	天津南瑞房地产开发有限公司	天津港保税区中天建设咨询管理有限公司	
82	万汇文化广场二区项目二标段工程6号楼	江苏中南建筑产业集团有限责任公司	梁 华	天津维多利亚房地产开发有限公司	天津天建工程管理有限公司	
83	万汇文化广场二区项目二标段工程10号楼	江苏中南建筑产业集团有限责任公司	梁 华	天津维多利亚房地产开发有限公司	天津天建工程管理有限公司	
84	铂津湾三期工程南苑9号楼	江苏中南建筑产业集团有限责任公司	汤东健	天津市保利融创投资有限公司	北京中外建工程管理有限公司	
85	铂津湾三期工程南苑10号楼	江苏中南建筑产业集团有限责任公司	汤东健	天津市保利融创投资有限公司	北京中外建工程管理有限公司	
86	盈翠名苑项目一期33号楼	泰兴一建建设集团有限公司	杨舜琴	天津金地盛景房地产开发有限公司	天津市南华工程建设监理有限公司	
87	盈翠名苑项目一期34号楼	泰兴一建建设集团有限公司	杨舜琴	天津金地盛景房地产开发有限公司	天津市南华工程建设监理有限公司	
88	枫丹天城（33—49号楼）	泰兴一建建设集团有限公司	陆金城	北京裕昌置业集团天津投资有限公司	北京方正建设工程管理有限公司	
89	一大街拆迁地块住宅项目（施工）二标段5号楼	歌山建设集团有限公司	刘勇	天津振业津滨房地产开发有限公司	天津市建设工程监理公司	
90	一大街拆迁地块住宅项目（施工）二标段6号楼	歌山建设集团有限公司	刘勇	天津振业津滨房地产开发有限公司	天津市建设工程监理公司	
91	华文苑45、46号楼及公建1	中天建设集团有限公司	蒋航大	天津旭科房地产开发有限公司	天津仕敏工程建设监理技术咨询有限公司	
92	永利大厦A塔	中天建设集团有限公司	单国杰	天津市诺亚商业发展有限公司	天津市华泰建设监理有限公司	天津市顺通机电设备安装有限公司
93	永利大厦B塔	中天建设集团有限公司	单国杰	天津市诺亚商业发展有限公司	天津市华泰建设监理有限公司	天津市顺通机电设备安装有限公司
94	佳澜苑6号楼	中天建设集团有限公司	单从谓	天津万为置业投资有限公司	天津建华工程咨询管理公司	

续表

序号	工程名称	承建单位	项目经理	建设单位	监理单位	参建单位
95	禹洲尊府二期一标段18号—24号、32号—34号、热交换站及基坑支护总包场区工程——32号	福建省第五建筑工程公司	王扬波	天津禹洲津海地产投资有限公司	天津市华泰建设监理有限公司	
96	禹洲尊府二期一标段18号—24号、32号—34号、热交换站及基坑支护总包场区工程——33号	福建省第五建筑工程公司	王扬波	天津禹洲津海地产投资有限公司	天津市华泰建设监理有限公司	
97	禹洲尊府二期一标段18号—24号、32号—34号、热交换站及基坑支护总包场区工程——34号	福建省第五建筑工程公司	王扬波	天津禹洲津海地产投资有限公司	天津市华泰建设监理有限公司	

第五篇

房地产开发建设及房地产市场监管

房地产开发建设

【概况】 2018年,天津市继续贯彻落实国家确定的房地产市场调控政策,完善住房保障体系,促进房地产市场平稳健康发展。房地产业开发投资呈现出持续稳定增长局面。

【投资增长平稳】 房地产投资继续保持稳定增长,全年完成投资2424.49亿元,同比增长8.6%。其中,环城四区完成751.4亿元,占全市的31%,同比增长10.7%,成为房地产投资的集中区域。

【房地产开发区域重点向远郊拓展】 2018年,全市房地产累计施工面积8652万平方米,同比增长5.4%。其中,中心城区占比14.7%,同比下降3.8个百分点;环城四区占比27.8%,同比下降1.4个百分点;滨海新区占19.1%,同比增长1.2个百分点;远郊五区占比38.4%,同比增长4个百分点。

【建设进度保持稳定】 全年新开工商品住宅1735万平方米,同比增长6.4%;竣工面积1346万平方米,同比增长5%。

【公建项目建设稳定增长】 2018年全市公建新开工744万平方米,同比增长5.7%,竣工面积746万平方米,同比增长0.7%,累计施工面积3622万平方米,同比增长0.1%。三项主要指标较上年同期均保持稳定。

【房地产开发企业资质管理】 围绕企业资质管理持续简政放权,优化审批流程和条件,助力改善营商环境。支持开发企业加快发展,推动房地产开发企业做大做强,截至2018年底,全市房地产开发企业共1488家,同比增长9.1%。其中,一级资质企业12家,二级资质企业50家,三级资质企业76家,四级资质企业1183家,暂定等级企业167家。出台《关于支持天津市房地产开发企业发展和项目建设的通知》(津建房〔2018〕378号),提出5项新举措支持企业发展。实施告知承诺审批改革,出台《市建委关于实行天津市房地产开发企业资质告知承诺制的通知》(津建房〔2018〕180号)以及《市住房和城乡建设委关于房地产开发企业资质许可承诺审批和事中事后监管的通知》(津建办〔2018〕1号),对专业技术人员社会保险缴纳、劳动合同、资格证书等材料实行承诺,并加强事中事后监管。

规范房地产开发行业秩序。组织开展常态化执法检查,加大事中事后监管力度,防控行业风险。全年赴全市16个区进行房地产开发企业资质专项执法检查,针对发现的无资质开发建设、扰乱资质管理等违规行为,要求企业限期整改,依法依规进行行政处罚,记入企业不良信用档案。

【房地产开发企业信用管理】 全力推进房地产开发领域诚信体系建设,营造"守信激励,失信惩戒"的行业发展环境。2018年4月,市建委与人民银行天津分行签订《天津市房地产开发企业信用体系建设合作备忘录》,共同构建信用激励和约束机制。

房地产市场监管

【加强房地产市场调控】 2018年，按照党中央、国务院精神，认真做好房地产市场调控工作。为确保房地产市场平稳健康发展，出台《天津市政府办公厅关于进一步做好我市房地产市场调控工作的通知》（津政办发〔2018〕14号），明确毫不动摇地坚持"房子是用来住的，不是用来炒的"定位，毫不动摇地坚持房地产市场调控目标，毫不动摇地维护调控政策的连续性和稳定性，进一步明确房地产市场调控主体责任。加强新建商品住房价格稳控，做好开发企业销售价格指导，确保开发企业合理定价，对天津市住房价格实施有效稳控。加强市场监测分析，建立房地产市场监测预警指标体系，通过对住房交易量、住房交易价格、住房供需对比、其他外部因素4个大类10项指标每日严密监测市场运行情况并进行研判，确保房地产市场长期健康稳定发展。各项管理措施取得积极成效，2018年，天津市成交各类房屋2544万平方米，比2017年下降2.4%，各月住房价格得到有效稳控。

【培育和发展住房租赁市场】 加大租赁房源筹集供应，培育集中式品牌长租公寓项目试点，积极扶持集中化、规模化住房租赁企业，主动对接服务，协调解决问题，培育国有住房租赁项目，发挥国有企业引领示范作用，全市集中化租赁房源已达到3.1万套、229万平方米；支持分散式房源托管租赁，积极鼓励个人将自有房源委托住房租赁企业管理，全市托管租赁房源已达到1.3万套、69万平方米；规范个人通过中介居间或自行成交租赁住房行为，为租赁双方提供安全、稳定、公平的服务，2018年成交量约为42万套、320万平方米，在保障居民住有所居和解决新市民居住需求方面发挥重要作用。加大住房租赁金融支持力度，支持住房租赁企业发行债券、不动产证券化产品，加快推进房地产投资信托基金（REITs）试点，盘活存量资产。截至2018年底，全市住房租赁市场总规模达到48.7万套、3760万平方米，租购并举的住房供应体系正在逐步形成。

【完善房地产市场交易相关政策】 为统一实施房地产估价机构备案管理制度，加强房地产估价机构管理，保护房地产估价活动当事人合法权益，制定了《天津市房地产估价机构备案程序》，明确房地产估价机构和分支机构实施备案管理，对房地产估价机构备案申请、受理、审查3个环节进行具体规范。

【加强房地产市场监管】 天津市委宣传部、天津市委网信办、天津市公安局、天津市国土资源和房屋管理局、天津市司法局、天津市税务局、天津市市场监察管理委员会、天津市发展和改革委员会（价格部门）、中国银行业监督管理委员会天津监管局、天津市金融工作局、中国人民银行天津分行联合印发《关于开展打击侵害群众利益违法违规行为整顿房地产市场秩序专项行动的通知》（津国土房市〔2018〕21号），通过多部门联合执法，重点打击投机炒房行为和房地产"黑中介"，治理房地产开发企业违法违规行为和虚假房地产广告，进一步整顿和规范房地产市场秩序，健全房地产市场监管长效机制，切实维护人民群众合法权益。专项行动累计出动执法人员8350人次，检查房地产开发企业、中介机构3338次，发现不规范经营行为106起，全部责令当场或限期整改；市场监管部门查处案件20件，罚没款446.49万元。

【强化资金监管】 优化系统功能、精简办事环节。实现企业监管账户注销、重开两个环节合二为一，实现开发企业持自行打印的通知书，一次性办理开户、拨付相关业务，有效减少企业往返跑路。加强与合作监管银行沟通，建立联动机制，满足存量房屋交易群众个性化需求，解决交易群众实际困难。2018年，全市新增商品房资金监管项目647个，预售资金进款1960.68亿元，资金拨付1904.88亿元，监管账户资金余额402.8亿元。2018年累计监管存量房屋8.15万套，监管面积662.44万平方米，监管金额1097.99亿元，平均监管比率为65%。

【完善房屋测绘】 完善测绘成果管理系统用户清理和权限管理，加强天津市内六区成果校验，2018年共完成成果校验22件，提取数据503件，调整校验权限19人次，为天津市"一张图"系统土地业务审批做好服务。做好档案内部调阅和外部利用服务，完成1941个项目成果归档和557个项目成果续档，同步做好归档成果管理；完成3.69万卷档案整理托管，确保测绘档案专业化安全管理。2018年完成房产测绘6912.4万平方米，土地测绘1150.1万平方米。

住房保障制度与管理

【概况】 2018年，天津市委、市政府20项民心工程中涉及住房保障的任务指标为：全年开工建设棚改安置房2万套（户），基本建成棚改安置房2万套，新增租房补贴5000户。在各部门和各区政府的共同努力下，2018年开工建设棚改安置房约2.4万套，基本建成棚改安置房约3万套，向在市场租赁住房的家庭发放补贴5174户，超额完成各项任务目标。

【完善住房保障政策体系】 调整租房补贴准入标准。为惠及更多困难家庭，经天津市人民政府批准，会同天津市民政局、天津市财政局联合下发《关于调整住房保障三种补贴有关政策问题的通知》（津国土房保〔2018〕12号）。自2018年5月1日起，进一步扩大租房补贴保障范围，将"三种补贴"收入准入线提高9%，将廉租住房租房补贴和经济租赁房租房补贴标准上调10%，将出租人补贴范围由廉租住房租房补贴扩大到经济租赁房租房补贴的家庭，补贴政策调整力度为近年来最大的一次。

推进进城落户农民申请住房保障试点工作。为积极落实天津市户籍制度改革要求，会同市公安局、市民政局联合下发《关于印发天津市进城落户农民住房保障试点方案的通知》（津国土房保〔2018〕3号），将农业转移人口纳入住房保障范围。自2018年2月1日起，按照"先试点，后推开"的原则，在河西区、北辰区、蓟州区试点实施进城落户农民申请住房保障工作。

【限价商品住房】 对限价商品房申请审核、销售管理、违规处理等多个有效期满的文件，经反复研究，印发了《市国土房管局关于修订天津市限价商品住房买卖合同示范文本的通知》（津国土房保〔2018〕10号）和《市国土房管局市民政局关于我市限价商品住房申请审核有关工作的通知》（津国土房保函字〔2018〕902号），确保天津市限价商品房工作平稳有序。

协调天津住宅集团、天津房地产集团有限公司、天津市美震房地产开发有限公司、天津市津房置业担保股份有限公司等项目开发建设单位，推动荣诚园、彩虹城等4000套限价房2018年内上市销售。

【公共租赁住房】 组织开展福悦里、盛福园、东王台及大寺新家园（佳和贤庭、佳和惠庭）项目0.6万套房源承租资格审核，2018年内各区受理公租房承租资格申请1.12万户、发放资格证明0.97万户，累计受理承租资格申请9.71万户、发放资格证明9.01万户；分批次推出盛福园、福悦里等新投放项目及大寺新家园等存量项目共1.1万套房源；组织完成津畔名轩、锦润名轩、盛宁家园等项目1.2万户入围家庭签约入住工作，顺利完成与住房城乡建设部签订的公租房分配率达到90%的任务目标。

有序组织落实秋丽家园等项目1.7万余户租赁合同到期家庭续租，完成2200户家庭退租；协调司法部门累计划扣517户次欠租家庭住房公积金、银行存款、租房保证金271万元支付欠缴房租，公租房项目累计租金收缴率98.42%；2018年内新配租公租房项目统一配备"一卡通"及高清监控系统，完成福悦里项目"一卡通"安装调试。

【在建保障房质量安全监管】 天津市住房保障管理办公室与天津市房屋安全鉴定检测中心、天津市保障住房建设投资有限公司确定年度质量巡查范围，每月召开巡查例会通报情况，向开发建设单位及时转发安全生产工作要求，巡查在建的2个公租房项目、10个小区、106.88万平方米，发现问题133项，协调推动项目入住前整改完毕。

【住房保障监督管理】 配合做好国家审计署、财政部驻天津市财政监察专员办事处、天津市财政局等各部门的各类审计、检查及调研工作，及时向审计部门提供各类材料120余份，对审计部门提出的问题，做好认真细致的解释工作并及时督促相关单位进行整改。2018年共接待各类检查等10次，未发现重大问题。

组织项目外审工作。协调对19个廉租住房、公租房项目经营管理单位进行外部审计，完成廉租住房6个项目、1.8亿专项资金的审计，出具审计报告。召开专项会议，下达审计整改工作函、问题清单及基本情况表，要求运营管理单位限期整改落实。

规范限价房销售管理。指导开发建设单位制定大寺和双青新家园限价房项目销售方案，配合做好顺销工作；入围后或入住前核查购房家庭住房、人口、婚姻情况，查处违规21户；对2016、2017年申购家庭进行拉网式专项核查，查处违规24户。

推进规范化管理工作。运用住保系统对"三种补贴"家庭进行专项核查，各区房管局依程序认定处理，注销资格1733户，纳入不良记录255户；印发《关于加强住房保障窗口考核管理的通知》，委托第三方察访窗口工作，通过评比打分强化规范管理。

【信息化管理】 系统提升"互联网+政务服务"水平，完善限价房监管核查系统功能，新增了证前资格全覆盖再核查；加强"三种补贴"黑名单管理功能，尚未核实完毕家庭限制各类住保业务办理；梳理调整住保系统1800余名用户权限，对租赁备案环节增加了负责人权限。开展各类网络安全扫描测试，通过对系统功能的调整，增强了系统安全性，减少了违规操作。

第六篇
房屋管理及
历史风貌建筑保护

第六篇 房屋管理及历史风貌建筑保护

房屋管理

【概况】 2018年，持续深化直管公房管理制度改革，推动直管公房出售，提升直管公房修缮管理水平，做好房屋接管和核查工作。加强既有房屋结构安全使用监管，加大房屋结构安全使用宣传力度，做好全市房屋结构安全冬季查勘，确保全市既有房屋安全度汛，圆满完成中心城区老旧小区及远年住房改造任务。

【直管公房管理体制改革】 推进直管公房管理体制改革，配合市机关事务管理局推动天津市党政机关办公用房管理改革，做好党政机关办公用房划转工作，对148处、119万平方米的党政机关办公用房情况逐处进行了梳理，完成了党政机关办公用房划转的准备工作。稳妥推动直管民用公房出售，2018年市内六区直管公房累计出售5369户、27.01万平方米，回收资金1.01亿元。

【推动公房出售】 自2014年加大推动公房出售力度以来，市内六区直管公房累计出售14.39万户、建筑面积739.14万平方米，回收资金17.07亿元。推动直管公房修缮，印发《2018年直管公房修缮计划》，提升公房管维修服务水平，2018年检查指导房屋维修、安全隐患治理、使用、转租、资产管理工作，向市级保管自修公用公房使用单位发送函件2700件，走访使用单位400余次，及时发现问题、整改落实。解决单位产和无人管理房屋的不动产登记历史遗留问题，对10余家企事业单位无力管理的房屋纳入区级直管公产房屋管理。做好无偿接管和调拨划拨国有房屋核查工作，服务企业80余家。

【既有房屋结构安全使用管理】 加强既有房屋结构安全使用监管，加大房屋结构安全使用政策宣传力度，组织各区房管局深入人员密集场所和居民社区开展集中定点宣传活动59次，接待群众咨询5100余人次，发放宣传材料9200余份；做好全市房屋结构安全冬季查勘，组织各区房管局对全市城镇范围内老旧房屋进行冬季查勘，做到责任落实到人、查勘不留死角。针对排查出的严损房屋和危险房屋，严格落实"两书一报告一清单"制度，全面落实房屋结构安全使用主体责任和监管责任。确保既有房屋安全度汛，组织各区房管局认真落实，将直管公房、危损房屋、破损阳台及外檐作为防汛工作重点，组织隐患排查，确保了房屋安全度汛，未发生塌房伤人责任事故。

【中心城区老旧小区及远年住房改造】 2018年完成中心城区老旧小区及

远年住房共 1306 个片区、4041.14 万平方米的改造任务，重点解决了消防、电梯、水电气热基础设施等 11 大类安全问题。受益居民达 66 万户，群众满意度进一步提高。

历史风貌建筑保护

【**概况**】 2018年，继续做好历史风貌建筑保护利用工作，启动小洋楼招商引企，积极推动历史风貌建筑整修，加强历史文化街区保护利用项目运营，加大历史风貌建筑保护宣传力度。

【**小洋楼招商引企**】 对全市小洋楼资源摸底调查，梳理出具有小洋楼风格的建筑共计709幢、79.40万平方米，首批选取了可立即组织招商的优质小洋楼60幢、10.68万平方米主动对接战略性新兴产业进行招商，会同相关单位制定完善小洋楼招商引企政策，通过线上线下联动的多渠道招商格局吸引目标企业入驻，截至2018年底，已与阿里巴巴、腾讯云等知名互联网企业，北大研究院、北京双创街等科技研发中心，意大利昂利集团和华瀚国际等13家企业达成落户意向，同时与360网络、58同城等近20家企业保持密切沟通联系，招商成果显著。

【**历史风貌建筑整修**】 修订《天津市历史风貌建筑保护修缮技术规程》，于2018年11月1日正式实施。下达《2018年度历史风貌建筑保护利用计划的通知》，分两批推动相关经营管理单位，完成推动50幢、8.2万平方米整修工作，切实改善建筑的结构安全性能，提升使用功能。同时利用财政专项资金980万元，启动了70万平方米历史风貌建筑安全查勘工作，为掌握历史风貌建筑的完损情况奠定基础。

【**历史文化街区保护利用项目运营**】 历史文化街区保护利用项目运营成效显著，静园、庆王府、先农大院、民园西里等项目全年接待游客超150万人次，同比增长29%，总计接待游客近760万人次，全年举办各类特色文化主题活动60余次。静园荣获"2018年—2020年天津市优秀科普基地"称号，与先农大院展览馆等7家品牌项目入选2018年和平区"商业精品示范店"；庆王府实现文化旅游全面开放，荣获"天津市最佳西餐品牌企业奖"。历史文化街区新建项目初见光彩，先农大院二期和润兴里新建工程均取得竣工验收备案证明，储备优质文化品牌商户300余家。

【**历史风貌建筑保护成果宣传**】 2018年，举办以"携手呵护、文脉流芳"为主题的"2018年文化遗产和自然日"宣传活动，通过开幕式、专题展览、现场展演等活动，充分展示了天津深厚的历史文化资源，宣传天津故事。开展"纪念《天津市历史风貌建筑保护条例》颁布十三周年"主题活动,使社会更加深入了解历史风貌建筑保护利用工作的内容、原则、意义和成果。配合天津电视台协助拍摄《小楼春秋》《向往——外国人与天津的故事》《4K 天津》;配合中宣部协助拍摄大型纪录片《记住乡愁》,扩大天津历史风貌建筑影响力。全年接待来自全国各地考察团24批次、500余人次,介绍天津市保护工作经验,宣传保护利用成果。

第七篇 物业管理

概况

【概况】 天津市物业管理工作是在城市房地产综合开发和住房制度改革背景下,通过实行住房商品化制度逐渐发展起来的。自1996年建立市场监管组织以来,着眼于加强对专业化物业管理活动的监督指导,在完善政策法规、订立行业标准、健全工作机制、强化行政监管、规范市场秩序等方面下功夫。近年来,物业管理工作认真贯彻市委、市政府关于加强社区物业管理工作指示要求,紧跟天津城市建设与管理发展步伐,以不断满足人民日益增长的居住生活质量新需求为根本,围绕全面提升物业服务整体水平、最大限度让人民群众满意的总目标,以问题为导向、以改革创新为引领、以制度机制建设为抓手,在充分发挥行政监管效能和更好地发挥市场主体作用上狠下功夫,重点抓了物业行业诚信体系建设、智慧物业服务平台建设、行政监管信息化建设,大力推行物业服务等级化管理,努力提升物业服务整体水平。

2018年,物业管理工作以党的十九大精神为指导,认真学习贯彻习近平总书记关于以人民为中心的发展思想,以满足人民日益增长的美好居住环境需要和严格落实"三个着力"重要指示为根本要求,坚持问题导向,以改革创新为引领,以法制建设和制度机制建设为抓手,充分发挥市场主体作用,加强物业管理活动监管,强化物业企业诚信建设,督促物业企业为业主提供质价相符的服务,最大限度地提高人民群众对物业服务的满意度,为构建美丽和谐社区做出贡献。截至2018年底,天津市实施物业管理面积4.22亿平方米、4251个项目,其中住宅3.38亿平方米、2750个;非住宅8403万平方米、1501个。

物业行业管理

【法制建设】 物业管理工作坚持以《天津市物业管理条例》为基本法律依据，在推动物业管理活动依法、遵法、守法上下功夫，着力解决物业管理热点难点问题。2018年5月，市第十七届人大第三次会议审议通过了《关于修改〈天津市物业管理条例〉的决定》，在全国率先把加强社区党组织对物业管理工作的领导写入该条例，为健全完善党建引领下的共商共建、共治共享的基层治理机制提供了法制保障。为更好地落实党组织对社区物业管理工作的领导、强化属地管理责任、加大行业部门监管力度、加强物业企业诚信建设等，发挥了很好的指导约束作用。

【物业管理行政监管】 始终坚持以贯彻落实《天津市物业管理条例》为主线，以培育法制诚信的市场秩序为目标，以强化物业项目监管为重点，通过不断创新行政监管机制和手段，逐步完善市场规则，有效促进了行业健康发展。

1. 不断提升行政监管效能。健全完善了天津市物业管理行政监管网，实施对物业管理项目网上动态监管。

2. 加强物业项目日常监管。严把前期物业管理招投标、招标项目回访评估、物业项目达标创优、物业服务等级化管理考评、房屋维修资金缴存使用等7个行政监管环节，市场行为依法得到有效规范。

3. 推动物业服务事项公开公示。将服务内容、服务标准、收费标准、机动车场地占用费、公共区域经营收益、维修资金使用等10项内容，向业主全面公开公示，主动接受监督。

4. 强化物业企业退出项目监管，从严执行物业企业退出小区管理提前三个月预警报告制度。跟踪指导预警项目的现场调查、会议协调、政策指导、制定预案、选聘企业、衔接服务等环节工作落实，确保解聘选聘物业企业行为规范有序。

【企业诚信建设】 着眼强化物业服务企业依法守信经营，通过企业自我评价、业主及业主委员会评价、街镇及居委会评价、市区行政主管部门评价以及行业专家评价等五方综合评定，推动物业企业诚信建设。经过几年不懈努力，物业服务企业诚信意识和能力不断增强。

【抓分类指导促精细化管理】 依据《关于实施住宅小区物业服务等级化管理的意见》（津国土房发〔2015〕9号），通过建立完善物业小区日巡查周讲评、企业建立月检查考评、区年度全覆盖检查验收、市月抽查季讲评通报制度，将各项目考评结果向社会公布。2018年度对实施专业化物业管理的1936个住宅小区进行了等级化考评，合格率达到99.07%，优良率达到47.7%。同时抓好结果运用，将考评结果与企业信用等级评定、物业费涉诉审理、选聘解聘企业挂钩，形成联动，综合施策，企业依法履约意识得到一定提升。

【指导推动业主大会建设】 依据《天津市物业管理条例》规定，各区房管部门加强了对街道办事处、乡镇人民政府在业主大会成立和业主委员会换届，以及监督其依法履行职责工作中的业务指导，引导培育规范的市场主体。据不完全统计，截至2018年底，天津市符合成立业主大会条件的商品住宅小区中有997个成立了业主大会。通过对街镇、居委会、业主委员会工作人员进行不间断业务培训，使他们基本熟悉和掌握了物业管理政策法规与专业知识，提高了依法履行职责的能力。

【建立完善矛盾纠纷调解新机制】
1. 全面推行街镇、社区两级物业管理联席会议制度，促进矛盾纠纷化解在基层。通过召开物业管理联席会议，协调解决履行物业服务合同过程中出现的影响社区和谐稳定的问题，以及业主委员会不依法履行职责等问题。物业管理联席会议制度已经成为解决物业管理突发事件和纠纷的常态机制，成为化解社区物业管理矛盾纠纷的重要渠道。

2. 加强三级联动，构建人民调解物业管理纠纷网络。会同市司法局与市高级人民法院、市民政局探索形成了人民调解、行政调解、司法调解相衔接的物业管理纠纷调解模式，明确了4个部门的职责，建立了四方参与的物业管理纠纷调解工作联动机制，拓宽了诉求渠道，形成了化解物业管理纠纷的合力。

【促进物业管理与社区管理结合】
1. 理顺管理体制。在政府统一领导下，各区政府负总责、房管部门实施物业行业监管、街镇监督协调、居民委员会牵头组织抓落实的社区物业管理工作新体制，扭转了物业管理与社区管理相分离、以单一管理代替综合管理、行业管理代替社会管理的局面。

2. 健全工作机制。建立健全了社区和街镇两级物业管理联席会议协调机制、物业管理纠纷三级人民调解机制、社区和街镇物业管理考评机制、社区行政执法联动机制等5项工作机制。

3. 推动管理重心下沉。明确了街镇把社区物业管理纳入重要职责，明确街镇办事处一个科室承担社区物业管理监管职能，在每个社区居委会增设物业管理专职岗位，专职负责社区物业管理组织协调和矛盾纠纷调解工作，让物业管理属地监管落到了实处。

【建立市区街镇三级行政监管网络】 不断完善天津市物业管理行政监管信息系统建设，系统具备信息资源共享、数据查询与管理、企业及项目动态管理、统计分析、巡查考评、通信中心、待办提醒等10项功能，实现了市、区、街镇三级物业管理监管工作网络化、智能化、高效化。

【开展物业服务"八大"行动】 充分发挥行业协会引领作用，在物业服务企业中推广开展物业服务"八大"行动，大力践行以人民为中心的思想，全面提升管理服务质量。

1. 开展敲开百家门行动。广泛开展登门服务活动，面对面征求意见、心贴心交流沟通、实打实解决问题。

2. 开展"回应诉求、马上就办"行动。公开公示物业服务内容、服务标准，承诺不同服务事项投诉办结时限。

3. 开展"我的责任"清零行动。深入开展服务项目业主报修、投诉台账大起底行动，凡属于因物业企业责任导致的问题，要逐项拿出解决方案，提高业主满意度。

4. 开展"晾晒物业服务账单"行动。按要求设立"两箱三栏"，围绕业主普遍关心的服务内容、服务标准、房屋专项维修资金使用、利用共用部位经营收入以及机动车场地占用费收取使用等问题，实现物业服务消费明明白白、公开透明。

5. 开展"岗位大练兵"行动。建立从业人员入职基础、岗位技能、专业提升相衔接的梯次培训机制，优化提升从业人员专业素质和服务能力。

6. 开展"文明礼仪"行动。规范物业服务人员行为举止、端正服务态度、牢固树立业主至上、服务第一、质量优先的服务理念。

7. 开展"党员示范岗"行动。自觉在社区党组织领导下开展工作，凡涉及广大业主切身利益的重点事项都要及时向社区党组织报告，按照社区党组织的意见和要求抓好贯彻落实，创基层服务标兵、树岗位奉献先锋。

8. 开展"安全生产宣传教育进企业"行动。增强安全生产意识，严格按照物业服务合同约定，从严制定和落实各项安全预防措施，履行安全生产主体责任。定期开展岗位安全知识普及与培训，定期开展安全应急演练。

【拓展普法教育与传导正能量的新阵地】 充分发挥主流媒体、现代传媒宣传作用，营造全社会关心支持、理解参与、共建共享的良好局面。配合天津电视台《第一观察》《都市报道》《聚焦房地产》等栏目宣传优秀物业服务企业、曝光违法违规行为、解读物业管理热点难点问题。配合天津广播电台办好《物业管理直通车》和《物业管理大家谈》专题栏目，宣传物业管理政策法规、广泛听取民意、解决业主诉求。配合今晚报开辟《我的物业我的家》专题栏目，让广大业主更加全面地了解物业管理政策法规、行业信息、工作动态等，通过身边人身边事传递正能量，披露不文明行为，激浊扬清，共建和谐。

房屋专项维修资金管理

【完善维修资金政策法规体系建设】
2018年，修订了《关于进一步明确房屋应急解危专项资金使用有关问题的通知》（津国土房发〔2018〕3号）、《关于进一步优化退还已交存房屋专项维修资金办理程序的通知》（津国土房发〔2018〕6号）及《关于进一步明确房屋专项维修资金交存工作有关问题的通知》（津国土房发〔2018〕13号）等规范性文件，对应急资金监管、维修资金归集和退还等具体问题进行了进一步明确和调整。

【开展设施设备查勘专业知识培训】
组织各区维修资金监管人员开展设施设备查勘专业知识培训，重点围绕维修资金使用监管中各关键环节以及常见问题，突出房屋共用部位、消防及电梯损坏查勘与维修等内容，聘请专业教师讲解了房屋共用部位、共用设施设备查勘知识以及维修资金使用政策和系统操作流程。为加强培训效果，组织培训人员进行了电梯、消防实训，通过现场演示、互动交流、亲自动手操作等方式，提高工作人员专业水准和现场查勘能力，为更好地履职尽责奠定基础。

【行业管理与服务】 1.加强备选库入库单位管理工作。组织原备选库和复查备选库单位开展专题培训，讲解维修资金新政策及使用管理系统操作规范等内容，与其签订《廉政承诺书》。同时，做好第三方监管单位履职考评工作，根据考评结果适时约谈相关单位。

2.开展维修资金使用专项检查。先后深入河北区、河东区、西青区等36个项目、45批次，对外檐、电梯、道路等维修内容进行了检查，有效防止维修资金的不规范使用。

3.开展维修资金交存票据检查，保障公共资金规范安全运行。联合天津银行深入到全市25个专项维修资金归集网点进行了票据检查。重点对票据的领用、使用、保管情况以及维修资金交款流程进行了核查。通过检查，各归集点在交款收据管理和使用方面更加规范，确保了资金归集的安全。

4.为便于企业履行资金使用申报手续，取消系统操作员考试制度。为进一步提高维修资金申请效率，在服务方面"不给企业设置障碍"，2018年10月取消了系统操作员考试制度，物业企业可自愿申报考试，提高从业人员自身专业水平。

【拓宽专业技术渠道】 1.协调市财政局通过政府购买服务方式，聘请专业部门、专业人员加强对各区维修资金监管。

2. 开展维修资金复查单位备选库招标工作。为进一步扩充审价、监理备选库规模，满足各区需求，通过政府采购方式建立起审价、监理复查单位备选库，加强了对维修资金使用的监管。

【构建"制度+科技"管理模式】 注重利用科技手段，不断提升信息化管理水平。研发了"天津维修资金管理手机APP系统"，方便业主随时了解维修资金使用情况和账户情况，实现管理单位工作人员用手机登录维修资金管理系统，现场办公，提高工作效率；缓解了业主书面确认难度，增强了维修资金使用透明度，保障了业主的知情权和监督权。研发了"天津维修资金业务考试培训系统"，保障了物业服务企业的报件质量和进度，提高维修资金申请使用效率。研发了"增值管理子系统"，实现维修资金增值管理系统化。研发了"结存单管理子系统"，提高了业主结存单的妥投率，为市邮政局开放登陆端口，便于数据导出和投递结果反馈，提高了工作效率。完成了应急系统的改造，进一步落实了"放管服"要求，实现了应急资金管理权限下放各区自管的系统技术支持。同时，在门户网站上开通了"维修资金退款申请"和"维修资金票具查档"两个模块，方便业主和企业网上办理相关业务。

【推进"应急资金下放至各区"改革事项】 2018年，为进一步贯彻市委、市政府"放管服"改革要求，全面落实便民服务宗旨，经报请市政府批准同意，4月份以滨海新区、北辰区作为应急资金使用监管事项下放试点区先试先行。在总结、完善试点下放经验的基础上，指导各区落实开立专户、配备设备和人员、开展一对一业务培训等事宜，8月1日启动全市应急资金使用监管事项下放工作。应急资金使用监管事项下放便于充分发挥区域管理优势，避免了市区两级审核环节重复，从根本上理顺了维修资金管理机制，切实提升了维修资金管理服务水平。

【提升管理服务效能】 1. 坚持问题导向建立会审机制。为解决工作中的实际问题，通过组织召开月度分析会、业务内审会、聘请法律顾问等形式，及时听取各区在维修资金监管中遇到的问题和对工作的建议，对维修资金使用中的疑难问题进行集体研究会诊、制定解决方案。

2. 通过"政府购买公共服务"方式提高监管水平。通过向"政府购买公共服务"的方式，解决了消防设施、电梯等专业度缺失、监管专业力量薄弱这一现实问题。

【实现"最多跑一次"】 1. 实现维修资金申请使用全面网上报件。为全面落实"让企业少跑腿，让信息数据多跑路"要求，自2018年5月起，全市实现应急解危专项资金申请使用网上受理审核；自2018年7月起，全市实现专项维修资金申请使用网上受理审核。物业服务企业在申请使用过程中可随时将申请要件在系统中进行上传。提交备案或划款后，市区两级维修资金监管人员在系统中对电子文档要件进行逐一核查，对存在问题的，立即联系物业服务企业进行一次性告知，指导其进行修改和重新上传。经审核网上申报要件无误的，通知物业服务企业持相关纸质要件到各区物业办或者维修资金中心办理进件业务。维修资金网上申报审核业务的推行，实现了让物业企业"最多跑一次"的目标，同时解决了远郊地区报件不便的问题，大大提高了维修资金使用效率，真正做到了便企利民。

2. 实现维修资金退款、票据查询等业务网上申报。按照市政府"网上办理事项，优化办理流程"的总体要求，积极加快推动维修资金退还、票据查询等事项全面施行网上办理，实现网上提交"退还申请""票据查询"等业务，保证申请人只到中心一次即可办理维修资金退还、票据查询等业务。做到让数据多跑路、让企业百姓少跑腿，坚决把"让企业、百姓最多跑一次"的要求落地、落实。

【开辟宣传途径】 2018年，围绕退还已交存房屋维修资金实现网上办理等新出台的规范性文件开展宣传。主动参与电台《物业管理大家谈》《房管直通车》《政协民心桥》《行风坐标》等栏目，通过宣讲政策、接听热线电话等方式宣传维修资金管理政策。同时还主动参与电视台《都市报道》《聚焦房地产》《第一观察》等栏目制作录播，多层次、全方位进行维修资金政策宣传，提高公众认知度。设计制作了应急资金使用程序动漫宣传片，形象生动地介绍了应急解危专项资金的使用范围、申请使用步骤以及使用过程中的重点提示内容，投放在中心官方网站和微信公众号供广大业主观看。积极推广维修资金新媒体，将维修资金管理手机APP下载二维码、维修资金官方网站关注二维码等信息印制成宣传单，方便业主下载、关注。

物业招投标管理

2018年共完成招标备案项目230个。共受理招标项目264个、3026.46万建筑平方米，比上年增加28%。

【加入市政府公共资源交易平台】 为落实《招标公告和公示信息发布管理办法》中对招标公告发布平台提出的要求，天津市物业管理招投标服务中心于11月成为市政府公共资源交易平台成员单位。同步实现了交易业务系统与市级平台对接、交易完成项目由市平台自动赋码、公开公共资源交易信息实时交互、公共资源交易各类公开信息统一公布、纳入公共资源交易平台系统评价考核的要求，扩大了物业管理招投标公告发布的广度，促进了业务的全面提升。

【开展回访巡查工作】 检查主要包括项目经理实际派驻情况、物业管理服务等级承诺履行情况、实收物业费标准履行情况和人员配备情况等内容，总分100分。回访巡查工作按照"调取档案、现场核查、分数评定、结果反馈、整改落实、结果公示"6个步骤开展。全年完成回访巡查项目72个，分布于13个行政区，其中：住宅70个、非住宅2个，共计1028.14万建筑平方米，共涉及56家中标物业企业。

【加入中国招标投标协会】 天津市物业管理招投标服务中心于2018年1月申请加入了中国招标投标协会并多次参加相关业务培训，开阔了视野，增长了见识。

【物业管理招投标评审创新】 2018年，物业管理招投标评审工作向"以人民为中心"的要求积极转变，以维护广大业主的权益为最终目的，全面落实法治理念，打破惯性思维，与"上位法"对表。积极推动修订《天津市物业管理招标投标管理办法》，规范业务程序，研究细化了前期物业管理项目投标文件评分因素构成，先后两次组织全体专家模拟，确定评分主要因素。同时，逐步组建招投标政策程序研究、人力资源、设施设备、秩序环境、资产财务5个专业研究小组，分类研究评审中的政策依据、技术指标、细节参数、经验数值，进一步分析物业服务费成本因素，构建科学严谨的评审体系。

第八篇 房屋征收管理

概 况

【概况】 2018年，紧密围绕市委、市政府确定的2018年民心工程重点任务，与各区一起迎难而上、攻坚克难，完成市区棚户区改造57.17万平方米，开工建设棚改安置房2万套（户）、基本建成安置房2万套（户），圆满完成民心工程各项指标，在推动城市建设、改善民计民生等方面发挥了重要作用。

指导相关区完成地铁7号线、11号线房屋征收核量核价工作；参与研究地铁7号线、11号线房屋征收资金来源、前置要件等问题，初步确定环内国有土地房屋征收资金由轨道集团和市、区两级财政共同分摊解决；指导研究地铁4号线、10号线房屋征收扩拆工作；协调完成地铁5号线、6号线建设遗留问题中的房屋征收权属信息注销工作。参与研究、编写《进一步加强城市轨道交通规划建设管理的重点工作任务》《关于推进天津市轨道交通场站及周边土地综合开发利用实施意见（试行）》等涉及轨道交通建设的相关文件。

推进棚户区改造

【加强组织协调】 按照属地原则，实施清单式管理，组织各区分别签订目标责任书，梳理完善任务清单、资金清单、房源清单和问题清单，健全动态管理台账，层层细化分解，压实工作责任，明确时间表、路线图、责任人，关死后门。定期召开调度会议，通报工作进展，推动工作进度。

【落实安置房源】 市、区两级集中资源，多渠道筹集落实房源，优先支持棚户区改造。积极创新安置举措，探索建设定向安置商品房的工作思路，在市区出让地块配建部分定向安置商品房；遴选适宜地块，提供给各区整地块用于建设安置房，提升安置品质，让棚户区改造地块居民有更多获得感、幸福感。

【畅通资金渠道】 组织各区逐项目细化棚户区改造资金需求，积极争取商业银行资金支持，加快推进政府购买棚户区改造服务，多渠道筹集落实棚户区改造资金。

【加强风险防控】 跟踪采集棚户区改造项目征拆成本和平衡地块预计出让收入信息，逐项目分析和预测资金平衡情况，全面防范金融风险，为棚户区改造地块规划变动提供指导建议。

【创新建立棚改云监控平台】 按照"挂图作战"理念，用大数据思维创新建立全市统一的棚户区改造云监控平台，整合各区碎片化信息，实现"系统抓、系统管"，便于领导实时掌握棚户区改造的进展情况、存在问题，辅助科学决策。

推进安置房建设

按照《住房城乡建设部办公厅等关于申报 2018 年棚户区改造计划任务的通知》(建办保函〔2017〕551号)要求,组织各区政府结合棚户区改造安置需求,筛选部分已启动前期手续、具备改造条件的项目,纳入新开工和基本建成工作计划。

【分解落实工作责任】 报请市政府将新开工建设任务和基本建成任务目标分解到区,组织各区制定安置房开工和基本建成工作计划,将开工建设任务落实到项目地块、将工作进度细化到月。

【建立定期例会推动机制】 按照工作计划确定的时间节点,定期巡查安置房建设项目,推动开工建设进度。定期梳理安置房难点问题,组织市有关单位及时协调解决。

【建立配建定向安置房制度】 建立在规划环外环范围内出让的居住用地配建定向安置商品房的制度,截至 2018 年底,已在 6 个出让地块配建 1400 套定向安置商品房。

【统筹解决改造安置需求】 选定14个地块提供给各区用于集中兴建定向安置商品房,一揽子统筹解决市区棚户区改造安置需求。截至 2018 年底,东丽区金钟地块已出让,北辰区中储地块、津南区北马集六号地和龙瀚三期、四期地块已具备供地条件,可实现供地。

拆房扬尘治理

【梳理排查拆房工地】 为进一步明确治理目标，落实工作责任，结合市区棚户区改造清零计划，组织相关单位对辖区内拆房工地开展全面梳理排查，进一步摸清底数，逐一建立台账和治理清单，做到情况明、底数清、数字准，确保拆房扬尘污染源无遗漏。

【落实大气污染综合治理方案】 贯彻落实《天津市2017年—2018年秋冬季大气污染综合治理攻坚行动方案》（津党厅〔2017〕82号）要求，在规定期限内，全市所有拆房工地一律停止一切拆房施工和渣土清运活动。

【加强拆房工地监管】 坚持每天定时巡查和重点抽查，组织专人在拆房施工作业期间全程值守拆房工地，确保全覆盖、无遗漏，严格落实好"六个百分百"扬尘控制要求，所有在施拆房工地均安装扬尘在线监测和视频监控系统。

第九篇

村镇建设

农村困难群众危房改造

【概况】 2018年，结合五年危房改造实践，完善农村危房改造政策。引入第三方专业机构，提升危房鉴定精准度。特别是按照市政府深入推进"互联网+政务服务"要求，开通了"天津农村危房改造"微信公众号，畅通农户危房改造诉求渠道，受到群众的一致好评。全年完成5158户危房改造任务，圆满完成工作目标。

【组织开展专题工作调研】 随着农村困难群众危房改造工作进入攻坚克难期，针对农户资金筹措难、危房改造对象认定难等问题，深入各区实地调研，邀请区、镇、村各级代表座谈12场，发放调查问卷，结合座谈调研情况和数据分析，汇总梳理瓶颈问题，并有针对性地调整工作思路，开展政策研究。

【完成危房改造绩效评价和审计整改】 针对各区实施情况实地检查考核，围绕37项指标评分，完成危房改造绩效评价工作并将情况专报市政府；配合天津市审计局，历时4个月完成上年度危房改造审计工作。各区收到反馈结果后高度重视，组织人员逐项对照核查，迅速完成整改。

【规范危房改造对象认定程序】 调整认定思路，梳理工作流程，印发了最新危房改造对象认定意见。实行"农户报名、信息核实、村级评议、镇级审核、区级备案"五步认定。引入第三方专业机构开展危房鉴定，从技术角度确保精准度，为危房改造效果打下坚实基础，保证应改尽改。

【调整危房改造资金补助标准】 针对5年来危房改造成本上升问题，经与市财政局会商，将C级补助标准由6000元提高至1.2万元，D级补助按照户均3.76万元向各区下拨，各区结合实际，自行制定不低于2013年方案的合理补助标准，从而减轻困难群众危房改造资金负担，避免因建房返贫。

【结合推广节能改造示范】 按照《天津市冬季清洁取暖试点城市实施方案》，推进农村地区用户端建筑能效提升，结合农村困难群众危房改造，全市新建和改造节能示范户5000户，全部达到建筑节能示范标准，助力天津市冬季清洁取暖。

【推行加固改造方式】 本着节约原则，大力推广适合天津农村实际的、造价低、工期短、安全可靠的农房加固技术，印发《天津市农村危房加固改造技术指南》，充分调动农户积极性，在保证住房安全的基础上，通过投工投劳互助降低成本。

【畅通群众诉求渠道】 按照市政府深化"放管服"改革、加快推进"互联网+政务服务"要求,研发"天津农村危房改造"微信公众号,农户可自行或通过乡镇干部协助,在微信平台直接报名,市、区两级实时监督,确保农户诉求得到重视回应,并实时发布最新的政策、动态,推送农房加固改造、节能保温技术,助力全市农民自建房建设水平提升。

【结对帮扶困难村工作形成合力】 按照全市开展新一轮结对帮扶困难村"十项帮扶行动"方案部署,做好新一轮结对帮扶困难村危房改造工作,结合帮扶实际进一步细化帮扶村危房改造措施,设定分年度目标,通过政府补助、帮扶单位支持和社会参与等措施多方筹集资金,使危房改造工作与帮扶工作形成合力,做好全市结对帮扶村困难群众住房安全保障。

【开展农村危房改造领域作风问题专项治理】 按照住房和城乡建设部统一部署,全面开展农村危房改造自查清查活动,重点查找资金管理、危房等级鉴定、危房改造对象认定、工程质量监管等方面存在的不严不实作风问题,确保农村危房改造工作中存在的责任落实、监督管理、制度执行、作风建设等方面的突出问题无处遁形。

农村人居环境示范村提升改造

【**完成农村人居环境示范村创建年度目标**】 以成片房屋整治、改善村容村貌为重点，推进宁河区杨泗村等住建部第一批人居环境示范村提升改造。指导各村遵循设计导则开展特色民居改造，注重绿色宜居、突出文化底蕴，充分体现天津乡村风貌特色，通过典型示范，推动全市农村人居环境改善。

【**提升农村建筑风貌和性能**】 开展农村传统特色民居改造和特色图集设计工作，总结提炼有天津特色的房屋布局、建筑元素、风貌特征等，编制能够指导天津农村民居改造的特色民居设计方案。选取滨海新区茶淀街孟家鄦村，进行特色民居改造示范，通过在建筑风格上保持田园传统、突出天津特色，在综合功能上体现天津创造，留住故乡记忆。

【**农村人居环境普查数据分析**】 基于农村人居环境普查系统的44项指标构建评价体系，对3620个行政村开展全面数据分析。分析结果对应村庄发展的3个阶段，即农村生活基础设施建设阶段、农村环境整治阶段、美丽乡村发展阶段，为天津市针对不同类型村庄分类施策提供了一定的理论依据。

传统村落保护与发展

【开展中国传统村落调查】 指导天津推荐参加第五批中国传统村落评选的蓟州区孙各庄满族乡隆福寺村、蓟州区出头岭镇官场村、宝坻区八门城镇陈塘庄村3个村开展保护规划编制。宝坻区陈塘庄村入选第五批中国传统村落。

【指导黄崖关村传统村落保护项目实施】 将中央财政资金300万元用于村落核心区域内黄崖关关城兑院、震院等设施的保护与修缮，项目已完成。按照市财政要求，开展中央对地方专项转移支付绩效目标评测，中央财政支持传统村落保护资金全额到村，使用比例达100%，传统建筑得到了有效保护。

提升农民自建房质量安全管理水平

【开展农民自建房建设管理调研】 深入各区开展走访调研，了解掌握天津市农村住房建房现状、建设需求、建设能力，职能部门管理现状、管理能力、政策执行情况和存在的问题，为建立和完善全市农村住房建设安全管理体系，提升农村自建房安全质量建设管理能力提供决策依据。

【开展农民自建房领域建设安全排查整治】 安排部署对农民自建房领域建设安全的督促检查，深入推进安全生产大排查大整治活动落地生效，确保问题隐患得到彻底整治。

【加强农民自建房质量安全管理培训】 召开全市农民自建房建设质量安全管理专题培训会，强调贯彻落实住建部"五个基本"要求和农民自建房建设的属地责任、行业责任、主体责任意义。

【开展全市村镇建筑工匠培训】 共举办7期，有2400余人参训，为各镇各村建设农民住房工作提供了技能人才支持，切实提升了天津市农民自建房质量安全管理水平。

结对帮扶困难村

【加强组织建设】 把抓好党建作为完成帮扶任务的政治基石，按照全市换届选举工作统一部署，多次结合村两委会、党员大会、党群先锋队等活动传达换届选举政策精神，推动两村顺利完成两委换届选举工作，书记、主任实现"一肩挑"，委员高票当选，程序严谨合规。

【改善人居环境】 编制村庄规划，全力推进村民服务中心建设，针对村庄基础设施较差实际，结合发展需求，积极协调各项政策。

【精准帮扶到户】 做实做细建档立卡工作，剖析致贫原因，摸清帮扶需求，在元旦、春节、八一等节日开展走访慰问，将党和政府的温暖送到困难群众心坎上。

【助力村民致富】 春耕时节，请市、区两级农业技术帮扶指导组引进种植新技术，一同深入田间地头，帮助村民检测土质，制定措施、优选种植方案，并帮助解决农户小米滞销等问题，增强农户致富信心。以帮扶村传统养殖产业为切入点，参考杭州临安"太阳公社"养猪＋旅游模式，积极推动养殖产业转型升级，为村庄长远发展奠定基础。

第十篇 工程勘察设计

行业管理

【概况】 天津市勘察设计行业持续平稳健康发展,技术实力稳步提升。截至2018年底,全市共有勘察设计单位334家,其中甲级178家,占总数的53.29%,工程设计综合类甲级单位5家,工程勘察综合类甲级、海洋工程勘察综合类甲级单位10家。全市共有勘察设计从业人员7.84万人,专业技术人员5.41万人,其中全国工程勘察设计大师34名,天津市工程勘察设计大师51名,注册建筑师和勘察设计注册工程师5298人,高级职称1.48万人。

2018年全行业营业收入总计2036亿元,其中工程勘察收入44亿元、工程设计收入159亿元、工程总承包收入776亿元。2018年全行业新签合同额1963亿元。

2018年全行业科技活动费用支出总额69.53亿元,科技成果转让收入总额8.27亿元,累计拥有专利8907项、参编或主编国家、行业、地方标准862项,参编国家、行业、地方标准设计64项。

2018年,全市施工图审查机构共计审查房屋建筑工程勘察文件1178项,施工图设计文件1606项,总建筑面积6854.14万平方米;共计审查市政基础设施工程勘察文件522项,施工图设计文件501项,投资额840.13亿元。

【行业管理】 1. 取消外地勘察设计企业进津登记。按照市委、市政府关于"承诺制、标准化、智能化、便利化审批制度改革"的有关要求,为健全统一开放、竞争有序的勘察设计市场体系,市建委2018年9月发文正式取消外地进津勘察设计企业信息登记制度。进入天津市行政区域承揽业务的外地勘察设计企业,无须办理进津登记手续,即可参与勘察设计投标,承揽资质范围内的勘察设计业务。天津市对外地勘察设计企业进津承揽业务的监管,已实现"零准入、零门槛"。在天津市承揽房屋建筑和市政基础设施工程勘察设计任务的外地勘察设计企业信息和执业人员信息,改由施工图数字化审查平台自动抓取。对于外地勘察设计企业在津承揽业务的监管,由事前登记监管改为纳入勘察设计质量统筹监管。

2. 大幅减少勘察设计资质审批要件和审批时限。按照《天津市承诺制标准化智能化便利化审批制度改革实施方案》(津党办发〔2018〕28号)、《天津市人民政府办公厅关于印发天津市承诺制标准化智能化便利化审批制度改革五个配套办法的通知》(津政办发〔2018〕25号)

文件要求，在天津市人民政府行政审批管理办公室的统一部署下，分两批对勘察设计资质审批要件进行了梳理，对非关键审核指标的申报材料和可通过平台查询的申报材料进行了消减。在审批时限方面，将证照类事项的审批时间统一压缩到了5日以内（不含专家评审时间），审批时间提速60%。

3. 推进勘察设计企业资质告知承诺审批。为提高勘察设计资质行政审批效率，推进勘察设计行业持续健康发展，市建委印发《关于精简勘察设计企业资质申报要件实行告知承诺审批的通知》（津建设〔2018〕541号），规定企业自主选择以告知承诺方式申请勘察设计资质的，在提交《告知承诺书》和企业工商信息、注册人员基本信息后，即可以承诺方式直接取得勘察设计资质证书，证书副本备注告知承诺审批信息。60个工作日内企业补齐申报材料且通过专家审查的，予以通过，证书副本去除告知承诺审批字样；60个工作日内企业未履行承诺的，责令停业整改3个月，整改期限内未整改到位的，依法撤回资质。

4. 按月开展勘察设计企业资质动态核查，保持高压严管态势。按照《天津市建设工程勘察设计企业动态核查办法》（津建设〔2017〕497号），全年共开展12次勘察设计企业动态核查，共计核查110家企业，核查率为全部勘察设计企业的32.5%，按照相关法律法规，对存在不同问题的62家企业下发了《责令改正通知书》，注销了5家企业资质。

施工图审查和勘察设计质量监管

【**强化监管**】 持续强化勘察设计质量事中事后监管。2018年持续加强对天津市建筑工程勘察设计行业的事中事后监管，全年共组织开展勘察工程、公共建筑、节能绿建、光纤到户、超限高层建筑工程抗震设防、建设工程、城市轨道交通、市政基础设施工程、装配式建筑、无障碍、保障房和抗震设防等12项专项质量检查，共计检查工程项目72项，对发现违反工程建设强制性标准的天津市新型建材建筑设计研究院、天津市清苑设计信息咨询有限公司进行了行政处罚。

【**"联合审图"改革**】 开展施工图设计文件"联合审图"改革。深入贯彻落实国务院工程建设项目审批制度改革试点要求，会同天津市人民政府人民防空办公室、天津市公安局消防局联合印发《关于全面推行施工图设计文件联合审图改革的实施意见》（津建设〔2018〕439号），将建设项目消防设计审核、备案，结合民用建筑修建防空地下室设施许可事项的技术审查并入施工图设计文件审查，建立"联合审图"制度。建设单位取得《建设工程规划许可证》或《建设工程规划许可意见函》后，即可送审，实现了"一类机构、一个标准、一次审查、结果互认、多方共管"的改革目标。

【**实现数字化审图**】 2018年6月，天津市数字化审图系统轨道交通工程数字化审图功能正式上线，天津市在全国率先实现施工图审查数字化全覆盖。在此基础上，完成了天津市数字化审图系统与天津市工程建设项目联合审批系统的对接，实现了施工图审查全过程在线监管，达成建设单位"一网通办"的改革目标。

【**勘察设计企业信用试评**】 为进一步规范天津市建设工程勘察设计市场秩序，按照《市建委关于印发〈天津市勘察设计企业信用评价办法（试行）〉的通知》（津建设〔2017〕464号）要求，进行了2018年度勘察设计企业信用评价试评工作。参评勘察设计企业共计504家，有效参评企业502家，其中本地勘察企业42家、本地设计企业202家、外地勘察企业43家、外地设计企业215家。

地方标准编制及管理

【**工程建设地方标准编制及管理**】2018年,天津市工程建设标准坚持服务城建中心任务、为城建事业高质量发展提供技术支撑,共发布装配式建筑、绿色建筑以及民生领域、新技术应用等29项标准(含1项京津冀区域协同工程建设标准和4项导则)、14项标准设计图集和1项团体标准,总计开展标准宣贯10余场,培训千余人次。截至2018年底,天津市现行工程建设地方标准(含导则)总计172项、标准设计图集总计43册(套),现行团体标准1项。

【**编制团体标准**】 充分发挥市场在标准资源配置中的决定性作用,积极鼓励和引导社会团体编制拥有自主知识产权的标准,供市场自愿使用。2018年,共有8家协会、学会等社会团体完成在全国团体标准信息平台上的注册工作,具备了编制和发布的资格。其中,天津市监理协会团体标准《建筑工程监理工作标准指南》已发布实施。

【**推动京津冀协同**】 贯彻服务京津冀协同发展重大国家战略,与北京市住房和城乡建设委员会、北京市规划和自然资源委员会、河北省住房和城乡建设厅多次召开京津冀工程建设标准协同发展推动会,启动绿色雪上运动场馆评价标准、综合管廊工程系列标准编制工作。其中,首部京津冀区域协同工程建设标准《绿色雪上运动场馆评价标准》于2018年底发布实施,该标准为全国首个区域性工程建设标准,开创了工程建设标准领域区域协同的先河。

【**标准核查**】 坚持标准高质量发展,2018年下半年,针对天津市现行标准以及历年在编未完成标准项目开展全面核查、梳理。结合天津市城建工作发展需要、工程建设领域技术进步和产业政策调整,以及标准管理改革总体要求,共废止18项现行标准、取消18项在编标准编制计划、22项现行标准列入2019年修订计划。

【**标准化改革**】 落实工程建设标准化改革总要求,推动"互联网+政务服务"改革目标,2018年初完成天津市工程建设标准全文公开网站建设,上线运行。公众可以登录"天津市住房和城乡建设委员会网站—专题专栏—标准规范"进行标准文本查询、在线浏览下载、在编标准查询等,方便了社会各界快捷地获取标准信息和随时随地查阅标准文本,提高了标准使用效率,最大限度发挥了标准作用。

第十一篇 科技发展及技术进步

建筑节能

【建筑节能】 1. 扎实推进建筑节能工作，发布《天津市2018年建筑节能和科技工作要点》，明确各区建筑节能工作目标，督导各区加强建筑节能工程质量检查，确保本市新建民用建筑100%执行建筑节能设计标准。

2. 新建建筑能效不断提升，新建75%节能率居住建筑4243.19万平方米，65%节能率公共建筑653.64万平方米。

3. 修订《天津市建筑节约能源条例》，取消建筑节能材料、设备和技术备案与建筑节能技术资料备案2项服务事项。

4. 推动实施既有居住建筑节能改造208万平方米。稳步推进既有公共建筑节能改造，发布《天津市既有公共建筑节能改造项目奖补办法（暂行）》（津建发〔2018〕3号），制定了《天津市公共建筑能效提升重点城市工作指南》，明确了改造具体实施流程和文件模板，全年完成既有公共建筑节能改造173万平方米，涉及政府机关、医院、学校、酒店、商业等21个项目。

5. 积极推动超低能耗建筑发展，发布《关于加快推进被动式超低能耗建筑发展的实施意见》（津建科〔2018〕535号），明确了工作目标、主要任务和相关政策支持等。

绿色建筑

【发布《天津市绿色建筑管理规定》】为推动天津绿色建筑健康发展,全面落实《天津市绿色建筑管理规定》(津政令〔2018〕2号),天津市建委制定了《天津市绿色建筑管理规定实施方案》,2018年5月1日正式实施。

1. 完善绿色建筑工作机制,制定发展规划,建立协调机制,完善统计体系,加强考核督导。

2. 打造绿色建筑精品项目,建设绿色生态城区,推进绿色建筑运营,发展被动式低能耗建筑,推行装配式建筑,促进绿色建材和设备应用。

3. 加强绿色建筑建设监督,修订管理办法,严控建设条件,加强设计监管,确保施工质量,规范评价工作,建立信用体系。

4. 做好相关保障工作,加强资金支持,推进技术进步,开展宣贯培训。

【开展执行绿色建筑设计标准项目统计】民用建筑100%执行绿色建筑标准,通过施工图审查绿色建筑项目828项,建筑面积5144.86万平方米。

【开展绿色建筑、绿色建材评价工作】2018年全市60个建筑项目获得绿色建筑评价标识,建筑面积600.87万平方米。其中,获得一星级绿色建筑设计标识的建筑项目16个、建筑面积199.02万平方米;获得二星级绿色建筑设计标识的建筑项目40个、建筑面积372.77万平方米;获得三星级绿色建筑设计标识的建筑项目4个、建筑面积29.08万平方米。

2018年获得天津市绿色建筑片国家标识项目

序号	项目名称	评价机构	项目类型	标识类别	评定星级	申报建筑面积(万平方米)
1	中新天津生态城中部片区11A地块小学项目	天津市城市科学研究会	公共建筑	设计标识	★★	1.2
2	天津生态城南部片区青溪花苑项目一期(1—8号楼、19—34号楼、46号楼)	天津市城市科学研究会	住宅建筑	设计标识	★★	16.44

续表

序号	项目名称	评价机构	项目类型	标识类别	评定星级	申报建筑面积（万平方米）
3	天津万海购物中心	天津建科建筑节能环境检测有限公司	公共建筑	设计标识	★	17.16
4	天津东丽湖绿洲嘉园东地块21—24、26—0号楼	天津建科建筑节能环境检测有限公司	住宅建筑	设计标识	★★	13.02
5	天津东丽湖绿洲嘉园西地块5、7—14、17—20号楼	天津建科建筑节能环境检测有限公司	住宅建筑	设计标识	★★	19.18
6	天津东丽湖丽健园一、二期项目	天津建科建筑节能环境检测有限公司	公共建筑	设计标识	★★	17.24
7	天津东丽湖丽健园三、四期项目	天津建科建筑节能环境检测有限公司	公共建筑	设计标识	★★	14.36
8	天津东丽湖万科城九期（揽城苑）5—13号楼项目	天津建科建筑节能环境检测有限公司	住宅建筑	设计标识	★★	8.59
9	天津东丽湖赛道南赏湖苑20—31号楼项目	天津建科建筑节能环境检测有限公司	住宅建筑	设计标识	★★	9.62
10	天津东丽湖万科城赛道南赏湖苑（32号—49号、52号—55号、58号—59号楼）项目	天津建科建筑节能环境检测有限公司	住宅建筑	设计标识	★★	12.81
11	吾悦华府（24—26号楼）	天津建科建筑节能环境检测有限公司	公共建筑	设计标识	★★	1.34
12	天津新城吾悦广场1—7号楼、地下车库及地下商业	天津建科建筑节能环境检测有限公司	公共建筑	设计标识	★★	25.52
13	万海华府北苑、万海华府南苑	天津建科建筑节能环境检测有限公司	混合建筑	设计标识	★	28.20
14	芳庭雅苑	天津建科建筑节能环境检测有限公司	混合建筑	设计标识	★★	7.41
15	天津华侨城A3地块(寄湖苑27—36号楼、寄涛苑1—8号楼、1—3号车库)项目	天津建科建筑节能环境检测有限公司	住宅建筑	设计标识	★★	11.93
16	天津江宇城3—36号楼、41—50号楼住宅项目	天津建科建筑节能环境检测有限公司	住宅建筑	设计标识	★	33.60
17	天津江宇城幼儿园项目	天津建科建筑节能环境检测有限公司	公共建筑	设计标识	★	0.38
18	天津市津南区江宇城1—2号、37—40号、52—53号商业项目	天津建科建筑节能环境检测有限公司	公共建筑	设计标识	★	3.57
19	天津市津南区恒悦华府住宅建筑（1—23号、39—46号）	天津建科建筑节能环境检测有限公司	住宅建筑	设计标识	★	30.44
20	天津市津南区小站消防站工程	天津建科建筑节能环境检测有限公司	公共建筑	设计标识	★	0.40

续表

序号	项目名称	评价机构	项目类型	标识类别	评定星级	申报建筑面积（万平方米）
21	东丽湖百合澜庭项目（澜景馨园）1—10号楼	天津市建筑设计院	住宅建筑	设计标识	★★	9.96
22	天津市宝坻区润和佳园小区项目（1—6号楼、9—18号楼）	天津市建筑设计院	混合建筑	设计标识	★	10.4
23	天津德秀轩一期1—17号楼住宅及配套底商项目	天津市建筑设计院	混合建筑	设计标识	★	9.22
24	七贤北里幼儿园	天津建科建筑节能环境检测有限公司	公建	设计标识	★★	0.35
25	天津市张家窝镇第二小学	天津建科建筑节能环境检测有限公司	公共建筑	设计标识	★	0.97
26	天津市张家窝镇第五幼儿园	天津建科建筑节能环境检测有限公司	公共建筑	设计标识	★	0.44
27	中新天津生态城十二年制学校项目	天津建科建筑节能环境检测有限公司	公共建筑	设计标识	★★★	5.35
28	中新天津生态城中部片区29号地块小学、幼儿园	天津建科建筑节能环境检测有限公司	公共建筑	设计标识	★★★	3.21
29	中新天津生态城中部片区03-05-01A（57A）亿利住宅	天津建科建筑节能环境检测有限公司	居住建筑	设计标识	★★	22.46
30	中新天津生态城南部片区9B地块住宅项目	天津建科建筑节能环境检测有限公司	居住建筑	设计标识	★★★	14.74
31	中新天津生态城南部片区15号地块公屋二期2A期（1—3、6—9号楼）	天津建科建筑节能环境检测有限公司	居住建筑	设计标识	★★★	5.78
32	中新天津生态城信息大厦	天津建科建筑节能环境检测有限公司	公共建筑	设计标识	★★	3.58
33	中新天津生态城18B地块幼儿园项目	天津建科建筑节能环境检测有限公司	公共建筑	设计标识	★★	0.5
34	中新天津生态城世贸新城05-10-05-01地块（20a）住宅项目（二期、三期）	天津建科建筑节能环境检测有限公司	居住建筑	设计标识	★	15.96
35	中新天津生态城42号地块幼儿园	天津建科建筑节能环境检测有限公司	公共建筑	设计标识	★★	0.48
36	中加生态示范区一组团项目（临海新城08-02-60地块）（枫情商业广场）4—9号楼	天津建科建筑节能环境检测有限公司	公共建筑	设计标识	★★	1.88
37	中加生态示范区二组团项目（临海新城08-02-70地块）枫丹园（1—34号楼）	天津建科建筑节能环境检测有限公司	居住建筑	设计标识	★★	12.15

续表

序号	项目名称	评价机构	项目类型	标识类别	评定星级	申报建筑面积（万平方米）
38	中加生态示范区一组团项目（临海新城 08-02-61 地块）枫博园（1—26 号楼）	天津建科建筑节能环境检测有限公司	居住建筑	设计标识	★★	6.66
39	中新天津生态城中福地块幼儿园项目	天津建科建筑节能环境检测有限公司	公共建筑	设计标识	★★	0.73
40	中新天津生态城中加地块幼儿园项目	天津建科建筑节能环境检测有限公司	公共建筑	设计标识	★★	0.54
41	于家堡金融区起步区 03-04 地块	天津建科建筑节能环境检测有限公司	公共建筑	设计标识	★★	19.3
42	京基天颐津城揽景轩住宅小区项目（1—64 号楼）	天津建科建筑节能环境检测有限公司	公共建筑	设计标识	★	9.12
43	铂雅轩	天津建科建筑节能环境检测有限公司	混合建筑	设计标识	★	9.71
44	新壹街广场	天津建科建筑节能环境检测有限公司	公共建筑	设计标识	★★	6.08
45	蓟州区云山苑项目（1—32 号楼）	天津建科建筑节能环境检测有限公司	居住建筑	设计标识	★	10.4
46	李七庄街王兰庄地块项目	天津建科建筑节能环境检测有限公司	公共建筑	设计标识	★★	3.05
47	天津宜家家居商场项目	天津建科建筑节能环境检测有限公司	公共建筑	设计标识	★★	7.88
48	天津茉莉亚学院	天津建科建筑节能环境检测有限公司	公共建筑	设计标识	★★	4.5
49	天津澜和湾 1—24 号楼住宅项目	天津建科建筑节能环境检测有限公司	居住建筑	设计标识	★★	19.43
50	天津源和湾 1—36 号楼项目	天津建科建筑节能环境检测有限公司	居住建筑	设计标识	★★	26.64
51	天津邓善沽北苑（津滨塘挂2014-2 地块)1—10 号楼项目	天津建科建筑节能环境检测有限公司	居住建筑	设计标识	★★	9.72
52	天津邓善沽南苑（津滨塘挂2016-3 地块)1—10 号楼项目	天津建科建筑节能环境检测有限公司	居住建筑	设计标识	★★	11.57
53	博岸名邸	天津建科建筑节能环境检测有限公司	混合建筑	设计标识	★★	4.58
54	滨海新区中医医院（天津中医药大学第四附属医院）一期建设工程	天津建科建筑节能环境检测有限公司	公共建筑	设计标识	★★	11.2
55	滨海新区塘沽湾上海道小学	天津建科建筑节能环境检测有限公司	公共建筑	设计标识	★★	2.34

续表

序号	项目名称	评价机构	项目类型	标识类别	评定星级	申报建筑面积（万平方米）
56	滨海新区南部新城津泰道幼儿园	天津建科建筑节能环境检测有限公司	公共建筑	设计标识	★★	0.38
57	滨海新区新城镇社区服务中心	天津建科建筑节能环境检测有限公司	公共建筑	设计标识	★★	0.69
58	玺悦峰花园二期项目	天津市建筑设计院	混合建筑	设计标识	★	19.05
59	天津市宝坻区方家庄镇方家庄中心小学新建幼教楼工程	天津市建筑设计院	公共建筑	设计标识	★★	0.36
60	滨海科技园渤龙新苑工程项目（1—28号住宅楼）	天津市建筑设计院	居住建筑	设计标识	★★	27.1

2018年获得天津市绿色建材评价标识企业

序号	单位名称	评价机构	申报产品名称	分数	星级
1	天津市昊鹏建材股份有限公司	天津市建筑工程质量检测中心	预拌砂浆	74.2	二星
2	天津市建凝混凝土有限责任公司	天津市建筑工程质量检测中心	预拌混凝土	73.75	二星
3	天津市九远建材有限公司	天津市建筑工程质量检测中心	预拌混凝土	74.71	二星
4	天津北疆环保建材有限公司	天津市建筑工程质量检测中心	砌体材料（蒸压加气混凝土砌块）	77	二星
5	天津小古林混凝土有限公司	天津市建筑工程质量检测中心	预拌混凝土	75.75	二星
6	天津市宏福源商砼股份有限公司	天津市建筑工程质量检测中心	预拌混凝土	75	二星
7	天津市杰美佳业混凝土有限公司	天津市建筑工程质量检测中心	预拌混凝土	79	二星
8	天津市森源建筑有限公司混凝土搅拌站	天津市建筑工程质量检测中心	预拌混凝土	75.25	二星

2018年共8家企业产品获绿色建材二星级评价标识，其中预拌砂浆1家、预拌混凝土6家、砌体材料（蒸压加气混凝土砌块）1家。

第十一篇 科技发展及技术进步

装配式建筑

【制定《天津市装配式建筑"十三五"发展规划》】 2018年1月18日正式印发，《规划》提出"十三五"时期天津装配式建筑发展的总体目标是：通过五年的努力，建立适应天津装配式建筑发展的技术体系、标准体系、产品体系、服务体系和监管体系，形成一批设计、生产、施工一体化的装配式建筑骨干企业和工程总承包企业，市场主体协同创新能力显著增强，京津冀区域合作向纵深发展，装配式建筑实施比例稳步提高，建筑质量和品质全面提升，节能减排绿色发展成效显著。《规划》明确到2020年的具体目标为：全市装配式建筑占新建建筑面积的比例达到30%以上，其中，重点推进地区装配式建筑实施比例达到100%；其他区域商品住宅装配式建筑实施比例达到20%以上。

【完善标准规范】 2018年发布了《装配式钢结构住宅设计示例》（DBJT29-216-2018）和《装配整体式剪力墙住宅施工图设计深度图样（预制剪力墙板）》（DBJT29-217-2018）两个地方标准，从而基本形成覆盖设计、生产、施工和使用维护全过程的本市装配式建筑标准规范体系，为进一步发展装配式建筑提供有效技术支撑。国家《装配式建筑评价标准》发布实施后，为保证天津装配式建筑认定指标与国家标准的一致性，发布了《市建委关于天津市装配式建筑执行国家〈装配式建筑评价标准〉的通知》（津建科〔2018〕453号），明确规定自2019年1月1日起全市装配式建筑的装配率计算、认定和等级评价全面执行国家标准。

【示范项目引领带动】 为充分发挥装配式示范项目的引领示范效应，发布了《市建委关于组织开展2018年装配式建筑工程示范项目工作的通知》（津建科〔2018〕456号），进一步加大装配式建筑示范工作力度，确定了13个市级装配式建筑示范项目，在竖向结构、外挂墙板、高装配率、建筑信息模型（BIM）、设计采购施工总承包（EPC）、装配式装修等方面具有较强的示范效应。其中天津生态城项目是天津住宅集团首次在商品房中采用以投资开发为主导的工程总承包模式打造的装配式建筑，同时也是高星级绿色建筑和装配式建筑的完美结合。该模式以投资为动力，设计为龙头，实现设计、生产、采购、施工一体化的全产业链建设管理，充分发挥工程总承包的技术管理优势，通过优化设计和精细化管理，实现各环节的深度融合和资源的高效配置。

【优化生产基地总体布局】 2018年引导企业在蓟州、宝坻、武清、汉沽、东丽、津南和临港工业区新建7家部品部件生产企业,全市装配式建筑部品部件生产企业累计达到20家,形成了187万立方米预制混凝土构件生产能力,223万吨预制钢构件生产能力,生产基地均布在中心城区周边,总体布局更趋合理。积极支持静海区创建装配式建筑产业示范园,探索装配式建筑研发、设计、生产、检测、咨询、宣传展示和教育培训等全链条的产业集群发展模式。

【宣传推广】 天津市绿色建筑促进推广中心和天津市装配式建筑产业技术创新联盟等单位通过举办一系列的政策宣讲解读、标准宣贯、装配式建筑专题培训、装配式建筑技术交流、装配式建筑产业基地和项目现场观摩等活动,大力增进从业人员对装配式建筑的了解,不断提高整体实施能力。

【开展专项督查】 2018年8月、12月组织开展了两次装配式建筑实施情况专项检查,针对装配式建筑项目设计和施工情况进行了现场检查,有力推动了全市装配式建筑发展工作。

静海白领公寓钢模块项目现场图 (1)

静海白领公寓钢模块项目现场图 (2)

双清新家园1号地现场图

建设科技成果推广与转化

【建设科技成果推广与转化】 为加快促进建设领域科技成果转化,提高建设科技水平,推动产业技术升级,按照《建设领域推广应用新技术管理规定》(建设部令第109号)及《天津市建设领域推广应用新技术实施细则》(津建科〔2016〕580号)有关规定,2018年发布了《天津市建委关于征集2018年天津市建设领域推广技术(产品)项目的通知》(津建科〔2018〕213号),广泛征集天津2019年的推广技术(产品)。

【申报推广技术(产品)项目条件】 符合国家工程建设的方针、政策和标准,具有先进性、科学性和适用性,能提高施工效率和综合效益,有利于节约资源和保护环境;具备必要的应用技术标准、工法、设计标准图集,使用维护管理手册或技术指南等配套完整、指导性强的标准化应用技术文件;技术先进、成熟、辐射能力强,适合在本市推广应用;申报单位是独立法人单位,必须是成果持有单位且具备较强的技术服务能力,申报的推广技术(产品)不得与现已公布的天津推广技术(产品)雷同,不得存在知识产权纠纷和争议;申报建筑材料、设备等产品类的应提供相应的型式检验报告;申报国家、行业和本市现行工程建设标准、规范、规程未涉及的新技术(产品)以及境外技术(产品)的,技术依托单位应当提供以下资料:鉴定时间在一年以上的相关机构科技成果鉴定、评估或新产品新技术鉴定、工程建设企业标准及合规性判定意见和已在两项及以上建设工程应用的佐证材料;不属于国家及天津明令限制和禁止使用的技术(产品)。

经专家审查通过,并经网上公示无异议,共计确定5项技术为2018年天津市建设领域推广技术(产品)项目。

2018年天津市建设领域推广技术（产品）项目

序号	类别	名称	技术原理	适用范围
1	施工技术	超高层核心筒内爬式塔吊底部随升防护施工技术	该技术采用"硬质防护层+缓冲防护层"双重防护结合的形式及抗倾覆装置，随塔吊整体提升的方法，有效解决筒内安全防护和交叉施工的需要。	适用于超高层建筑核心筒水平防护。
2	施工技术	高大模板支撑架体实时监控技术	该技术采用新型的数字化监控系统，对高大模板支撑架体的轴力、位移和倾角进行实时监测并通过电脑端和手机APP端实时监控、分级预警，具有监测参数全面、实时采集参数、监测管理直观、监测响应及时等优点。	适用于高大模板支撑体系施工的安全监控。
3	施工技术	钢结构网架分单元拼接顶升施工技术	该技术为大跨度场馆多次顶升外扩技术，利用不同结构标高，实现了多区域不同标高同时施工，在网架拼装过程中，解决了网架在外扩顶升过程中网架整体位移、顶升架体的区域布置和卸载间隔等问题。	适用于大型钢网架外扩顶升安装。
4	施工技术	可调节整体顶升平台及模架体系施工技术	该技术采用箱梁式整体顶升平台支撑方式，通过偏心箱梁平衡提升、整体顶升平台桁架系统与挂架连接装置、可调节整体顶升平台监控系统，实现上、下箱梁的交替提升，具有整体顶升平台调节灵活性。	适用于超高层建筑施工。
5	轨道交通	地铁盾构法隧道施工安全及运营期安全关键技术	该技术通过地表变形对盾构掘进参数的敏感性分析方法，系统提出了盾构施工环境影响的精细化分析，确定了地表变形对盾构隧道各掘进参数的敏感度，实现了盾构施工对环境影响的精细控制，提出了基坑对既有隧道影响的影响区划分，研发了基坑外既有运营隧道变形控制的矢量法注浆技术。	适用于地铁隧道施工期间对周边环境变形的控制，以及临近地铁施工基坑对运营隧道变形的控制。

建设领域科技专家库

【建设领域科技专家库】 为充分利用建设科技领域专家资源，促进建设领域科技成果转化，提高建设工程技术含量，促进建设科技进步，按照《天津市建设领域科技专家和科技专家库管理办法》（津建科〔2016〕661号）及《市建委关于组织申报第二批天津市建设领域科技专家的通知》（津建科〔2017〕168号）等文件要求，在个人申报和单位推荐的基础上，共计审核纳入天津市建设领域科技专家库（第二批）629人，其中建筑工程类专家297人，市政工程类专家249人，公路工程类专家78人，岩土工程类专家81人，轨道交通工程类专家112人，环境工程类专家80人，能源工程类专家44人，建筑材料类专家42人，建筑设备类专家74人，建设领域青年专家人才储备73人。

工程建设工法

【工程建设工法】 为推动天津工程建设施工工法的开发与推广应用,促进建设领域科技成果转化,按照住房城乡建设部《工程建设工法管理办法》(建质〔2014〕103号)有关规定,组织开展2018年天津市城乡建设领域工程建设施工工法(以下简称"工法")申报工作,共受理企业申报工法148项,其中房屋建筑工程类88项,土木工程类59项,工业安装工程类1项。

按照《工程建设工法管理办法》(建质〔2014〕103号)规定,结合天津城乡建设发展实际,市建委组织开展了2018年天津市城乡建设领域市级工程建设施工工法申报和评审工作。经专家评审和公示,确定2018年市级工程建设施工工法65项,并予以公布。工法涉及房屋建筑工程和土木工程两大类。

2018年天津市城乡建设领域市级工程建设施工工法名单

建设领域分类	序号	工法名称	完成单位	完成人
房屋建筑工程	1	混凝土预应力缓粘结张拉施工工法	中铁城建集团第三工程有限公司	王以彬、张党峰、冯雷、滕非、徐勇
	2	超深基坑非同步施工转换支撑施工工法	中天建设集团有限公司	王左同、赵树山、陈永伟、史春辉、吴广浩
	3	超深地连墙接幅槽段RJP加固止水施工工法	中天建设集团有限公司	王左同、陈永伟、赵树山、吴硕军、吴广浩
	4	复杂环境下逆做法施工地铁车站狭长形深基坑土方盖挖施工工法	中建一局集团建设发展有限公司	詹必雄、陈青、朱丰、聂艳侠、韩鞠
	5	复杂周边环境超大深基坑非永久性分仓地下连续墙全周期施工工法	中建一局集团建设发展有限公司	李卓文、张秀川、耿东各、朱明华、赵宝

续表

建设领域分类	序号	工法名称	完成单位	完成人
房屋建筑工程	6	使用可周转排气管装置的种植屋面防水保温排气系统施工工法	中建一局集团建设发展有限公司	黄勇、樊星、陈青、田博、丁巍
	7	可拆卸式三角架后浇带独立支撑工法	中建五局第三建设有限公司	陈杨哲、曾波、龙燕武、王花蕾、颜勇
	8	不规则曲面多层饰面施工工法	中建深圳装饰有限公司	苏建涛、吴喜元、毕玉亮、桂浩
	9	巨型球幕LED集成铝板施工工法	中建深圳装饰有限公司	李营、苏建涛、毕玉亮、阮敏敏、甘丹军
	10	混凝土超高泵送水气联洗施工工法	中建三局集团有限公司工程总承包公司华北分公司	余地华、叶建、赖国梁、童伟猛、孔令宇
	11	不规则大跨度网架结构空间双向旋转提升施工工法	中建三局第一建设工程有限责任公司	宋海军、赵延军、徐京安、张东亮、徐攀
	12	千吨级非对称支点屋面网架整体提升施工工法	中建三局第一建设工程有限责任公司	徐京安、颜斌、宋海军、赵延军、薛建领
	13	可拆卸式圆柱铝板安装施工工法	中建六局装饰工程有限公司	郑傲、王富增、裴旭、吕世杰、王海艳
	14	一种可循环使用的新型塔吊附着杆连接钢构件施工工法	中建六局建设发展有限公司	刘彬、李红刚、李建鹏、武争艳、雷学玲
	15	智能化集成式升降脚手架施工工法	中建六局建设发展有限公司	刘晓敏、赵明、武增跃、韩贞伟、刘栋
	16	超大尺寸屈曲约束支撑安装工法	中建钢构天津有限公司	欧阳汉雄、张健、邱鹏飞、郭发强、邹丽娟
	17	大跨度张弦梁高空拼装施工工法	中建二局第三建筑工程有限公司	张忠浩、安雄宝、王忠鑫、吴鹏翔、苏立健
	18	仿唐建筑的翼角飞檐的现浇施工工法	中建二局第三建筑工程有限公司	郑丽华、贾学军、王培铃、张帆
	19	钢沉箱阻水施工工法	中建二局第三建筑工程有限公司	杨志国、谷彦霖、倪东伟、王扬、孙庆林
	20	新型箱式一体化临时消防泵房施工工法	中建二局第三建筑工程有限公司	李永贺、曹子军、易义东、关磊、孙雨
	21	工字木梁体系组合（墙柱板）大模板综合施工工法	中国建筑第六工程局有限公司	冯建胜、吕若辰、赵兴亮、李胜滔、魏宸
	22	通长无搭接360°直立锁缝屋面板安装施工工法	中国建筑第六工程局有限公司	周瑞杰、刘积海、管基海、于海泳、高扬

续表

建设领域分类	序号	工法名称	完成单位	完成人
房屋建筑工程	23	较大单桩水平承载力检测施工工法	中国建筑第八工程局有限公司	张志平、郭亮亮、潘建国、高治权、齐小顺
	24	垃圾处理系统施工工法	中国建筑第八工程局有限公司	康晋宇、肖大伟、于海申、牛立舒、李享
	25	砌筑墙体电气导管提前预留免开槽施工工法	中国建筑第八工程局有限公司	张云峰、崔爱珍、王力、胡小松、朱亮
	26	轻木结构自承重体系施工工法	中国建筑第八工程局有限公司	郭佳、刘涌、马立鹏、周志健、崔爱珍
	27	倾斜异形门式管桁架钢结构安装施工工法	中国建筑第八工程局有限公司	赵国勤、亓立刚、刘泉、周志健、孟令萧
	28	整体基坑不同步工况下水平支撑转化施工方法	中国建筑第八工程局有限公司	裴鸿斌、李享、高辉、李可柏、田帅优
	29	整体两墙合一地下室一体式内埋式导流施工工法	中国建筑第八工程局有限公司	黎映呈、于泽涛、任庆斌、崔爱珍
	30	装配式钢结构集成办公用房生产及安装施工工法	天津住宅集团建设工程总承包有限公司钢结构分公司	王超华、王旭、郭雁庆、何作强、蒋洪涛
	31	装配整体式混凝土剪力墙结构施工工法（升级版）	天津住宅集团建设工程总承包有限公司	冯云、车金浩、赵君、徐明、李跃利
	32	超大空气隔热层膜屋面结构施工工法	天津天一建设集团有限公司	马慧利、金贤伟、赵岳晴、沈晓龙、陈杰
	33	钢索热熔焊接可调式抗震支架施工工法	天津天一建设集团有限公司	陈杰、张瑞申、吴宗南、王春柱、刘明生
	34	一种预应力型钢组合支撑施工工艺	天津市兴业龙祥建设工程有限公司	郭桂强、张赓、彭晓鹏、张青、苏长治
	35	先铰接后刚接钢排架空间结构施工工法	天津市建工工程总承包有限公司	郑子辉、王振东、张德波、张波、陈国忠
	36	11.4米深基础下大面积地源热泵施工工法	天津三建建筑工程有限公司	辛炜、赵善伯、张永坡、刘钫、崔岩
	37	金属骨架清水砖砌幕墙施工工法	天津三建建筑工程有限公司	辛炜、刘杰、张少珊、刘乐园、高斌
	38	大直径多联体立筒仓滑模施工工法	天津二建建筑工程有限公司	李彦彰、钱卫刚、冯茂迎、冉隆林、宋凯
	39	清水墙烧结装饰砖砌过梁施工工法	天津二建建筑工程有限公司	冉隆林、刘会铁、宋凯、戴罡、高宁

续表

建设领域分类	序号	工法名称	完成单位	完成人
房屋建筑工程	40	83米大跨度张弦预应力三心圆柱面网壳安装工法	天津安装工程有限公司	豆瑞锋、马振瀛、尹健、李志存
	41	卡销式单背楞铝合金模板施工工法	歌山建设集团有限公司	吕国玉、于宁、刘如泰、蒋国伟、刘金亮
土木工程	42	富水软弱地层超大断面矩形顶管施工工法	中铁隧道集团三处有限公司	裴超、王震、宋永智、何红员、蔚宁哲
	43	富水软弱地层中交叉重叠麻花型盾构隧道群施工工法	中铁隧道集团三处有限公司	裴超、杨义、李建高、刘永红、黄昌建
	44	既有城市高架桥钢箱梁拆除与还建施工工法	中铁十八局集团有限公司	沈启炜、柴元四、蒲亚平、宋臣昭、李彦民
	45	近邻铁路且既有地铁车站下富水地层内盾构接收施工工法	中铁十八局集团有限公司	马国强、董敏忠、陈涛、李达、魏娜
	46	临海富水软弱围岩复杂条件下隧道帷幕注浆施工工法	中铁十八局集团有限公司	高海东、冀大禹、李刚、郭彦兵、郑涛
	47	软土地质长距离小净距重叠盾构隧道施工工法	中铁十八局集团有限公司	谭伟姿、郑卫红、鄢伟、韩明建、李强
	48	大跨度斜拉桥主桥与匝道同步转体施工工法	中铁十八局集团第五工程有限公司	杨苗、朱永帅、李月沛、谭伟姿、候继平
	49	复杂条件下多节箱体下穿铁路对顶顶进施工工法	中铁十八局集团第五工程有限公司	曹艳辉、赵虎、邱继增、周伟涛、田洪
	50	基于建筑信息模型（BIM）技术地铁机电工程永临结合施工工法	中铁建大桥工程局集团电气化工程有限公司	高伟健、田卫东、王红园、张春会、王天蓉
	51	既有铁路桥简支双T梁横向加固施工工法	中铁城建集团第三工程有限公司	宋海成、冯雷、徐勇、滕非
	52	定型圆形胶合板进行现浇圆形检查井施工工法	中交一公局第六工程有限公司	王常松、李坤芬、郗曾光、李红卫
	53	二氧化碳致裂施工工法	中交一公局第六工程有限公司	朱士良、谢阳阳、蒋磊、王兆辉、霍延峰
	54	水泥稳定碎石基层双层连铺施工工法	中交一公局第六工程有限公司	刘伟、焦宏峰、韩耀伟
	55	隧道超前导洞再扩挖法施工工法	中交一公局第六工程有限公司	赵松森、刘占辉、王章群、李飞、车海通
	56	深海高桩承台有底钢吊箱围堰施工工法	中建六局土木工程有限公司	李松、张凡亮、袁银书、李晶、李利剑

续表

建设领域分类	序号	工法名称	完成单位	完成人
土木工程	57	穿越复杂环境富水区超大跨度小净距公路隧道施工工法	中国铁建大桥工程局集团有限公司	左强、韩朝、姜军、林明、张广涛
	58	大断面PK箱梁短线法预制管道接长定位施工工法	中国铁建大桥工程局集团有限公司	杨占伟、李春江、于浩业、张广涛、彭志川
	59	大断面偏压隧道半明半暗开挖施工工法	中国铁建大桥工程局集团有限公司	周建军、刘长海、于文山、李浩明、张文军
	60	老城区复杂周边环境盾构管廊大曲率半径条件连续过站工法	中国建筑第六工程局有限公司	张昌明、王会刚、孟祥吉、李浩、李世亮
	61	地铁短轨枕半自动化生产工法	中国电建市政建设集团有限公司	付帮景、郝永旺、王厦、张堂运、黄明
	62	智能三维（3D）引导系统水下高精度控制开挖施工工法	中国电建市政建设集团有限公司	李振收、王操、于宾、朱长健、林恩国
	63	路面智能碾压与检测施工工法	天津五市政公路工程有限公司	郑辉、王洪波、姜连宝、藏晓旭、杨鸣
	64	空间扭曲变截面钢拱肋制作施工工法	天津天佳市政公路工程有限公司	刘伯、赵春凤、宁坤、张友为、聂境
	65	复杂环境下盾构洞口组合双层止水钢套筒施工工法	天津市建工工程总承包有限公司	程江、崔博彤、王维琳、寇鹏、赵虎

第十二篇 信息化建设

信息化建设

【政务信息系统升级改造】 1.组织梳理业务事项。在完成第一轮需求调研的基础上,按照"政务一网通"改革相关要求,对市建委各业务事项、业务流程、办理要件和关联关系等内容进行梳理,对业务需求和系统架构进行不间断修正,以满足开发建设要求。

2.完成项目立项审批。在业务现状和系统功能需求分析的基础上,编制上报了30余万字的《市建委政务服务信息系统整合改造方案(一期)》,顺利获得市网信办审批,正式进入系统开发建设阶段。

3.搭建开发运维一体化模拟环境。搭建系统基础框架,开发完成13个前端公共组件、12个后端公共组件、7个公共微服务,编制10余项软件开发建设规范,形成了基于微服务架构的代码开发平台并投入使用。

4.加快许可事项代码开发。先期对"政务一网通"公共服务事项进行验证性开发,开展代码编写和内部测试,形成开发梯次,与业务需求调整穿插组织。

5.实现与市级平台互联互通。按照"统一受理、分别办理、过程可控"的原则,结合工程建设项目审批制度改革要求,打通网络通道,承接施工许可证业务受理数据,通过建立数据交换中间库,与审批办联审平台实现数据对接。针对现阶段电子认证服务、用户体系等尚不完善的情况,建立双用户系统,采用预留接口等方式,提高系统的开放性和兼容性,确保在市级标准下发后,第一时间完成与政务一网通平台的互联互通。

【信息资源整合共享】 1.补充完善信息资源目录。在完成编目和数据挂接的基础上,相继补充完善了企业资质、人员资格、电子证照信息等编目,并向市数据共享交换平台推送数据10万余条。

2.梳理信息资源共享需求。通过前期业务需求分析,梳理汇总了市建委业务对其他委办局的数据共享需求,共涉及12个委办局、84个信息类表单。同时,与市网信办积极沟通,按照市网信办要求,编制数据共享使用3类场景描述文件,寻求全市数据共享平台的支持帮助。

3.完成公共信用信息数据报送。配合办公室编制市建委公共信用信息目录,并按照要求完成数据推送6万余条。

【天津建设网建设管理】 1.加强网站信息管理。组织召开"天津建设网升级改版工作会议",印发《市建委关于进一步做好天津建设网内容保障工作通知》

（津建信息〔2018〕245号），认真做好网站内容的信息发布和上报工作，督促栏目责任处室加强对栏目内容更新，组织开展网站内容清理排查。开展栏目设置需求调研，规范政务邮箱使用，组织开展信息内容上传发布培训，切实加强信息发布上报工作。

2. 推进网站升级改版。按照《天津市人民政府办公厅关于印发天津市政府网站管理办法的通知》（津政办发〔2017〕100号）要求，积极与市政府办公厅政务网办公室、网站开发单位沟通，编制了天津建设网升级改版立项书，获得市网信办批复。

【对接市公共资源交易平台】 1. 建立完善工作机制。与市审批办签订《市建委招投标业务数据与公共资源交易中心对接工作备忘录》和《市建委招投标业务数据与公共资源交易中心数据对接标准》，建立数据对应关系、数据校验规则，确定系统对接和数据上传方式，固化数据对接成果。

2. 采取多种方式实现数据对接。通过线下收集递送、开发数据接口、修改业务模块等方式，实现数据实时上传，并取得阶段性成效。7月份，考核得分75分。经对市建委招投标业务系统现有数据梳理，将除监管信息之外的其他四个方面信息，计30个表单、305项数据上传至公共资源交易平台，实现了"无保留上传"，分数及全市排名均稳步提高。

【完善规章制度】 按照《天津市网络安全事件应急预案》，建立完善了《市建委网络安全事件应急预案》，形成网络安全应急工作机制，完善网络安全突发事件应急处理流程，为有效防范网络安全事故发生提供了坚实的制度保障。按照市政府网站管理和日常监测相关要求，制定了《市建委关于进一步做好天津建设网信息内容保障工作的通知》（津建信息〔2018〕245号），进一步明确信息发布审核机制，严格信息发布流程，严防失泄密事件发生。

网络安全管理

【网络安全教育】 召开全委信息化工作会议、网络安全工作推进会会议、网站升级改版工作会议，分别进行网络安全教育和网站信息发布培训，强调要高度重视网络安全工作，认真贯彻落实《网络安全法》等互联网法律、法规，加强日常网络安全监管，开展经常性的网络安全检查，严把信息发布质量关，严把信息内容保密审查关，严格管控后台操作端口，确保网络安全。

【技术防护】 在门户网站及重要信息系统网络，部署网络防火墙、新一代网络入侵防御系统（IPS）设备、网闸、可信运维管理及上网行为管理等安全防护设备。在全委300余台计算机和60余台服务器全部安装杀毒软件，定期对计算机进行病毒扫描、升级杀毒，有效提升了网络安全防护能力。

【日常监管】 严格落实网络安全专项执法检查要求，组织开展网络安全自查，深入查找网络安全漏洞和隐患。持续做好机房基础设施和重要信息系统的专项检查和风险评估，安排专人负责监视网络信息内容和硬件设备的日常巡查，聘请第三方专业技术公司对网站内容及链接等方面进行24小时监控，切实保障网站安全运行。同时，积极联系市公安局，组织对市建委门户网站开展安全等级保护测评，不断提高网络安全水平。

【政务邮箱专项治理】 落实《关于印发天津市党政机关事业单位和国有企业互联网电子邮件系统安全专项整治行动方案》（津公通〔2017〕85号）要求，组织技术力量对全委政务邮箱进行安全检查，对邮箱用户进行摸排，排查隐患。清理非在编人员账户，根据处室变动、人员变动情况重新配置邮箱账户，共对200个账户进行了梳理调整，切实提高了邮件系统的安全防护能力。

【重要时期监管】 在春节、"两会"、全运会、达沃斯论坛等重大节日和重要活动期间，严格按照市委市政府关于重大活动和重大节日期间网络安全的要求，组织市建委质量安全总队、建信中心、建交中心、施管站、12319服务热线5个责任单位进行自查，开展《网络安全应急预案》演练，实行24小时值班值守制度。

第十三篇 城乡建设政策及法规

规范管理与执法监督

【概况】 2018年，天津市城乡建设委员会全面贯彻党的十九大精神和市委、市政府决策部署，以习近平总书记对天津工作"三个着力"重要要求为元为纲，在法治城建建设过程中坚决落实五大发展理念，紧紧围绕京津冀协同发展和天津城市定位，抓好规范性文件管理、行政执法监督、权责清单管理、普法和复议应诉等各项工作。

【清理规范文件】 组织开展了委发规范性文件和内部管理文件清理工作，经过部署上报、征求意见、法制审核等环节工作，完成了委发规范性文件和内部管理文件的清理工作。此次清理共涉及459件规范性文件和内部管理文件，其中继续有效249件，修改63件，废止147件。通过开展委发规范性文件和内部管理文件清理工作，使当前城乡建设管理工作与"放管服"改革相适应，进一步推进城建依法行政，维护了法治统一。

【加强执法监管】 制定出台《天津市城乡建设委员会行政执法监督办法》（津建监〔2018〕494号），完善行政执法监督工作制度体系，为更加规范、有效地开展行政执法监督工作提供制度保障。完善执法监督平台，整合全委行政处罚的归集资源，对上传信息实现全部复核预警，保障信息的规范性与准确性。平台运行以来，已累计归集各类执法检查和行政处罚信息2.27万条。强化履职监督，坚持季度分析通报制度，分别召开行政执法分析推动会，对履职不全面、上传不及时、执法不规范等问题及时进行通报，督促各单位全面依法规范履职。与天津市建设工程质量安全监督管理总队开展了建筑工程质量安全行政执法专项督察，随机抽取16个区的30个项目，采取听取汇报、调阅案卷、现场检查等方式，对区建设主管部门执法行为、执法过程、执法效果进行专项检查，将执法中存在的问题在全市进行通报，举一反三，抓好整改。

【实行权责清单动态管理】 按照《天津市人民政府办公厅关于印发天津市政府工作部门权责清单动态管理办法的通知》（津政办发〔2016〕9号）要求，组织有关业务处室和直属单位完成了对2015年版权责清单中236项行政职权的调整工作并报市委编办审核。按照天津市工程建设项目审批制度改革要求，与市委编办对上报的调整意见进行再次沟通协调，并充分征求委内各业务处室意见,最终确定拟调整的权责清单意见。调整后权责清单共包括220项行政职权,其中行政许可职权12项、行政处罚职权172项、行政检查职权12项、行政强制职权1项、行政征收职权1项、行政奖励职权6项、其他类别职权16项。

推动普法工作

深入贯彻落实天津市"十三五"规划纲要中关于依法治市的相关要求、市人大常委会关于加强法治宣传教育的决议和市法建办"七五"普法规划的有关要求，不断加强普法工作力度，切实加强法治城建建设，着力提升普法工作实效。

【《宪法》学习宣贯】 将新修订的《宪法》列入党委理论中心组学习内容，并制定学习计划，组织中心组成员原原本本主动学、深入系统集中学、交流研讨互相学。让全体干部充分利用各种时间学习《宪法》，开展座谈交流，相互启发共同提高。

【学考结合】 组织建委系统2064名局、处两级领导干部网上学法考法。通过以考促学，系统干部职工法治素养和依法办事的能力水平进一步提高。

【党规学习】 集中组织对《中国共产党章程》《关于新形势下党内政治生活的若干准则》《中国共产党廉洁自律准则》《中国共产党党员领导干部廉洁从政若干准则》《中国共产党党内监督条例》《中国共产党纪律处分条例》《中国共产党问责条例》等进行学习，筑牢建委系统干部思想基础。

【落实普法责任】 按照"谁执法谁普法"普法责任制，健全了工作机制，强化了主体责任，明确了普法任务，形成了党委统一领导、分工负责、各司其职、齐抓共管的大普法工作格局。突出网络普法，围绕中心，丰富载体，推动普法创新发展。注重发挥网络平台、办公楼宇宣传栏等法制宣传阵地，寓法制宣传教育于新闻事件、典型案例、机关生活、文化娱乐之中，真正使法律知识和法律意识在潜移默化中深入人心。

严格行政复议

严格依法履行行政复议应诉职能,妥善化解矛盾纠纷。

【严格履行行政复议职能】 2018年被复议行政案件11件;天津市城乡建设委员会作为复议机关办理行政案件16件,在办案过程中,始终坚持以人民为中心的基本原则,畅通行政复议受理渠道,主动加强与复议申请人的沟通联系,引导群众依法有序理性表达利益诉求,不断提升群众对行政复议工作的满意度,充分发挥行政复议工作在化解行政纠纷、保障群众利益、维护社会稳定等方面的积极作用。

【做好行政应诉工作】 妥善处理31件行政诉讼案件,认真做好答辩举证工作,依法履行出庭应诉职责,认真执行法院生效判决,实现全年行政应诉零败诉。同时,认真研究行政相对人诉求,找出问题根源,发挥处室协同和法院行政调解作用,有效化解了矛盾纠纷。

第十四篇
改善营商环境

政务服务工作

【概况】 按照天津市委、市政府深化行政审批制度改革的总体部署，推动天津市建筑市场高质量发展，行政审批工作稳步推进，创优争先。2018年度，市住房城乡建设委办件总量2.09万件，其中行政许可事项1.94万件，占总量的92.8%；公共服务事项1481件，占总量的7.1%，全部为提前办结。其中行政许可事项办理立等可取1.07万件，占总量的51.2%；办理政府投资类审批事项115件，占总量的0.55%；办理牵头联合审批事项124件，占总量的0.6%；办理网上申报事项1.22万件，占总量的58.4%。

【审定行政许可目录】 依据《市级行政许可目录（2018年版）》，对市建委现行的12项行政许可事项和1项暂不列入许可事项，从职权名称、法定依据、管理权限、运行流程、责任事项和监督方式等方面进行了认真梳理，制定了市建委行政许可类行政职权权责清单、市级事项办理流程及运行流程图，及时调整修订了办事指南。利用天津建设网、天津市行政许可效能监察网等载体，公布行政审批事项办理指南、服务流程、服务承诺、办事人员和监督电话，做到"五公开"。

【编制《行政许可事项操作规程》】 按照"一事项一标准，一流程一规范"原则，对事项名称、设定依据、申请条件、申请材料、审查标准、办理程序和办结时限等60个要素，逐项编制标准化工作流程和办事指南，所有审批服务事项全部完成编制工作，并实行动态调整。

【以"五减"为抓手，加大简政放权力度】 一是"减事项"。按照取消地方条例设定事项、整合管理内容相近或办理阶段相同事项、由征求部门意见方式代替的事项等原则，取消调整供热许可等4项许可事项及外地企业进津备案、建设工程合同备案等14项公共服务事项。二是"减材料"。按照无法律法规依据、可通过部门间互联互通方式取得、无谓证明等申请材料一律取消的原则，取消办公厂房证明、人员学历证明等191项申请材料，包括证明材料185项。三是"减环节"。取消"燃气经营许可"中的"变更"所涉及的"现场踏勘"。四是"减证照"。除取消的行政许可事项对应的证、照外，将"建设工程竣工验收备案书"用行政服务决定书代替，不再单独发放制式证照。五是"减时限"。通过优化办事系统、简化办事材料、精简办事环节，大力压减办理时限。单个事项的承诺办理时限压缩到法定时限的60%以上,资质资格类证照的承诺办理时限减少到5个工作日以内。

【以"四办"为基础,拓宽企业办事渠道】 以为企业和群众办好"一件事"为标准,全面推行审批服务"网上办、马上办、一次办、就近办",让群众成为改革的监督者、推动者、受益者。一是推行"网上办"。所有保留的行政许可和服务事项全部开通网上办理功能,实现从网上咨询、网上申报到网上预审、网上办理、网上反馈,全程网上操作。二是推行"马上办"。凡企业和群众提交材料齐全且符合法定要求、内容简单,不涉及特殊办理环节的,应当场受理、当场办理、当场出件、即来即办、立等可取。三是推行"一次办"。以让企业和群众办事"少跑腿"为目标,充分依托网上政务服务平台,以《天津市行政许可事项操作规程》为基础,公示企业准备标准、审批部门的审核标准,实现企业和群众办事"最多跑一次"或"一次不用跑"。将"施工企业安管人员资格证书核发"在滨海新区设立延伸服务窗口,列入"一次办"事项。四是推行"就近办"。把服务窗口向基层延伸,让群众少跑路。

【创新审批服务机制】 坚持以制度创新为突破口,不断打造"宽进、快办、严管、便民、公开"的审批服务模式。按照"一制三化"改革工作目标,营造良好建筑市场环境,率先推出建筑业企业资质、勘察设计资质、工程监理企业资质、房地产开发企业资质和建筑工程安全生产许可证等5项事项实行"告知承诺"制审批,制定可行性办理流程、编制办理标准、梳理承诺材料目录。

【优化建设项目审批流程】 按照《国务院办公厅关于开展工程建设项目审批制度改革试点的通知》(国办发〔2018〕33号)的要求,2018年底,形成工程建设项目审批制度框架,建成以"政务一网通"为基础的工程建设项目审批管理平台,工程项目审批时间压减一半以上,压缩至100个工作日以内。其中,财政投融资类房屋建筑、城市基础设施项目从申报立项用地规划许可阶段到竣工验收控制在90个工作日内;一般社会投资项目从取得用地到获得施工许可证为67天、竣工验收为13天,总体控制在80个工作日内;带方案出让用地的社会投资项目从取得用地到竣工验收控制在50个工作日内。

工程建设项目审批制度试点改革

【概况】 按照《国务院办公厅关于开展工程建设项目审批制度改革试点的通知》（国办发〔2018〕33号）要求，天津市被列为全国16个改革试点省市之一开展审批制度改革工作。市委、市政府领导高度重视此项工作，市住房城乡建设委作为牵头部门积极组织开展推动各项改革的工作。在改革领导小组各成员单位的共同努力下，审批制度改革试点工作总体进展顺利。

【统一审批流程】 对天津市工程建设项目实施分类管理，按照资金来源、工程类别及建设规模划分为6类，将审批流程划分为立项用地规划许可、工程建设许可、施工许可、竣工验收四个阶段，分别由天津市发展和改革委员会、天津市规划和自然资源局、天津市住房和城乡建设委员会作为第一阶段、第二阶段、第三阶段和第四阶段的牵头单位，组织协调相关部门制定了每个阶段的并联审批规程和机制。印发《市建委关于印发天津市工程建设项目审批流程施工许可阶段并联审批工作实施方案（试行）的通知》（津建审批〔2018〕464号）、《天津市房屋建筑项目联合验收管理办法（试行）》（津建发〔2018〕8号），将土地、规划、建设、环保、节能和水电等事项并行审批、同步办理，实行"一家牵头、并联审批、限时办结"。

【精简审批环节】 1. 精简审批事项和条件。对工程建设项目所有审批事项进行全面梳理，凡无法律法规规章依据或行政机关自行设定的前置审批服务事项及审批涉及中介的事项，一律取消，确有必要实施的转变为事中事后监管。目前，已制定了审批事项清单，简化了保留事项的申请条件，全流程共取消了修建性详细规划、报建备案等4个事项；合并了质量安全和施工证、用地规划许可证和建设用地批准书等10个事项；减少了规划部门的修详规（总平面）公示、设计方案公示、建设部门的质量安全登记等3个中间环节及节能技术资料、合同备案等150个要件；保留了建设项目用地预审、选址意见书等52个审批事项。

2. 下放审批权限。进一步将企业投资项目核准、建设项目用地预审、建设项目批准书、临时用地许可、选址意见书、建设用地规划许可和建设工程规划许可等17个事项下放至区级审批；印发《市建委关于下放建设项目管理事项的通知》（津建办〔2018〕50号），明确除轨道交通和跨区域市政基础设施等线性工程外，全部实行属地化管理，由各区负责项目建设管理工作并核发施工许可证。

3. 合并审批事项。一是简化施工许可审批。市住建委印发了《关于优化简化建设项目施工许可及相关事项审批流程（试行）的通知》（津建审批〔2018〕459号），将建设工程质量监督登记和建设工程安全措施备案合并为房屋建筑和市政基础设施工程质量安全登记，与施工许可一并进件，同时出证，进一步简化施工许可审批程序；二是实行联合审图机制。天津市住房和城乡建设委员会、天津市公安消防局、天津市人防办公室联合印发了《关于全面推行施工图设计文件联合审图改革的实施意见》（津建设〔2018〕439号），将消防、人防等设计审查并入施工图设计文件审查，全面实行"联合审图"，政府购买服务开展建设项目施工图审查的资金已基本落实；三是推行联合验收机制。印发了《天津市房屋建筑项目联合验收管理办法（试行）》（津建发〔2018〕8号），全面推行联合验收机制；四是推行土地规划"多测合一"。天津市规划局、天津市人防办公室联合印发了《天津市建设工程项目"多测合一"改革试点工作制度（试行）》（津规自业发〔2018〕1号），推行土地规划"多测合一"。

4. 推行告知承诺制。对通过事中事后监管能够纠正不符合审批条件的行为且不会产生严重后果的列入信用承诺审批事项清单，其中涉及工程建设项目的承诺制事项包括建设工程规划许可证核发、外商投资项目核准、竣工验收消防备案、水利工程建设质量监督备案等行政许可和公共服务共23项。市建委制定了审批告知承诺试行办法，推行告知承诺制。

【完善审批体系】 1. 构建"一张蓝图"统筹项目实施。整合主体功能区规划、土地利用规划、生态保护红线等各类规划数据成果，整合了14项规划数据，形成了"一张蓝图"，并搭建完成"一张蓝图、多规合一"综合管理平台，与全市16个区和34个部门全部实现网络连通，并完成"城镇开发边界""生态保护红线"和"永久基本农田"等"三线"的整合工作，向国家系统上传数据。

2. 建设"一个系统"，实施统一管理。按照立项用地规划许可、工程建设许可、施工许可、竣工验收四个阶段建立天津市工程建设项目联合审批系统，系统于11月19日上线运行，完成与国家系统的互联互通和数据推送，率先实现了项目信息和办理数据即办即传，已有350个项目通过系统报送审批，并与"一张蓝图、多规合一"综合管理平台联通。

3. 强化"一个窗口"提供综合服务。让水、电、气、热等公共服务单位进驻市区两级行政许可服务中心，设置建设项目综合受理窗口，明确服务标准、办事流程和办理时限等内容。实现统一受理、限时办结、到期预警、超时通报。

4. 细化"一张表单"整合申报材料。天津市发展和改革委员会、天津市规划和自然资源局、天津市住房和城乡建设委员会分别制定了申报材料"一张表单"，将每个审批阶段不同事项的申报材料整合为一套，通过全市审批网络确保不同审批阶段的审批部门共享申报材料。

5. 完善"一套机制"规范审批运行。建立健全工程建设项目审批配套制度，印发改革相关制度、规定文件81份，确保各阶段、各环节无缝衔接。全力推进地方法规修改工作，严格按照修法计划和程序，加快推进修法工作开展，确保审批改革与法律完善工作的同步进行，保障改革任务完成时所有改革事项全部有法可依。

【强化监督管理】 加强事中事后监管，加强信用体系建设。明确了相关行政机关的职责任务、"双随机、一公开"监管程序和要求、失信主体名单管理办法、联合惩戒与信用监管等事中事后监管工作的内容。通过与工程建设项目审批管理平台互联互通，进一步加大"双随机、一公开"监管力度，形成"一处失信，处处受制"的联合惩戒机制。

"双万双服"工作

【概况】 2018年,市建委"双万双服"服务组共召开会议42次,发布工作简报80期。协调解决问题77件,其中政企互通平台64件,协办2件,其他部门转来11件,按时答复办理率100%,答复满意度95.7分,问题解决率91.1%,解决满意度93.6分。

【统筹推动工作】 1.制定工作方案,建立组织机构。研究制定《市建委2018年"双万双服促发展"活动工作方案》,明确工作要求、重点任务、工作措施,建立工作机制和工作台账,及时跟踪服务。第一时间明确问题落实单位,做到全过程监控、全部门参与、全天候服务。委领导、各部门、各单位多级联动,牢固树立"产业第一,企业家老大"理念,深入基层、深入企业,解决发展制约难题,推进重点项目建设,改善行业营商环境,提升建设服务质量。

2.关注信息平台,及时跟踪服务。指派专人实时关注政企互通服务信息化平台,及时了解企业诉求,掌握企业信息,受理平台问题,实现信息快速收集以及部门间信息快速交流互通。建立工作台账,加强业务管理。"双万双服"服务组建立了问题受理承办单、问题受理台账、下基层服务台账、包联企业帮扶台账和工作例会记录,及时收集和完善帮扶工作的走访调研、问题反馈、承办落实和沟通协调等资料,确保"双万双服"活动有序、有效、顺利开展。

3.建立督查机制,完善反馈回访。"双万双服"服务组以企业解决问题为最终目标,对存在问题未解决或企业还未评价是否解决的部门、单位下达督查单,由各部门加强与企业沟通,于规定期限内反馈。深入企业跟踪回访,了解问题解决情况。通过这些机制的建立,委各部门、各单位提高了认识,工作中认真负责,确保了"双万双服促发展"工作取得实效,得到企业认可。

【开展包联工作】 按照《我市"双万双服"活动企业三级领导包联工作方案》,市建委领导班子牵头,坚持每季度深入中铁大桥局集团公司、住宅集团建设总承包公司、砼天建筑公司3家企业开展包联工作,实地调研,现场服务,为企业解决了用地、资金拖欠和资质升级等问题。

【加强服务企业】 2018年,积极宣传落实"双万双服促发展"活动,进一步强化深入基层、深入企业调研服务查找问题,赴企业和现场调研服务600余次,协调解决了工程建设、房地产开发资质、工程整改移交和建设手续办理等诸多问题。

【积极推进制度创新】 为了真正解决企业问题,提高服务质量,积极推进政策创新、制度创新、方法创新。其中,试行《施工登记意见书》管理模式被评为制度创新项目。试行《施工登记意见书》管理模式有效解决了市政基础设施项目开工问题,规避了土地、规划等手续制约,保证了项目及时开工和年度投资任务落实。同时该管理模式简化了市政基础设施项目建设手续,符合当前工程建设项目审批改革的总体要求,是推进简化市政基础设施项目审批程序、规范建设手续办理的一项重要举措,也是推进建设项目审批改革的一次有力探索。

【落实"六个一"行动】 按照市"双万双服促发展"活动领导小组办公室《以解决问题案例促服务企业和项目水平再提升的工作方案》要求,积极落实"六个一"行动,做好"以真心换舒心"活动。市建委"双万双服"服务组成员帮助了14家企业,解决了10个问题,得到企业一致好评,其中为解决已开工建设项目施工手续不完备的问题出台了《关于完善已开工建设项目施工许可证手续有关工作的通知》(津建工程〔2018〕506号),明确了"对于2018年9月30日前已经完成工程质量竣工验收并达到合格的建设项目,不再核发施工许可证",解决了2018年9月30日前已完成工程质量竣工验收并达到合格的建设项目,因建设单位缺少施工许可证无法办理后续手续的问题,更好地推动了企业发展。

招商引资

【成立工作机构】 牢固树立"产业第一,企业家老大"的理念,对招商引资工作高度重视。为统筹协调招商引资工作,成立了市建委招商引资领导小组,委主要领导担任组长,分管经济、投资工作的负责同志任副组长,委各部门、各单位负责人为成员。营造人人出力、人人尽责、全员招商的良好氛围。多次召开党委会、主任办公会、干部大会对招商引资工作进行研究和部署,将招商引资作为当前"第一要务"和"一把手"工程来抓,增强招商引资的责任感和紧迫感。

【制定实施方案】 按照招商引资"九个有"的要求,结合工作实际,研究制定了《市建委招商引资行动实施方案》,方案从明确招商范围、细化工作机制、加强沟通协作、发挥资源优势等方面做了具体安排,为招商引资工作提供了有力保证。

加强与市发改委、市商务委、市合作交流办等部门和各区政府的沟通协调,学习了解招商引资政策精神和工作技巧,在开展招商引资工作中,争取做到胸有成竹、有的放矢。同时,确保推荐的招商项目得到市里和区里的支持认可,共同促进项目顺利注册落地。

【助推招商洽谈】 坚持"全员参与"和精细化招商相结合,鼓励干部职工利用各种机会,通过各种渠道搜集信息、提供线索;委领导以上率下、提前布局、加强对接,积极了解企业投资意向。委主要领导到中铁十八局、中铁大桥局调研服务,并洽谈北京大兴国际机场及轨道交通等政府和社会资本合作(PPP)项目;委分管领导积极洽谈装配式建筑、建筑垃圾处理等项目。

【广泛推进招商】 紧密结合工作实际,梳理业务内容,挖掘招商引资项目潜力,着力在市政基础设施、轨道交通工程、水气热配套设施、装配式建筑、绿色建筑、综合管廊和海绵城市等领域组织召开招商引资活动。借助津洽会、绿色建筑大会等平台,加大推介力度,与多家企业、机构开展项目洽谈。同时,还专门印制了招商手册,广泛推进招商引资工作。

加强基础设施领域政府和社会资本合作(PPP)招商推介。全面放开市政交通、公用基础设施等投融资领域,广泛推行政府和社会资本合作模式,通过特许经营、股权合作等多种方式,吸引社会资本,参与轨道交通、海绵城市、污水处理、综合能源站和燃气设施等项目的投资建设和运营。

【简化审批程序】 研究出台相关政策，积极推动创建南北2个建筑装配式产业园区，积极申请国家部委政策支持，对拟入园区企业给予支持和服务，为企业发展拓展空间。研究制定资质直接申请核定的办法，大力吸引外地优秀建筑业企业落地天津。

按照国务院改革工程建设项目施工许可审批要求，对建筑工程施工许可及其前置的相关审批服务事项最大限度简化审批环节，优化办理程序，创新审批方式。通过大幅缩短审批流程和审批时间，为投资项目开工落地创造条件。对招商引资基本建设项目，构建项目绿色通道，简化办事程序，提高手续审批效率；为企业解决实际困难，提高工程建设效率。

【形成良性循环】 2018年，完成了解放南路地区海绵城市政府和社会资本合作（PPP）、河西区广东路公建项目等注册落地项目14个，投资总额54.63亿元，到位资金32亿元；半年内可落地的重点推动项目4个，洽谈跟踪项目15个。招商引资工作形成了"注册落地一批、重点推动一批、洽谈跟踪一批"的良性循环机制。

经济协作和对外援建

【概况】 市建委主要领导随同市党政代表团深入甘肃、青海、新疆等地考察学习,委分管领导赴新疆和田考察指导对口支援工作。委各相关部门配合做好具体工作。同时,加强与市对口支援工作领导小组办公室及受援地区有关部门的沟通联系,及时协调解决工作中出现的问题。

【选派优秀人才】 为做好干部支援工作,按照市委组织部的统一部署,通过层层考察、严格筛选,经市建委班子集体研究决定,2016年以来,选派了4名政治素质好、业务能力强的业务骨干分赴各地从事援助帮扶工作。其中,配套办的刘建伟同志作为第九批援疆干部赴和田地区,担任新疆和田住建局副局长;安居办的陈昕同志和市质安总队的刘扬同志作为第八批援藏干部赴昌都市住建局工作;华勘局的邬立同志作为中组部第十八批博士团团员赴贵州威宁县,担任威宁县委常委、县人民政府副县长。

这些干部在援建过程中,坚持政治理论学习、思想建设不放松,认真学习习近平总书记关于扶贫工作的论述,坚决贯彻落实中央和市委、市政府要求,发挥党员干部的带头作用。克服自然条件、工作条件以及身体条件上的困难,吃苦在前、享受在后,不计付出,不讲回报,深入一线,进驻工地,协调解决工程项目建设过程中的问题;同时,贴近百姓,与贫困户结对帮扶,为当地群众排忧解难,推动扶贫援建各项计划目标的落实。通过这些干部的辛勤工作,新疆和田职业技术学院、策勒县第一小学、于田天津小镇、西藏昌都市直属保障性住房等项目得到当地政府的认可,充分体现了援建干部的真诚奉献、忠于职守的精神。陈昕同志被评为天津市第八批援藏人才优秀援藏干部,刘建伟同志被评为2018年度优秀共产党员。

【援建重点项目建设】 围绕市委、市政府"升级加力、多层全覆盖、有限无限相结合"的工作思路,市建委援建干部积极推进重点项目建设。市委、市政府及新疆维吾尔自治区各级领导对和田职业技术学院项目非常重视,工程开工后,有效施工时间只有不到8个月,时间紧、任务重。援疆干部与学院项目筹建办、各参建单位及地区相关职能部门积极联系协调,先后召开60余次推动会、30余次监理例会,每天进驻工程现场,冒着风沙酷暑,逐个建筑、逐个环节查看落实,督促各参建单位严守安全、质量关,合理调配各项施工工序,协调解决施工过程中出现的问题。在项目建设过程中，由于当地技术水平有限，市建委还协调管道集团和城投集团派出专业技术干部临时帮扶3个月，确保了和田职业技术学院建设项目高质量按时完成。

配合前指，对民丰县援疆项目进行了组织协调。两年来，民丰县共实施援疆项目32个，投入援疆资金1.07亿元，涉及安居富民、免费婚检、特色农产品补助、干部人才培训、大学生补助、县工业园区标准化厂房建设和社会福利院配套设施建设等多个领域。为民丰县成为南疆首个脱贫县做出了贡献。

配合昌都市住建局协调推动了昌都市综合服务交易市场、夏通街片区公租房、茶马南苑住宅小区和升格宗花园住宅小区等多个保障性住房项目建设，累计建筑面积48.17万平方米，其中保障性住房1905套，总投资26.9亿元。

昌都住建局所属昌都市鑫盛水务公司下辖的俄洛水厂、昌都镇水厂和圣洁水厂，由于设备老旧、工艺落后、水量低而无法保障正常供水，急需相关部门的帮助。市建委援藏干部与市水务集团协调，对上述水厂给予了大力支持，为改善昌都百姓居住条件、提升昌都城市建设水平提供了有力保障。

【提升援建地区建设项目安全质量】 援建干部充分发挥专业特长，帮助新疆、西藏受援地不断加强项目质量管控，提升项目质量安全水平。

援疆干部带领援建项目组成员和当地有关人员深入项目，逐个项目排查质量隐患，确保于田天津小镇、库尔班·吐鲁木广场、策勒县第一小学和民丰社会福利院等援疆项目的质量安全。援藏干部从扬尘防控、创文、标准化、冬季施工、停工、安全和文明施工等多方面进行质量安全检查，日常检查工地包括昌都市疾控中心、昂曲花园二期、演艺中心、汽车城一期二期、易地扶贫搬迁一标二标和昌都市特殊学校等60余项工程。通过检查发现问题、提出工作建议，推动创建标准化工地和创文工作水平不断提升。

【促进双方交流合作】 为加强与河北承德地区的扶贫协作，市建委与承德市住房和城乡建设局就承德建材业企业进入天津市场以及双方合作项目进行了洽谈，并共同组织在天津召开了建材业企业说明会，对承德市建材企业进入天津起到了积极的推动作用。

在津洽会期间，市建委积极配合市合作交流办、各前方指挥部帮助和田地区、昌都地区推销当地农产品、藏医药等特色产品，发动职工积极购买，为受援地区经济发展奉献爱心和应尽之力。

第十五篇
党建工作

全面从严治党

按照党中央、市委关于全面从严治党的部署要求，市建委坚决扛起管党治党的主体责任，围绕坚持和加强党的全面领导、加强党的政治建设、全面净化政治生态、夯实基层基础、强化作风建设、加强行业管理、防范廉政风险等重点下功夫见实效。

【坚持和加强党的全面领导】 1. 充分发挥党委领导核心作用。党委领导班子坚持"总揽全局、协调各方"的原则，发挥"把方向、谋大局、定政策、促改革"的领导核心作用，统筹抓好管党治党和经济业务工作。2018年，按照民主集中制、"三重一大"制度，组织召开党委会41次，及时研究政治建设、巡视巡察、意识形态、基层党建、不作为不担当专项治理等全面从严治党工作；深入研究京津冀协同发展、市政基础设施建设、城建绿色发展、民心工程建设、质量安全等重点业务工作；有计划地研究开展干部队伍建设，加强对工会、共青团、妇女工作的领导，建立健全党委定期研究制度、领导干部管理制度、工作目标考核制度，指导、支持工青妇组织按照"服务中心、服务大局"的要求，认真履行自身职能，充分发挥独特优势，积极开展各类活动。

2. 加强基层党组织对重大事项的领导。理顺了基层党组织与其他组织的关系，强化基层党组织的领导地位，立足自身功能定位，全面履行党章赋予的职责任务。完善基层党组织对重大事项的领导决策机制，通过明确基层党组织对"三重一大"事项的决策权，发挥在重大事项决策过程中的领导核心作用。机关处室、直属单位的党组织严格贯彻党的路线、方针、政策和上级重要会议、文件精神，研究贯彻落实举措；研究决定工作规划、计划和目标，针对工作中出现的重大情况、重大问题，研究制定工作措施，确保各项工作任务的完成；研究决定全面从严治党方面的重大问题和工作安排；研究决定选人用人、考核奖惩等有关干部人事工作。

3. 健全组织、完善制度。在党委层面，调整充实党务工作力量，机关党委配备了书记和专职副书记，成立巡察办、机关纪委，顶格配备党务干部，修订完善了《党委工作规则》《党委议事规则》，完善"三重一大"制度，规范议事范围、决策程序和工作纪律；在基层党组织层面，符合条件的内设机构全部对应成立党支部，推行党政机关内设机构党员主要负责人担任党支部书记，并设纪检委员和党务干事，监督要求党支部制定支委会议事规则、"三重一大"制度实施办法，为党组织发挥领导作用提供制度保障。

【着力加强党的政治建设】 1.自觉用习近平新时代中国特色社会主义思想武装头脑，筑牢讲政治的思想根基。党委理论学习中心组制定了专题学习计划，开展中心组学习36次、城建讲堂11期，完善了《党员干部政治理论学习工作安排》，要求领导干部带头、全体党员干部通读《习近平谈治国理政》（第一、二卷）、《习近平新时代中国特色社会主义思想三十讲》。突出政治主题，举办了16期学习习近平新时代中国特色社会主义思想专题培训班和2期网络培训班，举办年轻干部培训班，对机关和直属单位处、科级干部进行集中培训，把提高政治觉悟、政治能力贯穿于培训全过程。

2.严守政治纪律和政治规矩，坚决贯彻落实中央、市委的各项决策部署。做到凡是中央、市委的会议文件精神、工作部署要求都及时传达、学习、贯彻。召开党委会、主任办公会，传达学习中央、市委关于全面从严治党、落实新发展理念、轨道交通建设、精准脱贫等方面的重要要求，研究提出贯彻落实举措145项。同时，严格落实请示报告制度，并结合实际制定实施细则，做到该请示报告的事项决不落下一项、决不错过一天，确保政令畅通，令行禁止。

3.严把选人用人政治首关，树立正确用人导向。深入贯彻新时代党的组织路线，按照"着力培养忠诚、干净、担当的高素质干部"的要求，坚持党管干部原则，落实新时期好干部标准，突出强调严把政治首关，强调五湖四海，强调个人服从组织，严肃组织纪律，将政治上不过硬、廉洁上有硬伤和搞小圈子、好人主义的人一律挡在门外。今年以来，严格落实干部交流、回避制度规定，树立了正确选人用人导向，营造了风清气正的政治生态。

【全面净化政治生态，彻底肃清黄兴国恶劣影响】 1.深入开展警示教育。召开警示教育大会，传达学习全市领导干部警示教育大会精神，观看警示教育片，对廉政工作提出具体要求。通过观看警示教育片、参观警示教育基地、印发《城乡建设领域全面从严治党警示录》等多种形式进行警示教育，并结合民主生活会、组织生活会，阅看违纪违法人员忏悔录，联系身边的反面典型，把自己摆进去，查思想、查行为、查作风，促使广大党员干部内心深处受到震动和警醒。在办公自动化（OA）系统设立曝光台，对各级各类违纪违法案例及时通报曝光，将上级印发的44起违法违纪问题通报转发至基层支部学习，做到常提醒、常敲打、常镜鉴。

2.严肃党内政治生活。召开年度民主生活会、"新时代新担当新作为"专题民主生活会，同时要求每个党支部都召开相应的组织生活会。对照党章党规党纪，对标中央、市委的部署要求，结合黄兴国、沈东海、窦华港等违纪违法案件，见筋见骨真剖析，不避不绕真批评，通过严肃的党内政治生活，通过运用批评和自我批评的锐利武器，达到了锤炼党性的目的。

3.加强日常管理监督。针对日常履职和廉政方面的苗头性问题，开展经常性的主责谈话；深化实施《处级干部监督管理工作暂行规定》，完善"12380"和系统作风监督平台，实现"五位一体"（专线电话、短信、邮箱、举报网络和举报箱）的干部监督全覆盖，干部任用、出国等事项及时公开，接受群众监督；组织开展了巡察工作，对部分党组织进行了普遍巡察和专项巡察；严格执纪问责，发挥震慑作用。

【着力推进"两学一做"学习教育常态化制度化】 1. 深入开展"维护核心、铸就忠诚、担当作为、抓实支部"主题教育实践活动。在系统各单位开展基层党建创新典型案例征集活动，收集案例报告51篇。建立基层党建创新案例库，从中选取了14家单位的28篇典型案例，编撰形成《市建委系统基层党建创新案例选编》，在各党组织之间进行对照学习。组织召开系统"深化'两学一做'、提升基层党组织组织力"学习交流会，6个基层党组织交流了经验做法。注重选树先进典型，今年系统部分党员和基层党组织获评全市主题教育实践活动优秀共产党员和先进基层党组织，"两报一台"等媒体进行了重点宣传报道。

2. 加强规范化、标准化建设。深化"五好党支部"创建活动，研究制定基层党建重点任务清单，列出6个方面任务29项具体措施。针对重点任务和查找出的问题，采取专项推进的办法，确保按期整改。开展"基层党组织规范化建设年"活动，编印《基层党组织党务工作实用方法与规程》，对"三会一课"、主题党日、发展党员、换届选举、组织生活会、谈心谈话等工作进行规范。依托"基层组织建设信息系统"、党建云等信息化平台，对基层党组织实行全程纪实和信息化管理。

3. 创新活动载体。在机关和直属单位组织开展"我看改革开放40年"主题征文，"我讲一次微党课"，"季度党员之星"评选，创建"三个表率、一个模范"机关等活动。推动各党组织结合自身实际，广泛开展知识竞赛、征文、演讲、业务技能比武等"十个一"特色活动。

【营造风清气正干事创业的良好氛围】 1. 严格落实中央八项规定及实施细则精神。开展机关作风纪律整顿，对违反工作纪律的进行批评教育、责令检查，严格控制办公用房、公务用车和公务接待标准；紧盯节日等重大时间节点，逢节必发廉政通知、搞廉政教育，对公款、公车、公物等严禁事项和重点工作提出明确要求，组织明察暗访，保持高压态势。

2. 深入开展不作为不担当专项治理。把不作为不担当问题专项治理作为改进作风、优化营商环境的重要举措，召开"新时代新担当新作为"专题民主生活会、组织生活会，对标党中央、市委关于担当作为的一系列新部署、新要求，通过真刀真枪的批评和自我批评，深挖细剖在思想观念上的差距和不足，做到知耻后勇、再鼓干劲；组织召开不作为不担当问题专项治理工作专题分析推动会，从平高电气项目未能顺利办理建设手续的案例入手，查找各相关部门在不同环节存在的短板弱项，深刻剖析症结根源，通过解剖麻雀、以案说法的形式，提高党员干部强化担当、善于作为的意识和能力。在此基础上，认真自查自纠，梳理问题，制定整改措施；开展不作为不担当问题"机动式"巡察，搜集各类问题线索，逐一调查核实，严肃查处问责。

【着力防范建设领域廉政风险】 1. 加强工程项目各环节的把控监督，严防廉政风险。严格项目审批管理，按照《中共中央国务院关于深化投融资体制改革的意见》（中发〔2016〕18号）相关规定，对于政府投资项目，严格履行审批程序，严控工程造价，加强资金监管。特别是针对地铁工程投资额高、工程量大的特点，专门草拟了《天津市轨道交通建设项目设计变更管理办法》，严控工程变更，确保资金安全。对城建资金项目进行专项审计，充分发挥监督作用。

2. 加强建筑市场管理，进一步规范招投标行为。严厉打击建筑工程施工转包、违法分包等违法行为，落实日常巡察检查制度，开展建筑市场执法专项检查，处罚建筑工程施工转包、违法分包等违法违规行为。用电脑管住人脑，防止人为因素干扰，搭建电子招投标系统和监管平台，实现了招投标程序全部上网、监督管理各环节全部上网，监管部门可以通过网络平台实施"一控四监督"，进行全过程实时动态监管。用公开保证公正，防止暗箱操作，将所有依法招标项目全部纳入有形市场规范运作，坚持实行五公开制度，使工程建设招标投标全过程公开透明、阳光运行。

3. 强化执法监督，规范行政执法权力运行。建立健全执法和监督制度体系，围绕落实6项职责，出台《市建委"双随机、一公开"实施细则》《天津市建委行政处罚工作规程》等制度规定15项。推动全面依法规范履行职权，坚持月通报、季分析制度，对监督发现的问题，及时通报并跟踪整改。强化对执法行为的监督，依托行政执法监督平台实现即时监督，及时对上传执法信息进行人工复核和预警；对监督发现的问题，利用好执法监督意见书、监督平台意见回复等手段，及时反馈有关部门，做好跟踪整改工作。

紧紧牵住全面从严治党主体责任这个"牛鼻子"，一方面健全责任体系，制定《落实全面从严治党主体责任实施方案》，层层制定责任清单、任务清单，建立工作台账，签订任务书，明确责任内容、标准要求和完成时限；另一方面狠抓督查考核，召开党委扩大会议听取所属单位专题汇报，逐个进行点评；成立检查考核工作组，开展集中的检查推动。组织开展班子成员向驻委纪检组述责述廉、各级党组织书记抓基层党建工作述职评议考核，推动责任落地落实，为住房和城乡建设事业高质量发展提供坚强政治保证。

巡察工作

【天津市城乡建设委员会部分】

2018年1月中旬开始，采取不打招呼、突击巡察的方式，围绕中央八项规定精神、查纠"四风"问题的"十严禁"和党委扩大会上部署的委机关纪律作风整顿"八查八严禁"落实情况等内容，通过谈话了解、抽查电脑、现场查看、抽查与八项规定精神相关内容的财务账目资料等方式进行巡察，共查出6个单位存在贯彻落实上级文件精神、落实"八项规定"相关制度不严、公车管理制度落实不到位等典型问题。对以上发现的问题当即反馈，相关党组织即知即改，对"十严禁"和"八查八严禁"要求进行了重申。

2018年3月，成立两个巡察组对天津市建设工程质量安全监督管理总队、天津市绿色建筑促进发展中心、天津市工程建设交易服务中心、天津市施工队伍管理站等15个直属单位党组织、12个机关党支部开展了整改情况"回头看"。

2018年3月26日，市委巡视办来市建委调研，调研组对委党委高度重视巡察工作，紧密结合党委的重点工作确定巡察任务，创新方式方法，把专项巡察和常规巡察相结合，突出"五个创新"的做法给予充分肯定。

2018年5月，研究制定了《天津市建委党委巡察工作实施办法》，使巡察工作始终坚持党委统一领导，既坚持实事求是、依法依规，始终坚持群众路线、发扬民主，又充分体现党委党的建设工作新要求。

根据人员变动情况和专项业务需要，及时调整了党委巡察工作领导小组成员，吸纳了审计、机关党委等部门成员，为高标准完成巡察任务提供了组织保证。

2018年第二季度，组织开展了机动式巡察。巡察组根据梳理排查出的重点问题，结合日常掌握的情况，深入天津市建设工程技术研究所、中共天津市城乡建设委员会委员会党校、天津市施工队伍管理站、工程建设处等4个单位进行专项巡察，共发现典型性问题6个。按照党委巡察工作领导小组要求，对2个涉嫌违纪的问题线索移交驻委纪检监察组和机关纪委处理。

2018年8月27日至9月10日，按照市委第四轮不作为不担当问题专项巡视工作的统一部署和市建委党委的具体安排，对天津市燃气管理处、天津市公用设施配套办公室、天津市供热办、天津市绿色建筑促进发展中心4个党组织同步开展专项巡察。在第十一巡视组具体指导下，从"八个紧盯"入手，聚焦被巡察党组织存在的不作为不担当问题，圆满完成了巡察任务。

2018年11月13日，按照市委巡视办的统一部署，对4个被巡察党组织进行了巡察反馈。按照要求，被巡察党组织认真制定了整改方案和整改任务书，于11月28日前上报委领导小组办公室。

2018年8月，在专项巡察期间，派出2名同志分别参加了市委巡视组和人防办巡察组，使年轻巡察干部在"干中学，学中干"，开阔眼界，增长才干。

【天津市国土资源和房屋管理局部分】

2018年1月：

1. 2018年1月15日，研究第八轮巡察情况报告，确定问题线索。

2. 2018年1月16日，编印《市国土房管局巡察干部培训学习材料汇编》（一）、（二）。

3. 2018年1月22日，研究第七轮整改报告、第八轮巡察情况报告。

4. 2018年1月26日，印发《市国土房管局党委巡察工作领导小组工作规则》《市国土房管局党委巡察工作办公室工作规则》《市国土房管局党委巡察组工作规则》。

5. 2018年1月30日，研究2018年巡察工作思路，重点工作。

6. 2018年1月31日，召开局党委巡察发现问题警示教育暨监督执纪"四种形态"专题培训会。请市纪委张梅同志宣讲《准确理解和把握监督执纪"四种形态"》。

2018年2月：

7. 2018年2月3日，第八轮巡察书记专题会。

8. 2018年2月7日，规范巡察两个组提交的整改方案、整改报告和通报格式，制定模版。

9. 2018年2月12日，第九轮巡察工作部署会。巡察时间：从2018年2月22日至2018年4月22日；巡察单位为：天津国土资源和房屋职业学院、天津市不动产登记中心、天津市国土资源和房屋管理局机关服务中心。

10. 2018年2月28日，开展第九轮巡察工作征询意见专题会。

2018年3月：

11. 2018年3月21日，第九轮巡察工作中期推动会。

12. 2018年3月27日，印发《关于进一步规范巡察报告的意见》。

2018年4月：

13. 2018年4月9日，印发《市国土房管局党委巡察干部管理监督工作暂行办法》。

14. 2018年4月23日，研究第九轮巡察情况报告，确定问题线索。确定启动局党委巡视反馈意见整改"回头看"专项巡察工作。拟于2018年5月1日至5月31日，采取"一托三"的形式，用1个月时间对天津市土地整理中心、天津市土地交易中心、天津市保护风貌建筑办公室、天津市房地产市场管理服务中心、市区国土分局、天津市国土资源和房屋管理局信息中心等6个直属单位党组织进行"回头看"专项巡察。

2018年5月：

15. 2018年5月2日—3日，组织全体巡察干部开展巡视反馈意见整改"回头看"专项巡察工作培训。

16. 2018年5月3日，召开局党委巡视反馈意见整改"回头看"专项巡察工作动员部署会。

17. 2018年5月4日，召开2018年

第十五篇 党建工作

第12次局党委会。（1）听取局党委巡察一组、二组汇报第九轮巡察工作情况、个别谈话情况报告、领导干部问题线索情况报告；（2）听取局党委巡察办汇报第八轮巡察移交问题和线索整改情况；（3）听取、审定关于确定局党委巡视反馈意见整改"回头看"专项巡察工作的请示、局党委巡视反馈意见整改"回头看"专项巡察工作实施方案、关于局党委开展巡察工作经费的请示；（4）听取、审定市国土房管局党委巡察工作规划（2018年—2020年）。

18. 2018年5月9日，牵头组织巡察有关部门召开巡视反馈意见整改"回头看"专项巡察征询意见专题会。

19. 2018年5月22日，巡视人才库上报市委巡视工作领导小组，共计12人。

20. 2018年5月25日，向市委巡视办报送第九轮巡察工作情况。

2018年6月：

21. 2018年6月15日，研究巡视反馈意见整改"回头看"专项巡察工作情况报告。

2018年7月：

22. 2018年7月6日，局党委专题听取巡视反馈意见整改"回头看"专项巡察工作情况汇报会。

23. 2018年7月11日，第十一轮巡察工作部署会。巡察时间，从2018年7月16日至8月31日，巡察单位为天津市国土资源和房屋管理局静海区国土资源分局、天津市国土资源和房屋管理局宝坻区国土资源分局。

24. 2018年7月16日至17日，局党委第十一轮常规巡察工作培训，巡察办、巡察一组及巡察二组全体干部参加。

25. 2018年7月20日，开展第十一轮巡察工作征询意见专题会。

2018年8月：

26. 2018年8月14日，召开不作为不担当专项巡察部署会。巡察时间：从2018年8月16日至9月14日，巡察单位为：天津市国土资源和房屋管理局静海区国土资源分局、天津市房地产交易资金监管中心、天津市国土资源和房屋管理局宝坻区国土资源分局、公用处。

27. 2018年8月15日，召开不作为不担当专项巡察工作征询意见专题会。

28. 2018年8月27日召开市委巡视十一组专项巡视市国土房管局党委工作动员会，市委巡视十一组有关人员，局领导班子全体人员，局机关各处室负责人；天津市住房公积金管理中心、各区国土分局、天津市国土资源和房屋管理局蓟州区地矿局、局直属单位党政主要负责同志（包括主持工作的同志）；2016年以来退休局级领导干部；局巡察组全体成员；10名党员代表参会。

29. 2018年8月27日，（1）向市委巡视十一组报送第一至第十轮巡察报告，第一至第十轮巡察工作卷宗。（2）市委巡视十一组召开第一次巡视巡察联席会。

2018年9月：

30. 2018年9月1日，市委巡视十一组召开第二次巡视巡察联席会，听取巡察情况汇报，沟通交流有关情况。

31. 2018年9月6日，局党委巡察工作领导小组听取不作为不担当专项巡察汇报会。

32. 2018年9月7日，市委巡视十一组召开巡视巡察第三次联席会，沟通有关情况。

33. 2018年9月18日，局党委召开专题会，听取第十一轮常规巡察和不作为不担当专项巡察（第十二轮）工作情况汇报。

34. 2018年9月26—27日，召开局

党委第十三轮常规巡察工作培训会。

2018年10月：

35. 2018年10月9日，巡察办召开局党委第十三轮常规巡察工作征询意见专题会。

36. 2018年10月10日，召开部署研究巡察整改工作会。

2018年11月：

37. 2018年11月1日，召开研究第十三轮巡察业务工作会。

宣传和统战工作

【抓实党委中心组学习】 采取集中学习、研讨交流、学习讲堂等方式，对《习近平谈治国理政》(第一、二卷)、《习近平新时代中国特色社会主义思想三十讲》和《中国共产党纪律处分条例》等重要内容进行经常性、系统性学习，党委中心组学习36次、其中集体学习10次，学习讨论15次，学习讲堂11期。在通读学习的基础上，每月制定学习计划，进行学习交流，每半年调阅学习笔记，重点领学、研讨深化，用党的理论创新成果武装头脑、指导实践、推动工作。

【抓好意识形态工作】 制定并印发《市建委落实意识形态工作责任制实施方案》《市建委党委落实网络意识形态工作责任制实施方案》和《市建委党委关于进一步加强和改进意识形态工作的通知》，形成舆情通报12期，宣传舆情工作情况通报8期，向市委宣传部专题汇报意识形态工作2次。市建委党委会2次专题研究意识形态工作，把意识形态工作作为年度工作报告重要内容。

【加强宣传报道力度】 紧紧围绕"不作为不担当"专项治理、"双万双服促发展"、落实"津八条"、重点工程和民心工程等中心工作，先后在全市主要媒体刊播新闻稿件129篇次；更新住建网信息162条、图片信息56条、电子屏86条；发布微博信息2579条，吸引粉丝1.13万人，积极宣传一线涌现出的劳动模范、道德模范等先进典型，全面展示城建事业创新竞进、担当作为的良好氛围，推进美丽天津建设和发展。

【深化精神文明创建】 持续不断开展核心价值观宣传教育活动，积极参加纪念改革开放四十周年活动，参演天津市城乡建设委员会系统文艺节目获得银奖，宣传处获得最佳组织奖。加大文明城市创建力度，市建委《全域创建文明城市》经验做法被市文明办刊登转发。共推荐"天津好人"19名，"中国好人"1名，天津市"三八"红旗手4名，全国"三八"红旗手1名，"最美女性"16名，在全系统营造了崇尚先进、学习先进、争当先进的浓厚氛围。

【抓好统一战线工作】 在系统党外知识分子中开展"跟党迈进新时代，同心共筑中国梦"主题教育实践活动，凝聚思想共识。积极做好无党派人士政治身份的认定工作，建立党外代表人士人才库，积极开展联谊交友活动，为城建事业高质量发展提供广泛强大的力量支持。积极搭建建言献策的平台,系统 2 名党外同志在"担当新时代职责使命 为天津发展凝心聚力"座谈会上,向市委主要领导进行了汇报并得到了充分肯定。无党派人士顾明的先进事迹,被纳入了《同心筑梦·接力奋进——新时代党外代表人士风采录》,得到广泛宣传。

第十六篇

行政工作

政务和信息公开

【政务公开】 1. 推进制度建设。加强组织领导。调整工作领导小组。完善《关于将"五公开"要求纳入办文办会程序的通知》，明确工作目标，分解目标责任，加强源头管理，在发文稿纸中加入"政策是否需要解读""公平竞争""法律审核"选项，真正做到原文与解读同组织、同安排、同布置、同流转，将政策解读要求落实到公文办理程序中。同时，对办会也做出了明确要求，取得了很好的效果。印发《2018年市建委政务公开工作要点》（津建办〔2018〕370号）的通知，不断提升政务公开工作的质量和实效，提高政策制定、执行和监督的公众参与度，实现政务公开的制度化、标准化、信息化，不断提升政务公开的质量和实效。

建立健全了政务舆情收集、会商、研判、回应、评估机制，加强机制建设，定期发布《舆情通报》，2018年共印制12期。

2. 强化政策解读。按照市政府办公厅引入第三方评估的有关要求，健全和完善了门户网站天津建设网"政策解读"专栏，解读材料与政策性文件同步在"政策解读"专栏中公开，2018年完成政策文件解读21次。

3. 扩大公众参与。一是办好"公仆热线"和"公仆走进直播间"活动。2018年，"公仆热线"举办接待日19次，共接听电话308件次，举办"公仆走进直播间"2次。二是广泛开展政民互动。接听12319热线35万件；受理并答复信访信箱96件、主任信箱117件、网上投诉587件、政民零距离5378件、政务微博42件。三是积极正面回应舆情诉求。办理人民网交办件41件次、北方网信息平台交办件112件次。四是通过答复咨询、解决诉求、化解矛盾，树立了良好的社会形象。

4. 推进"互联网+政务服务"。一是完成权责清单动态更新。二是清理规范性文件和内部管理文件，对269件委发规范性文件和内部管理文件予以废止。三是及时公开干部人事动态。年内干部人事调整14批次，全部在网站公开。四是积极做好财政公开。公开财政预算4项、决算4项、"三公"经费2项。

【信息公开】 1. 做好主动公开工作。认真贯彻落实"以公开为常态，不公开为例外"的工作原则，加大了政府信息主动公开力度。确保在政府信息主动公开或变更后20个工作日内，准时向政府信息公开查阅服务中心提供纸质文件。2018

年向市图书馆、市档案馆和市行政许可服务中心寄送纸质文件累计221份；向市政府信息公开网上传主动公开文件221件；在"天津建设网"公开信息1952条。

2. 推进重点领域信息公开。在财政资金适用方面，完整、规范地在天津市政府信息公开网和天津建设网上公开机关财政预决算和"三公"经费信息，接受社会监督。在工程建设项目信息方面，围绕项目审批和管理的全过程，梳理8个信息公开环节，做到职权依据、前置要件、业务流程、监督管理"四个公开"，实现了网上受理、网上公示、网上公开结果，向公众提供了"一站式"服务。

3. 提高依申请公开服务质量。认真执行市政府办公厅印发的《天津市政府信息公开依申请受理答复文书》，规范运用13种答复文书，健全了部门承办、联合会商、法制审核工作流程；强化了搞清事实真相、搞清申请人真正诉求、搞清行政行为过程的"三个搞清"制度；努力健全依申请公开受理、审查、处理、答复工作机制。通过来人当面、信函（普通信、挂号信、邮政快递）、传真、天津政务网站等多渠道、多形式，受理依申请公开申请1989件，已全部按规定时间答复。

4. 完善网上办公信息化流程。天津市城乡建设委员会政府信息公开的依申请公开工作流程正式通过委办公自动化（OA）系统上线运行，提高了各节点的处理时效，目前已实现100%网上办理。

5. 严控行政复议诉讼件。2018年发生涉及政府信息公开的行政复议115件，行政诉讼案件85件。

建议提案办理

【建议提案办理概况】 2018年,天津市住房和城乡建设委员会承办"两会"建议提案425件。其中原市建委承办"两会"建议提案231件,包括人大建议151件、政协提案80件。原市国土房管局承办"两会"建议提案194件,包括人大建议125件、政协提案69件。提案办理均达到考核标准。

【组织保障有力】 为做好建议提案办理工作,建立健全了建议提案工作责任制。委主要领导为第一责任人,由一名局级领导分管,委办公室全面负责,安排具体工作人员专门负责联络,各有关处室、直属单位和集团指定专人办理,共同组成建议提案工作办理机构。

【制度执行严格】 1. 办前分析及时准确。针对建议提案涉及面广、承办难度大等特点,组织承办处室及单位抓好办前分析,通过梳理、归纳建议提案的内容,使市建委及市国土房管局各部门的职责、任务、分工等更加准确,提高了办理工作的针对性。

2. 重点办理、突出实效。在办前分析的同时,梳理出部分建议提案内容好、办理难度大及市人大、市政府和市政协确定的督办促办件作为重点件,集中力量办好办实,带动整体办理工作顺利有效推进。例如:代表提出的《关于尽快建立我市购租并举住房制度的建议》被列为市政府重点督办件;代表提出的《关于全市老旧小区改造融入海绵城市理念的建议》被列入市建委2018年重点推动工作任务之一,制定了三年行动计划,并以问题为导向指导工作;天津市一批完成海绵城市改造的老旧小区取得了非常好的效果,2018年汛期经受住了暴雨的考验,得到了小区居民的认可和称赞。

3. 座谈、面商积极有效。市建委始终把座谈、面商作为办理工作的重要环节,采取电话联络、上门拜访、座谈协商、邀请调研等方式,主动加强与代表委员的密切联系。在办理和再次办理过程中,多次专门组织有关部门及多个承办单位,与代表委员走访座谈,并邀请代表委员实地查看,现场反馈办理进展及落实情况;邀请代表参加重点问题的协调推动会,通过沟通互动推进问题解决。组织召开办理工作调研座谈会,代表委员听取天津市整体建设形势和市建委建议提案办理工作情况汇报。参会的市人大代表、政协委员、民主党派及市人大、市政府及市政协机关等对提案办理工作给予了充分肯定。

4. 再次办理严肃认真。2018年，市建委"两会"期间建议提案办结后接到了代表不满意的反馈意见，市建委高度重视，多次组织召开专题研究工作会议，邀请代表参加座谈协调，进行再次办理。一是关于《拓宽宾水西道和华苑路》的建议，市建委组织有关设计单位摸排该区域地下空间情况，由于该点位现状地下空间已饱和，不具备直接切改管线拓宽道路的条件，需要进一步调整排水方案后再考虑管线切改和路面拓宽，代表表示认可。二是关于《道桥处拌合厂外迁工作》的建议，道桥处拌合厂迁移新址以及搬迁所需资金问题相关部门已达成初步意向，但新址还需解决土地问题后再实施，代表表示满意。

5. 宣传报道积极主动。市建委在办理工作过程中，积极主动将计划方案、工作措施、主要做法、座谈反馈、督办落实以及取得的实效进行认真总结，并及时进行宣传报道，主要通过广播电台以及城建简报、城建信息等多种途径宣传报道建议、提案办理工作。

【办理程序规范】 1. 接收积极。市建委在市政府提案办集中组织的交办工作中，分件认真、态度端正、接收积极。

2. 责任明确。对市建委承办的建议、提案在最短时间内明确办理责任，并要求第一时间与代表委员进行沟通联系，强化承办单位及办理工作人员责任。

3. 协商密切。针对综合性强、涉及面广、处理难度大或者问题反映比较集中的建议、提案，积极通过联席会、座谈会、督办会等形式进行研究、协调，推动多部门联合承办，提高办理的实效性。

4. 办复规范。为提高办复办文质量，组织召开办理工作交办培训，规范了格式、统一标准，严格把关复文质量。做到回复件格式醒目、规范，表述诚恳、准确，内容真实、全面。2018年，市建委承办的建议、提案均已按期办复，复文质量均符合标准，并及时完成邮寄和系统录入报知。

【落实效果明显】 在市政府提案办指导、委领导重视并亲自督办、承办单位及具体承办人共同努力下，2018年市建委办理的建议、提案满意率达100%。注重所采纳建议、提案的落实落地，办公室督办，所有承办处室、直属单位密切配合，市建委列为A类的建议提案落实率达100%。

信访维稳

【概况】 2018年度，信访维稳工作以领导干部接访包案为抓手，以改革创新为突破口，畅通渠道、完善机制、压实责任，强化源头治理和积案化解，圆满完成2018年信访维稳任务，为维护社会稳定做出了积极贡献。在全市信访工作考核中，天津市城乡建设委员会以96.77分名列全市重点委局第二名。

【群众来信来访及时办结】 2018年，共接待群众来访985批次、3126人次，其中集访106批次、1581人次，受理群众来信1232件，已全部办结；办理北方网"政民零距离"网民留言5378件，办理12319城建热线和8890便民服务专线交办的群众来电8030件，均在时限内答复群众，回复率100%，网民满意率在全市委办局中名列前茅。

【信访增量减少】 坚持以人民为中心的发展思想，深入开展"人民满意窗"建设、不作为不担当专项整治、物业管理八大行动、房地产市场专项整顿、老旧小区提升改造、住房保障规范管理、房屋管理和建设安全隐患大排查，源头堵塞漏洞，防范风险，实现"减存量、控增量、防变量"的工作目标。2018年初信初访约2100件，与2017年相比减少40.4%，重信重访约117件，与2017年相比减少86.7%。

【化解信访积案】 委领导高度重视信访稳定工作，书记宋力威、主任蔡云鹏多次听取信访工作汇报，对信访工作做出重要批示；党委会、主任办公会组织班子成员学习习近平总书记和市委书记李鸿忠关于信访工作重要讲话和指示精神，分析信访形势，研究重点信访问题，安排部署信访稳定工作。委领导带头接访包案、阅批群众来信，压实责任。针对樾梅江购房业主上访、盛华嘉园延期纠纷等重点信访问题，分管领导主动上阵，靠前指挥，具体研究制定稳控化解措施和解决方案。梳理汇总出15件信访积案，全部纳入领导包案，全面实现"案结事了"。上级部委交办277件信访事项，全部办理完毕。对国家信访局和市信访办分别交办的5件重点信访积案逐案建立台账，落实"五个一"措施及"五包"责任，实行台账管理、领导包案、定期督办，实现全部化解。

【群众满意度提高】 全年共受理"政民零距离"网民留言5378个，均及时给予告知性答复。共接到12319和市便民专线服务中心转办工单8030件，全部办结，网民满意度达96.09%。报送便民服务专线知识库信息56条，其中新增知识点31条，更改知识点15条，删除知识点10条，均在规定时间内办结。

认真组织"公仆接待日"活动19次，委领导带领相关处室、直属单位负责人，共接听电话308件次，主要涉及商品房质量、供热、市政基础设施和地铁建设、住房保障、房屋管理、建筑拆迁等问题，已全部按要求及时办结。参加"公仆走进直播间"5次，接听群众来电67个，全部答复完毕，回访16件，群众均表示满意。

【扫黑除恶成效突出】 按照市委关于综治工作部署要求，认真落实综治目标责任书各项任务，做到责任压实到位、工作措施到位、矛盾纠纷排查化解到位、督导检查推动到位；深入开展扫黑除恶专项斗争，加强宣传发动，实行单位、企业、工地全覆盖；深化线索排查，上报问题线索46条；强化行业管理，制定了3项管理措施；迎接了市第六督导组的专项督导检查，取得良好成绩，全系统未发生综治目标责任书负面清单中的问题。在市委政法委组织的年度考评中取得优秀成绩。

档案管理

【加强档案管理】 高度重视档案管理工作,始终把档案工作作为承载城乡建设工作历史积淀、推动城乡建设工作创新发展的重要平台。建立了由委主任亲自挂帅、委副主任分管,办公室主任牵头管理、机关各处处长分头负责、档案管理人员与各处室专兼职人员协调配合具体承办的四级档案管理网络,明确了各级责任人和责任目标,每年把档案工作列入年度计划,委内各部门也将文件及案卷的收集、整理、归档等工作纳入本部门岗位职责之中,做到责任清、任务明,实现了年初有计划、有目标,年末有考核、有总结。努力做到认识到位、组织到位、措施到位。

【健全管理制度】 坚持用制度推动工作,不断完善机关档案管理制度体系。先后制定修订了《市建委档案管理制度》《市建委档案工作职责》《市建委工程建设指挥部档案管理办法》《关于印发市建委档案管理应急预案的通知》等多层面涉及档案管理的规章制度,为机关、下属事业单位和牵头的各工程建设指挥部档案的管理职责、归档范围、保管期限、整理收存、保管利用和移交等提供规范性依据。

【狠抓基础建设】 高度重视各类档案收集、整理,凡是对城乡建设工作发展有参考价值和利用价值的,包括纸质档案、实物、照片等介质材料都纳入档案资源建设体系,配备了各类档案管理硬件设施,努力做到全面收集、科学管理。

一是加强和规范档案接收工作。严格执行归档制度,为确保档案收集的完整性,采取统一指导、集中归档、文件核对等措施;特别是根据职能调整,围绕逐步确定的部门职能,对《保管范围和保管期限表》进行了修订,加强对重大活动、重要事件产生的档案资料收集工作。

二是坚持档案整理规范化、标准化。严格按照市档案局的有关工作要求,制定了科学适用的保管期限表和档案索引目录,努力做到档案材料组件合理,保管期限划分准确;各部门配齐标准档案盒、归档章、装订线、打眼机等归档用具,要求案卷装订整齐,项目填写整齐规范,归档率、完整率、准确率均达到100%。室藏档案表目登记规范,对室藏各门类档案均按照市档案局的有关规定制作了完整的纸质版和电子版两套目录,并将纸质目录集中存放,电子文件目录进行备份。

三是健全完善档案收集整理、鉴定保管、统计利用等管理工作,通过建立档案收进移出登记簿、档案总登记台账、档案分类登记台账、档案开发利用统计台账、机构和人员、库房设备台账、档案工作基本情况统计编表、档案安全检查表等填报机制，提高了档案管理科学化水平。

四是坚持做好档案的保管、保护工作，绘制了档案、资料存放示意图，坚持温湿度测量，保持库内整洁，定期对库房进行检查并做好记录。定期消毒，档案未出现霉变、污损、虫蛀、鼠咬等现象。认真落实库房管理制度和借阅制度，保证入库档案质量，档案出库一律严格登记，定期进行清点检查，无丢失、泄密现象。

五是做好档案归档和移交工作。召开了档案工作会议，部署了年度档案工作并进行了归档立卷培训，制定了归档方案，坚持档案室和相关处室两级把关、集中档案整理，档案室在订卷前以处室发文本和归档范围为依据逐件检查依据性文件、附件、领导批示等文件，确保资料收集齐全、规范存档。2018年度机关各类档案归档立卷工作已全部完成，共产生文书档案252盒、4185件，实物档案4件，资料5卷，电子文件3946件、总容量20.33GB。

【推进档案管理信息化建设】 积极适应新形势要求，充分利用信息化手段，努力提高档案管理和利用的现代化水平。一是将档案工作信息化建设纳入信息化工作发展规划，重新修订了《电子文件归档管理暂行办法》等制度规定，投入大量人力、物力，超前谋划、有序推进档案电子化管理，配备计算机、服务器、多功能扫描仪等设备开展数字化管理工作。二是加强图片档案归集。着力加强对实物、照片档案的收集工作。配备了电子照片档案专用硬盘，使图片文件更加规整、系统、易保存且不易丢失；进一步拓展第一手材料的收集渠道，使实物档案内容更加丰富。三是大力推进档案数字化建设，完成机关文书档案的数字化扫描转换。

【提升档案有序利用服务水平】 坚持为领导决策服务和为城乡建设工作服务的宗旨，积极开发、利用档案资源。一是先后编制了各种载体的全引目录、归档文件目录、声像档案、实物档案、电子档案、编研材料、全宗卷等索引工具，清晰规范，能够从多个角度进行快速、准确的检索；实行档案利用效果反馈制度和利用效果登记制度，促进档案利用价值得到充分有效的运用和发挥。二是坚持把加强编研工作、提高利用效果作为档案管理的着力点，集中时间、集中精力，围绕中心工作进行编研活动。三是坚持主动利用与被动利用相结合的方式，积极宣传档案利用的价值和意义，广泛挖掘档案信息资源，主动为政务公开、信访反馈等各项工作服务，2018年档案室提供档案利用76次，涉及档案100余件，有效地服务了城乡建设管理工作。

【加强服务培训】 在抓好机关档案管理的同时，强化对直属事业单位的指导，及时传达市档案局的有关工作要求和部署，定期组织学习培训交流，推动全系统档案工作水平的提升。以多种形式开展业务学习培训，定期组织委各处室、站办档案员进行档案法制、档案业务、计算机知识、档案现代化管理、档案数字化等内容的专题培训，邀请市档案局有关专家做讲座，组织全体档案工作人员到其他单位实地考察学习。积极开展天津市机关所属单位档案工作目标管理考评，促进档案基础业务建设，提高档案管理水平。按照市档案局《天津市市级机关所属单位档案工作目标管理考评办法》（津档发〔2017〕8号）的要求，积极完成下属单位档案考评工作，邀请市档案局有关人员深入指导，提出整改意见。在2018年市级事业单位档案室考评中，天津市建设工程造价管理总站、天津市建委世行贷款项目办公室被授予"天津市市级机关所属单位档案工作目标管理考评二级单位"。2018年，在市级机关档案业务知识岗位练兵能力大比武活动中，天津市安居工程发展中心和天津市城市基础设施配套办公室代表市建委参赛，分别获得优秀个人一等奖和优秀个人三等奖；市建委获得优秀组织奖。

【积极宣传档案工作价值】 大力宣传档案工作在全市各项重点工作中的积极作用，增强全员档案意识，宣传档案价值，按照市档案局《2018年"国际档案日"宣传活动方案》的工作安排，6月14日组织机关各处室和直属单位主要负责人及档案工作人员观看了《带你观摩档案修复的神奇》和天津方言文化产品《乡愁有声》《津皖音缘》微视频。从多角度让大家对档案管理基本知识有了更为全面的了解，提高了对档案工作重要性的认识，为进一步夯实我委档案管理工作奠定了良好基础。

应急管理

【应急预案体系建设】 制定《2018年市建委应急管理工作要点》（津建办〔2018〕298号）并及时下发给相关直属单位，作为2018年应急工作的重要依据。按照市政府要求，发布《关于调整市建委应急管理工作领导机构及工作机构成员的通知》（津建办〔2018〕299号），及时调整应急管理工作领导小组；由委主要领导任组长，分管委领导任副组长，相关处室、直属单位负责同志为成员；领导小组下设办公室，牵头负责应急管理日常工作，将原来的3个专业组整合为2个专项组，明确了各自职责任务，形成了领导小组统一领导、各专项组分工负责的工作体制。

【组织应急演练】 按照《关于开展应急预案修订工作的通知》要求，修订完成《天津市建设工程施工突发事件应急预案》《天津市集中供热突发事件应急预案》《天津市燃气突发事件应急预案》。按照《2018年市建委应急管理工作要点》（津建办〔2018〕298号）的工作要求，市质量安全监督总队、天津市人民政府供热办公室、天津市燃气管理处陆续组织管辖企业开展应急演练活动。2018年6月21日，由天津市城乡建设委员会主办的"2018年建设系统塔吊及模板支架体系坍塌事故综合应急演练"在滨海高新区奇虎360天津创业平台EPC项目正式启动。此次演练以"生命至上、安全发展"为主题，模拟塔吊坍塌引起满堂架整体坍塌，导致多名工人被压的情况，5支建设系统市级应急救援队伍参与演练。演练中各组人员密切配合，使观摩人员在生动的演练中清晰地了解和掌握了应急救援程序，演练取得圆满成功。

【开展专项应急宣教活动】 根据《国家减灾委员会关于做好2018年防灾减灾有关工作的通知》和《天津市人民政府办公厅关于做好2018年"5·12"防灾减灾宣传周系列活动的通知》文件要求，天津市城乡建设委员会相关直属单位认真学习并深入开展"5·12"防灾减灾宣传周活动。在市质安监管总队的部署下，各企业不断创新宣传教育手段，充分发挥现代媒介宣传教育优势，积极利用网络、电视、微信、LED宣传栏等载体，将防灾减灾科普知识立体化、全方位展示给广大作业人员，据统计本次防灾减灾宣传周共培训教育作业人员1.32万人次。天津市燃气管理处分别赴津燃华润燃气有限公司和西青开发区燃气公司活动场地实地参与、检查活动开展情况。以"行动起来,减轻身边的灾害风险"为主题,通过现场咨询、发放宣传材料、布置展板、现场演示、有奖问答、广播用气常识等方式,介绍燃气法规、燃气知识和安全用气常识,现场群众积极参与活动,起到了良好的宣传效果。

第十七篇

人才建设工作

专业能力培训

【举办2018年城市建设发展专题研讨班】 研讨班设置了装配式建筑、海绵城市、智慧城市、乡村建设和城市"双修"等方面的专题课程,有效提升了城建系统领导干部谋划天津发展、优化营商环境、保障改善民生的素质和能力,凝聚起了城乡建设领域落实新发展理念、推动高质量发展的工作合力和动力。天津市城乡建设委员会领导班子全体成员、市直有关单位分管负责同志、各区分管城建工作的副区长和建委主任60余人参加了学习研讨。

【举办2018年专业化能力培训网络专题班】 利用天津干部在线学习平台,选择城市规划、创新驱动、京津冀协同发展等与城建事业发展相关的优秀网络课程,按照每名干部不少于20学时的要求,117名处级以上干部进行了网上学习。

【开展重大决策部署和业务能力提升专题培训】 2018年初,举办了2期各区建委领导干部专题培训班,市建委领导、机关有关处室负责人围绕质量安全、建筑市场执法监察、供热燃气行业管理、生态修复和城市修补、装配式建筑等内容进行培训指导,各区建委主任、副主任50余人参加了学习。天津市机械设备成套局举办了"工程造价咨询新动能方案设计与实现""绿色建筑标准与绿色建筑发展"专题培训,就业内先进理念与未来发展趋势进行了讲解。天津市住房公积金管理中心采取分期培训、逐级培训、视频培训和调研指导等多种形式,定期开展公积金归集、提取、贷款和行政执法等业务知识和技能培训。同时,系统各单位依托中共天津市城乡建设委员会委员会党校,举办了领导干部个人有关事项报告、城市建设统计、档案专项审核、党内统计信息系统、财务工作等专项培训班,累计531人次参加了学习。

政治思想学习

【开展集中轮训】 举办了16期学习习近平新时代中国特色社会主义思想专题培训班,对144名局处级干部和776名科级及以下干部进行了集中轮训。每名干部参加5天集中轮训,局处级干部完成率达到100%。天津市中材节能发展有限公司、天津水泥工业设计研究院有限公司、中国市政工程华北设计研究院、天津中天通信有限公司等单位举办了7期学习贯彻党的十九大精神专题培训班,330名处科级干部参加了学习。

【开展网络培训】 借助干部在线学习平台,举办了2期学习贯彻习近平新时代中国特色社会主义思想网络专题班,局处级干部296人次参加了学习。

【抓实中心组学习】 将专题学习和系统学习结合起来,制定了《习近平谈治国理政》(第一、二卷)和《习近平新时代中国特色社会主义思想三十讲》专题学习安排,每月选取重点篇目深入开展学习讨论和互动交流。开展集中学习44次,研讨交流12次,形成书面自学体会126篇。

【精心组织宣传宣讲】 党的十九大以来,系统各党委(党组)理论学习中心组成员开展宣讲报告会、座谈研讨、讲党课等397场,累计1153人次参加学习,切实提高了各级党员干部用习近平新时代中国特色社会主义思想武装头脑的政治站位和政治觉悟。

【做好调训工作】 做好局级干部进修班、年轻干部进修班、党性教育专题班、"一把手"政治能力建设专题班、加强党的长期执政能力建设专题班等班次参训工作,系统共32名局处级领导干部参加了培训,开阔了思维和眼界,提高了工作水平。落实好干部专题研修工作,2018年选派系统27名干部参加了9个专题36门课程的专题培训。选派8名干部参加全市干部学习大讲堂,坚持每月移动端学习,组织全体处级以上干部按时完成5个班次的学习课程和网络学时。

第十七篇 人才建设工作

党性修养培训

【举办年轻干部培训班】 举办了2018年年轻干部培训班，机关和直属单位63名40岁以下处级、科级干部参加了培训。培训班突出政治训练，把提高政治觉悟、政治能力贯穿于培训全过程，围绕学习《中国共产党章程》《中国共产党纪律处分条例》、加强纪律作风建设、担当作为等专题安排了课程；重点学习了全国优秀共产党员张黎明、黄群、宋月才、姜开斌和王继才等人的先进典型事迹；赴长泰监狱、石家大院进行警示教育，推动年轻干部牢固树立"四个意识"，坚定"四个自信"，做到"两个坚决维护"。

【加强党务干部培训和党员教育培训】 依托中共天津市委党校、中共天津市城乡建设委员会委员会党校和各企业党校等主渠道资源，组织支部委员、党群纪检员、入党积极分子开展集中脱产培训。围绕党的十九大精神解读、马克思主义中国化思想、新时代国有企业基层党建创新、党风廉政建设和反腐败斗争的形势和任务等主题进行授课。以经常性教育和廉洁教育为抓手，面向基层党务工作人员聚焦"三会一课"、党费使用管理、党员活动阵地建设、主题实践活动等工作定期组织集中培训，持续提升党务工作人员专业水平。承办党组织书记、党务干部培训班5期，天津市机械设备成套局、中国移动天津公司、中国电建市政集团天津公司等单位700余名干部参加了培训。举办党员发展对象和新党员培训班6期，累计培训245人次，有效提升了党员干部的思想修养和政治素质。

【加强日常党性教育和理论教育】 开展学习宣传贯彻《宪法》专题讲座，结合《共产党宣言》发表170周年和马克思诞辰200周年，邀请中共天津市委党校教授进行《共产党宣言》专题辅导，邀请天津市纪委监委领导讲授新修订的《中国共产党纪律处分条例》，组织党员干部到周邓纪念馆、平津战役纪念馆、觉悟社纪念馆、中共天津历史纪念馆、时代记忆纪念馆等进行党性教育，提升党性修养。

第十八篇 滨海新区及功能区建设

第十八篇　滨海新区及功能区建设

滨海新区

【概况】 2018年，滨海新区建设工作以习近平新时代中国特色社会主义思想为指引，深入贯彻落实天津市委、市政府和滨海新区区委、区政府决策部署，按照建设繁荣宜居智慧新城的目标和"三六一"思路举措，以"城市品质提升行动"为工作主线，充分发挥规划引领作用，深化综合交通体系建设，不断提升基础设施承载能力，提高城市运行维护水平，加强房地产开发建设管理，稳步实施示范镇建设和棚户区改造，努力实现城市安全健康运行。

发挥规划引领作用。学习借鉴北京城市副中心和河北雄安新区等规划建设先进理念和成功经验，开展滨海新区2049年远景规划的战略研究，为新区2035年总体规划编制提供战略指引。完成土地利用总体规划并获得批准，城镇建设用地规模从1200平方千米缩减至900平方千米，规划蓝绿空间总面积1400平方千米。紧紧围绕新区重点建设区域和重点民生领域开展规划设计工作，主城区总体规划设计、海河两岸城市设计、两化搬迁地块、散货物流中心控制性详细规划等一批规划成果基本成型。完成了停车专项规划、地下空间专项规划、重点区域排水专项规划、水系连通专项规划和农产品市场专项规划等一批专项规划编制工作。全年开展的重点规划编制项目53项，已完成16项。

加快综合交通体系建设。积极争取滨海新区在京津冀乃至全国铁路网规划中的高点定位，随着京沪二高铁经过滨海新区方案的确定，滨海新区在全国高铁网的区域枢纽地位基本形成。大力推动集港铁路建设，西南环线投入运营，南港铁路主体完工，天津港北、中、南铁路运输骨架基本形成。"公转铁""公铁联运"稳步推进，中欧、中亚班列逐步增长，天津港作为"一带一路"建设重要海陆交汇点的作用日益显现。滨铁1号线、2号线全面开工建设，滨铁3号线规划方案基本确定。全面扩充交通容量，优化路网结构，提高通行效率，实施42项交通畅通工程，其中续建16项，新开工15项，开展前期工作11项。滨石高速启动建设，绕城高速南段和北段、北海路地道、世纪大道东延、汉沽寨上大桥等14项畅通工程建成通车，交通瓶颈持续疏解。实施了中心北路地道、塘黄路等19项路桥维修改造，继续实施"村村通公路"工程，农村公路"建管养运"一体化基本实现。

提升基础设施承载能力。推动实施以特高压工程、电网主网架结构工程、城市配电网建设工程等九大工程为主要内容的电力1001工程重点项目进展顺利，电力支撑滨海新区加快发展能力显著提升。改扩建新河水厂、聚酯水厂，建成海河南加压站，建成新河、清沉再生水厂，供水保障能力进一步增强。新建2座污水处理厂、4座再生水厂，城镇污水处理率为94.5%，达标率由2013年的57.9%提升至96.25%。提标改造28座既有污水处理厂，并按天津市新地标达标运行。制定并启动实施全区雨污分流改造规划，完成4个合流制片区雨污分流改造，敷设雨污分流管网20千米。完成大港城排明渠治理，总体规划建设南北连通水系，建成板桥河、长青河治理等4项水系连通项目。

提高城市运行维护水平。完成589条城市道路、137座桥梁养护管理，解决了部分道路年久失修、坑洼不平、设施破损等问题。新区五大热电联产热源全部建成，南疆、北塘、临港热电实现联网运行。73座147台燃煤锅炉改燃并网、9000余户城市散煤户清零任务全部完成，全面形成热电联产为主、清洁能源为辅的大供热体系。实施"光明行"提升行动，完成5.2万基路灯维修养护，新建和完善18条道路路灯，亮灯率保持在99%以上。施划道路停车位3.1万个、小区停车位5.6万个、共享单车车位181处，全面治理"停车乱"，有效缓解"停车难"。狠抓安全生产大排查、大整治、大培训，城建领域事故发生率下降57%。开展工程建设领域达标创优，强化建设质量管理，打造精品放心工程，117项工程入选国家级和市级激励项目。高压治理施工扬尘，"六个百分百"有力落实，文明施工水平全面提升，持续为大气减排、为蓝天减负。

加强房地产市场管理。全面落实中央关于"房住不炒"的核心要求，认真贯彻党中央、国务院和天津市的决策部署，落实新区房地产市场调控要求，研究制定调控新建商品住宅价格的措施，严格落实新建商品住宅销许价格备案，有效稳控新区新建商品住宅的价格，保持商品住房市场供需平衡。严格执行土地出让价格、新建商品房价格、二手房价格"三价联控"，有效稳控新区住宅价格。新区新建商品房价格控制在1.4万元每平方米以内，住宅去化周期为8.86个月，处于合理空间。推进租购并举的住房制度，培育发展住房租赁市场，新增集中式租赁住房17.87万平方米，分散式租赁住房15.24万平方米，新增租赁住房企业11家。完成配租426套公共租赁住房，欣嘉园2800套限价房项目开工并开盘销售。新增"两种补贴"受益家庭282户。

积极推进示范镇建设和棚户区改造。解决了胡家园二期、太平镇二期的历史遗留问题，以市场化方式理顺建设组织模式，推进新城镇和中塘镇的城镇化全面实施，小王庄示范镇收尾工作正在重新启动。大力推进已启动的8个棚户区（共1.6万户）改造项目，已完成拆迁56万平方米，占拆迁总量的33%；完成投资106.14亿元，占总投资的50%；新启动的16片棚户区（共3988户）改造项目，已完成房屋征收决定公告下发工作。

【滨海新区建设和交通局】　负责滨海新区城乡建设、建筑市场、公用事业、交通运输、市政公路、水务水利、防汛防潮、人民防空和防震减灾等重点工作的区政府工作部门。对应市建委、市交委、市水务局、市人防办、市地震局5个市级主管部门，加挂区水务局、区人防办、区民防办和区地震办4块牌子。设有区防汛办、区治超办、区配套办、区供热办、区清欠办、区节水办、区停车办、区交战办、区抗震办、区清指办、区河长办11个综合协调机构。

局机关内设19个处室，包括办公室、组织人事处、政策法规处、财务处、综合计划处和安全生产监督管理处6个综合处室，以及工程建设处、房地产开发与建筑节能处、公用事业处、建筑管理处、客运管理处、货运管理处、水运管理处、防汛抗旱和防潮管理处、水政水资源处、水务工程处、排水管理处、市政公路处和人防处13个业务处室。

下设48家事业单位，分别承担着城市建设、交通运输、水务水利、公用事业、市政公路和人防地震6个不同领域的具体职能。其中包括处级单位5家，科级单位43家。滨海新区建设工程质量安全监督管理支队、滨海新区交通运输管理中心、滨海新区公路服务中心3家通过改革和整合，已经实现全区管理一体化。

局领导班子编制1正4副和1名总工程师。共有干部编制2908人，实有干部1800人。其中机关编制285人、实有193人；事业编制2623人、实有1607人。

【滨海新区规划和国土资源管理局】负责城乡规划、国土资源、房地产、住房保障和改革工作的区政府工作部门。加挂天津市滨海新区房屋管理局、滨海新区不动产登记局2块牌子。

局机关内设综合办公室、组织人事处、综合业务处（测绘管理处）、总体规划处、详细规划处（地名管理处）、建设项目处、市政规划处、土地资源处（矿产资源处）、土地利用处、权籍处、房屋管理处（物业处）（房屋征收办公室）、住房保障处、执法监察处（政策法规处）（信访处）、行政审批处、计划财务处和房地产市场管理处16个处室。局派出机构有滨海新区规划和自然资源局（区房屋管理局）第一、第二、第三分局。

局机关行政编制104名，其中党委书记1名，局长1名，副局长4名，总规划师1名，总经济师1名；内设机构领导职数16个正职8个副职。派出机构行政编制120名（第一分局、第二分局、第三分局分别为40名）。分别核定领导职数1个正职4个副职；内设科室领导职数8个正职8个副职。局所属事业单位39个，编制1114名，在编513名。局机关在职公务员154人；直属事业单位在职事业编工作人员513人。

2018年，滨海新区围绕改善基础设施整体面貌，提升载体服务功能，根据区域发展实际需要，共安排4个大类70项基础设施建设项目，其中结转14项，新开工30项，民心工程26项，全年计划投资144.20亿元，年度实际完成投资53.16亿元，完成投资计划的36.86%。

【道路新建续建工程】 全年共实施26项，其中结转4项，新开工14项，民心工程8项，年内完成投资25.49亿元。

1. 西外环高速工程。项目北起清河农场，南至津港高速二期互通式立交桥，双向六至八车道，全长37.7千米，全线设互通立交桥7座、分离式立交桥5座、特大桥2座、大桥3座、中桥3座、主线收费站1处、匝道收费站5处。2018年底除海河限航部分外，其他部分全部完工，2018年完成投资3965万元。

2. 津石高速公路工程。项目主线起自滨海新区南港工业区，接已建海滨大道及南港工业区港北路，止于西青区小张庄附近，接已建津石高速和长深高速共线段，全长约31.3千米。同步建设津石高速至荣乌高速连接线，长约5.2千米，设小泊互通式立交桥1座。采用双向四车道高速公路标准。2018年完成征地、拆迁及部分口门改造、管线切改；大港段路基完成20%、桩基完成10%，2018年完成投资10.87亿元。

3. 西中环南段工程。项目位于滨海新区新城镇，自跨海河大桥至天津大道，全长4千米，双向八车道快速路，道路工程完成排水和路面中面层，桥梁工程完成桩基395根、承台74个、墩柱54个、主线箱梁6联，2018年完成投资4亿元。

4. 第二大街跨京山铁路桥工程。项目起于滨海新区杭州道与韶山路交口，止于洞庭路和第二大街路交口，全长约1.129千米，分三期实施。一期工程西起东江路、东至天河西路，全长0.157千米；二期工程起于规划天河西路，止于洞庭路，全长0.639千米；三期工程起于韶山道，止于东江路，全长0.3327千米。2018年底一期工程完成桩基施工，二期工程完成下部结构施工，三期工程开展下部结构施工，完成投资2157万元。

5. 北海路下穿进港铁路二线地道工程。项目北起第一大街与北海路交口，向南依次下穿津滨轻轨、新港四号路、进港铁路二线、大连东道，止于紫云东路与港滨路交口，全长0.942千米，2018年5月通车，开启了连接开发区和塘沽新港地区的直达通道，极大地缓解了中央大道压力。2018年完成投资5802万元。

6. 闸南路跨南疆铁路桥工程。项目位于滨海新区大沽街，起自石油南路，止于银河环路，全长1.136千米，双向六车道。2018年底完成部分桥梁桩基、墩柱施工，2018年完成投资3000万元。

7. 津沽一线（石油新村段）改造工程。项目位于滨海新区大沽街，起自迎宾大道，止于海滨大道立交区，全长约3.4千米。2018年完成建议书批复，并积极协调推动拆迁工作。

8. 京山南道西延工程。项目顺接三号还迁区范围内京山南道，向东至远洋城金田路，道路全长约为845米，含跨黑猪河桥梁1座、人行天桥1座，该工程可实现西部新城三号还迁区快速对外联通，极大方便居民出行。截至2018年底，工程全部完工，完成投资4370万元。

9. 中央大道南延工程。项目起于中央大道与轻十路平交口，止于油田联络线独流减河桥北侧，路线全长1.66千米，双向六车道布置，城市主干路标准，项目总投资约1.18亿元，2018年12月竣工通车，打通了中央大道和海滨高速的交通连接，增强了大港地区的对外联系。

10. 疏港联络线工程。项目起于滨海新区港塘公路，止于津沽一线，全长8.2千米，双向六车道，上下行分幅于大沽排污河两侧，北半幅利用既有路改建，南半幅在盐田内征地新建3车道道路。2018年底道路南半幅完工通车，北半幅主线完工，除跨李港铁路桥外，其余部分全部完成，进行跨铁路桥施工。2018年完成投资1.54亿元。

11. 港塘路卡口改造（津晋高速港塘路立交桥）工程。项目位于津晋高速公路与疏港联络线相交处，新建1对匝道与地面辅道，总长度约1.325千米，2018年底完工，完成投资5928万元。

12. 港塘路拓宽改造工程。项目起点为海景大道，止于天津大道互通立交桥，全长11.33千米，设计标准为双向六车道，城市主干道，北侧道路完成结构层，桥涵施工，2018年完成投资2437万元。

13. 世纪大道东延工程。项目位于中部新城南部片区，道路全长约1.747千米，双向六车道，城市主干路标准，建设内容包括道路交通及附属设施工程、箱涵工程、排水工程、照明工程、绿化工程等。已于2018年7月建成通车，实现大港南部城区、港东新城与中央大道的快速连接，方便大港南部城区、港东新城与核心区快速联系，部分缓解了港塘路压力。2018年完成投资1.32亿元。

14. 海滨大道海旭道节点工程。项目位于中新天津生态城，利用海滨大道京港高速立交桥的预留条件，实现海滨大道与海旭道的连接，缓解了中新天津生态城进出核心区交通压力。2018年，道路工程中土方回填完成76%，绿化迁移完成89%；桥梁工程中墩柱完成72%，盖梁完成66%，2018年完成投资4417万元。

15. 中塘路地道工程。项目为中塘路下穿南港铁路引路，是滨海新区中塘镇南北向重要的交通通道，截至2018年底，项目框架主体已完成主体顶推、基坑支护，进行附属泵站、跨八米河箱涵施工。2018年完成投资3500万元。

16. 塘汉公路联络线工程。项目为塘汉快速路至中新生态城段，结合区域路网，建设塘汉公路联络线，向东服务中新生态城，向西与塘汉快速路连接，长约0.217千米，初设已批复并开展招标工作。

17. 寨上大桥拓宽工程。项目起于四纬路，止于新开南路，跨越蓟运河，路线全长约840米。项目总投资为2.31亿元，已于2018年9月底通车。该桥是联系汉沽河西、河东地区的主要通道，改造前仅能实现双向两车道通行，本次改造按照双向四车道加非机动车道标准设计，增加了汉沽地区过河通道能力。2018年完成投资3504万元。

18. 塘汉快速路—津汉路立交桥完善工程。项目位于滨海新区寨上街，按照规划完成大辛路口三处点位拆迁，完成塘汉快速路—津汉路立交桥三个匝道，实现互通。2018年主要致力于协调拆迁，2018年完成投资1392万元。

19. 工农大道改建工程。项目位于中塘镇，2018年开工，2018年完成投资1500万元。

20. 港城大道塘汉路联络线（京津高速辅道）工程。项目北起港城大道跨京津高速南幅桥，南至塘汉路，全长约2.4千米，采用双向六车道一级公路标准，截至2018年底道路已全部完工，工程总投资2.06亿元，2018年完成投资7360万元。

21. 新杨北路工程。项目起于东丽区杨北公路与北环铁路相交处北侧，止于津汉路，全长约12千米。2018年底立项，取得用地预审并申请可行性研究批复，2018年完成投资752万元。

22. 港城大道北环铁路桥段完善工程。项目西至黑瀦河，东至北环铁路，主线全长约2.267千米。截至2018年底，北半幅道路已完工并完成导行，南半幅道路完工；北半幅桥梁完成架梁施工。2018年完成投资2.3亿元。

23. 长江道（物流北路）西延工程。项目位于滨海新区大沽街，含0.3千米新建段，1.2千米连锁砌块改建为沥青路面，2018年已开展前期工作。

24. 贵州路北延工程。项目位于滨海新区杭州道街，目标为打通贵州道（与扬州道交口以北80米）断头路，实现贵州路南北贯通，2018年底已完工，2018年完成投资160万元。

25. 丰收道拓宽改造工程。项目位于滨海新区海滨街，包括道路修建、油气管线切改，办理土地手续，2018年完成投资200万元。

26. 海河外滩提升改造一期工程。项目位于塘沽街，其中先期实施海河外滩公园绿化景观改造工程，占地15万平方米，绿化约9万平方米，并拆除部分防洪墙，2018年完成投资343万元。

【道路大中修工程】 全年共实施19项，其中结转3项，新开工10项，民心工程6项，年内完成投资4.97亿元。

1. 海滨大道减河北收费站外道路桥梁大修工程。项目北起滨海新区中央大道与油田联络线平交口，南至油田联络线独流减河大桥北桥头，主要内容为大港电厂一号、二号、三号桥拆除重建和桥头引路维修，工程全长0.79千米。2018年底完工，2018年完成投资7900万元。

2. 第九大街（新兴路—洞庭路）路桥维修工程。项目位于天津经济技术开发区洞庭路至西区新兴路，整体维修该段道路、桥梁及附属设施。2018年底完工，2018年完成投资1000万元。

3. 津汉公路改建工程。项目位于滨海新区茶淀街，工程内容为对津汉公路6千米进行改建。2018年底桥梁工程完工，道路工程土地征转已批复，施工许可已完成，办理供地手续。2018年完成投资6700万元。

4. 海滨大道开放段增设声屏障二期工程。项目为泰达大街至海河大桥段，已完成部分工程和厂家制作加工。2018年完成投资1400万元。

5. 莱茵北道道路工程。2018年完成道路施工5600平方米，便道施工2400平方米。2018年完成投资1010万元。

6. 政通桥增设声屏障工程。2018年完成拆除现状人行道栏杆，并对现状桥板梁和盖梁进行加固，更换人行道板后安装声屏障。2018年完成投资342万元。

7. 汉沽路灯新建工程。为2017年结转项目，2018年完成滨唐公路沿线7个村口、寨上园区5条道路、寨上社区2条街坊路灯新建工程。2018年完成投资780万元。

8. 津歧公路完善路灯照明设施工程。为2017年结转项目，2018年完成新建14米高压钠灯365基、16米高压钠灯7基，敷设电缆19.3千米，新建100千伏安杆式变压器5台、100千伏安箱式变压器3座。2018年完成投资2361万元。

9. 学海路完善路灯照明设施工程。为2017年结转项目，2018年完成新建14米路灯60基、12米路灯19基，敷设电缆4500米，新建100千伏安、50千伏安箱式变电站各1座。2018年完成投资422万元。

10. 迎宾街南延、港塘公路完善路灯照明设施工程。为2017年结转项目，2018年完成新建路灯、敷设电缆、设置变压器等任务。2018年完成投资723万元。

11. 津港公路、津歧公路、港塘路、南环路、凯旋街、万象路完善路灯照明设施工程。为2017年结转项目，完成更换路灯123基，敷设电缆9.88千米，更换变压器2台。2018年完成投资803万元。

12. 市政基础设施维修专项资金工程。对滨海新区内涉及群众来信来访、人大代表及政协委员反映集中以及其他特殊情况的道路、桥梁进行维修。中心北路地道、塘黄路、车站北路桥于庄子路大修工程、汉沽4座泵站和永定新河防钓鱼挡板已完工。2018年完成投资5000万元。

13. 郑田道大修工程。项目位于滨海新区胡家园街，工程内容为郑田道铣刨挖除路基，重新大修道路，截至2018年底已竣工通车，2018年完成投资1480万元。

14. 海滨大道东侧辅道大修工程。项目位于滨海新区大沽街，长8千米，2018年完成维修。2018年完成投资3815万元。

15. 京津高速延长线桥下辅道（新北

路—东海路段)工程。项目位于滨海新区北塘街,全长5.2千米,工程内容为改造路面结构、维修人行道、路口渠化、改造排水管道、提升标志标线。2018年底完工,2018年完成投资7283万元。

16. 临港立交桥桥区东北侧辅道雨水管网改造和道路大修工程。项目位于塘沽街,2018年完成雨水污水管道更换。2018年完成投资1100万元。

17. 原天化社区改造工程。项目位于滨海新区汉沽街,工程内容包括建设原天化九个社区甬路、便道铺装、雨污水管线、路灯等。2018年完成投资3910万元。

18. 中心庄路黑潴河路地道维修工程。项目位于滨海新区胡家园街,2018年完成投资2811万元。

19. 乡村公路维修补贴工程。2018年完成乡村公路维修补贴,2018年完成投资826万元。

【轨道及公交工程】 全年共实施12项,其中结转3项,新开工5项,民心工程4项,年内完成投资17.76亿元。

1. 轨道交通B1线一期工程。工程由滨海建投集团融资建设。线路自黄港车辆段至中部新城,全长31.3千米,设站22座,概算总投资295.6亿元。首期实施北段(黄港车辆段至滨海站),长约22.5千米,设站15座,概算投资218.9亿元。2018年线路欣嘉园东站、欣嘉园西站、第九大街站进行主体结构施工;欣嘉园北站完成主体结构施工,进行盾构施工准备;云山道站进行围护结构施工。2018年完成投资9.83亿元。

2. 轨道交通Z4线一期工程。工程由泰达控股公司融资建设。线路自中部新城至汉沽,全长约43.5千米,设站23座,总投资319.4亿元。其中高架线27.4千米,地下线15.3千米,敞开段0.8千米,设车站23座,其中高架站13座,地下站10座。2018年底完成高架段、地下段开工,完成征地7.37万平方米,拆迁海晶家具城1.88万平方米。2018年完成投资6.75亿元。

3. 轨道交通Z2线一期工程。工程由滨海建投集团融资建设。线路自金钟河大街至北塘,全长52.8千米,设站17座,投资299.75亿元。其中滨海新区段自滨海机场至北塘,全长约39.2千米,设站14座,其中地下站6座,高架站8座,总投资约219.09亿元。全年开展前期工作。

4. 滨海新区轨道交通网络运营控制中心一期工程。项目包括系统工程和楼宇工程,建设控制中心全线网指挥中心系统、6条线路控制中心系统的设备用房和运营办公用房及配套设备、室外道路广场等附属设施。总建筑面积5.71万平方米。2018年开始桩基础施工,2018年完成投资9177万元。

5. 滨海新区公交运营中心工程。项目新建调度楼1座、公交维护保养厂房1座、公交调度用房1座、公交站房1座、门卫房1座、洗车位若干个、充电桩若干个、绿化工程及场站道路等附属设施。2018年初步设计完成报批,2018年完成投资250万元。

6. 郭庄子公交首末站工程。项目新建办公调度楼、维修车间、室外停车场、绿化配套设施等。2018年完成投资计划、实施方案审批,2018年完成投资150万元。

7. 港东新城公交首末站工程。项目位于大港海景大道与港东六道交口,新建办公调度楼、维修车间、室外停车场、绿化配套设施等,施工全部完成,各项检测全部完成。2018年完成投资1650万元。

8. 公交中途站建设工程。共改造新建32个、维修100个站厢基础,2018年完成施工,完成投资301万元。

9. 公交智能调度工程。项目位于滨海新区公交集团总部楼,项目已完成基础数据、系统框架、主要功能等开发工作并进入测试。2018年完成投资40万元。

10. 超限超载治理非现场执法点位数据传输和治超业务平台工程。位于滨海新区关键集输运通道沿线,全线89.28千米,建设内容包括光缆链路、业务平台建设,2018年底监控设备完工,已完成实施方案批复。2018年完成投资300万元。

11. 道路客运班车和包车及危险货物运输车监管服务平台。通过滨海新区两客一危监控系统对运输行业实施科学高效管理。2018年完成实施方案批复。

12. 公交场站业务楼加固工程。位于火车站业务楼公交场站,火车站业务楼彩板房改造,维修加固工作已完成。2018年完成投资10万元。

【公用工程】 全年共实施9项,其中结转4项,新开工1项,民心工程4项,年内完成投资4.94亿元。

1. 区第二养老院周边市政配套工程。项目建设内容为六条道路、排水、中水、供水、道路绿化、路灯、交通设施。2018年已完工,2018年完成投资1600万元。

2. 大港区域市政配套工程。项目建设内容为滨海监狱、第三养护院、港星里及周边、阳光美域及周边、世纪大道南侧、港东新天地等周边区域、十二小及周边、星河荣御及周边、海旋园、海邻园、海都园、海信园、天然气中压管道(永明路东延)、福居园、香逸园等处的市政配套工程,2018年部分完工。2018年完成投资3586万元。

3. 塘沽区域市政配套工程。建设内容为铁东区域、东壹区、运通家园及运通商业广场、滨海新区城市建设档案馆、蓝庭公馆一期和二期及商业配套、开泰商业广场、贻彩新源一期和二期、新河街社区服务中心、河南路加油加气站、塘沽二幼新建项目、胡家园街综合服务中心等处的市政配套工程,2018年部分完工。2018年完成投资630万元。

4. 汉沽区域市政配套工程。位于汉沽城区,2018年已完成全部施工手续,已具备进场施工条件。

5. 广州道东延(部分)配套道路工程。2018年完成广州道东延(部分)洞庭路壹号配套道路、下水、路灯、绿化工程施工。2018年完成投资715万元。

6. 永明路东延道路、排水及泵站工程。该项目道路工程约2.42千米,敷设承插口钢筋混凝土管8.07千米、柔性企口混凝土管4.37千米、砌筑收水井178座、雨水检查井35座、污水检查井104座,2018年完成总体工程量70%。2018年完成投资2.08亿元。

7. 农村困难群体危房改造工程。对区内500户农村困难群众住房进行改造,2018年全部完工。2018年完成投资800万元。

8. 燃气旧管网改造工程。燃气老旧小区庭院燃气管线改造33项及户内黑皮管改造工程16项,地下燃气管网全部改造完成,2018年完成投资7280万元。

9. 供热老旧管网及一户一环改造工程。超额完成区级"三张清单"计划中的6000户的改造任务。2018年完成投资1.4亿元。

【加强工程招投标监管】 规范监督招标投标行为。贯彻落实《中华人民共和国建筑法》《中华人民共和国招投标法》

等法律法规及天津市地方政策规章，坚持公开、公正、公平原则，制定招投标事中事后监管流程，确保招标投标依法规范运行。全年完成勘察、设计、监理、施工等各类招标中标备案3949项。其中勘察招标备案457项，造价8503万元；设计招标备案987项，造价103.25亿元；监理招标备案966项，造价6.25亿元，施工招标备案1306项，造价696.33亿元；设备招标备案68项，造价12.9亿元；桩检招标备案33项，造价0.11亿元；专业招标备案132项，造价32.2亿元。做好中标人员变更咨询及服务，2018年完成39项中标人员变更。组织开展围标串标专项治理和招投标事中事后专项检查，维护市场秩序。

开展工程总承包（EPC）招标。积极响应住建部关于工程总承包的决策部署，2018年协调完成一汽丰田发动机有限公司TNGA1.5L发动机项目工厂扩建工程、天津港南疆矿石铁路专用线扩建工程、天津市环欧半导体材料技术有限公司年产100亿瓦高效太阳能电池用超薄硅单晶金刚线切片厂房及动力配套建设项目等14个项目的EPC招标工作。

受理工程招投标投诉。2018年共受理天津海警支队机关营房维修项目、塘沽审判区综合楼项目、茉莉亚学院项目舞台灯光机械设备项目、天津港北疆港区1号雨水泵站排水管线项目桩基检测项目、Z4线一期工程整流机组和配电变压器设备采购项目等14个项目投诉，均已按照政策要求落实处理。

【加强建筑业基础管理】 推进建筑业企业基础管理。2018年完成天津市建筑市场监管与信用信息平台人员信息审核133批次，审核职称人员434人，技术工人1321人；完成企业基本信息维护84家。办理二级注册建造师变更262项，其中初始注册23项，变更注册172项，注销注册36项，遗失注册1项，重新注册4项，正式注册24项，临时注册2项。办理资质申请271项，其中新办资质121项，资质增项61项，资质变更65项，资质升级2项，改制重组2项；完成企业撤销承诺9家，业绩入库8项。

规范办理基本建设手续。2018年滨海新区建设工程配套服务平台共办理各类建设手续7941项。包括：办理建设工程报建备案386项；中标通知书备案414项；合同备案638项；建筑节能技术资料收集及变更928项；建设工程农民工事项共348项；渣土装运备案209项；建设工程安全施工措施备案和质量监督登记共552项；房屋建筑和市政基础设施质量安全质量监督登记68项；建筑施工机械使用登记3556项；竣工验收备案708项；房地产项目开发建设方案告知26项；燃气工程特种设备告知15项；履行特种设备告知15项；天津市公共建筑装饰装修登记4项；办理水务工程项目法人（项目部）组件备案25项；水务工程质量监督、安全措施备案各23项；水务工程开工报告备案22项；办理其他类建设备案事项4项。

加强预拌混凝土承包企业管理。按照《市建委关于开展预拌混凝土专业承包企业（预拌混凝土搅拌站）专项检查的通知》（津建筑函〔2018〕80号）的要求，区建设交通局成立了加强预拌混凝土专业承包企业专项检查工作领导小组，对注册在滨海新区的58家（其中有3家企业注册地不在新区）预拌混凝土专业承包企业进行全面检查，共下达整改通知书14份，需要整改的事项31条，截至12月底部分企业已经完成整改。

【服务企业和项目建设】 扎实开展"双万双服"活动。结合建筑市场发展形势，加强政企互动，建立沟通联系机制，更好地帮扶建筑业企业，召开"双万双服"企业座谈会5次，在开工手续办理、施工扬尘监管、培训服务等方面征集意见百余条，并结合实际逐一落实。组织50多家企业负责人进行研讨，发挥自身优势特点，深挖本地市场潜能，拓展外地市场空间，全方位、多层次拓宽建筑市场领域，更好地打造一流营商环境。

帮扶指导项目前期手续办理。积极协调解决了滨海国际森林庄园项目14号地块、名仕华庭二号地变电站等项目前期手续办理问题。

采用"承诺制"和"容缺后补"方式。压缩备案时间，在办理质量安全监督登记时，危险性较大分部、分项工程清单采用承诺方式，在企业办理报建备案时，如立项文件没有批复，企业可以通过取得土地出让合同、设计方案或相关委办局建设计划进行项目报建备案。

简化公共服务事项备案要件。简化优化质量安全登记备案要件，取消渣土备案、农民工工伤保险缴存凭证、农民工工资预储账户缴存凭证、安全生产许可证和施工前现状调查证明。简化优化工程竣工验收备案要件，取消人防验收证明、建设项目环评报告、建设工程标志牌镶嵌登记表和建设工程档案验收认可证。推行公共服务事项备案手续先行告知制度，向企业发放《公共服务事项备案手续办理告知单》，明确办理所需要件、流程，方便企业办件。

【清理拖欠农民工工资】 认真贯彻国家、天津市清理建设领域拖欠农民工工资部署要求，坚持"有访必接、有接必办、每办必果"，认真宣讲政策法规，积极协调沟通、妥善处置，及时为农民工追偿欠薪，保障广大农民工合法权益，维护安全稳定秩序。全年接待农民工欠薪信访案件490件，接待上访人数2815人，涉及1.55万人，涉及金额3.23亿元，目前均已妥善解决，全区建设领域清欠工作有序可控。

督访推动制度落实。针对不同节点，开展农民工工资支付专项检查，重点检查项目实名制管理、预储账户、保障金制度执行情况。加大隐患排查力度，密切关注重大隐患项目，实行专人督办，有效预防并及时解决拖欠问题。在全区各级建设主管部门普查基础上，区清欠办开展重点督查，共督查建设项目57个，总包单位53家，专业分包97家，劳务分包45家，各功能区自查项目137个，督促各方落实主体责任，确保农民工工资支付到位。

强化落实"四个一"。按照"谁主管、谁负责"原则，建立联动机制，每月召开区建交局、区人社局、区司法局、区公安局4部门联席会议，研究解决重点、难点问题。每季度召开各功能区清欠办工作会议，分析全区建筑领域清欠工作形势。每月约谈一批上访次数较多的建设单位、施工总包单位，共约谈49家单位。按照"双随机、一公开"原则，对全区在施项目进行常态化动态督查。接待农民工上访时，按照属地管理原则，通过区级清欠快速反应机制和应急管理网络，积极协调各方责任主体，保障信息畅通有效，每月电话回访一批欠薪当事人，核实工资落实情况。

创新推动动态管理。根据《关于全面治理拖欠农民工工资问题的意见》（国办发〔2016〕1号）文件精神和市住建委治欠保支工作要求，研究建筑业农民工工资预储账户动态管理办法，组织各功能区建设主管部门召开建筑业劳务用工工资预储账户资金动态管理经验交流会，在全区范围内选取27家施工项目，试点由银行代发建筑业农民工工资。

打造信息化管理平台。建立滨海新区建筑领域治欠保支信息系统，初步形成建筑企业用工的监管服务平台。针对农民工欠薪投诉案件，做到有效监管，及时解决，实现农民工欠薪维权工作的全过程、全时段监督。

【举办建筑业职业技能大赛】 为贯彻落实党中央、国务院加强高技能人才培养决策部署和《滨海新区产业工人队伍建设改革实施方案》"蓝海计划"要求，激发建筑工人学技术、钻业务、比技能，形成崇尚职业技能、重视职业培训、尊重技能人才的氛围，建设一支结构合理、技术精湛、作风过硬的建筑职工队伍，区建交局、区人社局、区总工会、团区委4部门联合举办了滨海新区第三届建筑业职业技能大赛（金锤杯）暨天津市第七届建筑业职业技能大赛选拔赛。全区建筑企业、驻区建筑企业开展基层岗位练兵，经逐级选拔，砌筑、钢筋、装饰装修（镶贴）、装饰装修（抹灰）和建筑信息模型（BIM）技术应用5个工种98名选手进入区级大赛。通过决赛阶段的理论知识考试和实际操作考核，5名选手荣获一等奖，10名选手荣获二等奖，15名选手荣获三等奖。

【推进滨海新区建筑业协会脱钩】 根据党中央、国务院关于行业协会商会与行政机关脱钩总体方案和有关配套政策文件，按照《关于印发〈天津市滨海新区行业协会商会与行政机关脱钩实施方案〉的通知》（滨党办〔2018〕26号）要求，制定了天津市滨海新区建筑业协会脱钩试点工作方案。按照脱钩工作方案和新区行业协会脱钩工作领导小组的要求，完成了滨海新区建筑协会脱钩工作，相关情况在滨海新区民政局进行了评估。

【加强工程质量安全监管】 2018年度监管建设项目903个标段工程、总建筑面积3842.6万平方米。其中各功能区监管项目517个标段、建筑面积2643.6万平方米；区质安支队监管项目386个标段、建筑面积1199万平方米。全年新区建筑工程质量总体受控，安全态势平稳，未发生较大及以上安全生产事故。

【开展工程质量安全检查】 区质安支队不断加强建筑工程质量、安全、文明施工执法检查，进一步健全日常巡查机制，加大检查力度和频次，相继开展了深基坑、高支模、起重设备、防火和电气电缆等10余次专项检查，共抽查638个工程，下达《责令整改通知书》285份，下达《暂停施工通知书》65份，提出整改意见1700余条。全年处罚违法违规案件170起，共处罚金1531.53万元。

【开展工程质量安全治理三年提升行动】 夯实工程质量安全主体责任。新开工项目签署法定代表人授权书、工程质量终身责任承诺书、竣工项目设立永久性标志牌3项制度执行率和覆盖率达到100%；实施了建筑施工企业主要负责人、项目负责人和专职安全生产管理人员安全生产考核精细管理。

狠抓危险性较大分部分项防控。严格执行深基坑、高支模、盾构施工等重大风险源管理规定，加强重大危险源施工作业前准备、过程中落实的抽查督办，减少重大安全事故隐患。加强轨道交通工程安全风险管理，实行全过程监管，强化轨道交通工程安全质量风险自辨自控、隐患自查自治责任落实，整体提升滨海新区轨道交通工程质量安全水平。

加强建筑实体质量抽检。严把建筑材料质量关，重点强化进场检验、复试和管理，协调财政安排专项资金，通过公开招标选择3家有资质的检测机构对现场实体、建筑材料、安全防护用品进行随机抽检，保证了检测结果的真实性。利用建材信息管理平台，加强原材料溯源机制建设，持续开展监督封样抽测，严厉打击混凝土生产、使用方面的违法违规行为。全年共抽测建筑材料及工程实体3162批次，不合格25批，合格率为99.2%。抽测施工现场钢管、脚手架扣件、安全帽和安全网等安全防护用品79批次，不合格41批，合格率为48%。

发挥创优观摩活动引领作用。坚持结构创优的基础地位，并从标准化施工、建筑信息模型（BIM）及其他科技手段应用等方面加强激励，推动企业建立起自身的创优体系和机制，使各项创优措施不断固化到项目部和生产作业层。

【推进工程质量创优激励】 积极推进工程质量创优和工地规范管理，取得明显成效。滨海新区建设工程荣获国家级、市级质量激励项目117项。国家级质量激励项目中，荣获鲁班奖3项，荣获国家优质工程奖2项。市级质量激励项目中，荣获金奖"海河杯"9项，荣获"海河杯"36项，荣获市级文明施工示范工地16项，荣获市级文明工地43项，荣获市级质量安全文明施工观摩工地8项。

实行样板引路制度，全面发挥示范观摩工程的培育创建、首层示范作用，开展多种形式观摩交流活动,学习借鉴优质工程、文明工地的好经验、好做法。鼓励企业建好用好质量样板区和安全体验区，指导企业在施工现场设置施工样板图片展示区、实体样板展示区、安全模拟体验区，以图片和实体结合的方式,展示各工程的工艺要求，明确工艺流程和标准。

规范投诉处理程序，妥善处理工程质量投诉。区质安支队全年共受理投诉834件，办结719件，结案率86.21%。其中，妥善解决了中建幸福城、桃源居、湖畔家园等涉及群访群诉及处理难度较大的投诉工作，维护了群众合法权益。针对工程质量投诉中集中反映的外墙渗水、墙体裂缝等问题，加大建材抽检力度，加强进场控制，适时调整《建筑材料及工程实体监督抽检办法》，避免类似问题再次出现。加强现场勘察，对涉及群体较多的投诉问题，组织召开座谈会，组织各责任主体单位协调处理。对涉及影响结构安全和使用功能的信访问题，协调双方委托中介机构进行鉴定，并对后期维护工作跟踪落实。

【推行施工安全标准化管理】 根据市建委和区委、区政府要求，区建交局联合开发区建设工程管理中心、20余家驻津集团企业和专业公司，编写了《天津市建设工程施工安全标准化实施手册》。该手册分为安全管理标准化、文明施工标准化、现场消防标准化、绿色施工标准化、房屋建筑工程安全防护标准化、市政基础设施安全防护标准化6个部分。通过示意图、三维图、示例照片等表现形式，辅以行业规范标准原文摘要和文字说明，对建设工程施工安全标准化给出较为全面和明确的规定,具有较强的实用性、指导性、前瞻性和可借鉴性，进一步规范了滨海新区建筑施工现场安全标准化管理，实现建筑施工安全设施设备和安全管理的标准化、程序化、规范化。

【强化建设施工扬尘治理】 组织扬尘督察队，定期对滨海新区范围内的建筑工地扬尘情况进行督导检查,增加施工扬尘专项执法检查力量，实现精细化监管。重污染天气预警期间，利用短信平台、微信公众号，及时向建设、施工、监理单位发送预警信息，并与区环境局建立联合执法机制，提高扬尘监管效能。完成滨海新区所有施工项目视频监控和扬尘超限报警系统的安装工作，并联入市建委网络平台，实现了施工现场扬尘指标在线的实时监控。全力做好市区两级环保督查派遣单的调查、处理及回复工作，并督促企业整改落实，将扬尘专项治理纳入常态化管理。2018年区质安支队接到环保督察件75件，对不严格遵守扬尘防治措施的33个项目进行了经济处罚，共处罚金116万元。

【促进房地产开发建设】 规范房地产市场开发秩序。认真贯彻落实国家政策，2018年，滨海新区房地产在建项目180个、面积1512万平方米，其中住宅项目118个，面积960万平方米，含保障房230.7万平方米。新开工项目25个，面积247.3万平方米；竣工62个项目，面积438.06万平方米。

加强房地产项目开发建设方案备案管理。2018年共批复运通家园、仕锦园、仕荣园、仕达园、月沙苑、洪雅苑、大港海花园、海邻园、南益名悦湾和景瑞花园等20个项目开发建设方案备案申请，确保新建住宅小区与配套市政公用基础设施、非经营性公建与其他公共服务设施同步建成、同步交付使用。

抓实新建住宅配套非经营性公建。2018年共组织贻彩新苑一期、滨海湖生态旅游度假区、紫枫苑二期、港滨嘉园、海信园、联发欣悦学府和官港森林公园等16个房地产开发项目进行非经营性公建现场查验，并核发配套证明，保障居民生活必需公共服务设施的建设水平。

加强房地产项目违规入住执法检查。严格落实《天津市新建住宅商品房准许使用管理办法》，2018年开展对塘沽、汉沽、大港区域违规入住房地产项目进行执法检查，对朝阳花园四期、海信园、紫润别苑等违规入住项目进行了行政处罚。

【规范房地产市场交易】 2018年滨海新区新建商品住宅成交面积303.57平方米，居全市第3位，同比增长3.66%。成交均价1.38万元/平方米，受高价位项目成交量占比较大的影响，同比增长10.44%，价格水平仅高于远郊五区。新建商品非住宅成交面积45.65万平方米，同比减少29.82%。成交均价1.37万元/平方米，同比减少14.30%。全区新建商品住宅上市面积355.54万平方米，同比增长74.09%。新建商品非住宅上市面积21.68万平方米，同比减少61.56%。

2018年全区保障性住房成交面积36.47万平方米，同比减少48.37%。成交均价8456元/平方米，同比上涨28.88%。全区保障性住房上市26.49万平方米，同比减少69.50%，全部集中在核心区区域。上市均价为9187元/平方米，同比上涨30.45%。

2018年全区二手房成交面积267.59万平方米，居全市第3位，同比减少9.78%。其中，二手住宅成交面积227.50万平方米，同比减少8.86%；二手非住宅成交面积40.09万平方米，同比减少14.62%。全区二手住宅成交均价1.28万元/平方米，同比下降2.14%。二手非住宅成交均价6159元/平方米，同比上涨2.17%。

【加强房地产市场调控】 加大房地产市场调控宣传。分批举办了20余次培训、座谈会，对销售人员进行政策宣讲，并做好日常政策咨询解释。与滨海时报社合作，利用《滨海楼市》加大对房地产市场政策宣传，引导购房需求释放及理性消费。2018年《滨海楼市》共发布50期。

做好房地产市场调研分析。组织完成

房地产市场月度运行情况报告12份，2017年度滨海新区房地产分析报告1份，专项报告8份；向发改委提供市场总体运行数据15份；为各相关部门提供房地产市场交易运行基础数据，为分析全区房地产市场现状和政府决策提供数据支持。

有效化解商品房库存。对滨海新区商品房库存情况进行摸底分析，并组织各级房管部门及房地产开发企业研讨，采取有效措施，保持商品房库存处于合理区间。截至2018年底，滨海新区商品房（不含保障性住房）库存量约810万平方米，全区房地产市场总体呈现健康发展态势，商品房去库存成效显著。其中，新建商品住宅的待售量约为266.37万平方米，按近一年成交量计算，去化周期约需10.53个月，去化周期处于合理区间（6个月—18个月），库存相对合理；新建商品非住宅的待售量约为543.92万平方米，库存压力依然较大。

加强新建商品住宅上市管理。组织开展新建商品住宅促上市专项调查，缓解供不应求矛盾。监控新建商品住宅项目建设进度，督促企业按计划上市。截至2018年底，新建商品住宅累计上市面积355.54万平方米，同比上涨74.09%，保证了市场供需平衡。严格执行天津市调控政策，采取精细化修订方法，科学合理确定新建商品住宅备案价格，促进项目上市。截至2018年底，共完成价格备案203件，总建筑面积约428万平方米，其中住宅项目面积400.76万平方米、3.58万套，备案均价1.47万元/平方米；非住宅面积27.57万平方米、1911套，备案均价2.32万元/平方米。

积极培育发展住房租赁市场。组织市住房租赁企业与滨海新区经纪机构、金融机构等单位召开座谈会，深入服务租赁企业，搭建沟通平台，促进市场主体精准对接，培育和发展新区住房租赁市场。截至12月底，共完成新增租赁住房规模6.6万平方米，新增集中式租赁住房20.6万平方米、2794套，新增分散式租赁住房16.75万平方米、1832套，共完成37.35万平方米。滨海新区新增租赁住房企业15家。根据市国土房管局要求，组织滨海新区内各区域房管部门开展2018年天津市房屋租赁市场租金水平测算工作并及时上报市国土房管局。抓好房屋租赁备案工作，完成房屋租赁备案共6514套、101.28万平方米。其中住宅6138套、50.39万平方米；非住宅376套、50.88万平方米。

【抓好商品房销售许可审批】 2018年，滨海新区共核发商品房销售许可证336件，涉及可售面积491.58万平方米，其中住宅309件，可售面积477.33万平方米；商业、办公用房25件，可售面积11.78万平方米；酒店型公寓1件，可售面积1.51万平方米；工业用房1件，可售面积0.96万平方米。2018年办理房地产销售许可数据修改39件，其中房产数据修改23件；非房产数据修改16件。

对办理完销售许可的项目进行监控，发现低于申报价格10%项目，要求企业调整申报价，将其控制在规定范围内。全年共发现成交价格低于申报价格10%的楼盘项目5件（2个楼盘），及时约谈开发企业调查原因，对备案价格不合理的责成企业下调，维护市场秩序。完善了《滨海新区商品房销许申报价格备案内部操作规定》中备案价格的办理流程，增加了价格会审制度，采取审批处、市场处、房管中心和各功能区参与审定的方法办理价格备案，并采取精细化测算的方法，确保核定价格更加科学、合理、规范。

【加强房地产市场监管治理】 建立

健全监管体系。明确职责任务,结合业务整合,制定《房地产市场管理工作职责及岗位设置》,层层分解,明确任务、工作标准和责任人。推动监管工作标准化,9个区域监管部门严格按照《天津市房地产市场监管工作规范》要求,每月对开发企业至少巡查1次,每季度对中介机构至少巡查1次。加强监督考核,督导各监管部门市场管理工作,检查监管系统录入、监管档案资料整理情况,明察暗访监管项目动态掌握监管到位情况。

全面抓实日常监管。采取专项检查、暗访、群众举报等方式进行监督,形成对房地产市场违规行为的长期震慑。在房地产领域开展非法集资广告资讯排查、黑恶势力排查、消防安全监督检查等专项活动。全年对在售160余处商品房销售现场、在营270余处中介机构店面进行检查,累计出动市场监管人员240余人次,对开发企业巡查1900余次、中介机构巡查1500余次,发现涉嫌违规行为30余起,采取约谈开发企业负责人、下达《整改通知书》的方式督促企业整改,确保新区房地产市场规范发展。

深入开展专项检查。针对"海河英才"人才计划出台后一些自媒体发布楼市虚假消息、恶意曲解误读房市调控政策、制造市场恐慌气氛等行为,组织对全区171家开发企业、65家经纪机构、300余名工作人员宣讲房地产政策法规、通报房地产市场情况。10月,结合住建部7部委、天津市11部门专项检查活动进行舆论宣传,公布4个大类22种违法违规行为,提高购房人法律意识和维权意识。2018年11月至12月,开展了"打击侵害群众利益违法违规行为、整顿房地产市场秩序"专项行动,全区9个市场监管单位共出动检查人员436人次、车辆218车次,检查开发企业销售现场122家、经纪机构店面96处,发现开发企业违规行为5起,并通过约谈开发企业销售负责人、下达《整改通知书》进行督促整改,均整改完毕。

深化完善创新性监管。将监管工作前置到销售前,针对开发企业开盘前易出现的捂盘惜售、虚假预定、制造市场恐慌等违规行为,对新办理销许的开发企业进行87次"一对一"政策法规培训、审核销售方案、监督签订和公示《规范商品房销售行为承诺书》,通过前置监管纠正了5个项目销控板公示不符合要求、2个项目开盘方式不当、1个项目使用自制预定协议的违规行为。

建立企业公开承诺制度。责成在售的100余家开发企业、60余家中介机构签订规范经营行为承诺书,并在销售现场、经营场所显著位置进行公示,接受社会监督。

积极化解信访投诉工作。全年受理购房类信访542件,包括购房纠纷、延期交房、政策咨询等问题,对所有案件及时回复并妥善处理。对涉及电商费、捆绑销售负面影响较大的信访事件,召开信访研讨会深入研判信访问题。针对信访发现的违法违规行为,采取约谈开发企业负责人、下达整改通知书、行政处罚等措施督促整改。

开展商品房销售人员培训。组织开展滨海新区商品房销售人员继续教育工作,共进行12场培训,覆盖117家开发企业(共343人)、39家代理机构(共219人)、562名销售人员,进一步服务房地产开发企业和经纪代理机构,提升销售人员综合素质,规范商品房销售行为。

【加强房地产交易资金监管】 2018年,新建商品房预售资金监管全区新开立账户413户，预售总面积537.84万平方米。监管账户总进账361.95亿元，总拨付358.63亿元，账户总余额85.77亿元。存量房资金监管全区共签订房产买卖协议1.44万件，协议监管总金额155.95亿元，总进账153.64亿元，总拨付154.21亿元，账户余额8.87亿元。商品房资金监管完成与29家合作银行续签金融服务协议；存量房资金监管完成与21家合作银行续签金融服务协议。全区完成对房地产企业申请的项目首次主体结构验收和主体竣工监管资金拨付，进行现场巡查共37次。

【提高住房保障能力】 落实滨海新区"20项民心工程"。年度任务涉及住房保障工作包括配租426套公共租赁住房、开工2800套限价商品住房，年内全部公共租赁住房已完成配租；欣嘉园2个项目2800套限价房项目已开工，并已开盘销售。

完成年度"两种补贴"任务。全年新增"两种补贴"受益家庭282户，其中廉租住房租房补贴199户，经济租赁房租房补贴83户。推动公有住房租金核减，全区公有住房租金核减共惠及群众69户。

加快推进保障性住房建设。落实滨海新区"六大行动"工作部署，全年计划建设保障性住房91万平方米，年底前已全部开工建设。推动汉沽雅安里144套公租房回购工作，天津市滨海新区住房投资有限公司已与天津房地产集团有限公司签订协议，完成收购手续。落实"三公开"，全年完成保障性住房信息网上公示，2018年定单式限价商品住房资格证申请公示累计5854人，定单式限价商品住房（含空港经济区范围）购买人员信息公开累计3560人，蓝白领入住与退出信息每月底按时公示，共计12个批次，平均入住率达62%。

有序推动住房制度改革。结合滨海新区实际，重新修订了《滨海新区定单式限价商品住房管理办法》（津滨政发〔2019〕1号），计划于2019年1月1日印发执行。按照市国土房管局关于调整2018年补充住房公积金缴存额的通知，2018年7月1日起开展滨海新区2018年度补充公积金缴存额调整工作，截至2018年底已接待办理调整的企事业单位185家。做好单位产公房出售和收入使用审批工作，截至2018年底，共受理发放《天津市出售公有住房批准书》38件，销售住房316套，面积共计2.67万平方米；共审批申请使用资金172.11万元。

【加强既有房屋管理】 统筹抓好既有房屋安全管理。完成全市首次既有建筑玻璃幕墙全面普查，制定实施方案，组织各区域、各部门开展普查，并汇总上报市国土房管局。邀请市玻璃幕墙协会专家对新区范围内各街镇、各产权单位及物业企业开展《天津市既有建筑玻璃幕墙使用维护管理办法》学习培训，累计培训300余人次，发放培训材料400余份。根据普查结果，新区范围内既有建筑玻璃幕墙建筑共计686处。加强国有土地上危险及严重损坏房屋监管，按照市国土房管局"两书一报告一清单"的要求，向房屋产权人下发危险房屋通知书38份，严重损坏房屋通知书174份。通过强化巡查监控和推动修缮等措施，随时关注危险房屋变化，加大危险房屋解危力度。组织各级房管部门，围绕严重损坏和危险房屋、老旧房屋、人流密集场所玻璃幕墙等重点点位进行安全检查，累计出动232组次、791人次，检查点位240处，发现隐患35处，已基本完成整改。组织房屋应急维修，申请财政资金，对未建立商品住宅专项维修资金的住宅房屋在正常使用过程中发现的危及人身安全险情进行应急维修,全年完成应急维修工程预算308.24万元。

加强公房和直管民用住宅的管理维护。年度掌管公用公房共计704处、3213幢,占地面积583.77万平方米,建筑面积148.52万平方米。全年完成产权界定5件,产权接收4件,变更承租人3件。积极推动闲置公房资产盘活,组织形成《关于滨海新区闲置公用公房情况的报告》,采取按规划拆除收储、再利用、出售3种方式盘活。列入收储计划建筑面积803.98平方米、占地面积839.13平方米;列入棚户区改造征收范围建筑面积106.53平方米、占地面积253.4平方米,以上合计建筑面积910.51平方米、占地面积1092.53平方米。做好公用公房修缮工作,完成2017年度公用公房修缮结算审核和公用公房修缮项目自评报告,开展公用公房修缮项目财政绩效评价后续工作。完成2018年度公用公房修缮计划,推进2018年度公用公房修缮任务,做好日常应急维修工作和房屋勘查工作。滨海新区有直管民用住宅881处、4.26万平方米,直管民用非住宅124处、3.82万平方米;由5个房管站负责直管民用公房的经营、修缮工作。包括经营账和财产账的账目管理;房改售房和未售出房屋的租金收缴;未售出房屋的修缮管理和已售出房屋的公用部位修缮管理;定期进行房屋安全勘查,雨季开展防汛抢险等。

保护历史风貌建筑。滨海新区拥有重点保护历史风貌建筑1处,为黄海化学工业研究社旧址。黄海化学工业研究社创办于1922年,是中国第一个私立化学工业学术研究机构。旧址位于解放路338号,现作为天津渤化永利化工股份有限公司(原天津碱厂)厂史馆使用。2018年对该处建筑共进行12次巡查。该建筑物情况总体良好,2018年没有发生整修工程。

【加强和规范物业管理】 2018年全区已入住住宅小区共989个、建筑面积7652.74万平方米(含小区配套公建面积),居民75.22万户。按照管理与服务情况分类,专业化物业管理小区482个、建筑面积5219.05万平方米,居民45.05万户;旧楼区长效管理小区359个、建筑面积1367.02万平方米,居民18.65万户。其他管理小区共148个、建筑面积1066.67万平方米,居民11.51万户,其中产权单位管理小区32个、建筑面积192.71万平方米,居民2.53万户;街镇社区管理小区85个、建筑面积630.77万平方米,居民6.92万户;业主自治管理小区31个、建筑面积243.19万平方米,居民2.07万户。全区有物业服务企业266家,其中从事住宅小区物业管理的共185家,包括外埠企业39家、本市企业146家,从业人员3.2万余人。

加强住宅小区物业服务等级化检查考评。对专业化物业管理的住宅小区开展全覆盖检查考评,督促物业服务企业对照问题落实整改。根据市国土房管局汇总区县检查考评结果整体情况,综合近3年检查结果,全区优良小区占52.8%,合格小区占47.0%,不合格小区占0.2%。

加强物业服务企业诚信等级考评。认真落实《天津市物业服务企业信用信息管理办法》,组织业主委员会、居民委员会、街道办事处、各辖区物业管理部门对全区物业服务企业每年开展诚信等级考评。全区评出AAA级企业72家、AA级企业122家、A级企业27家、B级企业4家、C级企业7家。

加强住宅小区物业管理服务公开公示。推动物业管理住宅小区设置"两箱三栏"，落实10项内容公开公示，全区落实率达到91.3%；统一制发了住宅小区服务指南公示牌，明确物业服务内容和基本标准以及物业服务投诉受理单位和电话，明确房屋质量保修、电梯、消防、供水、供电、供暖、供气服务以及小区内违法违规行为等的监督管理责任区分，包括专业服务及综合执法投诉受理单位和电话，明确小区业主大会、业主委员会工作职责及监督管理部门和投诉受理电话。

加强物业管理住宅小区安全防范管理。持续组织开展物业管理住宅小区安全隐患排查整治工作，指导督促物业服务企业按照服务合同约定，做好小区共用部位及共用设施设备的维护管理工作。累计出动检查人员1152人次，对全区482个物业管理住宅小区进行检查，发现消防隐患698处，督促物业企业制定整改方案，分类施策，落实隐患整治工作，推动完成429处消防隐患整改。

加强物业企业退出项目管理。针对物业服务合同到期，物业企业退出项目时易引发矛盾纠纷的特点，在住宅小区物业企业退出及选聘新企业进驻过程中，加强对物业企业、业主委员会（居民委员会）的工作监督指导，严格要求物业企业落实3个月预警制度并保证预警期间物业服务品质，同时加强与街道办事处沟通协调，确保新老物业企业平稳交接。对于已超过预警期限仍未选聘到新物业企业、暂时转由街道办事处组织接管的小区，指导街道办事处做好管理预案，确保小区持续保有物业服务。对于信访矛盾突出的重点小区，加强与街道办事处和相关部门的配合，共同维护小区的交接稳定。全区共有32个物业管理住宅小区合同到期退出，有23个小区选聘了新的物业企业，其中9个小区未选聘新的物业企业，由街道办事处组织负责管理服务。

积极指导推动业主大会建设。按照《天津市物业管理条例》规定，业主大会成立、业主委员会换届选举以及监督其依法履行职责等，由街道办事处负责，各辖区房管部门实施业务指导。全区符合成立业主大会条件的商品住宅小区有453个，已成立业主大会的有265个，业主大会成立率58%。同时注重对街镇、居委会、业主委员会工作人员的培训，使他们基本熟悉、掌握了物业管理政策法规与专业知识，提高了依法履行职责能力。

加强房屋专项维修资金管理。2018年办理房屋专项维修资金使用备案95件，涉及金额7226.64万元；房屋应急解危专项资金使用备案163件，涉及金额3976.16万元。自2018年4月28日起，滨海新区正式承接应急解危专项维修资金审核划拨业务，共办理应急维修资金审核划拨73批次，涉及项目49个、受益业主2.79万户、建筑面积304万平方米，划拨应急资金1107.29万元。

加强物业招投标管理。2018年滨海新区受理前期物业招标72件，前期物业管理备案112件，完成29个招标项目的巡查回访工作。

【加快推进棚户区改造】 推进已启动的8片棚户区改造。共涉及7个街镇、1.61万户，总面积为166.97万平方米。拆迁完成总量为55.62万平方米，累计完成应拆迁总量的33.31%。实际需求总投资214.21亿元，已完成投资108.88亿元，占比50.83%。

1. 北塘街宁车沽项目。约3198户、22.26万平方米。已安置3122户，完成拆迁21.66万平方米，占97.3%。

2. 寨上街洒金坨大神堂项目。约1340户、20.94万平方米。已安置1245

户，完成拆迁18.4万平方米，占87.87%。

3. 胡家园街胡家园项目。涉及10个村、约7000户、80万平方米，实际总资金需求115.41亿元。沿海河6村中的2个村（周庄子、大埝）项目已安置559户，占8%；完成拆迁3.7万平方米、占4.63%，拆迁房屋认证完成，档案正在进行审核；沿海河6村中的4个村（于庄子、刘庄子、南窑、田庄子）项目继续实施，其棚改资金已纳入2018年棚改专项债。

4. 新城镇梁子村项目。约967宅，签约888宅，占92%；拆除888宅，剩余79宅、约105户。完成拆迁7.8万平方米，占75.8%。农用地地上物固化以及房型确认等工作均已完成。

5. 茶淀街茶东茶西项目。约317户、6.38万平方米。共签订选房协议258户，占81.4%，选房429套。茶淀街正在为村民办理领钥匙入住还迁房等工作，目前已领钥匙155户，领房243套。

6. 新河街五车地项目。涉及1108户、5.27万平方米。还迁房选址定于福升园北侧地块，建筑面积4.89万平方米。已确权房屋1108户，已签订安置补偿协议1080户，占97.3%，其中选择货币补偿1057户、选择产权调换23户。已拆除房屋802户、约3.4万平方米，占总面积的约64.5%。

7. 古林街建工里项目。约339户、1.03万平方米，实际总资金需求2.29亿元。已签订安置补偿协议305份，占89.97%。其中，249户货币补偿已落实，产权调换56户搬迁奖励已发放完毕。

加快新启动14片棚户区改造项目。13片国有土地上的棚改项目按计划推动发放补偿款和房屋安置工作。塘沽和汉沽区域总协议数3306户，完成签约3061户，总体签约比例为93%。

【规范房屋征收管理】 2018年，区房屋征收中心配合轨道交通B1线建设，完成烟台道和鸿运小区两个房屋征收项目的调查摸底、制定补偿方案及公示、选取评估公司、发布房屋征收信息等前期准备工作。2018年5月，启动了古林街建工里、新河街五车地棚户区改造征拆工作，共计1414户，签约率达到95%以上。在上述棚户区改造的同时，按照《滨海新区棚户区改造工作实施方案》，启动了汉沽街汉源里、魏民里、寨上街华阳里、庆阳里等16个棚改小区的摸底调查等前期准备工作。

同时，认真贯彻落实《国有土地上房屋征收与补偿条例》《天津市国有土地上房屋征收与补偿规定》，结合滨海新区实际，制定了《滨海新区国有土地上房屋征收工作若干问题的意见（试行）》（津滨政办发〔2017〕87号），就全区范围内国有土地上房屋征收工作的责任分工、工作流程、补偿与安置标准等明确了具体意见。针对棚改过程中出现的未登记房屋，提出了滨海新区棚改范围内未登记房屋的认定处理意见。按照大气污染防治工作部署要求，组织制定了《滨海新区房屋拆除渣土扬尘治理意见》和《滨海新区国有土地上房屋拆除安全管理实施意见》，对渣土扬尘治理和拆房安全进行网格化管理，进一步明确了各部门、各街镇、各管委会的职责分工。

【建设科技与节能】 2018年，滨海新区认真贯彻落实《天津市建筑节约能源条例》，按照市建委《关于印发〈天津市2018年建筑节能和科技工作要点〉的通知》（津建科〔2018〕205号）文件要求，积极推进建筑节能和绿色建筑工作，进一步提升滨海新区建设的含绿量、含新量、含金量。

1. 明确部门分工和工作计划。由区建交局房地产开发与建筑节能处对接市建委节能科技处，负责组织滨海新区建筑节能相关工作，明确了房地产开发与建筑节能处、建筑管理处、公用事业处和区质安支队的建筑节能工作内容，有的放矢开展年度工作。2018年度，各部门制定了年度工作计划，为开展年度工作打下工作基础。

2. 设立建筑节能专项资金。认真落实《天津市建筑节约能源条例》要求，争取到滨海新区建筑节能专项资金100万元，纳入2018年新区年度财政预算，用于支持各类建筑节能工作的开展。

3. 完善建筑节能技术资料收集。明确专人负责建筑节能备案工作，制定了《建筑节能技术资料收集流程》《建筑节能技术资料收集变更流程》等标准化程序，通过网站向社会公开，指导相关单位快速办理备案手续。2018年，共完成建筑节能技术资料收集926件，项目信息全部录入天津市建筑节能技术资料收集管理系统，收集合格率100%，并通过备案系统每季度向市绿建中心报送工作情况。

4. 补齐民用建筑能耗统计短板。针对新区民用建筑能耗统计工作短板，责成专人对接市绿建中心，学习民用建筑能耗统计工作流程，加大补短板工作力度，不断缩小差距。截至2018年底，已按照市建委要求，完成年度数据维护更新和上报工作。

5. 推进新区绿色建筑发展。重点推动中建新塘南部生态新城项目开展节能减排财政政策综合示范城市项目建设，截至2018年底，已启动项目实施绿色建筑180余万平方米。开展滨海新区绿色建筑专项检查，梳理绿色建筑项目，查验项目资料，了解新区绿色建筑现状和存在问题。2018年滨海新区通过图审拟按绿色建筑实施的项目63个、面积311.58万平方米，新开工绿色建筑60.3万平方米。开展绿色建筑培训工作，引导从业人员关注绿色建筑，学习绿色建筑知识，提高综合技能。

6. 大力推动装配式建筑发展。积极落实《天津市人民政府办公厅印发关于大力发展装配式建筑实施方案的通知》（津政办函〔2017〕66号）要求，加快推进滨海新区装配式建筑发展。做好全区装配项目的统计工作，2018年滨海新区在建装配式建筑项目7个，建筑面积20.4万平方米，拟建装配式建筑项目20个，建筑面积约101.25万平方米。落实在规划条件征求意见时明确提出装配式意见要求，对建设项目提出装配式建设指标。深入装配式企业开展走访服务活动，落实"双万双服"要求，切实解决企业提出的困难和问题。

7. 加强建筑节能工程建设管理。严格执行《天津市居住建筑节能设计标准》，对于未按规定进行施工的项目，坚决按照有关规定进行处理。加强建筑节能施工和验收管理，对分部工程、分项工程要求进行施工和验收监管以及工程验收资料整理，监督进场材料检测和复试报告网上公示情况。严格执行《天津市建筑节能技术、工艺、材料、设备的推广、限制和禁止使用目录》，积极对建筑工程各方责任主体进行传达宣贯。严格落实建筑工程能效测评管理，对于国家机关办公建筑、大型公建等项目，加强能效测评监管。

8. 推动既有建筑节能改造。积极协调解决2016年既有居住建筑节能改造遗留问题，补改部分因违建等原因无法施工的楼栋7栋。认真研究市建委公共建筑改造提升政策文件，对接区机关事务管理局和区财政局，研究工作措施，梳理区属产权项目，推动区属产权公共建筑积极参与改造。召开滨海新区公共建筑改造推动会，推动区内社会项目了解政策、积极参改。截至2018年底，已完成泰达心血管病医院7.6万平方米和原汉沽大港管委会2.6万平方米公共建筑节能改造工作，推动泰达心血管病医院实施合同能源管理。

9. 落实公共建筑用能运行管理。严格执行新建公共建筑能耗监测技术标准，对未按要求安装分项计量的，不予通过竣工验收。对公共建筑夏季空调运行状况进行专项检查，落实相关公共建筑节能要求，推动区内公共建筑开展能源审计工作。

10. 开展节能农房改造试点。落实乡村振兴战略，结合农村危房改造和农村人居环境整治工作，在提升村庄风貌的同时，开展节能型农房改造试点探索工作，对茶淀街孟家圈村400余户农房进行节能改造，打造节能型特色民居，更换节能门窗并对维护结构加装保温材料；充分利用村落原有地热资源，采取村域集中供暖的方式解决村民冬季采暖问题，取得了良好的生态效益和经济效益。

11. 提升供热计量工作水平。制定出台《关于滨海新区供热计量实验管理工作的实施意见》（津滨建交发〔2018〕129号），强化区域供热计量管理，成立供热计量领导小组，落实供热主管部门职责，制定区域供热计量收费工作制度和计划，制定供热单位工作激励和奖惩办法。

【海绵城市建设】 2018年，滨海新区认真落实天津市有关要求，坚持规划引领、因地制宜，积极推进海绵城市建设，并取得了积极进展。

由滨海新区海绵办牵头，组织各部门编制了《滨海新区海绵城市建设工作方案》。2018年2月8日，由滨海新区人民政府办公室正式印发《天津市滨海新区人民政府关于印发〈滨海新区海绵城市建设工作方案〉的通知》（津滨政办发〔2018〕13号）。该工作方案结合实际，明确了滨海新区近期海绵城市建设重点，细化分解了海绵城市建设工作任务共6类20项，落实了各项工作的牵头单位和配合单位。

由滨海新区海绵办牵头，会同各功能区、各有关单位编制了《滨海新区海绵城市专项规划》和《滨海新区海绵城市建设实施方案》，并经滨海新区政府第48次常务会议审议通过。

根据《滨海新区海绵城市建设实施方案》，滨海新区海绵办组织编制了《滨海新区海绵城市三年（2018年—2020年）建设计划项目清单》，共安排137个项目、总投资约105.29亿元。根据计划项目清单，2018年已完工52个项目，主要为老旧小区改造、市政道路、绿地广场项目，总投资约15.8亿元。所有新开工、续建项目均完成了年度建设目标。

【加快推进示范镇建设】 滨海新区城镇化建设涉及7个涉农街镇、90个行政村、约5.85万户、791.5万平方米。总规划建设还迁房688.96万平方米，约6.4万套，预计总投资648.71亿元。其中，胡家园街胡北、河头2村和新城镇新城、营房2村是自行城镇化建设，剩余86个村以示范镇立项（共10个项目）进行建设。

截至2018年底，新区城镇化项目已开工455.67万平方米，已完工314.54万平方米；已还迁入住2.32万户，占39.61%；完成拆迁308.35万平方米，占40.89%；累计完成投资344.89亿元，占59%。其中，2018年新开工24.38万平方米。完成拆迁7.75万平方米，年度累计投资6.64亿元。

2018年，滨海新区重点推动各示范镇项目还迁房建设、村民还迁安置及宅基地拆迁工作。

1. 推动基本建成示范镇项目还迁入住。新塘组团胡家园示范区一期、茶淀示范镇、小王庄示范镇和太平示范镇一期4个项目已基本建成，共完成13607户、3.7万人还迁入住。其中，新塘组团胡家园示范区一期还迁入住2288户；茶淀示范镇还迁入住2071户；小王庄示范镇还迁入住5000户；太平示范镇一期还迁入住4248户。

2. 推进在建示范镇项目还迁房建设及拆迁。

（1）新塘组团胡家园示范区二期。该项目还迁安置房共涉及8个地块，规划建设还迁房和配套公建125.4万平方米。其中，星河苑等6个地块（约91.6万平方米）已经全部竣工，且全部办理了村民还迁入住手续（共7600户、2.29万人）。星光苑地块（12.38万平方米）已于2018年3月开工建设，基础施工已完成。星辰苑项目已完成合同备案，已完成拆迁54.4万平方米，占45.33%。

（2）新城示范镇项目。新城城市化一期（示范镇）项目规划建设还迁房及公建48.47万平方米，已建设完成25万平方米，共安置村民2022户、4357人。该项目已完成拆迁82.8万平方米，占77.30%。

（3）中塘示范镇项目。该项目54.83万平方米还迁房主体建设已经完工，已完成拆迁15.19万平方米，占11.98%。

（4）太平示范镇二期项目。项目规划建设还迁房及公建54万平方米，目前已建设42.3万平方米。其中，一、二号地26万平方米住宅和2.3万平方米公建已基本完成内外装修，正进行室外建设。三号地14万平方米还迁楼已封顶。该项目已完成拆迁19.61万平方米，占18.09%。

【接续实施农村危房改造】 2015年至2018年，滨海新区将农村危改工程作为扶贫助困、脱贫攻坚的重要任务，纳入全区"20项民心工程"重点任务，4年间共改造困难群众危房2010户，财政累计补助资金1020万元，显著提升了全区困难群众的安全居住条件。其中，2018年全区计划改造农村危房500户。区危改办将农村危房改造工作与帮扶工作紧密结合，组织符合危改条件困难户通过微信公众号报名参与危改。截至2018年底，已完成困难群体危房摸底、年度改造资金申请、年度实施计划编制和农户身份审核等相关工作，组织符合危改条件的困难户参与危改，并全力推进工程组织实施。截至2018年底，全区完成511户困难群众危房改造，完成了全市下达的指标任务。

一是积极开展农村危改政策宣传。组织在册困难群众6720户参与微信公众号报名，通过微信后台大数据审核，核查参改群众资格条件，努力增加户数，并为2020年前全面完成危改打下基础。二是完善2018年农村危改实施方案。针对历年危改存在问题，明确工作开展方向和注意要点，如明确危房改造条件等具体问题。三是引入第三方专业鉴定、验收机构。开展危房鉴定和改造后的验收工作，加强危房鉴定的专业性、科学性、安全性，杜绝过度改造和危险性消除不全面的问题。四是做好年度农村工匠培训。为提升农村自建房和农村危改质量，7月中旬组织举办了滨海新区农村工匠专题培训，组织全区从事农房建设的工匠70余人参加培训，增强农村工匠安全生产意识和施工技能，推动农民自建房和农村危改工匠专业化技能提升。五是推动茶淀街孟圈村集中开展农村危改节能示范工作，结合孟圈村整体村居环境质量提升,大力推广节能农房改造。

【执法监察】 2018年,滨海新区住房、建设领域严格落实国家和天津市行政执法相关法律法规和部署要求,坚持有法必依、执法必严、违法必究,较好地完成了各项执法监察任务。

1. 住房领域。2018年度区房管局共计出动人员768人次,查处案件205起,共处罚金6.55万元。其中,查处室内装修拆改承重结构案件36起;查处违法群租案件168起,处罚金5.8万元;查处物业服务合同违规备案案件1起,处罚金7500元。

2. 建设领域。2018年度区质安支队共对122个工程及相应的责任主体进行了检查。立案178起,做出行政处罚决定170起,共处罚金1856.61万元,其中,涉及建筑市场案件54起,处罚金额1273.53万元;涉及施工安全案件32起,处罚金额116.4万元;涉及施工质量案件29起,处罚金额323.19万元;涉及文明施工及扬尘治理案件55起,处罚金额143.5万元。

2018年,共开展"双随机"联合抽查检查7次,涉及71个标段、建筑面积309万平方米;检查过程中共计开具《责令整改通知书》59份、整改意见353条;开具《责令暂停施工通知书》2份、整改意见7条;抽检建筑材料495组,混凝土实体检测46批次,弯沉、高程检测267点。

天津经济技术开发区

【概况】 天津经济技术开发区建设和交通局设置9个科,分别为综合科、建筑管理科、工程建设科、建设计划科、安全技术组、公用事业科、园林景观科、道桥管理科、水务管理科,共有人员32人。

【基础设施建设】 1. 新华路地下车行系统(CX9—CX16段)工程。该工程包含地上和地下两部分。其中地上部分为新华路道路工程,工程总体呈南北走向,双向六车道,道路全长1.08千米。地下工程位于新华路道路工程下,双向四车道,主线长约1.027千米。截至2018年底,该项目完成地下主体结构、道路结构层及配套能源管线施工。

2. 洞庭路下穿进港二线铁路地道工程。该项目起于新港四号路,先后下穿德尚道、进港二线货运通道、大连东道及大连东道辅道,止于德馨道,全长约500米,建设内容包括道路工程、排水工程、照明工程及其他附属工程。截至2018年底,该项目完成框构桥铁路顶进及邻近铁路U型槽主体结构施工。

3. 于家堡综合管廊工程(二期)。该项目位于区域东侧融智路下方,工程北起永太路南侧,南至金临道北侧,总长约为1310米(其中地铁结建段约60米)。截至2018年底,该项目已办理前期规划手续并完成施工招标。

4. 城市公园配套绿化景观提升工程。该项目坐落于开发区城市公园南海路至太湖东路段,总面积约25万平方米,分为绿化工程、绿化迁移工程、铺装工程、排盐工程等,计划总投资为9316万元。截至2018年底,该项目完成前期工作。

5. 天保片区配套绿化景观提升项目。该项目位于开发区天保小区周边,总面积为6.34万平方米。主要施工内容有:绿化工程包括提升部分,包括苗木迁移、原有种植土改良、苗木栽植;新建部分,包括土方工程、排盐工程、种植土回填、土壤改良、给水工程和苗木栽植。景观工程包括原有铺装拆除、混凝土浇筑、石材及透水砖铺装、道路侧石更换及安装工程。截至2018年底,该项目完成前期工作。

【固定资产投资完成情况】 1. 总体情况。2018年,固定资产投资407.9亿元,同比增长17.4%,超额完成全年目标的7.3%。其中,计划总投资5000万元以上项目完成投资394.2亿元,占比96.6%;500万元—5000万元项目完成投资13.7亿元,占比3.4%。

2. 运行特点。(1) 从投资增幅看,全年实际完成投资实现较快增长。自2018年8月起,年度累计完成投资增幅逐渐扩大,至2018年12月,累计完成投资同比增长17.4%。

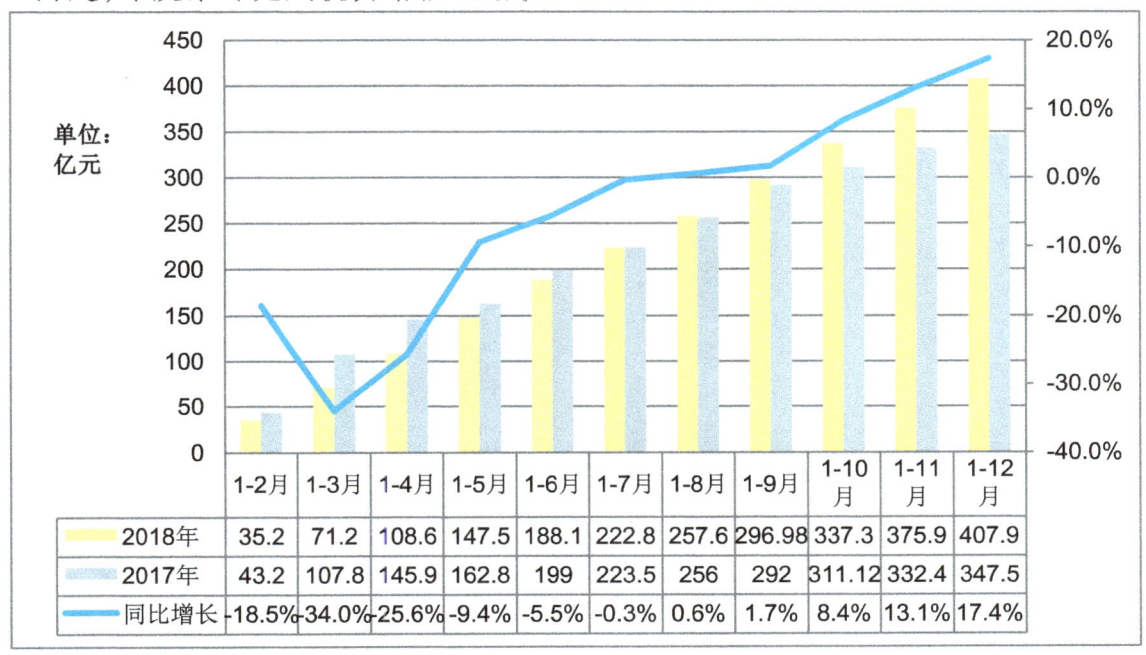

1-12月固定资产投资情况同比分析

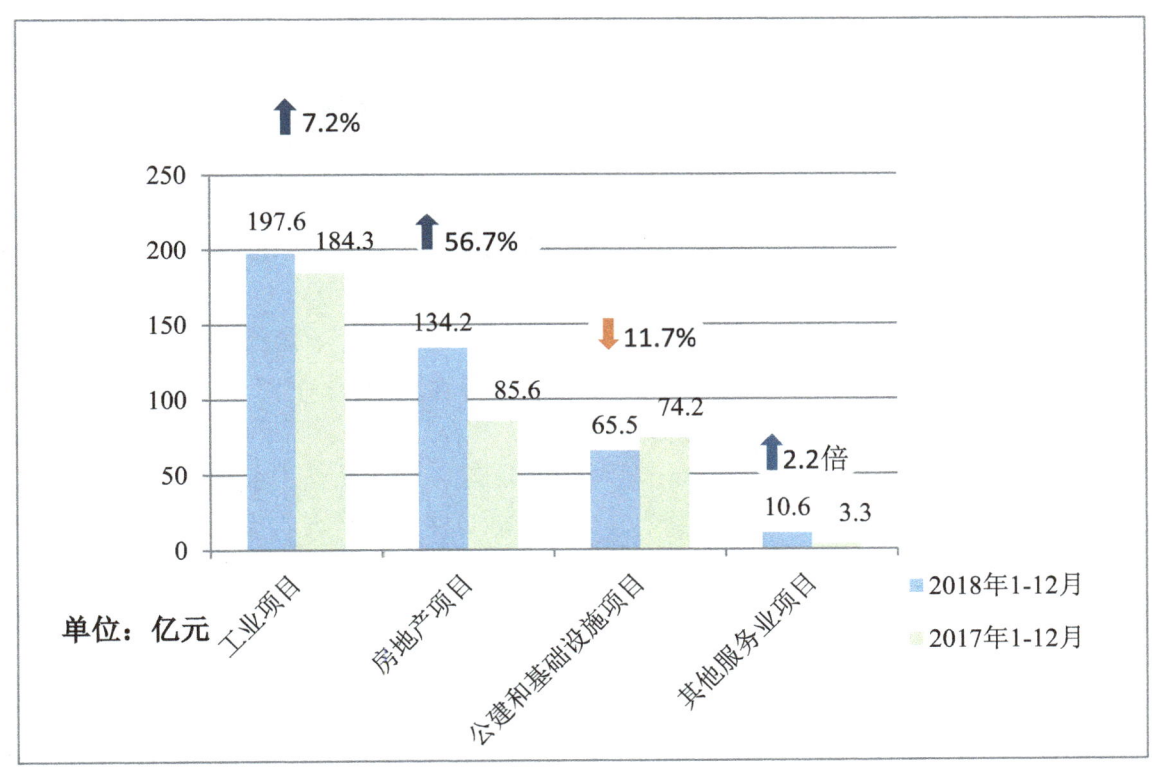

各类项目1-12月累计完成投资同比分析

天津建设年鉴2019

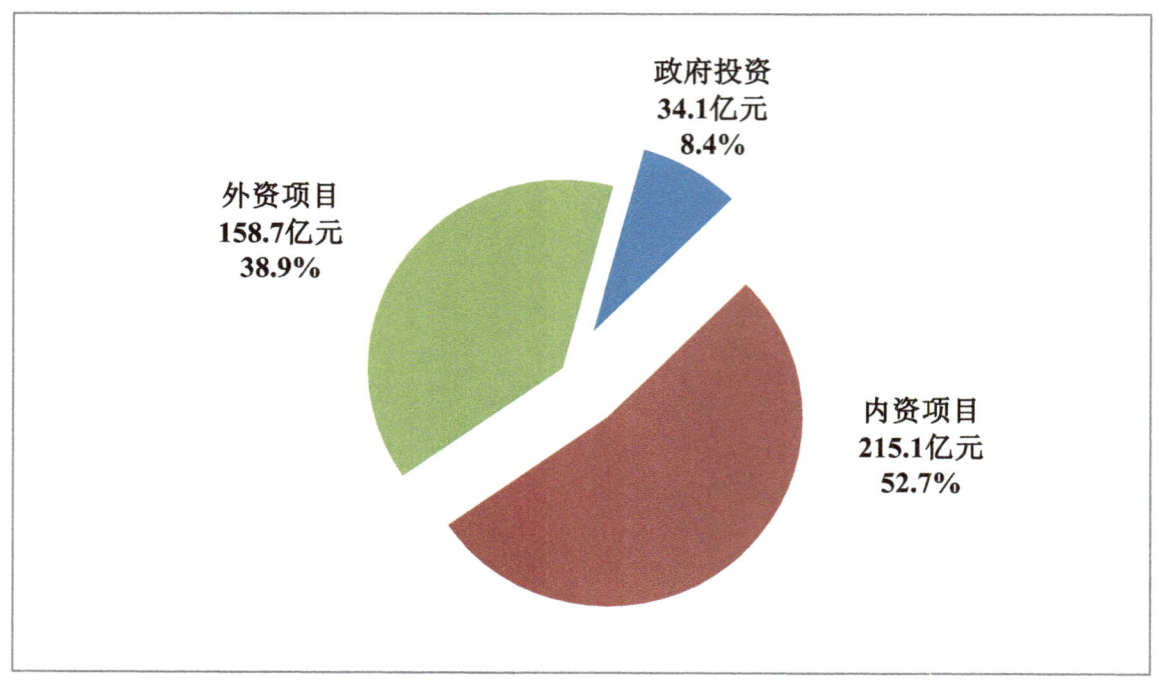

1-12月各类投资主体完成投资情况

（2）从项目类别看，工业和房地产项目完成投资情况较好。工业项目发挥重要支撑作用，全年完成投资197.6亿元，占比48.4%。房地产项目投资增幅很大，全年完成投资134.2亿元,同比增长56.7%,成为拉动投资的重要力量。公共建筑和基础设施项目完成投资65.5亿元,同比下降11.7%，主要是由于建设资金紧张，项目推进速度放缓。

（3）从资金来源看，内资项目投资贡献较大。政府投资类项目全年完成投资34.1亿元，占比8.4%；非政府投资类项目全年完成投资373.8亿元,占比91.6%,其中，外资项目完成投资158.7亿元，内资项目完成投资215.1亿元。内资项目投资贡献较大主要是房地产投资的拉动作用。

（4）从项目建设周期看，近2年开工建设的项目投资贡献较大。其中，2018年开工项目全年完成投资占比36.7%,2017年开工项目全年完成投资占比27.4%。

（5）从重点项目看，总投资5000万元以上项目进展基本顺利。截至目前，总投资5000万元以上重点项目344个，其中续建项目204个、新建项目120个、储备项目20个；全年实际完成投资394亿元，完成全年计划进度的100.8%。全年竣工项目21个，新开工项目77个，开工率64.2%。

【建筑业及建筑市场管理】 努力克服工程体量大、风险源多、分布范围广、监管力量不足等难点，坚持创新监管模式，完善监管机制，强化监督执法，狠抓责任落实，工程扎实推进；确保了一汽大众竣工投产，周大福金融中心、茱莉亚音乐学院等重点项目顺利推进；全年建设工程质量合格、安全生产受控、建筑市场持续向好，较好地完成了各项工作任务，达到了既定的目标。全年完成招标及备案项目686项，其中公开招标291项、邀请招标13项、直接备案382项，总金额159.1亿元。

1. 规范建筑市场管理，营造公平市场环境。进一步深化招投标交易活动监管工作，率先完成优化招标备案的相关细则。加强制度建设，强化行政监督，推动行业自律。全面推行电子评标，以公开招标项目为重点，严把程序关。深入解决EPC招标、邀请招标、招标监督模式等新问题。优化招标备案程序，短期内出台了具体的相关操作细则。提高建筑市场执法效力，将日常检查、"双随机"抽检和专项检查灵活结合，严查建设手续、企业和项目管理人员资质，打击违法分包转包行为。坚持现场和市场的联动，全面推行建筑企业诚信体系建设。中心及时将企业信用信息录入，并且监督招投标期间的信用使用情况，发挥出信用评价、履约担保等手段的最大效力。继续加强对农民工工资支付管理工作，严格落实农民工实名制管理，加强对农民工工资发放监管，确保了农民工权益和社会稳定。

2. 落实市委、市政府"放管服""双万双服"精神，积极营造良好的营商环境。在招投标方面，减少了各类招标文件备案、合同备案等环节和前置要件7项，整体招标过程节省60天。放宽了必须招标的条件，施工单项合同估算价由200万元提高到400万元，删除总投资额3000万元以上的要求。在企业资质申报方面，精简申报要件，实行告知承诺审批，将办理时间由20天压缩到5天。在安全措施备案和工程质量监督方面，取消了施工图审查备案、建筑节能备案、文明施工措施费、渣土保证金等环节和申报要件，最快可以达到当天出证。在工程竣工验收及备案环节，将规划验收和消防验收从竣工验收的前置条件改为平行验收，工程竣工备案要件由20项减少到14项。

【区级重点工程项目】 1. 天津周大福金融中心。该项目位于开发区东区，用地面积2.78万平方米、建筑面积40万平方米，总投资104亿元。天津周大福金融中心项目是周大福集团投资的集国际标准的甲级写字楼、最高服务标准的酒店式公寓、商场以及超五星级酒店为一体的大型超高层商业综合体。

截至2018年底，地下室砌筑完成95%，粗装修完成90%；群楼砌筑完成90%，粗装修完成60%；塔楼办公区砌筑完成95%，粗装修完成90%，精装修完成65%；塔楼酒店及公寓区砌筑完成100%，粗装修完成65%；机电一次安装完成87%，机电二次安装完成33%；幕墙工程全部完成。

2. 茉莉亚音乐学院。该项目位于中心商务区，用地面积1.85万平方米，建筑面积4.5万平方米，总投资15.3亿元。由700座音乐厅、300座演奏厅、250座黑盒剧场、学院教学区、资料阅览区、办公区、排练区及附属配套设施组成。

截至2018年底，主体钢结构施工、楼梯和抗风桁架安装完成，钢筋桁架楼承板安装已全部完成。

3. 于家堡第一幼儿园。该项目位于滨海新区中心商务区，园内设置15个教学班。项目占地面积6555.55平方米、总建筑面积7298.8平方米，其中地上三层，建筑面积5244.44平方米，主要功能区有幼儿生活单元、多功能活动室、服务管理用房、供应用房、车库等。地下建筑面积2054.36平方米，主要为地下车库和设备用房。

该项目于2018年10月16日正式开工，截至2018年底，工程桩已施工完毕，支护桩施工完成70%。

4. 天津师范大学滨海附属学校。该项目位于中心商务区，用地面积3.68万平方米、建筑面积3.25万平方米，总投资9168万元。该项目为滨海新区教育局与天津师范大学合作开办的滨海新区直属国办学校。

项目于2018年8月27日投入使用，首批605名小学生在崭新的校园里举行了开学典礼。

5. MSD-F区项目。该项目位于开发区东区，由天津泰达发展有限公司投资建设，用地面积2.2万平方米，建筑面积16万平方米，总投资11.25亿元，已于2018年10月完成全部施工。

【城建信息化建设与管理】 1.制定相关实施细则，确保可操作性。相继出台了《公开招标备案流程》《邀请招标备案流程》《直接备案的流程》《招投标监管工作流程提醒事项》等规定，确保简化流程后招投标工作顺利开展。

2.制定监管制度，加强事中事后监管。加大监督检查力度，制定了《事中事后监管工作程序》《开发区建设工程"重点监督单位"管理办法》等制度性文件，加强了对招投标、安全生产、工程质量等方面的违法违规及失信行为的监督管理。

【房地产开发及行业管理】 2018年，住宅项目开工建设21个，共计178万平方米，总投资258.3亿元。其中续建项目15个、建筑面积126万平方米；新开工项目6个、建筑面积52万平方米，4个项目已竣工，合计37万平方米。

1.非经营性公共建筑及准入验收。厘清非经营性公共建筑移交程序，办理了天保D07、格调林泉、万海华府北苑二期、万海华府南苑二期4个项目非经营性公共建筑移交手续，确保项目按期交付。

2.完成固定资产投资指标。2018年初安排的56.03亿元固定资产投资指标，共完成134.2亿元，完成全年指标的156%。

3.规划编制。积极完善规划体系，规划服务发展能力进一步提升。启动分区规划、慢行系统编制及天碱城市设计研究；启动多线管控划定方案，完成资料收集；开展主城区教育设施布局研究，西区生物医药园拓区初步方案等规划研究工作。主动完善控规，推动重点项目规划调整。完成第一大街、中船住宅、中区生物医药、乐歌等项目的规划调整工作，为重点项目落地实施创造条件。

4.规划管理与审批。不断提升项目审批效率。特别是针对西区三星电机等重点项目，快速完成土地组卷挂牌到项目方案、工程规划的许可批复。同时，积极促进民用项目审批，中海住宅、远洋住宅、实验学校西校区、华纳豪园四期和六期、泰丰七号规划审批手续全部完成。不断优化精品城区建设。积极做好技术支持，重大项目有力推动。研究、论证了中加医院、耀华中学选址，并开展交通评价进行技术支撑。

5.国土资源管理。梳理了"一区十园"土地存量情况并制定了未来几年年度计划。全年推动完成了大众基地第三批182万平方米土地收储，完成11个批次，共391万平方米土地征转；推动南港土地利用总体规划调整纳入新区修改方案，批复后将增加636万平方米建设用地。

2018年共出让土地24宗、总面积约452万平方米，重点落实了三星电机、南港BP、阿克苏和法液空等一大批产业项目的用地需求。同时，积极推动经营性用地出让，针对第一大街、高铁东、茉莉亚音乐学院南侧住宅和大沽地区等地块，与万达、万科等多家知名房企积极对接，促进地块出让。

办理各类土地权属登记共74件。其

中,办理土地待供应登记14件,登记土地面积72.2万平方米;办理土地整理储备登记8件,登记土地面积242.7万平方米;办理土地初始登记29件,登记土地面积457.1万平方米;办理土地变更登记21件,登记土地面积184万平方米;办理土地注销登记2件,注销登记土地面积3.4万平方米。

6. 房地产市场管理。推动贝肯山部分自持租赁住宅转为商品房获新区同意;完成房屋安全隐患检查、消防安全隐患大排查等现场检查工作。开通不动产登记及二手房买卖协议网上、微信预约服务;与中国邮政联合办公,开展不动产权证邮政特快专递服务快递寄证;使用"实名盾"辅助进行身份识别验证,确保登记安全。通过接入天津市不动产登记一网通系统,实现贷款、登记业务同时办理。

【建设科技与节能】 为了贯彻落实国家节能减排的相关法律法规,严格执行《天津市建筑节约资源能源条例》,积极推进《天津市绿色建筑行动方案》,进一步推动开发区建筑节能工作再上新水平,按照天津市建委和滨海新区建交局的统一部署,开发区按照《市建委关于印发〈天津市2018年建筑节能和科技工作要点〉的通知》(津建科〔2018〕205号)有关规定,认真检查,逐条落实。

1. 建筑节能。为了进一步落实《天津市建筑节约能源条例》,设立开发区的公用专项经费和建筑节能专项资金,安排公用专项经费18.56万元、建筑节能专项资金30万元。

经过公开招标,聘请中国建筑科学研究院天津分院协助完成辖区内民用建筑能耗统计系统的运行和维护工作。聘请专业公司对开发区管辖区域内公共建筑和住宅等民用建筑基本信息进行了普查,安排专人负责辖区民用建筑能耗统计系统运行和维护,完成数据查询和整理,并完成2018年竣工项目的信息录入。同时,向开发区各能源管理单位(燃气公司、电力公司)收集了民用建筑能耗数据,完成数据整理并录入天津市城镇民用建筑能耗和节能信息统计系统。

开发区在于家堡金融区计划建设8座集中区域能源中心,功能形式为冰蓄冷发电,服务面积690万平方米;现已有2座完工并投入使用,2018年竣工的天津国际金融会议酒店利用可再生能源供冷、供热。

以进一步贯彻落实《市建委关于印发〈天津市2018年建筑节能和科技工作要点〉的通知》(津建科〔2018〕205号)的相关要求为工作主线,紧紧围绕市建委下达的建筑节能工作目标,严格执行《天津市建筑节约能源条例》,建立了完整的建筑节能工程建设管理体系,将全区建筑节能工作纳入常态化监管程序。认真贯彻落实市建委关于加强建设领域节能减排工作的总体部署,结合自身实际,全力抓好新建建筑节能、可再生资源应用、新型墙体材料推广、供热计量改革等重点工作,推进建设领域节能工作有序开展。

为提高对各节能工程责任主体的服务水平,使各参建单位在工程起始阶段就能够按基本建设程序及强制性标准施工,做好工程安全质量交底工作,在监督交底时发出《节能施工特别告知》,要求严格执行节能建筑施工标准并明确抽查的工作内容、监督要点、方式及要求,将有关工程管理的法律法规、技术标准向业主、施工、监理等参建各方做了深入细致的宣贯,将监督的依据、对象、内容、形式、采取的措施和关键工序常见问题等都进行了特别提示。对于节能建筑施工方案缺乏可操作性，无法保证规范贯彻执行的，责令施工企业予以修改完善，将工程质量缺陷及安全隐患消灭在萌芽状态，避免今后工程管理出现混乱或失控局面，树立规范化施工、规范化管理的意识，提高管理水平和施工质量。

为把节能建筑施工落到实处，在常规检查的基础上，每年组织不少于两次的专项检查，并加大处罚力度，对违反强制性条文规定或各分部、分项验收不合格的工程，将严格实施行政处罚。

大力开展公共建筑节能改造工作，将计划进行节能改造的建筑列表分析，在对开发区泰达图书馆档案馆的改造中使用合同能源管理模式，力求创造良好的经济效益和社会效益。

2018年，全区新建公共建筑继续严格执行市建委发布的民用建筑能耗检测强制性标准，加强能耗检测和节能监管体系的建设。新建公共建筑执行《天津市民用建筑能耗监测技术标准》，安装分项计量装置和采集装置。

既有公共建筑按要求实现能耗上传。由天津泰达地毯经济促进中心联合天津泰达发展有限公司共同申请的"天津开发区循环经济技术推广基地建设项目"被列入《天津经济技术开发区循环化改造示范试点实施方案》，获得中央财政资金及天津市滨海新区发改委循环经济和低碳经济项目专项资金财政补助的支持。

为新建公共建筑安装分项计量装置，建立能耗监测平台，实现能耗自动上传，对超用能定额的公共建筑开展了用能审计工作。

开发区居民采暖面积约532万平方米，居民供热计量收费面积为357万平方米，供热计量收费面积占67.1%。签订居民热计量合同1.84万户，占热计量装表户数3.43万户的53.4%。公建采暖面积约780万平方米，按热计量收费的面积506.4万平方米，供热计量收费面积占64.9%。

进一步推动开发区建筑节能工作再上新水平，建立了供热计量管理工作机制，编写居民热计量管理办法，成立供热计量工作组并确定职能分工，落实了供热单位的主体责任。为保证计量收费工作有序进行，责任单位编制了计量收费工作计划，并制定了开发区供热计量管理制度及激励机制，组织举办"保、比、促、提"劳动竞赛活动。为保证供热计量收费工作的透明度，下发了计量收费价格文件的通知，主管部门主导供热计量的实施工作，运行管理中心和各中心站的热计量人员执行热计量的各项工作，形成了自上而下的供热计量管理体系；工作人员在推行供热计量过程中发现问题，也能够及时反馈，从而保证了供热计量工作的顺利进行。同时，公司还从提前准备、供热运行、计量宣传等方面制定了供热计量的工作计划。建立远程抄表系统故障的应急预案并完成备品备件的采购工作，保证用户热表的正常使用和热量表远传抄表系统稳定上传数据。

2. 绿色建筑。组织编制了《天津经济技术开发区建筑节能和绿色建筑工程质量监督技术手册》并通过了专家评审。

邀请绿色建筑节能专家，组织相关建设、设计、施工、管理单位进行建筑节能、绿色建筑和装配式建筑方面有关法律法规、政策、技术标准等的专项培训。

积极推行绿色建筑的相关政策，辖区内2018年绿色建筑竣工数量2个、总建筑面积25.3万平方米，2个项目获得绿色建筑高星级标识。区内规划发展绿色生态城区建设，已制定绿色生态城区实施方案。同时，积极尝试被动式节能建筑技术的应用，组织召开被动房项目推动会，探讨运管基地项目采用被动房实施的可行性。

做好于家堡绿色建筑奖励资金发放工作，为尽快落实奖励资金发放，确保资金发放依法合规，先后征求了区财政局、区审计局的意见，并上报管委会同意，对企业报送的材料及时进行审核，首批奖励资金共计1237.25万元。

在施工过程中加强绿色建筑施工的监督，要求有关责任主体对项目工程依照"过程控制、多道把关"的原则进行质量控制，加强对施工策划、施工设备、材料选购、现场施工、工程验收等各阶段的管理和监督，对整个施工过程实施动态管理。凡是从事外墙保温工程的单位，必须具备外墙外保温施工资质，在施工前，施工单位编制专项施工方案组织设计，做出示范样板，经查验合格后方可大面积施工。凡未经节能专项验收或验收不合格的项目，不得组织竣工验收，不予备案。

努力推广应用于建筑节能的新技术、新材料、新设备、新工艺即"四新"技术，逐条稳妥推进符合国家发展技术政策、能够节约能源、确保建设工程质量、提高工程舒适性的建筑节能技术应用比例。

3. 装配式建筑。积极响应天津市人民政府办公厅印发的《关于大力发展装配式建筑实施方案》（津政办函〔2017〕391号）《市建委关于在天津市建筑产业现代化项目规划条件中提供相关建设指标的通知》（津建科〔2016〕100号）文件要求，将装配式技术落实到实际工程，并加强项目管理。位于开发区的茉莉亚音乐学院项目应用了装配式建筑技术，现已完工并且获得绿色建筑标识。

【海绵城市与地下管廊】 1. 海绵城市。为了进一步落实海绵城市建设要求，落实2020年城市建成区20%面积达到海绵城市要求的考核目标，结合各区编制的专项规划及实施方案划定的25%面积指标，编制《海绵城市实施方案》，指导开发区建设工程中海绵城市理念的落实。

2. 地下管廊。于家堡综合管廊一期，工程设计全长约883.86米，共设管线分支接头4处、专用投料口3处、通风机房兼投料口4座、变电所1座、消防泵房1座、监控中心1座，工程起点和终点设端部管线结合井。土建工程共分为36个施工段，主线均为暗埋段，采用明挖基坑顺筑结构的方法施工，最大开挖深度超过18米。根据基坑开挖深度不同，围护结构有灌注桩围护和新型水泥土搅拌桩墙（SMW）围护桩两种形式，基坑支撑主要有钢筋混凝土支撑、钢管支撑混合布置两种形式。主体结构采用钢筋混凝土现浇箱型结构，全外包防水，顶板覆土深度2米至6米。

【建设工程质量安全管理】 1. 严格执行质量终身责任承诺和竣工后永久性标牌制度，制度执行率达到100%。严查建设、施工、监理单位等五方责任主体的质量行为和工程质量各环节履职情况。

2. 加强了实体质量抽检，杜绝不合格材料的使用。在日常及专项检查活动中对现场实体、建筑材料、安全防护用品加强随机抽检，加强对建筑材料的进场控制。

3. 强化了阶段验收和竣工坚守监督，严控验收程序，确保向社会交付放心房，减少质量投诉发生。

4. 推动企业争优创优，推广先进工艺工法。推动企业创建鲁班奖、国优奖和"海河杯"奖，引导企业打造精品工程，推进质量行为标准化和实体质量管控标准化，全面提升了工程质量水平。2018年，天津一汽丰田研发中心获得鲁班奖。

5. 狠抓安全生产工作，守住安全生产红线。坚决贯彻"隐患就是事故"的理念，坚持"铁面""铁心""铁腕""铁规"，建立严密的责任体系，确保了安全生产持续稳定。将危险性较大部分的分项工程作为防控重点。严格执行深基坑、高支模、超高层施工等重大风险源管理规定，加强重大危险源辨识、落实隐患排查，减少了重大安全事故发生的可能。大力开展安全生产隐患排查和治理。开展不间断的质量安全专项检查和治理，如开展了"开复工质量安全大检查"、"双随机"抽查、施工消防安全大检查等多项治理活动，凡是查出隐患的一律闭合销项处理，确保了重要时段建设生产安全稳定。预防一般事故发生。将施工作业前隐患排查制度、企业负责人检查制度和项目负责人现场带班制度作为日常巡查抽查、专项检查的重点，提高企业安全生产"事前预防"能力，减少了一般事故发生。加强应急演练，提高事故处置能力。在安全月期间中心在天津茉莉亚学院项目组织开展了施工火灾救援消防和施工触电救护两个场景的应急演练，取得了预定的效果。多次聘请第三方机构开展了全区有关起重机械操作、安全用电等方面的培训。

6. 提高文明施工管理标准。发布《建设工程安全文明施工标准化实施指南》，并专门组织会议进行了宣贯，印制成书后免费发放到了区内各施工项目现场。制定图册标准，对施工围挡进行规范。大力推进施工扬尘整治工作，落实《重度污染天气应急预案》要求，工程项目实行分级停工。采取网格化管理，施工扬尘点位问题及时得到处理回复。推动符合条件的项目申报"天津市观摩工地"，带动整体区域文明施工和环保意识提高。

【执法监察】 开展住宅项目防火安全大排查工作，重点检查施工区域防火设备、用电安全、施工安全隐患排查等情况，对检查出的问题责令建设单位立即整改，年底开展回访。全年检查工地1750次，共下发各类整改703份，其中质量整改261份、安全整改442份、停工通知单62份；约谈140人次。办理工程质量监督和安全施工措施备案174项，其中房建项目137项、市政项目37项。办理建设工程竣工验收备案135项，其中房屋建筑108项、市政项目27项。办理开发区企业资质申报66件；办理二级建造师初始登记、变更、增项、注销共290人次。

完成行政处罚57项，罚款305.5万元。

处理各类信访投诉共63起，其中涉及质量问题43起、安全问题9起、文明施工问题2起、市场行为问题3起、招投标问题6起。

解决农民工工资纠纷共19起，涉及200人，工资总额240万元。

天津东疆保税港区

【概况】 天津东疆保税港区（天津东疆港区）建设交通和环境市容局（以下简称建交局），主要负责辖区的规划和国土资源、房屋、环保、建设、交通、市容和市政配套等相关事项的行政许可和监督管理工作。

2018年东疆保税港区在建项目25个，其中市政基础设施配套项目10个，工业仓储项目5个，房屋建筑工程项目6个，公共建筑项目4个。

国内首台出口非洲大陆的大直径盾构机"中铁665号"在东疆保税港区正式下线

【基础设施建设及投资】 2018年,东疆保税港区共建设市政基础设施10项、总投资约1.18亿元,主要包括伊犁路、青海路市政道路工程;海铁大道一期道路绿化工程;东部配套服务区二期道路监控系统工程;东疆中央绿地项目、太原道维修改造和海关双优化工程、北部管网一期二期工程等。

【建筑业及建筑市场管理】 全年完成建设工程质量监督登记12项,安全施工措施备案12项,监督建设工程阶段验收27次。

东疆保税港区建设工程交易服务场所于2018年10月顺利启用,位于东疆商务中心A2栋4层,全年完成6次开标、评标工作。施工现场视频监控平台已建设完成。

【区级重点工程项目情况】 1.高端装备再制造中心。该项目位于天津市滨海新区东疆保税港区新港九号路以南、西藏路以东,包括机加焊接车间、试验检测中心、餐厅等单位工程。该项目投资4.1亿元,占地10万平方米,平均年产隧道掘进机、再制造整机及相关零部件50余台套,能够独立设计、制造、再制造土压平衡盾构、复合式盾构、泥水盾构和岩石掘进机(TBM)等盾构产品。截至2018年底,该工程涉及机加焊接车间、试验检测中心、餐厅等单位工程全部完工并顺利通过竣工验收。

2.天津港东疆港区东部配套区商务中心工程。该工程东至欧洲路,南至内蒙道,西至鄂尔多斯路,北至西昌道,东西长约164.4米,南北长约211.7米,建筑面积约8.61万平方米,包括6栋9层独栋办公用房和1组由4栋7层商务办公用房及其配套附属用房组成的办公群落。截至2018年底,该工程已完成竣工验收。2018年10月,东疆保税港区管理委员会建设交通和环境市容局、人力资源和社会保障局、社会发展局、综合监管和执法局入驻商务中心A2栋。

天津港东疆港区东部配套区商务中心工程效果图

3. 天津东疆港A地块1期高层住宅园林景观工程。该项目占地面积18.5万平方米，建筑面积36万平方米，容积率1.5，绿化率高达40%以上，包括洋房31栋，高层12栋，是区域内首个亲海低密度花园洋房社区。项目西侧是80米宽的景观绿化带，北侧是17万平方米的绿化公园（已建成10万平方米），东侧紧邻大海。10栋洋房及3栋高层已竣工验收并交付业主，截至2018年底，完成地下车库及高层景观竣工验收。

4. 天津东疆保税港区宏业物流有限公司仓储物流项目。该项目坐落于天津东疆保税港区海铁大道海铁二路，占地面积为9.44万平方米，库容量60万吨，主要从事铁矿、镍矿、锰矿及其他矿石类货物仓储物流服务。2018年5月28日，该工程顺利完成竣工验收。

5. 天津港太平洋国际集装箱码头有限公司海关机检查验设备配套工程。该项目总投资约1200万元，建筑面积约1440平方米，为海关监管作业场所，从事非侵入式查验进出口集装箱服务。2018年8月23日，该工程顺利完成竣工验收。

平台，实现电脑端和手机端的同步登录和共享信息。初步实现了建设项目视频监控、危险源辨识、质量安全检查、相关主体责任单位检查记录备案、扬尘监测和实名制人脸识别等功能。

天津东疆保税港区宏业物流有限公司
仓储物流工程

天津港太平洋国际集装箱码头有限公司
海关机检查验设备配套工程

【房地产市场及行业管理】 2018年东疆保税港区商品住宅销售面积共2.4万平方米。

强化企业安全知识教育，确保生活生产安全。组织区内房屋管理单位开展开复工安全生产培训会、安全生产月培训会，通过此次培训，切实强化了房屋管理单位安全生产意识，提高了安全生产责任，促进了企业生产生活的安全有序发展。

【开展房屋安全大检查】 严格落实

天津港东疆港区东部配套区商务中心工程效果图

【城建信息化建设与管理】 着力推进建设工程安全生产领域改革，落实各个建设项目的智慧工地建设。建立智慧工地

天津市人民政府关于全面开展安全生产隐患大排查大整治工作要求,切实贯彻"管行业就要管安全"的指示精神,深刻吸取重大安全生产事故教训,建交局组织开展多项房屋安全大检查工作:开展既有建筑玻璃幕墙安全专项检查,共检查相关企业14家,出动检查组14次、共计28人,检查发现6家企业存在安全隐患问题,并立即对企业下发安全隐患整改告知书,督促企业完成整改。开展既有房屋安全专项检查,共检查8个项目,出动检查组18次,共计36人,未发现安全隐患。

【物业企业安全知识培训】 为切实落实市委对安全生产工作的部署要求,牢固树立"四个意识",坚持"隐患就是事故,事故就要处理"的主要方针,特聘请专家讲师对区内物业企业进行理论知识培训和专业的技术指导,指出了现存物业管理的盲区,有效提升了物业企业安全责任意识,将服务标准提高了一个台阶。

开展玻璃幕墙检查

【物业企业安全大检查工作】 切实落实市委市政府关于全面开展安全生产隐患大排查大整治工作要求和指示精神,大力开展物业企业安全生产隐患排查工作,其中,检查物业企业28个项目,出动检查组30次、共计77人,已对物业企业进行复查工作,未发现安全隐患。硫化氢检查11家物业企业,出动检查组11次、共计31人。检查区内电动车存放12个项目,出动检查组12次、共计24人,未发现安全隐患。

【海绵城市】 启动东疆保税港区海

绵城市实施方案编制工作并及时与新区建交局、滨海新区海绵城市建设领导小组进行了对接和沟通。5月中旬通过政府采购服务方式，确定了天津市渤海城市规划设计研究院作为东疆保税港区海绵城市建设方案编制单位，先后3次向滨海新区建交局汇报编制情况和阶段成果。牵头组织方案编制单位、评审专家、天津港规建部、东疆开发有限公司共同召开专家评审会，形成了统一意见，完成了专家评审工作。海绵城市建设实施方案确定了4个重点建设项目和1个重点建设区域。

【建设工程质量安全】 对28个项目展开质量安全等方面监督检查。重点抽查工程实体质量、特种机械设备维护保养、现场安全文明施工情况，查阅相关工程内业资料等。出动工程质量安全检查164人次，下发隐患整改通知书41份，收到整改回复单41份，均已完成整改。出动文明施工检查12人次，下发责令暂停施工通知书6份，提出整改意见18条，收到整改回复单6份，经复工检查合格后均允许复工。

【建设领域行政处罚】 全年共计进行建设领域行政处罚1次，根据《中华人民共和国城乡规划法》《中华人民共和国行政处罚法》对建筑行业违法行为进行行政处罚，在行政处罚过程中规范执法程序，严厉打击建筑行业违法违规行为。

【建设领域行政审批】 共计核发建设工程施工许可证11件，竣工验收备案28件。建筑业资质初审上报工作，共完成对6家单位企业建筑业企业资质资格的审查。

中新天津生态城

【概况】 中新天津生态城建设局是中新天津生态城管委会管理城乡建设的职能部门，是全区城乡建设管理的机构。内设综合科、规划科、建设科、土地科、物业科、配套科、房地产管理科及建管中心、不动产登记中心9个部门。截至2018年12月31日，全局在岗员工55人。

【全面加强党的建设】 2018年，抓住从严治党这一核心，积极开展"不忘初心，牢记使命"等学习教育活动，集中学习党的十九大会议精神，认真落实党建主体责任，充分发挥支部和党小组的突出作用，全面推动支部的思想、组织、作风、制度和反腐倡廉建设。截至2018年底，支部共召开支部大会8次，支委会15次，党小组会59次，党日活动11次，讲党课4次。同时，围绕年度工作目标和重点工作，以"一手抓党建、一手抓业务"为原则，按照"加强学习、健全制度、转变作风、落实责任"的工作思路，团结带领全局党员干部群众锐意进取、开拓创新、扎实工作。

【落实重点建设计划】 1. 狠抓重点，确保建设计划落实。2018年，建设局全力推进项目建设，确保建设计划指标落实。红星天铂花园、全域旅游集散中心、42地块幼儿园等一批大项目全面开工，杰科生物医药研发和生产基地项目1A期、公屋二期2A期、成功游艇湾等项目竣工投用。截至2018年底，完成固定资产投资227.5亿元。

2018年在建项目共计967万平方米（包括产业项目144万平方米、公建项目78万平方米、住宅项目745万平方米），当年竣工建筑面积68万平方米，当年新开工320万平方米。各项配套工程，加速推进。年内完成道路3千米，在建道路30千米；完成绿化46万平方米，在施绿化402万平方米；完成各类管线8千米，在建各类管线120千米；投用场站4个，在建场站5个。竣工投用3个学校，新开工5个学校。

2. 加强督办，助推重点项目建设。为了实现2018年建设计划，建设局梳理出全年93个重点项目，形成中新天津生态城2018年重点督办项目清单，其中建设局负责推动涉及住宅、基础设施、民生共31个项目。在2018年的工作中，按照划定横纵两条推动线、签订书面责任书和责任状、建立项目推动会制度等方式落实项目推动工作，除青坨子商业、静湖北路西延、海天道（中央大道—景盛路）道路及桥梁工程因整体方案确认或涉及新区审批流程时间较长，其他项目均按照管委会既定目标节点完成建设任务。严格履行年初制定的推动会制度，每两周召开1次督办项目推动会，并针对即将逾期的项目进行预警通报；对93个重点项目进展情况进行分析整理并向管委会进行通报。积极与各督办局室、各公司对接，主动服务，建设局共召开或参加协调会60余次，协调解决问题130多项。

【**工程质量安全监管**】 加强工程质量安全监管，确保区域形势受控。

1. 完善工程质量安全管理制度。制定了《中新天津生态城2018年建筑工程"质量年"活动方案》《中新天津生态城房屋建筑工程验收暂行办法》《中新天津生态城建设工程绿色文明施工标准化手册》。

2. 提升区域质量安全管理水平。组织召开了季度质量安全工作会议4次；围绕建设工地消防安全、建筑工程预防高处坠落和物体打击事故安全技术知识、建筑施工脚手架知识、危险性较大的分部分项工程安全管理规定等，组织安全培训4次；组织建筑工程混凝土质量通病治理质量培训1次；组织预防建筑施工坍塌事故应急演练1次；组织开展生态城2018年建设工程质量安全暨施工扬尘治理现场观摩交流活动会1次。

3. 强化质量安全监督管理工作。办理质量监督登记、安全措施备案226项次，进行监督交底226项次，办理竣工验收备案89项次；累计开展建设工程开复工专项检查、塔吊专项检查、安全月专项检查、质量月专项检查共4次；累计开展日常监督检查882项次，发现质量隐患653项，安全及文明施工隐患1304项，下发整改通知书874份，停工通知书43份；累计完成建筑原材料监督抽样236组，结构实体检测1914个构件。

发挥示范项目引领带动作用。2018年中新天津生态城中部片区29号地块小学、幼儿园项目通过国优验收；天津华强3D立体影视基地商业配套区（方特假日酒店）施工总承包工程通过天津市市级质量安全观摩工地验收；天津市南开中学（滨海生态城学校）等3个项目荣获天津市建设工程"金奖海河杯"；海鼎宏冷链物流项目一期工程等3个项目通过天津市海河杯验收；中新天津生态城7号雨水泵站工程一标段等2个项目通过天津市市政金奖验收；中新天津生态城十二年制学校工程等2个项目荣获天津市市级文明施工示范工地；中新天津生态城1B地块高中项目总承包施工及总包管理工程等4个项目通过了天津市2018年市级文明工地验收。

坚持绿色施工，扎实推进大气污染防治工作。按照《中新天津生态城建设工程绿色文明施工标准化手册》的相关要求，将施工扬尘治理的措施、创建文明城区的标准及生态城十周年活动的要求有机结合，累计完善建筑工地周边围挡2696块，约2.05万米；坚持部门联动，与环境部门开展大气污染联合检查150余项次，将施工现场的大气污染防治工作落到实处。

【**基础设施建设及投资**】 基础设施不断完善，截至2018年底，生态城累计建成道路241千米，道路面积492万平方米；供水管道214千米；排水管道737千米；供热管道217千米；供气管道170千米；通信管道1600千米。年内基础设施投资53.7亿元，占全年固定资产投资的23.6%。

【**建筑业及建筑市场**】 2018年共完成发包建设工程项目816项，累计发包金额132.54亿元。其中，公开招标460项、中标金额总计95.48亿元；邀请招标94项、中标金额总计36.04亿元；直接备案262项、发包金额总计1.03亿元；涉及中标单位839个，其中国有企业400个、私有企业439个，国有企业中标比率为47.68%。发布公告505个，开标546次。合同备案932项，累计合同备案金额127.6亿元；其中2018年前开标项目合同备案144个，合同备案金额8.14亿元；2018年开标项目合同备案788个，合同金额119.46亿元。

完善了建管中心服务功能，具备了独立的开评标场所。增加了监控系统、语音通知评委系统、门禁系统、信息查询系统。加大了事中事后监管力度，提高了抽查比例，压实了评标委员会成员的评审责任，对评标专家及招标代理单位日常行为进行了考评。

2018年共计开展建筑市场及劳务用工专项检查84项次，下发建筑市场整改通知书21份，涉及76条问题；建筑市场停工单7张，涉及7条问题。以上问题各相关责任单位均按相关法律法规按时完成了整改。

加强农民工维稳工作，全面实施农民工工资专用账户制度。针对农民工维稳工作，积极主动预防，提前对区域内施工企业和在建项目进行监管摸排，并建立节假日期间隐患日报告制度，及时协调处理施工企业拖欠农民工工资投诉。农民工维稳工作成效明显，未发生大规模群体越级上访事件，有效维护了农民工合法权益和社会稳定。

2018年共办理开设农民工工资预储账户234个、预存金额2.52亿元，账户结余3.05亿元，支出7413.6万元。其中，房建项目共预存金额2.16万元，工资支付及余额返还共计6043.6万元；市政基础项目共预存金额3560万元，余额返还共计1370万元。专业承包项目共预存金额506万元，工资支付及余额返还共计335万元。

【区级重点工程项目】 1. 中新友好景观工程。该工程位于中新天津生态城中部片区，该项目北至故道河，西至故道河，南至城市主中心，东至中新大道和甘露溪公园，占地面积约41.7万平方米，总投资5.64亿元。截至2018年底，项目东区地上部分主要苗木栽植、广场园路结构层及秘密花园主体已经完成，西区地上部分已完成施工开标。

2. 北疆电厂热源引入工程。该工程供热范围包括生态城合作区、中心渔港及滨海旅游区，供热面积约1600万平方米，总路由长度17千米。按照管网分布区域分为生态城区外段、生态城区内段、旅游区域段三个部分，其中区外段及区内段项目总投资10.66亿元。截至2018年底，热力管道施工全部完成，淡化海水管道施工完成90%。

3. 32号地块社区中心。该中心位于中新天津生态城32号地块内，西北侧毗邻城市主干道中天大道，西南侧为华一路，东北侧为公园用地，东南侧紧邻幼儿园，地上建筑面积约为1.5万平方米，地下建筑面积约为1万平方米，总投资1.4亿元。截至2018年底，局部主体已封顶，部分进行三层结构施工。

4. 天津生态城第二生活中心。该项目坐落于中新天津生态城南部片区，地处中新大道以南、和顺路以东，占地面积1.48万平方米，总建筑面积为2.33万平方米，其中地上1.44万平方米，总投资1.4亿元。截至2018年底，主体已经封顶。

5. 国家海洋博物馆。该项目坐落于

天津滨海新区中新生态城滨海旅游区，占地面积15万平方米，总建筑面积8万平方米，展览展示面积2.3万平方米，总投资21.15亿元。国家海洋博物馆是坐落在天津的第一座国家级博物馆，同时也是迄今我国唯一、规模最大的综合性海洋博物馆。截至2018年底，国家海洋博物馆项目完成基础设施建设和布展施工，具备试运行条件。

6. 新源中心工业游项目。该项目在华强南侧停车场地块、水处理中心地块、静湖内建设一座总建筑面积1.09万平方米、长1107米的架空式钢结构长廊。建成后将成为一条连接华强与亿利的旅游链，起到承上启下的作用，进行水处理知识的科普与教育，唤醒公众对水资源的保护理念。截至2018年底，一区精装修施工已完成35%；二区、三区精装修施工已完成85%；四区展厅正在进行设备调试。

7. 合作区市政绿化环卫养护基地工程。该项目位于生态城合作区北部产业园内，汉北路和泰八路交口东南角，占地面积4.45万平方米，建筑面积1.46万平方米，总投资约8000万元。该项目是一组以海绵城市为设计理念，集市政、园林绿化、环卫养管为一体的现代化节约型场站建筑群。截至2018年底，桩基施工已完成。

8. 海旭道与海滨高速桥梁贯通工程。该项目位于中新天津生态城旅游区域，利用海滨高速北段二期预留开口，实施一对上下坡匝道，连接海滨高速与桥下辅道。匝道南起海滨高速预留开口，北至海旭道南半幅，采用单向双车道标准，全长703.7米；桥下辅道改造南起海晨路，北至海旭道北半幅，采用城市支路标准，双向四车道，辅道全长1637.9米。总投资为1.02亿元。该项目将打通了开发区与生态城之间的另外一条南北向交通联系的主要通道，有效缓解早晚高峰的交通压力。截至2018年底，桥梁主体完工。

9. 清华产业园一期提升改造工程。该项目位于生态城北部区域，东至玉砂道，西至彩华路，南至彩华路，北侧为空地，改造面积5.19万平方米，占地面积5.54万平方米，总投资4.2亿元。清华产业园将以清华大学科技成果的产业化为旗帜，聚集大量科技人才和创业项目。截至2018年底，完成了部分设计工作。

10. 智慧停车场项目。该项目以生态城动漫大厦、华夏未来小学、第三社区三个停车场作为试点实施，主要包括应用软件建设、运行环境配置、智慧化场景建设等内容，投资1800万元。智慧停车场项目搭建了城市级停车诱导平台，可实现自动引导、自动车牌识别、验证、收费并放行；实现各级诱导信息的分析、处理、控制；支持查询、统计分析、车位预定功能。该项目于2018年7月建设完成。

11. 天津华强3D立体影视基地产业园项目。该项目坐落于天津滨海新区中新生态城内，南起静湖北路，西临中生大道，北至蓟运河故道。项目用地基本呈长方形，地势平坦而略带起伏，总占地面积为10.19万平方米，总建筑面积16.84万平方米，总投资约6.84亿元。该项目由一栋7层研发楼、三栋6层研发楼、三栋9层研发楼、二栋6层办公楼、三栋6层宿舍楼组成，着力打造成为集文化体验、旅游度假、休闲娱乐、高新科技为一体的高端产业基地。截至2018年底，4号—8号楼土建和外装幕墙完成；9号—12号楼底板防水完成，防水保护层完成，底板钢筋完成85%，底板混凝土完成65%，9号楼车库墙柱模板完成90%，9号楼车库顶板模板完成90%。

12. 34地块小学项目。该项目坐落于中新天津生态城中部片区，地处华三路以南，生态城公园以东，34号地块内，框架结构，建筑面积2.53万平方米，占地面积1.5万平方米，项目总投资2.52亿元。截至2018年底，地下车库完成90%，一层完成25%。

13. 中福地块幼儿园项目。该项目位于中新天津生态城新平道以北、荣盛路以东；东至规划用地边界，西至荣盛路，南至新平道，北至规划用地边界，占地面积8239.30平方米，建筑面积7325.7平方米项目总投资7000万元。截至2018年底，主体验收已完成。

14. 中加地块幼儿园项目。该项目坐落于中新天津生态城临海新城片区内，地处荣盛路与海博道路交口，东临荣盛路，南临海博道。地上建筑面积4729.6平方米，地下建筑面积689平方米，占地面积约6054.7平方米，共设置12个教学班。截至2018年底，主体已封顶，一、二层二次结构砌筑已完成。

15. 天津生态城公屋二期项目。该项目位于中新天津生态城南部片区15号地块，该项目占地面积约6.63万平方米，建筑面积约12.7万平方米，项目投资8.89亿元。该项目选取两栋楼作为被动房研究试点，由中国建筑科学研究院、巴斯夫公司和德国被动房研究所进行合作，严格按照德国被动房标准进行建设。2018年9月30日，1#—3#楼、6号—9号楼完成竣工验收；2018年12月，4号楼、5号楼两栋被动房的主体封顶。

16. 8A商业地块项目。该项目位于中新生态城南部片区，东至生态谷，南至和意路，西至规划用地边界，北至规划用地边界。总建筑面积3.91万平方米，占地面积1.5万平方米，总投资3.23亿元。截至2018年底，该项目基本完工。

17. 32号地块小学、幼儿园项目。该地块为小学、幼儿园项目，东至教育用地，西至中天大道，南至华一路，北至生态城南开中学，总建筑面积3.48万平方米，占地面积2.58万平方米，总投资3.19亿元。截至2018年底，主体施工完成。

18. 42号地块幼儿园项目。该项目位于生态城中部片区42号地块范围内，东至42号地块住宅用地，西至新一街，南至规划绿地，北至42号地块住宅用地，总建筑面积4826.6平方米，占地面积6017.6平方米，总投资4500万元。截至2018年底，主体施工和二次结构砌筑已完成。

19. 1B地块高中项目。该项目位于中新天津生态城南部片区1B地块内，北至生态谷，南至和畅路，西至中津大道，东至荣馨园，占地面积约3.55万平方米，总建筑面积约3.77万平方米，总投资3.5亿元。2018年11月15日，该项目被评为天津市观摩工地，2018年底完成文明工地挂牌。截至2018年底，主体验收和二次砌筑已完成。

20. 航海道跨海滨大道连接力高匝道桥工程。该项目位于航北路跨线大桥两侧，北侧为力高阳光海岸，南侧为滨海航母主题公园，西接航北路，东侧临海。建设规模总长度为2285.39米，总投资2.4亿元。该项目是满足力高地块居民出行要求而新建的匝道桥，也是天津市首例采用全预制拼装结构的桥梁，可为京津冀地区桥梁建造方式革新提供绿色、节能、高质、高效的新范本。截至2018年底，桩基施工完成130根，承台完成28个。

21. 航母公园入口停车场及周边道路景观工程。该项目位于航母主体公园入口处，总面积16万平方米，项目总投资

1.5亿元，主要包括景观停车场及渔泽路道路两部分工程。其中，景观停车场12万平方米，共设2700个停车位。截至2018年底，项目全部完工。

22. 南堤滨海步道（滨旅陆域段）工程。该项目坐落于中新天津生态城旅游区域南部片区，北至碧水道，南至永定新河制导线，西至生态公园，东至海滨高速，紧邻永定新河河口滩涂地，为中新天津生态城重要的生态屏障，占地面积约16万平方米，总投资1.4亿元。项目分为核心游赏区、观光海堤、滨湖休闲、叠丘草阶、湿地涵养、房车营地等区域。截至2018年底，该项目基本完工。

【城建信息化建设与管理】 为深入贯彻落实习近平总书记对天津系列重要要求以及对生态城的重要指示精神，加快推进"生态城市"和"智慧城市"双轮驱动发展战略，生态城建筑施工领域进一步推动了信息技术与建筑工程管理的深度融合，通过"智慧工地"的建设，不断提升了施工现场的现代化管理水平。

生态城建筑施工现场严格落实《中新天津生态城建设工程绿色文明施工标准化手册》要求，通过在工地大门安装闸机、电子显示屏，设置人脸识别系统等，实现了工程人员实时统计的动态监管功能；各建筑工地全面落实了施工扬尘在线监测系统和视频监控系统，通过手机应用软件能够实时掌握工地的动态，及时发现和处理违规行为；以住建部发布的《工程质量安全手册》和《房屋市政工程安全生产标准化指导图册》为依据，积极推动各项目建设。

【房地产市场及行业管理】 1. 房地产市场交易概况。2018年，房地产调控效果显现，中新天津生态城房地产市场进入下行周期。房地产市场整体价格平稳、市场趋于理性，区域市场供需进入相对平衡状态。中新天津生态城累计上市商品住宅579.19万平方米（5.1万套），销售535.93万平方米（4.74万套），成交均价1.13万元/平方米，完成销售92.95%，待售房源43.27万平方米（3599套）；交付已入住项目44个，入住2.16万户，入住率59.79%，入住人口约6.05万人。其中，2018年1—12月销售住宅5819套，同比下降8.79%；成交均价1.46万元/平方米，同比下降5.36%。2018年12月份当月销售住宅678套，同比下降38.26%，环比上浮165.86%；成交均价1.47万元/平方米，同比上涨0.25%，环比下降2.11%。二手房方面，2018年1—12月，二手房成交896套，成交均价1.82万元/平方米；12月份当月成交81套，环比上浮5.2%，成交均价1.68万元/平方米，环比下降1.1%。

2. 房地产市场宏观调控。供需方面，上半年受限价影响房企消极上市，经过观望期后，下半年集中上市；市场需求趋于理性，缓慢释放，同时受供应影响，成交量下降。2018年，中新天津生态城房屋上市供应量占滨海新区的22%。销售方面，中新天津生态城占滨海新区总成交量的24%，仍是新区的第一成交主力板块。从板块内部看，旅游区成交量基本与合作区持平。价格方面，生态城成交价格位列新区第二位，竞争力实力凸显。板块内部，旅游区价格上涨，与合作区价差缩小。存量方面，受政策全面收紧影响，市场需求收缩，项目去化周期拉长，在售存量去化周期为8个月。

3. 房屋修缮。为落实《中新天津生态城住宅物业管理规定（暂行）》，持续推进住宅小区房屋修缮工作，和畅园修缮项目已完成两栋试验楼的屋面、保温及外檐的修缮内容，对红树湾、家和园、鲲玉园、荣馨园、新新园、鲲玺园6个小区进行了围墙粉刷、花坛粉刷、地面维修、绿化补种等内容的修缮。

4. 保障住房。截至2018年底，生态城共建成5个保障性住房项目，建筑面积33.46万平方米，建成房屋4676套，可解决3.2万人次住房需求。同时，公屋项目已完成销售建筑面积4.45万平方米，房屋套数642套；2018年全年销售85套、建筑面积0.72万平方米。

【建设科技与节能】 1. 开展中新天津生态城未来10年绿色建筑顶层设计。

（1）编制生态城未来10年绿色建筑发展规划。已完成绿色建筑和装配式建筑的可行性分析，包括发展目标、指标、任务及措施；并对相关国家、行业、先进地方标准进行研究。

（2）修编生态城绿色建筑全过程标准体系。组织天津城建大学、天津市建筑设计院等相关单位专家召开研讨会，对生态城绿色建筑评价标准进行修编。2018年12月完成生态城标准体系的修编工作。

（3）开展绿色建筑运营效果后评估及绿色建筑调试技术研究工作。已完成生态城典型项目调研及国内外标准研究工作，针对生态城绿色建筑运营情况及机电调试技术情况进行了总结分析，完成了典型项目评价报告及调研报告。选择公屋展示中心的机电系统进行调试，对调试过程及成果进行总结，编制绿色建筑调适技术导则初稿。同时对已调研典型项目绿色建筑运营情况进行深入对比验证，开展绿色建筑运营效果评估理论体系研究报告的编制工作。

（4）搭建中新天津生态城绿色建筑在线评价系统。已完成民用建筑评价模块和申报模块的搭建和第一轮试填报，软件开发单位已完成评价模块的修改。下一步将启动民用建筑评价模块和申报模块的试用，开发工业建筑评价模块和申报模块，并开发信息统计模块。

2. 绿色生态城区及绿色建筑运营标识申报。（1）完成南部片区"国家绿色生态城区运管三星级标识"的申报工作。组织召开了中新天津生态城南部片区三星级运管标识评审会议，并邀请中国城市科学研究会绿色建筑委员会王有为主任、同济大学程大章教授、浙江大学葛坚教授等7位专家到生态城对南部片区实地调研踏勘，专家组对生态城在绿色生态城区建设运营等方面取得的成绩给予充分肯定。

（2）组织申报政府投资项目运营标识。对建成项目进行技术筛选，对华夏未来学校和信息大厦项目的绿色建筑资料进行梳理，进行现场整改并完成绿色建筑标识申报工作。

3. 绿色建筑推广及宣传。（1）召开中新装配式建筑技术应用、中新绿色交通沙龙、中新数字规划大会等技术论坛。

（2）完成曹妃甸新城的建设工程行政审批流程的调研与梳理；完成汽校、护校、师范宿舍等200万平方米的评价服务。

4. 太阳能热水系统改造与优化提升工程。完成了太阳能热水系统图纸资料的整理，编制了调研方案和调研计划。调研完成15个典型项目并撰写调研报告。整理收集太阳能热水系统相关行业标准和地方标准，梳理相关审查要点，编制《太阳能热水系统审查表》，推进实施太阳能热水系统专项审查管理相关工作。

5. 深化能耗监测系统要求。对中新天津生态城内20个学校类项目进行能耗监测系统情况调研，总结项目存在的问题，根据生态城的绿色建筑运营目标，完善能耗监测系统，以适用于区域内新建、改建、扩建和既有公共建筑以及居住建筑中的热源、热力站的能耗监测系统设计、施工和运行维护要求。

6. 推进中新天津生态城装配式建筑发展。启动中新天津生态城中部片区41号地住宅项目、34号地块小学项目和中福中加小学幼儿园项目。

【海绵城市与地下管廊】 1. 海绵城市。（1）2018年3月20日，中新天津生态城管理委员会和新加坡共用事业局联合举办了中新海绵城市建设合作交流培训会。来自中新双方的领导和专家围绕海绵城市建设理念、典型案例、管理经验和"新加坡ABC清洁水计划"进行了深入的讨论与交流。培训会吸引了来自科研院所、高校、建设、设计和施工单位的200余人参加。

（2）2018年5月14日，为进一步规范海绵城市管理程序，发布了《关于规范海绵城市规划设计预审查、规划预验收程序的通知》。

（3）2018年7月7日，启动《中新天津生态城海绵城市建设评价标准》编制工作，进一步提升海绵城市管理水平。该标准由海绵城市专家李俊奇带领团队主编。

（4）2018年8月24日，15地块公屋二期（和馨园）项目完工。该项目建设用地面积3.53万平方米，总建筑面积5.81万平方米，海绵城市建设面积为3.33万平方米，项目年径流总量控制率为75%，年悬浮物（SS）总量去除率为69%。构建了雨水调蓄池、透水铺装、雨水桶、雨水花园、种植屋面等多种海绵设施，形成了高效、联动的雨水径流控制体系。

中新海绵城市建设合作交流培训会会场

海绵城市建设论坛

15号地块公屋二期（和馨园）现场

（5）2018年8月30日，中部片区生态谷绿地项目完工。该项目北至中新大道，南至慧风溪，项目占地面积8.07万平方米，建设目标为年径流总量控制率85%，年悬浮物（SS）总量控制率60%。项目共划分了4个排水分区，通过合理布置透水铺装、下沉式绿地、雨水花园、植被缓冲带、控污型雨水口等海绵设施进行雨水径流控制。

（6）2018年9月28日，举办中新国际绿色建筑论坛。该论坛包含绿色建筑综合论坛、被动房设计与实践、海绵城市建设三个分论坛。其中海绵论坛邀请了郑光辉、李俊奇、杨波、吕红亮等业内专家进行演讲，涉及新加坡ABC全民共享水源计划、绿色建筑与绿色基础设施系统、海绵城市平台设计等诸多方面的内容。

（7）2018年10月10日，启动中新天津生态城海绵城市系统化方案编制，制定系统的工程体系，支撑试点海绵城市建设；加强建设项目的落地性和可实施性。

（8）2018年11月12日，召开海绵城市建设精品片区打造动员会，建设局、中规院、各相关建设单位、设计单位参会，会议决定按计划全面启动精品片区打造工作。

（9）2018年11月19日，海绵城市管理监测平台通过专家评审。

（10）2018年12月28日，滨海新区财政局组织召开了天津海绵城市建设试点（中新生态城片区）政府和社会资本合作（PPP）项目专家评审会。向天津市海绵城市建设工作领导小组办公室提供中新生态城海绵城市建设试点绩效评价自评估报告及附件等年度考核资料。

2. 地下管廊。中新天津生态城（原滨海旅游区）北部区域综合管廊一期工程总长4.6千米，其中嘉顺道（彩环路—中央大道）段1.1千米（一标段），已完成管廊的主体验收工作；截至2018年12月，管廊二标段（共3.5千米）已完成渔泽路（玉砂道—澜清溪）施工区域0.6千米的主体建设，完成渔泽路（航海道—澜清溪）施工区域的高压旋喷桩施工。

积极推进综合管廊运维服务平台的系统搭建，系统建成后可实现三维展示、智能巡检、环境监测、健康监测等管廊主体管理；消防系统、通风照明设备联动、综合安防等管廊设施管理；管线状态监测、管线资产管理等入廊管线管理；应急预案、应急处理、应急联动等管廊应急响应管理。

生态城北部区域综合管廊（一标段）

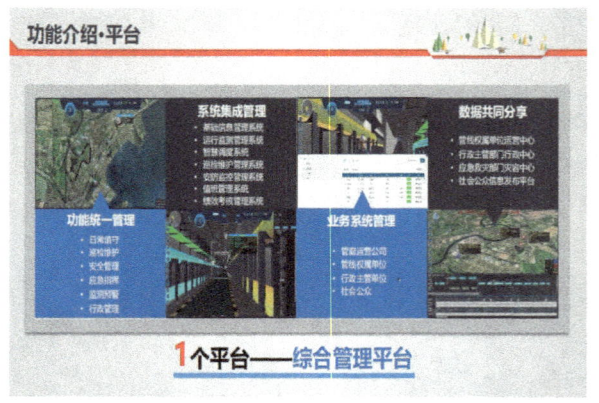

生态城北部区域综合管廊智慧运维管理平台

【建设工程质量安全】 2018年，对新开工项目进行质量安全监督交底226次、监督质量验收320次。共计办理竣工验收备案153项次，开展日常监督检查882项次，下发安全整改单621份，涉及问题2273条；下发安全停工单50份，涉及问题133条；下发质量整改单372条，涉及问题1228条；下发质量停工单20条，涉及问题31条；下发文明施工整改单136条，涉及问题261条；下发文明施工停工48条，涉及问题73条。以上问题所涉各相关责任单位均按相关法律法规按时完成了整改。

编制和修订了《中新天津生态城2018年建筑工程"质量年"活动方案》《中新天津生态城房屋建筑工程验收暂行办法》及《中新天津生态城建设工程绿色文明施工标准化手册》等相关规定。办理建筑施工起重机械和架设设施使用登记8672台，延期登记51台、注销7875台。

2018年，中新天津生态城29号地块小学、幼儿园项目通过国优验收；6号雨污泵站、7号雨水泵站2个项目通过天津市市政金奖验收；方特假日酒店、1B高中2个项目通过天津市市级质量安全观摩工地验收；海鼎宏二期、十二年制学校、彩环路一标、彩环路二标4个项目通过天津市海河杯验收；方特假日酒店、1B地块高中、中澳4—1和4—2组团、中澳6—7组团、中加1—4号楼、中加08-02-61地块、中加三组团一期、活力健康港、中福08-05-28地块、公屋2B、北疆电厂引热二标11个项目通过了天津市2018年市级文明工地验收；双威二期通过国家标准化工地验收。

【建设领域行政处罚】 办理质量安全监督行政处罚34起，罚款金额305.19万元（其中施工安全类处罚15起，罚款161万元；工程质量类处罚11起，罚款92.19万元；文明施工类处罚8起，罚款52万元）。质量市场行业行政处罚2起，罚款金额10.57万元。检查巡查发现的建筑市场违法案件14起，处罚金额共计200.94万元。

【建设领域行政审批】 2018年，共计办理施工许可证281个，办理质量监督登记、安全措施备案226项次，竣备153个。

滨海高新技术产业开发区

【概况】 天津滨海高新技术产业开发区建设和交通局是天津滨海高新区建设管理职能部门,承担区内基础设施建设、建筑业及建筑市场管理、区级重点项目促进、房地产开发及行业管理、建设工程质量安全管理和海绵城市建设等主要职责。同时与国土资源与房屋管理局合署办公,承担着土地储备、出让、供后监管、不动产登记等职责。

2018年天津滨海高新区固定资产投资95亿元;新开工产业项目23个,开工面积165万平方米;竣工项目32个,竣工面积155万平方米。

【基础设施建设及投资】 2018年,完成渤龙湖科技园7条路道路及排水工程,竣工里程3.76千米,建成桥梁2座,开工桥梁1座;完成填土工程250万立方米;完成9条道路通信工程;完成6条给水管网工程。

完成渤龙湖体育健身中心项目桩基施工;渤龙湖公安武警指挥中心、渤龙湖第二处公交首末站竣工投入使用。环亚马术公园面向公众开放。

【招投标及建筑市场管理】 优化《天津滨海高新技术产业开发区建设领域企业考核方案》,检查区内建设项目93项次,并对考核优秀企业给予表彰。

全年组织开评标96次,收取工程建设交易服务费60.53万元。共办理招标备案231项,涉及施工中标金额约25.7亿元。

【区级重点工程项目】 1.中国恒天新能源汽车研发及产业化基地项目。该项目总投资17.99亿元、占地面积17.7万平方米、建筑面积13.62万平方米。项目投产后,可实现年产25万套与新能源汽车配套的电机电池。2018年该项目一期工程竣工。

2.高能智核环保科技有限公司内燃机排气后处理装置——颗粒捕集器(DPF/GPF)系统研发及产业化建设项目(一期)竣工。该项目占地10万平方米、投资10亿元、建筑面积4万平方米。该项目投产后,每年将减少颗粒物排放80万吨以上。2018年该项目竣工。

3.中国普天天津创新产业园项目。该项目占地面积4.98万平方米、总投资5亿元、建筑面积10.3万平方米。该产业园将重点打造以新一代信息技术和智能科技为主导,以"互联网+"、人工智能、大数据、新能源等新兴业态为支撑的区域创新基地,以期形成区域性产业集聚,带动所在地税收和就业。2018年该项目主体结构顺利实现封顶。

4. 天津环普高新区国际产业园项目。该项目分为南北两个区，南区建设用地面积12.55万平方米、建筑面积8万平方米，北区建设用地面积15.8万平方米、建筑面积9.5万平方米。2018年该项目开工建设，完成了桩基施工。

5. 天津中环高端半导体产业园DW项目。该项目建筑面积5.89万平方米，主厂房为切片厂房，辅助厂房是配套的设备和水处理设备，配套设备包括2个材料库房甲丙类库、万吨级的储水罐、能源站、消防泵房和事故应急池等。中环高端半导体产业园总投资约60亿元，主要建设高端半导体产业园及中科院微电子所天津创新基地。2018年该项目启动建设，完成项目前期施工准备工作及土地、规划、招标等手续办理工作。

6. 国家先进计算产业创新中心暨中科曙光二期研发楼项目。该项目占地面积14378.93平方米，房屋建筑面积8万平方米，总投资5亿元，主要建设内容为建设国家先进计算产业创新中心，完善公司研发环境，提高核心技术的研发能力。2018年该项目启动建设，完成方案策划等前期工作。

【城建信息化建设与管理】 为严格落实建设工程扬尘治理"六个百分百"，加强在建工地扬尘在线监测和视频监控系统建设，累计建设视频监控系统32个、扬尘监测系统43个，新建项目安装率100%。

【房地产市场及行业管理】 加强房地产市场监管，积极培育住房租赁市场。2018年共引进住房租赁企业5家；解决左岸科技和百泰珠宝工业项目办理销售问题；区内引入集中式租赁住房约1400套、万科泊寓约936套。

1. 做好保障房管理工作。完成限价商品房资格申请审批受理10件，发放限价房购买资格证明10件；注销申请9个；完成天津市住房货币分配审批初审6件；完成2018年企业职工补充公积金调整20件。

2. 积极开展物业管理工作。2018年，委托专业巡查组完成50个物业项目4轮全覆盖巡查。巡查内容包括物业项目共用部位共用设施设备管理、公共秩序维护、清洁服务、绿化养护、物业综合管理、内业档案6个部分内容，累计检查项目200个，面积1536万平方米，出动检查专家224人次，天津滨海高新区物业服务项目管理情况总体平稳。处理信访办、北方网、8890服务热线转办访件300余件，其中包括物业类访件198件。全年开展物业行业专题培训2次；召开天津滨海高新区物业服务项目季度讲评分析会3次。主动作为，积极开展维修资金审批业务，其中顶佳金领地项目已经使用应急维修资金对2部电梯进行了维修和更换，消除了安全隐患。

启动天津滨海高新区老旧社区提升改造工作。2018年重点实施了海泰信息广场、留学生创业园综合提升改造项目，改造内容主要包括楼体外檐粉刷、园区内景观提升、道路翻修、车场改造等。

【海绵城市】 按照海绵城市理念，全面推进天津滨海高新区各项基础设施规划与建设。在规划方面，编制了《海洋科技园海绵城市专项规划》《渤龙湖科技园海绵城市建设实施方案》《海洋科技园海绵城市建设实施方案》。在城市排水体系建设方面，渤龙湖科技园开展了总外排泵站、东北部雨水泵站、外排河道建设的前期工作；海洋科技园在新河干渠西岸高压走廊下建成低洼绿化带蓄滞雨水,以解决雨季内涝问题和旱季水资源缺乏问题;启动了香山道泵站雨水分区—雨污分流改造工程和香山道泵站改造工程的前期设计工作。在水体改善方面,严格落实"河长制",将区内河湖坑塘等地表水系全部纳入河长制管理,制定了《高新区河长制实施方案》,并强化日常监管。在生态廊道建设方面,牢固树立"绿水青山就是金山银山"的理念,大力推进绿色发展,完成了"双城之间"绿色森林屏障100万平方米生态廊道建设方案的设计工作。在项目推广方面,全年通过多部门联动,限定38个产业项目和基础设施项目实施海绵城市建设。

【建设工程质量安全监管】 2018年,天津滨海高新区持续加强建设工程质量安全监管,组织监管人员加大日常巡查、抽查力度,全年持续开展隐患大排查大整治等8个大型专项检查活动,累计出动人员1250人次,检查项目362标段次,下发整改通知单195份、工程暂停令46份,约谈项目2次,对存在的重大隐患开展除患督办,督办率100%。

组织区内重点企业开展了高新区安全标准化研讨和观摩活动,组织编写了安全标准化手册。

全年获颁鲁班奖1项、金奖"海河杯"奖1项、"海河杯"奖2项、结构"海河杯"奖4项、市级文明工地奖2项;设立市级观摩工地3个、文明工地2个。

【建设领域行政处罚】 2018年,完成行政调查笔录7份,行政处罚涉及项目4标段次,处罚单位7个,罚款金额22万元,处罚个人6人。

【为企业做好审批服务】 扎实推进工程建设项目审批制度改革,更加高效地为企业做好审批服务。深入推进减事项、减要件、减环节、减时限、减证照的"五减"改革,大幅提高了审批效率。

2018年,华苑科技园和渤龙湖科技园完成企业投资项目备案32项,政府投资项目审批22项。为企业办理建筑工程施工许可证审批49项,办理新建住宅商品房准许交付使用证19项,出具结合民用建筑修建防空地下室意见书10项,出具结合民用建筑修建防空地下室许可审批表9项。办理建筑业企业资质初审手续327项;办理二级建造师注册初审手续398项。

天津港保税区

【基础设施建设及投资】 天津港保税区依据区域高标准的规划定位及特色，秉承空港、临港、海港三区协同，优势互补的理念，三个片区规划统筹、协同合作，整体推进道路、排水、绿化、配套和交通等基础设施建设。

1. 进一步完善区域配套。空港污水管线及泵站工程、空港实验小学、第四消防站等项目建设顺利推进。结合空港二期城市规划调整，启动空港二期北部泵站及景观河道设计。全力推进空港三期干道二、干道六、干道七和津北路等主干路建设，为空港三、四期水气热等专业配套公司铺设能源管线创造条件，为企业入驻提供有效保障。

推动临港第二污水处理厂、津晋高速东延线、临港生活区道路、南区排水管网和电力排管工程等项目按期完成。启动临港公共岸线生态综合整治工作，并逐步完善临港区域路网建设。

2018年完成海港供水管网改造工程和新港大道、海滨十路、东方大道、南巡路等道路修缮等项目，全面提升海港区域基础设施水平。

2. 切实改善区域对外交通环境。津北路拓宽改造项目启动建设；成林道延长线克服开工延期、绿化拆迁、管线切改等方面的困难，按期完成机场大道导行路修建和道路路基处理等工程关键节点；珠江道西延长线完成盐田区排水及非盐田区道路基层施工，开展桥梁下部结构施工。

【建筑业及建筑市场】 深入推进建筑业"放管服"改革，推进建筑业持续健康发展，做好建设工程企业资质申报材料简化等相关工作落实，提升区内注册建筑业企业的信息化管理水平。开展房地产开发企业资质、开发建设方案、非经营性公建专项检查等。

【区级重点工程项目】 2018年新开工建设项目71个，竣工项目42个。区级重点工程项目建设取得显著实效。

1. 成林道延长线（机场大道—京津塘高速公路）工程。该工程西起机场大道西侧现状成林道，东连M2接驳线下穿京津塘高速公路，总长度约1533米。包括机场大道水、电、燃气、通信管线切改及A、B导行路和机场大道导行路，新建下穿机场大道地道一处，加宽西减河中桥，修建成林道延长线、A匝道、B匝道、C匝道、D匝道、E匝道、F匝道及配套雨水、污水、照明、绿化等工程。地道总长550米。其中，K1+085—K1+175为暗埋段，长度为90米，两侧为敞开段。2018年底，成林道延长线已完成导行路导行施工和机场大道以东道路基础施工及预压土施工。

成林道延长线（机场大道—京津塘高速公路）工程示意图

2. 海河口南岸地区污水处理工程。该工程是构成临港区域排水基础设施的重要组成部分。项目实施后，可改善区域排水状况，同时能够提升城市配套服务功能，为区域内企业、项目运营提供保障。该工程建设包括1座总建设规模为3万吨/天的污水处理厂、1座污水泵站、100千米配套管网以及相应设备。2018年底，主体施工完成。

海河口南岸地区污水处理工程示意图

3. 常春汽车年产35万套水性漆产品和100万套汽车零部件项目。天津常春汽车技术有限公司隶属于常熟市汽车饰件股份有限公司。常春汽车年产35万套水性漆产品和100万套汽车零部件项目坐落于天津空港经济区中环南路以北、航空路以东，总占地面积15.52万平方米，总建筑面积8.9万平方米，建设有3个车间、1个工程试验车间、1座食堂、2个附属用房。项目总投资为10.8亿元，主要为一汽大众（奥迪）、北京奔驰、宝马汽车、北京汽车、一汽夏利和萨博等主机厂提供乘用车内饰件的配套制造。2018年底，该工程主体已完工。

常春汽车年产35万套水性漆产品和100万套汽车零部件项目

4. 博格华纳汽车零部件（天津）有限公司扩建工程。博格华纳汽车零部件（天津）有限公司总占地面积4.5万平方米，总建筑面积2.65万平方米，分三期建设。本项目为二期工程，项目总投资为6.2亿元，总建筑面积7371平方米。贴邻现有联合厂房的东侧及西侧分别建设二期联合厂房（包含1层厂房和2层设备间）、二期生产准备车间，于2018年完成厂房建设。

5. 利达粮油生产基地项目。该项目坐落在临港区域渤海四十路与海河中道交口，包括36个筒仓和1个工作塔，总建筑面积 8.87 万平方米，其中筒仓建筑面积 8.66 万平方米、高度 46.8 米、直径 15 米；工作塔建筑面积 2143 平方米、层数 6 层（局部 7 层）、高度 52.3 米。该项目是目前国内最大的连体仓项目，中央财政预算投资重点工程。项目备案总投资 3 亿元，其中土建工程投资 1.84 亿元。2018年，该项目完成工程主体施工。

博格华纳汽车零部件（天津）有限公司扩建工程

利达粮油生产基地效果图

6. 中盐盐业技术研发中心天津临港研发基地项目。该项目位于天津港保税区临港区域，渤海二十三路东侧，汉江道以北。项目总投资 1.24 亿元，总用地面积 4.06 万平方米。项目规划总建筑面积 2.7 万平方米，本期建设建筑面积 1.92 万平方米，包括多品种盐厂房、生物厂房、藻类养殖厂房、综合办公楼和锅炉房等，共计 7 个建筑单体。2018 年，该项目完成桩基施工。

中盐盐业技术研发中心天津临港研发基地效果图

7. 中交天津港湾工程研究院临港科研试验基地。天津临港科研试验基地项目主要建设天津市港口岩土工程技术重点实验室、港口岩土工程技术交通行业重点实验室、中国交建岩土工程重点实验室、中国交建海岸工程水动力重点实验室和天津港湾工程质量检测中心实验室，可进行材料、岩土、结构和防腐试验。岩土工程技术重点实验室具备岩土常规试验能力以及大型土工离心模型试验能力，为天津市及水运交通行业提供大型模型试验科研平台。此外还有道路、绿化、管线等室外总体工程，总建筑面积为 2.31 万平方米。2018 年，该项目完成工程主体施工。

中交天津港湾工程研究院临港科研试验基地效果图

【城建科技与节能】 按照《市建委关于印发〈天津市2018年建筑节能和科技工作要点〉的通知》（津建科〔2018〕205号）的文件要求，制定了《保税区建筑节能和绿色建筑工作方案》，开展了住宅建筑能耗统计和公共建筑能耗测评，推动了建筑垃圾资源化利用。

推行绿色建筑。天津港保税区在实现经济快速发展的同时，高度重视生态文明建设，努力实现园区的绿色发展、低碳发展和循环发展，园区已被列为国家生态工业园区、天津市循环经济示范试点园区和天津市低碳发展试点园区。

规范本区域建筑规划与设计过程控制。制定了《天津空港经济区建筑绿色设计和控制导则》。

积极对接天津港保税区内企业，及时传达相关新政策、法规，帮助企业宣传、推广，为企业搭建平台、全面服务。协助天津港保税区内3家建筑产品配套生产企业申报国家级装配式建筑产业基地、加入天津市装配式建筑产品合格供应商名册。

为实现区域的绿色发展，进一步提升绿色建筑、装配式建筑及海绵城市等方面的工作实效。一是强化管理，在土地出让阶段出具规划条件中涉及预制装配率、绿色建筑星级等相关建设指标。二是在申请规划条件时，为20余宗地出具了有关海绵城市、绿色建筑和装配式建筑的指标要求，为项目用地的及时出让和划拨提供必要的技术支撑。

【海绵城市与地下管廊】 2018年4月，通过政府采购招标的方式，委托天津生态城绿色建筑研究院开展《保税区海绵城市实施方案》的编制工作，经过半年的实地调研、协调相关专业公司，并结合数据模型分析，基本完成该实施方案编制，构建了一整套流域与行政单元相结合的低影响开发管控体系，因地制宜安排改造及新建项目，提高硬化路面透水率，提高雨水净流控制率和调蓄利用率，解决城区低洼片积水问题，降低径流污染，提升区域海绵城市建设水平，确保到2020年达到海绵城市建设标准。

启动建设空港经济区二期生态防护林（城市绿廊）项目。该项目地形设计整体布局四周高，中间低。结合现状水系情况，打造坡、谷、岛、滩等地形特色景观。结合海绵城市建设理念，塑造生态边沟、洼地、池塘、雨水花园。以"渗、滞、蓄、净、用、排"为核心建设城市海绵，结合低影响开发建设模式，进行源头控制、汇流控制、末端调蓄。全区以河道为核心，疏导地表径流，进入雨水花园、洼地及蓄水模块，实现雨水的收集和利用。

空港经济区二期生态防护林（城市绿廊）项目效果图

天津临港生态湿地公园是以水处理为主题兼具景观效果的湿地公园。该项目将人工湿地与公园有效结合，立足于乡土植物筛选与景观配置，同时充分考虑区域水环境改善以及居民休闲需求。临港湿地公园（二期）约110万平方米，核心设计区域约80万平方米，公园沿线全长约5千米。项目位于临港区域的西部，紧邻海滨大道和渤海十路,是临港区域重要的湿地资源。周边规划以居住用地为主,建设有泰达海澜花园等小区。

天津临港生态湿地公园二期项目效果图

【房地产市场管理】 2018年,组织滨海新区商品房项目价格审定会2次,开展销售许可现场勘查2批次。

负责辖区房地产市场监管工作。按照《天津市房地产市场监管工作规范》《天津市房地产经纪机构信用等级分类监管规定》的要求,多次巡查区内1个住宅、7个非住宅在售商品房项目和全区18家房地产经纪机构,引导企业合法经营。

负责辖区房屋租赁备案及培育租赁企业的工作。截至2018年底,租赁房屋备案数量住宅租赁138家、1.2万平方米;非住宅租赁58家、24.1万平方米。培育租赁企业1家,建设集中式租赁住房95套、建筑面积5203.54平方米。

【辖区保障和房屋管理】 为进一步完善住房保障体系,丰富住房供应结构,开展了住房保障机制研究工作,为筹划空港二期生活区全面开发做好准备。

2018年,为6户住房保障补贴领取人办理房屋租赁备案。

2018年,开展辖区内工业厂房和办公楼宇利用情况的调查工作,全面梳理工业厂房和办公楼宇数据,共441家、833万平方米。并利用建立的数字化系统,实现数据、图形、照片等资料统一管理,为招商部门和其他需求部门提供数据。

【物业管理】 指导18家物业服务企业参加天津市诚信评比。做好辖区内21个多业主物业项目检查考核奖励工作,总奖励资金为149.1万元,督促企业为区域培养和留住物业人才,在创卫创文工作加大投入,为建立宜居城区贡献力量。

负责辖区商品房维修基金的使用管理。受理应急解危资金使用申请5个批次,共涉及物业管理项目2个。对项目维修资金申请审批工作进行全程指导,确保维修资金工程顺利开展,保持物业项目设备设施正常运行。

处理有关物业管理的信访投诉。2018年,共受理业主投诉196件,物业管理投诉回复率100%。

【建筑业及建筑市场】 开展了2次建筑市场大检查,对8个项目下达了整改通知,对1个项目进行了处罚,罚款金额22.6万元。

【建设工程质量安全】 一是项目巡查检查、专项检查、质量验收等各项工作扎实推进,工程质量三年提升行动稳步开展,工程观摩创优、材料抽检有序进行,实现了质量安全形势持续向好。二是加强施工控尘巡检,进行夜查和六日巡查,确保区域施工扬尘管控到位。

2018年,监督管理项目152个、总建筑面积438万平方米。全年新开工项目58个,其中房屋建设项目39个、市政基础设施项目19个,新开工建筑面积80万平方米;竣工验收项目54个,其中房屋建设项目31个、市政基础设施项目23个,竣工建筑面积87.8万平方米。

全年妥善协调处理住宅工程质量投诉50项次,农民工欠薪投诉44起,涉及农民工600余人,金额3300万元,均已妥善处理，投诉处理结案率达到100%。

【建设工程质量管理】 1. 严格落实建设单位质量首要责任，及时组织消除建设过程和保修阶段出现的建设工程质量缺陷。

2. 严格落实施工监理单位质量责任。要求各单位提高政治站位，切实发挥监理职能，特别是要严把材料进场验收关和施工质量验收关，按批量核实进场材料数量，确保材料来源可溯、缺陷可查，及时报告施工现场工程质量情况。

3. 强化勘察设计单位质量责任。项目负责人必须按规定参加工程阶段验收和竣工验收，及时出具质量验收合格证明文件，会同建设、施工、监理单位妥善处理工程实施过程中的质量问题。

4. 严格落实工程质量终身责任，提高责任主体质量意识，保持"两书一牌"落实率达到100%。

5. 紧盯五方责任主体质量行为，对施工项目经理、总监理工程师等主要管理人员到位情况持续进行抽查，督促项目负责人履职尽责，以行为质量促工程实体质量。针对市政基础设施项目主要人员现场履责情况不理想的情况，对市政基础设施项目进行了持续检查，形成了强大威慑，项目主要负责人在岗率、履职率明显提高，为工程质量稳定受控创造了条件，也为进一步规范建筑市场奠定了基础。

6. 从开工到竣工实现全过程监管。项目责任到人，项目监督方案编制、开工前首次检查、过程巡查抽查、专项检查、竣工验收监督和竣工备案核查等每个环节均不可漏检；点上管住、面上抓牢、点面结合，分级管理，层层传递压力。加大抽查频率，每个项目每月监督检查不少于一次，以问题为导向采取倒逼机制，确保工程质量全面受控。

7. 狠抓住宅公建和财政项目。高度关注民生工程和市政基础设施项目，严控工程质量。一是坚持样板带路、工艺上墙制度，明确工作标准。二是抽查工程隐蔽验收记录，切实保证主体结构安全和主要使用功能。三是抽查混凝土试块养护，严格实体检测，落实工程质量标准。四是严格工程质量验收，住宅工程实行分户验收制度，将防雷验收纳入竣工验收前置条件；工业项目中办公楼、研发楼等单位工程参照公建要求进行验收，强化验收对工程质量的把关作用。五是加强市政基础设施监管，市政道路工程执行道路工程预验收制度。

8. 开展质量薄弱环节治理。针对混凝土施工缝、外墙保温、地下室防水、建筑门窗、地采暖渗漏和室外台阶散水下沉开裂等常见质量问题，进行专项治理，将问题消灭在施工过程中。一是进一步强化室外工程监管，对照施工图纸、规范标准严格管控。二是检测机构对回填土、门窗、幕墙、保温、防水等重要功能性材料现场取样，保证材料质量稳定、真实可靠。三是坚持监督封样制度，实行项目材料检测单位与监督封样检测单位互相规避制度，借力第三方检测机构，进一步提高监督震慑性。四是对保温粘接率、板材厚度、燃烧性能等进行现场随机抽查，上墙后实体取点测试燃烧情况等指标，保证施工质量可靠，进一步验证材料的真实性。

9. 提高监管和服务水平。一是加强制度建设，全面梳理工程质量有关法律法规和规范性文件，进一步推进质量监督管理标准化、规范化。二是强化业务培训，积极参加市质安总队和相关部门组织的培训，每周四进行集中业务学习，提高工作效率，进一步提高监管水平。三是树立为企业服务的工作理念，每月核查在建项目进度，特别是竣工验收情况，对完工项目安排专人对竣工验收情况进行跟踪，每月沟通不少于两次，及时妥善解决企业竣工验收有关问题。四是积极参与"双万双服"活动，解决问题，化解矛盾，为提升区域生态质量和改善区域投资环境献计献策。五是进一步加强作风建设，想企业之所想、急企业之所急，得到企业的广泛认可和好评。

【安全监督工作】 1. 重大危险源管理。为进一步规范和加强对危险性较大的分部分项工程安全管理，积极防范和遏制建筑施工安全生产事故的发生，按照住建部《危险性较大分部分项工程管理办法》《天津市建设工程重大危险源管理办法》等相关规定的要求，狠抓重大危险源管理，对重大危险的施工的全过程进行监督管理。

在项目开工建设阶段，严格审查每个工程中是否存在超过一定规模的危险性较大分部分项工程，对于此类工程严格按照规定进行管理。在此基础上增加了监督工程师参加方案、专家论证和条件验收的环节，使监督员能更深入了解分部分项工程的实施重点，从而更加明晰项目重大危险源施工阶段可能存在的问题。在日常巡视检查中查阅相关单位编制专项方案以及方案审批手续的完善性，同时要求建设单位组织专家对专项方案进行论证，并做好论证和方案的修改、完善工作，检查方案实施前是否组织条件验收、领导带班情况和每日专题例会落实情况。现场检查阶段，审查现场是否完全按照方案执行，现场实体实施是否存在风险。在超过一定规模的危险性较大分部分项工程结束后实施销号管理。通过严把审查入口，全过程参与，督促实施，从开工到最终的销号做到无缝管理，从制度到实际施工过程管理多管齐下，确保重大危险源实施阶段的安全监督管理闭环运行。

2. 起重机械管理。按照国家及天津市地方标准要求，对起重机械的安全管理主要从3个方面着手。一是严格管理。对于进入区域建设工程工地内的每台起重机械，均要求在安装前进行安装告知。完成告知后，委派专人按照告知时间对现场安装作业进行监督检查，确保安装人员和告知操作人一致，设备和备案一致，并确保作业方案和交底落到实处。二是安装完成后，要求相关单位对起重机械进行检测，并将检测报告和安装前后的相关资料报送，审查无误后对每台设备进行登记并发放登记证。三是使用过程中注重维修保养和使用过程检查，在日常检查过程中除了检查操作人员的基本情况外，重点核查使用过程中的维修保养和安全装置的日常自查工作。通过上述流程管理及日常对起重机械的专项检查和巡查，杜绝了起重设备无证使用和带病作业现象，规范了安拆顶升作业的程序，降低了事故发生的概率。

3. 安全防护管理。在日常安全检查中严管建设工程实体防护，从"三宝""四口""五临边"、高处作业，到用电、消防和临建管理等各个现场实体，抓住每一个细节，督促相关单位按照规范要求整改落实。对于安全保证资料，要求各参建单位严格执行《天津市建设工程施工安全资料管理规程》并在检查中严格把关。

【文明施工】 按照"美丽天津·一号工程"指挥部的要求，对所有建设工程项目均按照"六个百分百"落实措施，全面落实了自动冲车装置、雾炮设置、围挡设置和道路硬化等措施。同时在天津市范围内率先实现了扬尘颗粒物在线监测设施及视频监控设施的全覆盖安装。以高标准严格要求临港在施工程落实扬尘控制措施，并以此为契机，推动区域建设工程文明施工上台阶、上水平。对区内所有在建项目涉及创文创卫的工作逐条落实整改，从卫生防疫、食堂管理、创卫宣传、文明形象、文明施工和创文宣传等方面考察所有项目，出色地完成了各级交办的任务。

【"安管人员"安全生产工作监督】持续强化参建单位安全生产责任意识，严抓安全生产责任制度的建立。积极组织向建设项目各参建主体宣传新的安全生产相关法律法规，传达上级文件精神。同时严格按照相关法律法规及参加主体各方的合同约定，审查参建各方人员安全生产人员到岗履职情况。结合2018年安全生产月活动，对区内各建设项目的施工单位项目经理、安全员及监理单位总监、安全总监进行了安全考核，同时要求各项目对所有安管人员进行全面考试考核，通过考核提高了安全生产的参与度和知晓性。

【执法监察】 全年各类监督检查累计出动执法人员3412人次，检查项目1706项次，下达质量整改通知单89份，下达安全文明施工、建筑市场、扬尘治理等各类整改单259份，监督执法检查整改落实率达到100%。针对建设项目违规行为实施行政处罚16起，其中包括扬尘类9起、安全类2起、建筑市场类5起，处罚金额129.6万元。

【建筑施工应急管理】 贯彻落实"安全第一，预防为主，综合治理"的方针，坚持事故应急与预防工作相结合。加强重大危险源监测监控，做好事故预防、预测、预警工作。开展培训教育，组织应急演练，做到常备不懈。加强社会宣传，提高广大人民群众的安全意识。

天津港保税区建设工程施工应急管理属于天津港保税区应急管理局下属分支管理体系。主要牵头负责全区建设工程安全事故应急指挥工作和抢险救援组，参与事故调查组的协调、指挥工作。职责范围包括：按照应急预案迅速开展抢险救援工作，力争将损失降到最低程度；根据事故发生情况，统一部署应急救援工作，并对应急救援工作中发生的争议采取紧急处置措施；配合上级部门进行事故调查处理工作，做好稳定社会秩序和伤亡人员的善后及安抚工作。

【设备材料】 持续加强设备材料全过程监管。以加强涉及公共安全的工程地基基础、主体结构等部位和竣工验收等环节的监督检查为重点，保证结构安全和使用功能。全年共开展建筑材料监督封样300组；混凝土回弹项目13个，抽点回弹85处。

【国家级、市级奖项获得情况】 项目创优工作成绩突出。根据年初市建委、市质安总队签发的关于积极推动项目创优申报工作的通知，大力推动各项目创优工作，通过主动沟通、积极服务、提出问题、督促整改、观摩评比等措施，帮助企业达到创优标准。2018年，天保实验小学和临港中盐项目等10余个项目通过天津市文明工地验收。积极推动临港港务大楼争创国家优质工程奖。

第十九篇
行政区建设

和平区

【概况】 天津市和平区建设管理委员会是天津市和平区人民政府的组成机构，是和平区城市建设的行政主管部门。2018年12月，区建设管理委员会和区房地产管理局的职责整合，组建了天津市和平区住房和城乡建设委员会。

【机构职能】 和平区建设管理委员会机构职能如下：

1. 贯彻执行国家和天津市关于住房和城市建设的法律、法规、规章和方针、政策；负责指导、协调、推动住房和城市建设任务的完成。

2. 拟订住房和城市建设发展规划；拟订近期建设规划和年度建设计划；负责住房和城市建设领域信用体系建设；负责住房和城市建设综合统计工作。

3. 承担低收入住房困难家庭住房保障责任；落实住房保障相关政策；研究提出住房保障中长期发展规划建议。

4. 承担推进住房制度改革责任；研究提出住房制度改革政策建议；负责住房货币分配、公有住房出售、公房租金改革和房改资金管理。

5. 承担规范房地产市场秩序、监督管理房地产市场的责任；指导推动住宅项目非经营性公建配套建设；负责房地产转让、房屋租赁等交易行为的监督管理；负责房地产开发企业、中介服务机构管理；负责房地产市场监测分析。

6. 负责公产房屋资产的监督管理；负责历史风貌建筑保护利用管理；落实国有土地上房屋征收政策制度；督促、协调落实私房政策；负责涉外房地产和代管房地产的管理。

7. 负责物业管理活动的监督管理；负责房屋共用部位、共用设施设备维修资金的使用管理。

8. 负责建筑行业和建筑市场管理；负责房屋建筑、城市基础设施建设管理；落实建设工程招投标、合同、施工许可等相关政策，并监督管理。

9. 负责建设工程施工质量、安全生产和文明施工的监督管理；监督指导已建成交付使用房屋的安全管理；组织或参与工程质量、安全事故调查处理；负责重大项目建设综合协调。

10. 负责住房和城市建设领域科技、教育和信息化建设工作；负责推进科技进步和成果转化工作；负责推广建筑节能、绿色建筑和装配式建筑发展工作。

11. 负责住房和城市建设领域安全生产管理工作。

12. 负责住房和城市建设系统人才队伍建设。

13. 负责住房和城市建设领域招商引资工作。

14. 承办区委、区政府交办的其他事项。

【内设机构】 和平区住房和建设委员会设17个内设机构。

1. 办公室。负责政务工作的组织、协调、保障工作；负责综合性业务文稿的起草工作；负责公文处理、会务接待、活动会议的组织和对外联络工作；负责办理人大代表建议、政协委员提案，牵头落实区委、区政府督办工作；负责绩效考核工作；负责机关运行保障事务管理；负责信息安全管理；负责办公系统信息化建设工作；负责机要保密和档案管理工作；负责内部审计工作。

2. 组干科。负责党的基层组织建设工作；承担党委日常工作；负责领导干部教育培训和干部监督管理；负责公务员管理工作和直属单位科级领导班子建设；负责人才队伍建设；负责机关编制管理、干部人事档案管理工作；负责意识形态、思想政治、新闻舆论宣传和网络舆情工作；组织推动学习教育工作；组织推动行业精神文明创建工作；承担党委理论中心组学习。

3. 劳动人事科。负责机关和所属单位工作人员的劳动保障、社会保障、医疗保障等工作；负责所属单位人事调配、招聘录用、考核奖惩等工作；负责机关和所属单位退休人员工作；负责专业技术人员、政工人员职称评定以及技术工人等级考核、技能培训工作；负责人事统计和所属单位法人管理、机构编制管理工作；组织指导所属单位人事档案管理工作。

4. 财务科。负责编制并落实年度财务预决算；负责机关财务管理工作；指导监督所属单位财务管理工作；负责本系统专项业务经费的监督管理；负责机关和所属单位国有资产使用、处置等情况的监督管理；负责机关和所属单位工资福利管理。

5. 法制信访科。负责执法监督工作；负责规范性文件的法律审核工作；负责政府信息公开和政务公开工作；负责权责清单制定工作；组织系统普法工作；负责行政复议和行政应诉工作；负责系统综治、维稳、防范、反恐和平安建设工作的协调和考核；负责群众来信来访和网络留言的接待、受理、转办、答复等工作。

6. 城市建设管理科。分析研究城市基础设施建设综合性、系统性、长远性重大问题，并提出意见建议；参与有关规划的编制工作；负责城市建设综合统计工作；负责落实建设项目管理机制和相关政策；负责落实房地产建设发展专项规划；负责制定房地产开发年度建设计划；负责拟订城市基础设施项目年度投资计划，并组织实施。

7. 科技信息科。负责落实住房和城市建设系统科技发展与技术进步规划；负责住房和城市建设系统科技项目管理和科技成果的转化应用；推动绿色建筑、建筑节能和装配式建筑发展；负责住房城市建设科研管理工作；负责住房和城市建设信息化工作；组织落实海绵城市和综合管廊专项规划。

8. 施工管理科。负责区域内施工管理；协调处理区域内在建施工工地的施工扰民和民扰施工矛盾；协调开发商与周边群众的关系及补偿事宜；负责协调推动大项目建设。

9. 工程建设科。负责城市基础设施建设协调推动工作；负责未移交城市基础设施防汛工作;承担建设工程招投标和节水管理等事项。

10. 物业管理科。负责落实物业管理发展规划;负责新建物业项目管理区域和物业管理用房认定;负责物业管理项目基础信息采集工作;负责物业管理前期备案和物业管理项目招投标备案工作;负责物业服务企业信用体系建设;负责物业管理活动的监督管理;负责房屋共用部位、共用设施设备维修资金的使用管理。

11. 住房保障科。落实住房保障相关政策,并组织实施;承担低收入住房困难家庭住房保障责任;负责全区租房补贴和保障性住房建设统计工作;承担推进住房制度改革责任;负责住房货币分配、公有住房出售、公房租金改革和房改资金管理。

12. 房地产市场监管科。负责房地产转让、房屋租赁等交易行为的监督管理;负责房地产中介服务机构管理;负责监测、分析房地产市场动态、趋势。

13. 房屋管理科。指导历史风貌建筑的整修、保护、利用管理;负责公产房屋资产的监督管理;落实公产房屋租赁、维修、管理政策,并推动实施;负责公产房屋的认定;督促、协调落实私房政策;督促协调涉外房地产和代管房地产的管理。

14. 房屋征收科。落实国有土地上房屋征收相关政策;提出国有土地上房屋征收年度计划建议;负责国有土地上房屋征收与补偿工作;负责国有土地上房屋征收工作情况的监测、统计和分析。

15. 综合业务科。协调推动民计民生相关工程建设工作;负责综合性业务督查工作;牵头落实全面从严治党主体责任、党风廉政建设;负责系统统一战线、工会、退役军人事务工作;负责离退休干部、老干部工作。

16. 房屋安全执法科。负责已建成交付使用房屋的安全管理;负责组织协调安全生产和应急管理工作;组织落实建设工程消防验收相关政策;负责房屋类行政处罚相关工作。

17. 消防验收科。负责落实建设工程消防验收相关政策;负责建设工程消防设计审查、消防验收、备案和抽查等相关工作。

【基础设施建设】 完成燃气旧管网改造9.19千米,超额完成全年改造任务;完成供热老旧管网改造7.5千米;积极推动大板楼二次供水改造,完成改造23处;完成沙市道、四平东道支线道路排水管网改造;扩大老化电线改造范围,全年改造20万平方米房屋的老化电线;完成排水管道疏通234.6千米,掏挖各型井3.96万座,完成计划量的102%;完成无主产及无养管能力排水设施养护疏通12.3千米,掏挖各型井2027座。

【重点工程建设】 1. 加快棚户区改造。继续实施山东路、昆明路地块棚户区房屋征收工作。全年完成征收面积2670平方米,其中昆明路地块已经实现净地。

2. 老旧小区及远年住房改造。2018年完成改造片区196个、859幢、建筑面积91.6万平方米,涉及居民1.8万户。为了将改造工作做细做实,建立了"六位一体"的工作体系,并对改造方案进行了局部调整,将成套单元住宅的改造重点调整至外部环境的提升和公共部位的美化,增加非严损、非成套住宅居住使用功能改造,对严损房屋在先期进行解危加固的基础上,分批、分区、分时序全部纳入城市更新。此外,针对2017年完工的片区,在2018年初开展"回头看"工作,广泛征求群众意见、建议,对改造中存在的问题进行全面梳理,"回头看"整改工作于

2018年7月份全部完成。

3. 住人地下室解困异地安置。了解住人地下室住户的居住困难问题,和平区从2017年底开始正式实施住人地下室解困异地安置工作,2018年7月31日正式结束。累计为126户地下室住户办理新华路新房入住手续,发放房屋钥匙160套。对腾空的地下室房屋,积极履行管理职能,加大管理力度,一方面对腾空房屋做封房处理,杜绝安全隐患;另一方面制定了后续维护管理工作机制,明确管理权限及职责分工等内容。

新华路老旧小区改造前

新华路老旧小区改造后

4. 土地整理储备。和平区多伦道地块实现净地,南京路华胜村地块完成了年度整理储备计划转结;积极推动大陆橡胶厂项目清户和吉林路等地块整理工作。

【房屋安全使用管理】 1. 加强公产房修缮和管理。2018年全年完成公产房屋修缮42.34万平方米,其中优良工程4.4万平方米,优良率达到10.4%。碎修及时率和满意率实现双达标。汛期坚持"安全第一、常备不懈、以防为主、防抢结合"的方针,积极采取措施,认真做好棚户区、低洼地区、严损房屋等重点部位的防汛抢险工作,累计完成漏房维修3584间,为广大居民群众安全度汛提供坚强保障。

2018年直管公房租金累计收缴7358万元,其中正常住宅累计收入3297万元,超额184万元完成全年收缴任务,当年租金收缴率达到97.30%;正常非住宅累计收入3835万元,当年租金收缴率为79.09%;托管产累计收入226万元,超额11万元完成全年收缴任务。

2. 推动非公产房屋解危修缮。强化房屋安全使用管理,推动非公产房屋解危修缮。全年推动非公产房屋解危排险12处,其中外檐排险6处、阳台排险2处、外檐挑檐排险2处、围墙维修2处。按照工作部署,做好既有建筑玻璃幕墙调查走访,为下一步建立安全监管台账奠定基础;加强房屋安全治理,坚决依法对乱拆乱改房屋结构的行为予以制止,并做好普法宣传,确保房屋使用安全。

【住房保障】 1. 扩大住房保障受益范围。2018年和平区扩大住房保障计划完成新增享受住房保障人群720户。全年廉租房实物配租补贴新增8户、廉租住房租房补贴新增389户、经济租赁房租房补贴新增551户、公共租赁住房新增712户、限价商品房新增126户,定向安置经济适用房新增92户,"三种住房、三种补贴"累计完成1878户,完成全年任务的239.31%。

2. 严格公租房项目管理。龙顺园和

大寺新家园作为和平区掌管的两个公租房项目,总掌管面积20.87万平方米,配租4063户,配租面积19.81万平方米,配租率94%,累计完成收租金3636万元,租金收缴率达到99.85%,在全市公租房管理项目中名列前茅。

【物业监督管理】 积极发挥物业监管作用,推动物业服务企业信用等级考评和住宅小区物业服务等级化考评;做好维修资金及应急解危专项资金使用管理,申请专项维修资金368万元,申请房屋应急解危资金880万元,维修项目涉及电梯、安防、外墙、屋面等多个部位;努力化解物业矛盾,推动完成诚基中心物业公司选聘工作;配合街道、社区,积极推进"1+5"的物业管理模式,共建和谐社区。

【房地产市场监督管理】 强化对辖区为房地产开发企业、中介机构和评估机构的监管力度。做好辖区内9个在售新建商品房项目销售现场、113家房地产中介机构经营场所、9家房地产评估机构经营场所的日常巡查工作。开展房地产市场专项整治工作,累计完成90家房地产开发企业和中介机构的270人次专项检查。积极配合和平区处非办开展非法集资风险隐患专项排查整治行动,确保和平区房地产市场良态稳定发展。

【建筑行业及市场管理】 1.强化建筑市场监管。2018年审查办理工程报建备案53项,合计建筑面积128万平方米,总投资额6.26亿元;办理建设工程专业、劳务分包合同备案31项,合同总价款6681万元;完成建筑业企业"人员入库"网上核查30家,完成建筑业企业"信息入库审核"网上核查26家,办理企业缴纳农民工保证金2家;开展和平区建筑市场执法专项大检查,对辖区市管、区管建设项目的建设市场行为、农民工工资支付管理工作中存在的问题进行排查和督导,全年未发生农民工集访群访突发事件。

2018年累计检查项目54项,下发整改通知单35份,提出整改意见180条,下发责令停工通知单1份,整改完成率100%。组织开展"2018年和平区建设工程突发事件应急演练暨安全生产宣传教育"活动,区内各在施工地建设、施工、监理单位共100余人参加。演练涉及安全事故的发现上报、预案启动、现场抢险、医疗救援、安全疏散、事故调查等内容,涵盖了事故应急处置的各个环节。

建设工程安全生产培训

和平区全年建设工程施工质量安全生产形势总体稳定,整体处于可控状态。

2.优化招投标流程。为了进一步落实"放管服"改革工作要求,为和平区营造良好的营商环境,积极转变招投标工作监管方式,优化工作流程,由事前审查变事后按比例随机抽查监管;取消施工图设计文件审查合格书作为施工招标的前置要件;取消招标公告和招标文件备案的前置审核;取消中标通知书备案的前置审核;取消招标投标情况书面报告备案的前置审核;取消建设工程合同审核备案。全年完成建设项目施工招投标49项,施工合同额6.94亿元。

【大气污染防治】 1.散煤清零及燃

气锅炉低氮改造。完成供热补装1077户、3.05万平方米；煤改电零散片34户、665.2平方米。完成燃气锅炉低氮改造13台，其中津热住建供热有限公司完成6台、香榭里小区完成2台、热力公司完成5台。

2.严格控制扬尘污染。结合迎接创卫复审工作，严格落实"六个百分百"扬尘控制措施，利用红外视频监控和扬尘在线24小时动态检测等手段，实行网络化巡查管理体系，采取日常巡查与专项检查相结合的方式，并多次组织夜间巡查工作，确保控尘降尘措施到位。

【公共建筑节能改造】 联系中国建筑科学研究院天津分院对天津医科大学总医院第二、三住院楼进行节能改造方案设计，对既有建筑的照明系统、动力系统、供暖通风空调系统、生活热水供应系统、供配电系统等实施节能改造，并向天津市住房和城乡建设委员会申请节能改造资金补贴。该项目预计每年可产生节能收益262.1万元，在满足建筑使用功能的前提下，实现低碳排放，减少能源消耗。

【海绵城市建设】 委托天津市城建设计院编制完成海绵城市建设实施方案，并制定出三年建设计划（2018年—2020年），项目类型包括老旧小区与远年住房、待开发地块、集中绿地、教育用地、道路工程及市政排水设施共计6个大类，各项目投资估算总计7.18亿元。2018年和平区3个新建项目，包括中国人民银行天津分行票据清算中心营业用房工程、和平区耀华小学改扩建工程、和平区慢行交通系统一期工程，均将海绵城市建设要求纳入"两证一书"。

河东区

【概况】 天津市河东区建设管理委员会是天津市河东区人民政府的组成机构，是负责河东区城市建设的行政主管部门。2018年12月，区建设管理委员会和区房地产管理局的职责整合，组建了天津市河东区住房和城乡建设委员会。

【机构职能】 河东区建设管理委员会机构职能如下：

1. 贯彻执行城市建设有关工作的法律、法规和方针、政策，依法实施城市建设监察管理。

2. 拟订全区城市基础建设发展规划和年度计划，并组织实施。

3. 按照城市总体建设规划和分区规划，依据权限和有关规定对建设项目进行审查。

4. 负责组织实施住宅区非经营性公建配套方案审查和管理。

5. 负责全区供热规划编制、计划安排、供热行业的管理。

6. 负责全区供水规划编制、计划安排、供水行业的管理；负责节水宣传教育工作，核定区域单位用水指标并负责督查、落实；控制和管理超计划用水工作；协调落实供水设施建设、安全生产、应急管理工作。

7. 负责全区燃气规划编制、计划安排及行业管理。

8. 负责全区道路、排水规划编制、计划安排及行业管理。

9. 负责区管道路、排水设施废弃、占用、掘动的监督管理和社会产权市政设施监管工作；按照质量要求和考核标准，落实区管道路、排水管网的建设和养护管理工作。

10. 承担建设工程质量安全监管责任；负责本区建设工程施工质量、安全生产和文明施工及建筑工程抗震管理，依法对建筑节能进行监督管理；落实绿色建筑和装配式建筑等标准在工程规划阶段的应用管理；落实职责范围内大气污染防治实施及监督治理工作。

11. 负责建筑市场的管理、监督和检查。

12. 负责推动落实区内基础设施重点工程建设项目。

13. 负责区防汛指挥部日常工作，拟订防汛工作预案，监督检查防汛工作的落实。

14. 负责组织、协调、推动落实河长制工作。

15. 负责组织、协调、推动落实海绵

城市工作。

16. 承办区委、区政府交办的其他事项。

【内设机构】 河东区建设管理委员会共有14个内设机构。

1. 党委办公室。负责党委日常文秘、机要、会务、党务公开等工作；组织落实党委决策、部署和党政目标考核工作；制定党委中心组理论学习计划；组织开展党的路线、方针、政策和党风廉政教育；组织协调统战、对台、侨务、保密、共青团、工会、妇联等工作。

2. 行政办公室。负责政务工作；负责公文处理及档案、印鉴的管理工作；负责信息和政务公开工作；负责财产管理和后勤保障等工作。

3. 建设科。负责组织协调全区城市建设工作；组织研究实施城市基础设施规划和年度建设计划；负责城市基础设施项目储备库申报及管理工作；负责城市基础设施项目建议、可行性研究报告；协调推动研究制定海绵城市规划；负责推动落实地下综合管廊规划建设工作；按照城市总体建设规划和分区规划，依据权限和有关规定对建设项目进行审查。

4. 质量安全管理科。负责建设工程施工质量、安全生产和文明施工的管理，组织或参与工程重大质量、安全事故的调查处理，负责建设工程问题督查整改工作；负责建设工程建筑材料和建筑机械设备使用的监督管理；负责建设施工应急管理工作；负责区建筑业和建筑市场管理；负责建筑市场执法监察工作；负责建筑行业信用体系建设；负责区建筑业劳务用工管理；负责城市基础设施和房屋建筑及其配套设施新建、改建、扩建项目，勘察、设计、监理、施工、设备、材料招标等监督管理；负责建设工程招标投标监督管理；负责建设工程合同备案管理；负责建设工程抗震设防监督管理。

5. 公用事业管理科。负责组织燃气等基础设施发展建设规划，组织协调燃气行业监督管理和基础设施的配套工作；负责公用行业应急管理工作；负责住宅区非经营性公建配套的管理；对住宅区非经营性公建配套方案进行审查；实施新建住宅项目开发建设方案备案管理和新建住宅商品房准许交付使用管理。

6. 工程建设管理科。负责综合协调市重点工程项目建设及文明施工管理；负责建筑节能监督管理；负责制定防汛系统设施建设方案；负责建设工程综合统计工作；负责落实绿色建筑、建筑节能、装配式建筑等标准在工程设计阶段的应用管理；负责无障碍设施工作的组织及检查。

7. 市政配套管理科。负责拟定区管市政道路、排水设施建设发展规划和年度计划；负责市政区管道路、排水设施项目储备库管理工作；组织协调市政道路、排水工程建设项目相关手续办理；负责市政道路、排水设施建设工程的监督管理、质量检查、竣工验收和预决算审核等工作。

8. 道路监察管理科。负责区管道路巡视检查和年度养护计划的编制、落实、考核；负责区管道路设施年度大中修计划制定和申报工作，配合完成招投标等前期工作并组织实施；负责制定因工掘路修复计划并组织实施；负责规划新建道路设施的移交接收和城建年报统计、上报工作；负责市政机械设备的管理工作；负责区管道路、排水及附属设施执法监管；负责协助办理临时占路、因工掘路、排水设施切改等行政审批手续；负责区管道路各类管线井监督管理工作。

9. 排水管理科（河东区防汛指挥部办公室）。负责组织实施区管排水管网巡视检查和年度养护维修计划的编制、落实、考核；负责区管道路排水管网设施年度大中修计划制定和申报工作；负责规划新建排水设施的移交接收和城建年报统计、上报工作；负责在建区管排水设施养护维修项目的施工管理和相关工程所涉排水管网改造的监管工作；负责制定防汛系统设施建设方案；负责组织编制全区防汛工作方案；负责组织、协调和落实汛期检查、物资调拨、隐患排查和汛情信息收集、总结上报等相关工作；负责组织、协调、推动落实河长制工作。

10. 节水管理科。贯彻执行国家、市、区有关节约用水、供水的法律、法规和管理规定；负责制定供水基础设施发展建设规划，组织协调供水行业监督管理和基础设施配套工作；负责节约用水、计划用水、临时用水的行政管理和执法检查；负责节约用水的组织宣传工作；负责推广节约用水的新技术、新工艺以及其他节水成果；组织、指导建设节水型企业（单位）、节水型居民生活小区，积极推进节水型社会建设工作。

11. 供热管理科。贯彻执行国家、市、区有关供热的法律、法规和管理规定；负责全区供热规划编制、计划安排；负责本区供热企业的行业管理工作；负责对供热设施相关单位的行政管理和执法检查工作。

12. 财务审计科。负责机关和所属单位财务管理工作；编制财务预决算；负责行政事业性收费、经营性收费的监督管理工作；负责机关和所属单位固定资产账目管理工作；负责制定本单位、本系统有关审计工作规章制度；安排年度审计项目、计划并组织实施；负责所属单位的内部审计工作，对财务制度和年度预算执行情况进行监督检查。

13. 组织人事科。负责科级领导干部的培养、选拔、考察、档案、任免、调配管理和培训工作；负责后备干部的培养和选拔工作；指导党员教育管理培训和发展工作；负责基层党组织建设及党员的管理工作；负责党内统计、人才和老干部工作；负责人事管理规章制度的制定并组织实施；负责机关及所属单位机构编制管理工作；按职责分工负责管理人事档案；负责公务员管理、工资福利、职称评聘、技工考级等工作。

14. 法制监督科。负责组织法制宣传教育；负责行政执法工作的监督；负责有关行政复议、行政诉讼、执法监督及普法工作；负责群众来信、来电、来访工作；协调解决信访问题和综治工作；建立安全保卫工作制度，做好安全防范工作；指导协调安全生产监督工作。

【基础设施建设及投资】 1. 道路工程。华昌道立交桥项目。项目位于快速路东纵上跨华昌道立交桥，工程北起快速路东纵与华捷道交口以北约120米处，南至东纵与南横街交口附近，工程全长760米，其中桥梁段全长425米。道路等级为城市快速路，设计车速为每小时60千米，华昌道道路等级为城市主干道，设计车速为每小时50千米，桥梁设计荷载等级为城A级。

工程包括桥梁工程、道路工程、排水工程、照明工程。共计灌注桩128根、承台28个、桥台4个、墩柱28个、箱梁26跨、桥面铺装9987.5平方米、防撞护栏1700米、高压旋喷桩1.38万米、挡土墙8道、伸缩缝10缝、声屏障4道、沥青混凝土铺装3.15万平方米。2018年12月5日完成桥梁施工任务，2018年12月25日完成桥下辅道工程施工。

2. 配套工程。太阳城地区配套中学

项目。该项目是河东区 2018 年 20 项民心工程之一，建成后将有效缓解太阳城居住区教育配套设施短缺的状况。项目位于天津市河东区太阳城居住区，地块范围东至天津市政工程学校，南至凤山道，西至鲁山道，北至银蕊园小区。建设用地面积 3.14 万平方米。规划设计为 36 个班、在校学生 1800 人的初级中学。建筑总面积 1.86 万平方米，其中地上建筑面积约 1.76 万平方米，地下建筑面积约 988.46 平方米。建设总投资 1.05 亿元。项目于 2018 年 6 月 20 日取得立项批复、选址意见书和建设用地规划许可证。

万欣城项目配套道路建设。万欣城七条配套道路（津滨大道辅路、和韵道、畅韵道、万川路、万庆道、月牙河西路、程昆道）建设总面积 6.1 万平方米。2018 年 2 月由河东区建设管理委员会负责组织建设，2018 年 7 月取得立项批复。

钢渣山项目配套道路建设。钢渣山项目四条配套道路（兰峰道、龙图道、龙峰路、龙柏北路）建设总面积 3.26 万平方米，2018 年 7 月取得立项批复。

一纺机项目配套道路建设。一纺机项目配套道路月牙河北路，建设总面积 1.55 万平方米，2018 年 7 月取得立项批复。

金贸产业园（中能建项目）配套道路建设。金贸产业园（中能建项目）三条配套道路（龙图道、麻纺厂路、地毯厂路）建设总面积 1.5 万平方米，2018 年完成现场查勘和项目建设实施方案的制定。

【区级重点工程项目】 1. 非经营性公建配套设施移交。2018 年移交非经营性公建配套设施包括：华富家园居委会、社区警务室、社区文化活动站、社区服务点约 790 平方米；瀚棠园社区居委会、社区警务室、社区服务站、社区文化活动室、社区卫生服务站、社区托老所约 1465.56 平方米；悦东嘉园社区居委会、社区服务站、社区服务点、社区文化活动站、社区卫生服务站、社区卫生服务点、社区托老所、社区文化活动点约 2854.12 平方米；皓阳园居委会、社区警务室、社区服务点、社区文化活动室、小型垃圾转运站、环卫清扫班点、公厕约 1869.5 平方米；翰澜苑社区居委会、社区警务室、社区服务站、社区文化活动站、社区卫生服务站 1196 平方米。

2. 轨道工程。地铁 10 号线项目。地铁 10 号线河东段长 6.3 千米，设 5 座车站，分别为屿东城站、崂山道站、香山道站、龙图道站、龙涵道站。龙涵道站主体结构施工已完成。

地铁 4 号线项目。地铁 4 号线河东段长 7.1 千米，设 4 座车站，分别为六纬路站、成林道站、泰昌路站、万东路站。4 个区间分别为六纬路至成林道区间、成林道至泰昌路区间、泰昌路至万东路区间、万东路至沙流南路区间。六纬路站、泰昌路站和成林道站的主体结构都已施工完成。截至 2018 年底，徐州道至六纬路区间左线贯通；万东路至沙柳南路区间右线贯通。

地铁 5 号线项目。地铁 5 号线河东段设 4 座车站，分别为直沽站、津塘路站、成林道站、靖江路站，2018 年已全线贯通，全面实现通车运行，周边因施工封闭的主要道路已恢复通行能力。

3. 供热工程。低氮改造。2018 年 5 月实施中山门供热站、萦东供热站、大王庄供热站、翠阜供热站、和平村供热站 14 台燃气锅炉低氮改造，2018 年 10 月完成改造施工。燃气锅炉低氮改造实现了对扬尘污染的有效防治，提高了空气质量。中山门供热站：1 台欧保 EC12GR、2 台欧保 EC8GR 改造为 1 台欧保 EC12GR

（Ⅲ.FGR）、2台欧保EP8GE（Ⅲ.FGR）；萦东供热站：1台欧保EC7GR、2台欧保EC8GR改造为1台华之邦W-SCNG15-AB、2台华之邦W-SCNG20-AB；大王庄供热站：3台欧保EC12GR改造为3台意高TG-50-米E-TS-LF；翠阜供热站：1台诺特飞博GS-11-1110-C/L、2台欧保EC14GR改造为3台欧保EC13GR（Ⅲ.FGR）；和平村供热站：2台欧宝EC8GR改造为2台欧宝EP8GE（Ⅲ.FGR）。

在线监测设施建设。2018年9月实施中山门供热站、萦东供热站、大王庄供热站、翠阜供热站在线监测设施安装，2018年9月完成建设并与市级自动监测平台实现联网。在烟囱点位共计安装了12台监测设备。

供热改造补建工程。2018年对万新公寓、万新村22区、中山门团结北里、贵环小区的332户实施单户分环改造，改造面积2.44万平方米；对昆仑里、程林东里等老旧小区的74户实施供热补建，补建面积3928平方米。

供热调度中心建设。按照《12319城建服务热线供热工单处置工程规程》的要求，2018年河东区供热服务中心完成"供热调度中心"建设，设立专职接线人员并与河东区供热报修系统实现实时对接。2018年采暖季，河东区供热服务中心利用供热调度系统派单1.6万件，维修及时率达到100%。

【建筑业及建筑市场管理】 按照市委、市政府、市住房城乡建设委关于做好"双万双服"、缩短项目审批周期、加快项目建设进度的要求，河东区建设管理委员会落实简化优化招标投标流程加强事中事后监管要求，加强辖区内建筑市场监察，整顿规范建筑市场秩序，协调解决建筑领域拖欠工程款和农民工工资问题。

1. 建设工程报建。2018年备案42项，包括新建和改造工程共14项，工程总投资35.51亿元；整修工程2项，工程总投资3.86亿元；市政配套工程22项，工程总投资5.92亿元；设备安装工程4项，工程总投资165.5万元。

2. 建设工程招标。2018年，完成勘察招标备案1项、桩基检测招标1项、设计招标备案10项、监理招标备案7项、施工招标备案9项。发布招标公告17次（监理、勘察、设计、施工、设备），随机抽查8次；发布招标文件19项（监理、勘察、设计、施工、设备），随机抽查13次；形成招投标书面报告17份（监理、勘察、设计、施工、设备），随机抽查9次。抽查发现的问题全部按期整改完毕。

3. 建设工程开标。2018年，开标17次，随机抽查9次。直接备案或直接发包35项（监理、勘察、设计、施工）。

4. 合同管理。2018年完成勘察合同备案1项、设计合同备案12项、监理合同备案7项、施工合同备案17项。按照《市建委关于简化优化招标投标流程加强事中事后监管有关工作的通知》要求，完成勘察合同网上告知2项、设计合同网上告知14项、监理合同网上告知10项、施工合同网上告知18项；随机抽查13项，下达整改通知书12份，责令整改项目全部整改完成。

5. 企业资质、分包合同备案。受理新企业申办资质35家，原企业增项34家。为深化天津市建筑业"放管服"改革，进一步减轻建筑业企业负担，营造良好营商环境，取消了建筑施工分包合同备案，截至9月底分包合同备案76项。

6. 解决农民工投诉。2018年经协商解决农民工上访事件33起，140人次，涉及金额1630.82万元。

【区级重点工程项目】 1.钢渣山定向安置经济适用房项目。项目位于河东区二号桥街京山铁路南侧，东至龙塘北路，南至龙图道，西至龙柏北路，北至兰峰道。项目规划可用地面积6.37万平方米，总建筑规模22.89万平方米，可建设还迁住宅2249套。该项目由2个地块组成，地块一为龙峰嘉园，地块二为龙峰馨园。

1）龙峰嘉园项目：项目可用地面积2.96万平方米，总建筑面积10.65万平方米，容积率2.7，绿地率40%，建筑密度30%；计划总投资8.05亿元，可建设还迁住宅1033户，用于河东区大直沽东宿舍、东孙台片区棚户区改造项目房屋征收安置。2018年3月24日完成全部地下部位结构施工。2018年7月3日完成3号楼主体结构封顶。2018年8月3日完成1号楼主体结构封顶。2018年9月完成2、4、5号楼主体结构封顶。2018年10月完成6、7号楼主体结构封顶。

2）龙峰馨园项目：2018年3月5日开始土方开挖工程施工。2018年5月28日完成全部地下部位结构施工。2018年12月25日完成3、4、5、6、8号楼主体结构封顶。

2.老旧住房改造。2018年，河东区房管局牵头推动河东区老旧小区和远年住房改造工程，完成2017年启动的63个片区、386.84万平方米、5.15万户的住房改造、验收和移交任务；完成2018年启动的230个片区、798.24万平方米、12.09万户的住房改造任务，以及13个片区、50.57万平方米严损房改造和排险任务。

3.秀波园9、10号楼改造。秀波园9、10号楼用作河东区东孙台、东宿舍棚改安置房。根据棚户区征收需求，经规划部门批准，对原房型实施改造，将原总户数480户改造为336户，2018年6月全部完成改造任务。

4.卡口断头路建设。2018年，新闸路主体和配套工程（含道路、排水、绿化、交通设施、照明、给水、燃气工程）基本完工；排水管线完成铺设2.06千米；道路工程完成铺筑细粒式沥青混凝土1.6万平方米、中粒式沥青混凝土2.3万平方米，侧缘石完成9.7千米、中水管线完成920米；自来水管线完成880米，燃气管道完成890米。林枫路取得管线综合、建设用地规划许可证等前期要件批复。九纬路大中修工程全部竣工，完成车行道6052平方米、人行道5362平方米。江宁路大中修工程全部竣工，完成车行道2220平方米、人行道铺砖3500平方米。后台西路大中修工程全部竣工，完成车行道2831平方米、人行道5191平方米。

5.低洼片区改造。2018年，推动完成宁月花园小区排水管网建设，布置排水管道2803.8米（包含收水支管），砌筑各型检查井101座、收水井143座；完成管道疏通掏挖900千米；完成顺达路道路提升改造，布置排水管道975米，砌筑检查井42座、收水井28座；完成靖江路排水管线复位工程及配合地铁2号线通车的排水切改工程，布置排水管道913.6米，砌筑各型检查井37座、大型平篦收水井24座、7号化粪池1座；完成中心城区老旧小区及远年住房安全整治，整修更换各型号检查井井盖958套，中型平篦雨水收水井篦子185套，维修及补配井盖761座。

【城建信息化建设与管理】 为加强河东区建筑工程施工安全和文明施工管理，防范和遏制施工安全事故发生，有效控制施工扬尘，根据《天津市建筑工程施工现场视频监控管理办法》相关要求，监督指导河东区39个建筑施工工地实施视频监控和扬尘在线监测设备安装调试工作。2018年底完成全部安装工作，实现了建筑施工工地视频监控及扬尘在线监测全覆盖。

【房地产开发及行业管理】 2018年河东区共有房地产开发建设项目32个，总建筑面积250.93万平方米，其中新开工项目7个，分别为天房万欣城一期、三期工程，金茂天津河东一热电一期、二期工程，津东万挂（2016）—020号地块（雍祥园），中储唐口项目一期、二期工程；续建项目25个。

住宅及配套项目13个，建筑面积185.51万平方米。分别为太阳城9+A6地块一期、二期工程，恒大帝景一期、二期工程，悦泰嘉园（建材仓库）工程，万欣城一期工程，万欣城三期工程，金茂天津河东一热电一期、二期工程，中建悦东方（悦东嘉园）工程，柏丽花园二期工程，瀚棠园二期工程，中储唐口项目一期、二期工程，津东万挂（2016）—020号地块（雍祥园）工程，营门口地块工程。

商业项目6个，建筑面积25.2万平方米。分别为太阳城9+A6、恒大帝景、中储唐口、中建悦东方（写字楼）、津东万挂（2016）—020号地块、营门口地块商业部分。

保障性住宅项目2个，建筑面积22.89万平方米，分别为钢渣山定向安置房一、二地块（龙峰嘉园、龙峰馨园）项目。

公建项目11个，建筑面积17.33万平方米，分别为河东区文化馆、中能建天津电力科研基地、中能建天津电力设计院、富民路消防中队、河东区互助道小学（改扩建）、河东区第二十八中学、海委防汛楼、河东区上杭路街社会卫生服务中心、河东区军队离休退休干部第一休养所、中铁油料办公楼、国家海关缉私局。

【建设科技与节能】 1.既有建筑节能改造。2018年，根据《市建委市机关事务管理局天津银监会关于印发天津市公共建筑能效提升重点城市实施方案的通知》（津建科〔2017〕415号）文件要求，开展既有建筑节能改造工作,完成天城丽笙酒店3.35万平方米节能改造工程。

2.大力推进装配式建筑发展。2018年，根据《天津市人民政府办公厅印发关于大力发展装配式建筑实施方案的通知》（津政办函〔2017〕66号）的文件要求，对河东区新建项目装配式建筑进行指导，提出预制装配式建筑、绿色建筑等建设指标。

【海绵城市】 1.初步编制完成《河东区海绵城市建设实施方案》。河东区海绵办委托天津市规划设计研究院作为河东区海绵城市实施方案编制单位，与相关单位经多次协调、沟通，初步编制完成了河东区海绵城市实施方案。2018年7月，河东区第十七届人民政府第58次常务会议审议通过了《河东区海绵城市建设实施方案》。

3.落实海绵城市建设方案。2018年，按照《市建委关于落实海绵城市建设管理要求的通知》（津建规〔2017〕301号）、《关于落实海绵城市建设要求的通知》（东建〔2017〕123号）的文件精神，对取得施工许可并需要实施海绵城市建设的河东区互助道小学改扩建工程、太阳城地区配套中学、津塘路造纸五厂等31个项目，向天津市规划局河东区规划分局提出海绵城市建设指标要求。

【建设工程质量管理】 2018年，按照住建部进一步完善工程质量管理制度、落实工程质量主体责任、强化工程质量监管、提高工程项目质量管理水平的要求，河东区建设工程质量安全监督管理支队对河东区建筑工程依法进行监督，重点监督五方责任主体、施工行为和实体质量，落实工程建设五方项目负责人质量终身责任制。

1. 开展建设工程质量检查。2018年开展的6次专项检查分别为主体专项检查、节能专项检查、建筑材料专项检查、地条钢专项检查、混凝土强度专项检查、冬季施工专项检查；检查采取自检、巡查和随机抽查相结合的方式，同时委托专业实验室对钢渣山项目和天房一期项目进行混凝土实体检测，检查结果未发现质量问题，各项目整体处于受控状态。

2. 开展建筑材料监督封样抽测检查。年度抽检建筑材料90组，合格率为100%，材料质量均在受控范围内。

3. 办理监督登记14个标段、69万平方米，完成竣工备案11个标段、68万平方米，总在施项目34个标段、223万平方米。

【建设工程安全管理】 1. 安全管理。宣传贯彻党中央、国务院和市委、市政府关于安全生产工作的有关要求，强化建设单位安全生产红线意识，推动"安全河东"建设。2018年，开展河东区建筑工地安全生产隐患大排查大整治，治理安全隐患400余处。为做好2018年安全度汛，制定发布《河东区建筑工地防汛工作方案》，要求各建设单位提前做好防汛预案，准备防汛物资，时刻做好基坑监测工作，确保平稳度过汛期。

开展安全管理执法检查。对涉及重大危险源项目进行辨识论证、方案评审、领导带班、挂牌督办、责任追究和重点管控，先后对9个重大危险源施工进行了监管，各项施工均处于受控状态。

推行第三方安全评估。聘请有资质的第三方安全评价机构对项目进行安全检查，根据安全评价机构的反馈意见，加大企业落实安全主体责任和重大隐患问题的监督整改力度，形成从监督检查到执法监察的转变；2018年，办理安全措施备案15项，办理建筑机械使用登记715项。

2. 扬尘治理。成立河东区建筑工地扬尘治理领导小组，制定扬尘治理工作方案，组织召开河东区建设单位扬尘治理工作会议7次，累计参会人员400余人。河东区建设工程质量安全监督管理支队与河东区各项目建设单位、施工单位和监理单位签定《建设工程三方主体单位扬尘治理工作责任书》，并通过微信平台建立"河东区建设工程安全及扬尘治理联系群"，通过多渠道信息传递途径传达各级部门有关扬尘治理的工作要求，发布检查发现的问题，及时反馈整改信息，确保扬尘治理工作及时、高效。经过大力整治，河东区建设工地基本达到天津市扬尘治理"六个百分百"的要求，2018年，河东区1个建筑项目被评为国家3A级项目，2个建筑项目荣获市级观摩工地，8个建筑项目荣获市级文明工地。

3. 创文创卫。按照河东区宣传部、河东区创文办、河东区创卫办提出的文明卫生城区创建要求，开展建筑工地创文创卫公益宣传广告敷设，2018年累计敷设广告牌98块。为确保创文创卫取得成效，开展创文创卫检查30余次，下达整改通知书18份。13个食堂、70余座工地厕所得到提升改造。

4. 沉降督查。2018年重点督查河东区区管建设项目的5个深基坑施工工地，针对深大基坑易致地面沉降问题，督促深基坑施工单位增加基坑周边监测点位，实时监视深基坑周边观测井水位,严禁盲目进行地下水的抽排。近几年,河东区平均年地面沉降量约为11米,较大幅度低于全市平均地面沉降量。

【执法监察】 1. 质量监察。根据监督计划,加大建筑工程巡查抽查频次,对河东区在建项目的地基、基础、主体、节能等工程依法进行监督,针对五方责任主体落实、材料进场及复试、施工违规违法行为、工程质量隐患等进行检查,共下达责令整改通知书69份,提出整改意见184项,下达责令停工通知书4份,并将检查信息上传至天津市建设工程质量安全监督管理总队监管平台,督促各责任主体落实问题整改,经复查全部合格。

2. 安全监察。监察监管河东区42个项目、约260万平方米施工现场,先后组织春节前、开复工、重大危险源、大型机械、消防安全等专项检查200余次,下达整改通知书141份,下达停工整改通知书22份,查找安全隐患670处。对3个主体责任单位负责人进行了约谈,对4个问题严重的项目主责单位实施了行政处罚,处罚金额6.51万元。

3. 扬尘监察。开展扬尘治理巡查检查170余次,下达整改通知单166份,下达停工整改通知书28份。对39个主要负责人进行了约谈,对3个问题严重的主责单位实施了行政处罚,处罚金额9万元。

4. 建筑市场监察。开展建筑市场巡查检查,下达整改通知单141份,下达停工整改通知书19份。对4个相关责任单位的负责人进行了约谈;实施建筑市场监察行政处罚案件5件,处罚金额74.98万元。

河西区

【概况】 天津市河西区建设管理委员会是天津市河西区人民政府的组成机构,是河西区城市建设的行政主管部门。2018年12月,区建设管理委员会和区房地产管理局的职责整合,组建了天津市河西区住房和城乡建设委员会。

【机构职能】 天津市河西区建设管理委员会机构职能如下:

1. 贯彻执行有关城市建设、市政建设的法律、法规和方针、政策并协调组织实施。

2. 参与编制区域内城市建设规划、分区规划、配套专项规划、供热专项规划。

3. 参与编制区域内市政基础设施规划,协调组织市政基础设施建设。

4. 负责编制区域内年度房地产及配套建设计划、基础设施建设计划;负责区域建设综合统计工作;协调落实基础设施建设资金。

5. 配合协调区域内市重大项目建设;负责区重点工程项目建设的组织、协调、管理工作;负责区重点项目工程造价初审工作。

6. 负责监督管理区域内建筑节能和绿色建筑工作;参与编制建筑节能和绿色建筑专项规划;负责区域内建筑节能工作推动和管理;组织区域内建设项目新技术、新工艺、新材料、新设备的推广和应用。

7. 负责区域内房地产开发行业管理和协调;参与区域内房屋征收政策制定工作;负责区域内房地产开发企业信用资信监督管理工作。

8. 负责区管市政设施管理和执法工作,依法查处违规行为;负责区管市政设施及道路占、掘路管理工作。

9. 负责区管排水设施管理和执法工作,依法查处违规行为;负责区管排水设施监管及污水外溢的治理工作。

10. 参与编制区域内公用设施专项规划;负责区域内公用设施建设协调工作;协调联系相关公用事业单位工作。

11. 负责区域内建设工程招标投标管理工作;负责区域内城市建设、市政公用设施建设及配套设施等新建、改建、扩建项目在监理、施工、设备、材料招标方面的监督及管理工作;

12. 负责职责内环境秩序专项治理工作及区域内桥下空间管理工作。

13. 负责区域内电力设施保护的监督、检查、指导和协调工作。

14. 受区政府委托负责全区的防汛

工作。

15. 负责领导委属事业单位工作，统筹指导委属事业单位及下属企业党建、生产、管理、安全、稳定等综合管理工作。

16. 负责统筹、协调区城建系统各单位工作。

17. 完成区委、区政府及上级部门交办的其他工作。

【内设机构】 天津市河西区建设管理委员会设有13个内设机构。

1. 党委办公室。负责承办党委日常工作，协助党委做好中心理论组学习工作；负责党建工作；起草党委文件和综合性材料；负责全委党的建设及党员教育工作；负责全委党员干部政治理论学习的指导、检查、落实工作；负责全委精神文明建设和宣传工作；负责统战、对台工作。

2. 行政办公室。负责承办行政日常工作；负责起草工作计划、总结及有关文稿；负责会务接待和重大活动、会议的组织协调及会议决定的督办工作；负责研究制定本区城市建设管理有关制度规定；负责本单位有关行政复议和行政应诉工作；负责政府信息公开和政务公开工作；负责绩效考核工作；负责委内信息网络工作；负责法制工作及相关法规解释工作；负责综治、计划生育、信访、窗口、信息、热线、提案、档案、保密、维稳、保卫和后勤工作。

3. 组织人事科。负责科级及科级以下干部的管理、培训、考察、任免、使用及基层班子建设、考核、管理工作；负责后备干部的选拔培养工作；负责干部与职工录用、调配、奖惩、考核、工资福利等管理工作；负责科级及科级以下干部的人事档案管理工作；负责党的纪律检查和行政效能监察工作；负责推动党风廉政建设和党风政风行风建设工作；负责老干部工作。

4. 财务审计科。负责国有资产账目管理工作；负责编制年度财务预算、决算；负责全委经费的计划、统计、执行工作；负责经费及工程等资金的管理；负责财务核算和债权、债务的清理结算及合同管理工作；承办领导干部经济责任审计工作；负责社会保险工作；负责对所属单位财务的指导监督和审计工作。

5. 综合计划科。参与编制区域内城市建设规划、分区规划、配套专项规划；参与编制区域内建筑节能和绿色建筑专项规划；负责编制、上报区域内年度房地产及配套建设计划；负责编制基础设施建设计划；负责区域建设综合统计工作；协调落实基础设施建设资金；负责区内规划项目储备建档管理，协助土地整理和出让有关工作；负责全委各职能科室的计划、统计综合工作。

6. 重点工程科。配合协调区域内市重大项目建设相关工作；负责区重点工程项目建设的组织、协调、管理工作；负责区重点项目工程造价初审工作；参与区重点工程项目建议书、可行性研究报告制定工作；参与区重点工程项目技术方案制定或审定工作；协调解决工程建设中重大技术问题；负责区相关部门建设项目的协调与服务工作。

7. 房地产科。负责区域内房地产开发行业管理和协调；负责区域内房地产开发企业信用资信监督管理；负责区域内房地产台账综合管理工作；参与区域内房屋征收政策制定工作。

8. 节能科技科。负责监督管理区域内建筑节能和绿色建筑工作；负责区域内建筑节能工作推动和管理；组织区域内建设项目新技术、新工艺、新材料、新设备的调研、推广和应用；负责专业技术人员的施工管理和施工技术培训工作。

9. 市政建设科。参与编制区域内市政基础设施建设规划；负责配合协调区域内重大市政基础设施建设；负责区管市政配套和新建市政工程的立项、勘测、设计、预算决算管理工作；负责协调、组织区属市政工程建设以及工程进度、文明施工的巡查、监管及质量改进的督办落实工作；负责市政新建、改扩建工程验收、移交的督促与协调工作；负责市政工程数据统计、汇总、分析等工作。

10. 公用事业科。负责市、区交办的公用设施项目的协调、组织工作；参与编制区域内公用设施专项规划；配合协调区域内公用设施建设工作；协调区域内公用设施管理工作；协调、联系相关公用事业单位工作；负责区域内桥下空间管理工作；负责区域内电力设施保护的监督、检查、指导和协调工作。

11. 市政管理科。协调市管市政设施管理工作；负责区管市政设施管理工作；负责占、掘路管理及因工复路管理工作；负责对依附于城市道路建设各种管线、杆线等设施的建设管理工作；协调对履带车、铁轮车在区内城市道路上行驶的管理工作；参与对违法超限超载车辆的治理工作；负责职责内环境秩序专项治理工作；负责对基层市政道路管理工作进行指导、服务、监督与考核；对各类损坏市政设施的行为进行处理、处罚；做好对违法行为起诉前的资料收集、整理工作；负责新建及改造市政道路设施的验收接管工作；负责督办解决各类管线井塌陷、井盖缺失等问题，负责市政设施台账和内业资料的整理存档、数据统计与上报工作；负责市政机械设备管理工作；负责市公路行业规章落实和监督工作；负责市政网格化管理工作。

12. 排水管理科。依法对区管排水设施运行状况进行监管，对各类损坏市政排水设施的行为进行处理、处罚；做好对违法行为起诉前的资料收集、整理工作；负责对区管排水设施应急保障和污水外溢综合治理的督办工作；负责对新建排水设施、迁移改动排水设施和连接区管排水设施的勘查、施工监理和验收；负责市政排水设施管理台账和内业资料的整理、存档、数据统计上报工作；负责组织完成好区域内的防汛工作。

13. 招投标科。负责区域内建设工程招标投标事项的监督管理工作；负责区域内城市建设、市政公用设施建设及配套设施等新建、改建、扩建项目在监理、施工、设备、材料招标方面的监督与管理工作。

【基础设施建设及投资】 加快推进重点项目建设。推动新八大里地区、解放南路新梅江地区等重点地区、重点项目开发建设，以"双万双服促发展"活动为契机，及时了解企业发展和项目建设动态，协调解决建设管理问题。双迎里、七贤南里 D 地块等项目实现竣工；益发里、卫星雅苑等项目正在进行主体施工；琥珀花园、博岸名邸等项目进入装修施工阶段；平安泰达国际金融中心、天津湾 D 地块等项目进行基础施工。全区实现开工面积 526 万平方米，完成年计划的 101%；竣工面积 129 万平方米，完成年计划的 107%。

【建筑业及建筑市场管理】 1. 加强建筑市场监督。办理区属企业人员入库及变更 88 次，企业信息入库及人员变更 81 次。2018 年建设工程招标备案监管了 40 余个项目，其中勘查招标 1 项、设计招标 47 项、监理招标 43 项、施工招标 45 项、专业招标 5 项。办理备案合同共计 96 项，其中勘察合同 3 项、设计合同 25 项、监理合同29项、施工合同39项。

2. 建筑市场管理。对全区在建项目开展建筑市场执法专项检查,规范建筑市场秩序。2018年开展建筑市场专项检查28项、建筑面积93.9万平方米。做好农民工预储账户管理工作,开展建设工程治欠保支专项检查,保障农民工合法权益。

3. 农民工管理。对各项目开展农民工工资专项检查,监督落实农民工工资预储账户制度。2018年共检查项目34个,配合区人社局开展治欠保支专项检查及考核工作,协同市建委施管站开展建筑市场及农民工专项检查。

【区级重点工程项目】 1. 进一步完善区域路网系统。加快推进轨道交通站点房屋征收工作,重点解决地铁5号线下瓦房站、6号线尖山路站、10号线财经大学站及11号线的房屋征收等相关问题,确保市政交通基础设施重点工程平稳推进。地铁10号线财经大学站景致里进场施工,其余各项目均顺利推进。协调推进陈塘自主创新示范区崇江道、崇岩西路、崇岩东路道路建设,崇岩西路完工,崇岩东路和崇江道道路施工进入收尾阶段。完成河西区8条无主产道路整修改造工程,改造总面积2.85万平方米。全力做好全运村周边8条市政道路接管工作,协调推动解放南路起步区6条市政道路接收管理。按照市建委下放市政基础设施项目建设管理权限的工作要求,推进解放南路污水管线翻建工程,完成审批立项手续。会同规划、房管等部门,完成河西区基础设施2019年—2021年项目储备库编制工作。

2. 启动南昌路二期城市双修示范项目。完成九江路、江西路、厦门路3条市政道路,改造内容包括道路路面提升改造、增设透水铺装设施、路灯维修及通信、热力、电力等架空线缆入地。推进安辛庄、安德里、积庆里道路、排水、绿化、更新改造及燃气、热力、电力、通信、路灯管线入地工程。

3. 完成公益配套设施建设。完成新梅江地区、新八大里地区等重点地区新建住宅非经营性公建移交接管工作,完成新八大里地区二里、三里、四里、五里、七里的全部非经营性公建、43号地小学、27号地幼儿园、龙瀚东园幼儿园、全运村小学及幼儿园等78项、15.57万平方米非经营性公建移交接管工作。

【房地产开发及行业管理】 1. 解放南路地区起步区西区文体中心竣工移交。解放南路地区起步区西区文体中心由天津城投置地投资发展有限公司建设,位于解放南路起步区39号地内,建筑面积1.06万平方米,2018年5月签订《新建住宅配套非经营性公建移交接管协议》,移交区文化部门安排使用。

2. 双迎里配套非经营性公建项目竣工移交。双迎里配套非经营性公建项目由天津渤海置业有限公司建设,位于河西区黑牛城道与太湖路交口东南,建设居委会、文化活动室、社区服务点等非经营性公建建筑面积4228平方米,2018年7月签订《新建住宅配套非经营性公建移交接管协议》,移交区相关职能部门安排使用。

3. 龙瀚东园配套幼儿园竣工移交。龙瀚东园配套幼儿园由天津市河西区宜居安居建设有限公司建设,位于浯水道与艺林路交口A地块内,占地面积4232.8平方米,建筑面积4669.49平方米,2018年7月签订《新建住宅配套非经营性公建移交接管协议》,移交区教育部门安排使用。

4. 五福里配套非经营性公建项目竣工移交。该项目由天津中海海盛地产有限公司建设,位于河西区黑牛城道与洞庭路交口东南侧,建设幼儿园、居委会、文化活动室、社区服务点等非经营性公建建筑面积1.22万平方米,2018年8月签订《新建住宅配套非经营性公建移交接管协议》,移交区相关职能部门安排使用。

5. 第二实验中学竣工移交。第二实验中学由天津城投置地投资发展有限公司建设,位于河西区洞庭路东侧,占地面积5.4万平方米,建筑面积3.85万平方米,2018年8月签订《新建住宅配套非经营性公建移交接管协议》,移交区教育部门安排使用。

6. 全运村三号地幼儿园竣工移交。全运村三号地幼儿园由天津绿城全运村建设开发有限公司建设,位于林海路与渌水道交口西南侧,占地面积5300平方米,建筑面积4240平方米,2018年9月签订《新建住宅配套非经营性公建移交接管协议》,移交区教育部门安排使用。

7. 全运村东区小学竣工移交。全运村东区小学由天津绿城全运村建设开发有限公司建设,位于河西区淇水道与榆林路交口东南角,占地面积1.32万平方米,建筑面积9170.88平方米,2018年9月签订《新建住宅配套非经营性公建移交接管协议》,移交区教育部门安排使用。

8. 解放南路起步区43号地小学竣工移交。解放南路起步区43号地小学由天津城投置地投资发展有限公司建设,位于河西区解放南路地区43号地内,占地面积1.53万平方米,建筑面积1.02万平方米,2018年9月签订《新建住宅配套非经营性公建移交接管协议》,移交区教育部门安排使用。

9. 全运村配套幼儿园竣工移交。全运村配套幼儿园由天津绿城全运村建设开发有限公司建设,位于全运村四号地锦葵园地块内,占地面积3400平方米,建筑面积2764平方米,2018年10月签订《新建住宅配套非经营性公建移交接管协议》,移交区教育部门安排使用。

10. 七贤里配套非经营性公建项目竣工移交。七贤里配套非经营性公建项目由天津中冶名泰置业有限公司建设,位于河西区黑牛城道与洞庭路交口东南侧,建设菜市场、居委会、文化活动室、社区服务点等非经营性公建建筑面积1.66万平方米,2018年10月签订《新建住宅配套非经营性公建移交接管协议》,移交区相关职能部门安排使用。

11. 新八大里五里小学竣工移交。新八大里五里小学由天津城投置地投资发展有限公司建设,位于河西区黑牛城道南侧五里片区内,项目规划可用地面积1.5万平方米,规划总建筑面积1.39万平方米,地上四层,建筑面积1.2万平方米,地下一层,建筑面积1970平方米,2018年12月签订《新建住宅配套非经营性公建移交接管协议》,移交区教育部门安排使用。

12. 新八大里七里小学竣工移交。新八大里七里小学由天津城投置地投资发展有限公司建设,位于黑牛城道北侧七里片区,规划可用地面积1.95万平方米,规划总建筑面积1.75万平方米,地上四层,建筑面积1.66万平方米,局部地下一层,建筑面积900平方米,2018年12月签订《新建住宅配套非经营性公建移交接管协议》,移交区教育部门安排使用。

13. 解放南路起步区27号地幼儿园竣工移交。解放南路起步区27号地幼儿园由天津瑞鼎置业有限公司建设,位于河西区解放南路地区27号地内,占地面积4200平方米,建筑面积3033平方米,2018年12月签订《新建住宅配套非经营性公建移交接管协议》,移交区教育部门安排

14. 清湖花园配套非经营性公建项目竣工移交。清湖花园配套非经营性公建项目由天津豪廷房地产开发有限公司建设，位于太湖路与内江路交口西南侧，建设幼儿园、居委会、文化活动室、社区服务点等非经营性公建建筑面积6136平方米，2018年12月签订《新建住宅配套非经营性公建移交接管协议》，移交区相关职能部门安排使用。

15. 秀竹苑、丽竹苑配套非经营性公建项目竣工移交。该项目由天津物产置业发展有限公司建设，位于解放南路与郁江道交口B、C地块；建设幼儿园、居委会、文化活动室、社区服务点等非经营性公建建筑面积4968平方米；2018年12月签订《新建住宅配套非经营性公建移交接管协议》，移交区相关职能部门安排使用。

16. 琥珀雅苑配套非经营性公建项目竣工移交。该项目由天津天胜置业有限公司建设，位于河西区兴湾道与复兴河交口，建设幼儿园、居委会、文化活动室、社区服务点等非经营性公建建筑面积6850平方米，2018年12月签订《新建住宅配套非经营性公建移交接管协议》，移交区相关职能部门安排使用。

17. 博岸名邸配套非经营性公建项目竣工移交。该项目由天津天房丽山置业有限公司建设，位于河西区兴湾道与复兴河交口，建设居委会、警务室、公厕等非经营性公建建筑面积623平方米，2018年12月签订《新建住宅配套非经营性公建移交接管协议》，移交区相关职能部门安排使用。

18. 仁盛花园项目开工建设。该项目由天津市晟林房地产开发有限公司建设，位于浯水道与内江路交口东南侧，规划总占地面积10.73万平方米，规划总建筑面积21.95万平方米，住宅建筑面积14.93万平方米，建设幼儿园、居委会、文化活动室、社区服务点等非经营性公建建筑面积6625平方米。

【推进建筑节能】 对西南楼三角地、天津歌舞剧院、天津交响乐团等项目提出装配式建筑、绿色建筑、海绵城市建设要求。完成仁盛花园项目、2018年河西区老旧小区及远年住房改造房屋综合修缮等项目共计681.2万平方米的建筑节能技术资料备案及9万平方米的建筑节能技术资料竣工备案。开展节能宣传培训，推进公共建筑节能改造工作。

【加快推进海绵城市建设】 完成6个试点小区改造工程，改造总面积3.27万平方米，改造排水管道3600米。完成涉及32个小区、4条市政道路共38万平方米的解放南路海绵城市试点项目建设工程改造。推进古海道、南北大街、陵水道、双水道4条市政道路的通信、热力、电力管线入地切改、复路及路灯维修更换工程，项目投资4495.02万元，4条道路热力、通信切改工程已完工。

【建设工程质量安全管理】 1.加强建筑施工质量监管。完成区管建设工程质量监督35项、建筑面积120.52万平方米。2017年结转项目13项；2018年新办项目22项；年内竣工项目6项。

重点对五方主体质量责任终身制、专项施工方案编制、进场原材料、隐蔽工程、施工现场在施部位、分部工程及各方主体的项目质量管理等情况进行检查。专人处理质量投诉信息，核查、处理和回复率100%。开展5项专项检查，包括：河西区严防"地条钢"死灰复燃专项检查；混凝土施工项目的混凝土强度质量检查；预拌混凝土专业承包企业（预拌混凝土搅拌站）专项检查；2018年天津市"质量月"

活动专项检查;"继续深入排查'地条钢'、严防死灰复燃"专项检查。委托具有资质的第三方检测机构对现场钢筋、钢材焊接、直螺纹套筒、混凝土强度回弹等进行材料检测。

2. 建设工程安全监督。严格执行项目开工前监督交底、施工过程中严格监督、施工结束后进行安全标准化考核的监督模式。重点对教育培训、隐患排查、大型机械设备、特种作业、基坑工程、脚手架工程、临时用电工程、消防设施、安全防护、危大工程等管理情况进行检查。对监督检查中发现的问题实行挂账销号制度,做到发现一项挂账一项,整改合格一项销号一项。对整改不认真、不及时、不到位的,约谈相关单位项目负责人,情节严重的进行行政处罚;督促责任单位及时消除安全生产事故隐患,防范事故发生,全年安全生产形势平稳可控。2018年安全监督建设工程项目32项,其中房屋建筑工程21项、建筑面积约115万平方米;装修改造工程5项、建筑面积约4.6万平方米;河西区老旧小区改造工程4项、涉及老旧小区225个;市政基础设施工程2项、建设长度约200米。

3. 扬尘治理执法检查。2018年,严格落实扬尘治理属地责任,共监督工程100项;在日常工作中深入贯彻"六个百分百"污染防控措施,坚持昼夜巡查,将全区建设工程项目划分为5个片区,实行网格化管理。2018年通过采取购买服务方式,联合开展建筑工地现场扬尘治理工作。

4. 重污染天气应急响应。2018年,在天津市12次重污染天气过程中严格按照相关预案执行,加大巡查力度,将经特批可以连续施工的项目作为重点进行监管,确保现场扬尘治理措施落实到位。

【执法监察】 1. 建筑市场行政处罚。累计对5个项目依法进行了行政处罚,立案10项,共计罚款316.04万元。

2. 质量行政处罚。累计对2个项目依法进行了行政处罚,立案3项,共计罚款1689.88万元。

3. 安全行政处罚。累计对2个项目依法进行了行政处罚,立案3项,共计罚款7.5万元。

【提升河湖水环境】 全面推行河长制、湖长制工作,河长制体系、制度体系、河长履职实现全覆盖。开展河湖水环境治理"三大行动",加大对七河十湖及运苇河的巡查力度,进一步深化区内河湖治理工作,2018年区级河、湖长共巡检河湖109次,街级河、湖长巡检河湖3054次,共发现问题152处,全部整改完毕。圆满完成2018年城市黑臭水体整治环境保护专项督查,区域内无黑臭水体。推进"一湖一策"编制工作,开展全面挂长专项行动,对全区河流湖泊及小微水体进行系统排查,对14处新增各类水体设置公示牌,落实管理责任。

【做好供热管理和供热服务工作】 完成2017年—2018年度采暖供热任务。推动燃气锅炉低氮改造工作,实际完成改造13座锅炉房、36台燃气锅炉,在全市率先超额完成改造任务。完成供热老旧管网改造64.59千米,完成原计划的322%。开展城市家用散煤治理工作,先后完成近1000户供热设施补漏安装任务。推进燃气锅炉在线监测系统建设工作,完成9座锅炉房、25台燃气锅炉改造任务。推进新建小区供热配套建设,先后完成龙瀚南园、邻里中心、东区小学、全运村3号地等小区新建一次网、二次网和换热站工程,新建一次网0.5千米、二次网3.12千米、换热站3座。新建河西区供热指挥中心,通过创建"互联网+"供热智慧平台,实现对全区供热锅炉房运行情况的全天候实时监控。

【全力做好防汛工作】 本着"宁可有备无汛,不可有汛无备"的原则,完善应急预案,充实防汛物资。开展汛前专项检查并组织好防汛应急演练,完成汉江里、川江里等12个低洼易积水小区1.98万米的管道腾空任务,在易积水社区设置雨水标尺,配合区武装部对全区民兵进行汛前培训。汛期加强对全区各低洼积水片的巡控,遇雨及时启动应急预案,在"7·24"暴雨中做到了快速处理路段点位积水,组织人员进行防汛抢险,转移安置受灾群众9户,确保了河西区安全度汛。

【加强节水管理】 创建节水型小区30个、节水型单位7家。

【推动棚户区改造工程】 牵头组织推动科技大学及腾华里片区棚户区改造工程,涉及有证房屋1531户、无证房屋2500余间,征收总面积约8.51万平方米。坚持依法依规,以情促迁,切实做好征收各个环节的工作,把惠民工程落实到位。自2018年8月19日正式启动,至9月17日结束,累计签约1411户,签约比例达到92.16%。

【提升养护水平】 2018年排水设施养护累计疏通管道103万米,掏挖各型井35万座次;完成长湖路、宽福道、澧水道、琼州道等113条市政道路养护维修工作;完成美丽社区里巷甬路整修工程。

组织全区13个街道对非自管市政设施进行全面排查,全区非自管市政设施破损总面积22.28万平方米,破损维修总造价约3410.9万元;启动全区非自管市政设施维修工作,修复破损面积1.34万平方米,确保高质量完成"两创三复评"工作。

【推动社区路灯亮化改造】 结合老旧小区及远年住房改造工程,协调市路灯管理部门,完成华江一委、珠峰南里等45个小区、936套路灯的安装与改造,确保了居民的出行安全。

南开区

【概况】 天津市南开区建设管理委员会是天津市南开区人民政府的组成机构，是南开区城市建设行政主管部门。2018年12月，区建设管理委员会和区房地产管理局的职责整合，组建了天津市南开区住房和城乡建设委员会。

【机构职能】 南开区建设管理委员会机构职能如下：

1. 贯彻执行国家和天津市有关住房和建设的法律、法规、规章和政策文件，拟订有关规范、标准并组织实施。

2. 落实市住房保障、城市建设及相关市政基础设施发展规划；拟订近期建设规划和年度建设计划并组织实施；推动住房和建设领域信用体系建设；负责住房和建设综合统计工作。

3. 承担本区低收入住房困难家庭住房保障责任；拟订住房保障相关政策并组织实施。

4. 承担推进住房制度改革责任；落实住房制度改革政策；负责住房货币分配、公有住房出售和房改资金管理，负责公有住房租金调整及归集。

5. 承担规范房地产市场秩序、监督管理房地产市场的责任；负责本区房地产市场的行政管理工作；负责对本区从事房地产交易、商品房销售、房屋估价及房屋经纪等机构的管理；负责检查、治理和规范本区房地产市场秩序；负责全区房地产市场情况统计上报、价格分析和信息管理；负责辖区内房屋租赁合同登记备案；负责本辖区商品房建设计划管理，推动落实住宅项目非经营性公建配套建设。

6. 负责直管公产房屋资产的监督管理；负责历史风貌建筑保护利用管理；督促、协调落实私房政策；负责单位产房管工作的业务指导和行政监督。

7. 贯彻执行物业管理政策法规，监督物业管理活动，履行物业管理行政职责；负责房屋共用部位、共用设施设备维修资金使用管理。

8. 负责建筑市场管理；负责房屋建筑、市政基础设施建设管理；负责执行招投标、合同、施工许可等相关政策并监督管理；负责建筑施工企业管理；负责房屋建筑和市政基础设施领域建筑劳务用工管理；负责建设工程勘察设计行业管理；负责建设工程消防设计审查验收相关工作。

9. 负责建设工程（法律、法规有特殊规定的除外）施工质量、安全生产和文明施工的监督管理；组织或参与工程质量、安全事故调查处理；负责对辖区内已建成交付使用的各类房屋进行安全鉴定检测及提供加固处理建议，提出危房处理建议，提供房屋安全咨询服务。

10. 负责推动住房和建设领域科技和信息化建设工作，推进科技进步和成果转化工作；负责推广建筑节能、绿色建筑和装配式建筑发展工作，会同有关部门拟订相关政策并组织实施。

11. 负责推动区内土地储备整理和出让；负责住房和建设资金的统筹协调，组织推动住房和建设任务的实施。

12. 负责区内新建燃气、供热、城市道路、排水设施建设的组织实施与施工建设管理工作。

13. 负责政府审查征收项目前期工作；负责征收项目实施前书面通知有关部门暂停办理相关手续；组织实施单位对房屋征收范围内房屋调查登记；组织被征收人、公有房屋承租人选定评估机构；负责拟订征收补偿方案；负责因旧城区改建需要征收房屋，协调政府各部门组织听证会；负责报请区政府做出房屋征收决定和补偿决定；负责组织单位依法建立房屋征收补偿档案并公示；办理拆房和渣土装运备案手续，监管拆房施工工地现场。

14. 负责房地产行政执法，依法对各种违法、违章行为进行行政处罚。

15. 组织住房和建设领域招商引资工作。

16. 负责本系统人才队伍建设。

17. 完成区委、区政府交办的其他事项。

18. 职能转变。坚持"房子是用来住的，不是用来炒的"定位，加快解决中低收入群体住房困难；推动租售并举的住房保障体系；深化建设项目审批制度改革；坚持依法行政，坚持问题导向，坚持务实创新，坚持信息引领，简政放权，优化流程，营造良好营商环境，最大限度地激发市场创造活力和发展内生动力。

【内设机构】 南开区住房和建设委员会设18个内设机构。包括办公室、组织科、干部人事科、宣传科、党群工作科、法制科、督察考核科、项目管理科、工程建设科、住房保障科、房产市场科、房屋管理科、房屋征收科、物业管理科、质量安全科、建筑市场科、财务审计科、应急信访科。

【基础设施建设及投资】 完成10条道路提升改造，总长13.94千米，总面积34.27万平方米，总投资4894.85万元。其中雅安道（密云路—红旗路）长2.234千米，面积4.46万平方米，三潭路（灵隐道—航海道）长1.765千米，面积3.24万平方米，以上两条路总投资1700万元；芥园道（西马路—怡德路，青年路—红旗路）长1.793千米，面积6.36万平方米，投资801万元；西湖道（咸阳路—玉泉路）长2.644千米，面积7.13万平方米，投资782万元；鞍山西道（红旗路—卫津路）长2.584千米，面积8.86万平方米，投资1006万元；楚康道（复康路—楚雄道）长95米，面积1266平方米，投资23.51万元；兰坪路（西湖道—在施工地）长1.111千米，面积1.05万平方米，投资136.19万元；楚雄道（沧江路—盈江路）长812米，面积1.24万平方米，投资132.65万元；昌宁道（澄江路—沧江路）长275米，面积5055平方米，投资67.46万元；晋宁道（红旗南路—澄江路）长623米，面积1.3万平方米，投资246.05万元。

完成凤仪园1、2号楼及4—8号楼，博泰大厦，晨熙公寓，地华里，水榭花园，欣居园，阳光公寓一期7处二次供水设施改造，总投资449.33万元。

养护道路8.56万平方米，疏通管道1.181千米，掏挖检雨井44.1万座（次），维修检雨井2940座，翻修管道591米。完成宜宾东里等23个积水点、兰坪路等8条道路旧路、403座路井跳车治理改造，完成18条道路裸地硬化，新建隔油池66座。

【建筑业及建筑市场】 备案和合同管理进一步规范，完成报建审核备案66项、施工公开招标备案43个、邀请招标或直接发包备案14个、监理公开招标备案13个、设计公开招标备案8个、勘察公开招标备案2个；质量监督和安全措施备案16个；区属建设工程施工总包合同备案88项、勘察合同备案22项、设计合同备案56项、监理合同备案60项、分包合同备案51项；办理区属建筑业企业和人员信息变更入库133项、项目信息核验5项。

文明施工治理成效明显。对全区39个工地进行扬尘检查900余人次，检查工地1520场次，下达整改通知书85份、停工通知书42份，约谈相关企业责任人12次。处理8890百姓投诉承办单110件，办理智慧环保网格平台案件325件，办结率、满意率达100%。迎接市推进突出环境问题整改落实领导小组、市环保驻区督导服务组、市环保局等专项检查30余次，均得到较好评价，建筑施工扬尘治理在全市排在前列。张贴创文公益围挡50处、公益广告6000余平方米。

农民工合法权益得到保障。贯彻落实农民工实名制管理、预储账户、"月清月结"、投诉调解、劳务队长管理、农民工培训等制度，定期开展自查，积极进行整改，维护农民工合法权益和安全稳定。受理农民工来电来访投诉7件，涉及135人、78万元，同比下降32%，均妥善解决。

【区级重点工程项目情况介绍】 2018年，南开区重点推动30大城建项目，总建筑面积243.04万平方米，其中住宅及公寓132.64万平方米、公共建筑110.4万平方米。

推动建设项目10个，包括清科雅苑（咸阳路A地块）、盈创大厦、团校政法学院项目、小客车厂项目、金轩商业广场三期、万豪酒店、春景大厦、景丰园、荣佳大厦、服装一厂项目。

清科雅苑（咸阳路A地块）位于黄河道与冶金路交口东南侧，东至向阳路，南至铜川道，西至冶金路，北至黄河道。建筑面积13.24万平方米（其中住宅及公寓6.62万平方米、公共建筑6.62万平方米），由启迪协信（天津南开）科技城开发有限公司建设。

盈创大厦位于沙坪道与兰坪路交口西北侧，东至兰坪路，南至沙坪道，西至简阳路，北至石坪道。建筑面积6.55万平方米（全部为公共建筑），由天津蓝河光谷科技有限公司建设。

团校政法学院项目位于水上公园西路西侧，东至水上西路，南至市委印刷厂，西至元都园、成业路，北至水云花园。建筑面积7.86万平方米（其中住宅及公寓4.93万平方米、公共建筑2.93万平方米），由天津天房卓汇置业有限公司建设。

小客车厂项目位于长江道与罗江路交口，东至罗江路，南至康定里，西至长江公寓，北至长江道。建筑面积2.16万平方米（其中住宅及公寓1.98万平方米、公共建筑0.18万平方米），由天津金栋投资有限公司建设。

金轩商业广场三期位于东马路和北马路交口西南侧，东至东马路，南至北城街，西至城厢东路，北至北马路。建筑面积8.18万平方米（全部为公共建筑），由天津新润房地产开发有限公司建设。

万豪酒店位于大丰路与北马路交口，东至天康园，南至天康园9号楼，西至西马路，北至北马路。建筑面积3.81万平方米（全部为公共建筑），由天津富力城房地产开发有限公司建设。

春景大厦位于天拖北道与年丰路交口西南侧，东至年丰路，南至春丰园，西至春丰园，北至天拖北道。建筑面积2.9万平方米（全部为公共建筑），由天津天房融创置业有限公司建设。

景丰园位于金北道与年丰路交口西南侧，东至年丰路，南至保阳道，西至华坪路，北至金北道。建筑面积8.5万平方米（其中住宅及公寓2.5万平方米、公共建筑6万平方米），由天津天房融创置业有限公司建设。

荣佳大厦位于城厢东路和鼓楼东街交口东南侧，东至新安购物广场，南至熙园新居，西至城厢东路，北至鼓楼东街。建筑面积2.99万平方米（全部为公共建筑），由天津中新嘉业房地产开发有限公司建设。

服装一厂项目位于南运河南道与冶金路交口西南侧，东至冶金路，南至南运河南道，西至锦园北里，北至南运河绿地。建筑面积3.7万平方米（其中住宅及公寓3.2万平方米、公共建筑0.5万平方米），由天津市南开城市建设投资有限公司建设。

开工项目10个，包括华科雅苑（咸阳路B地块）、迎顺大厦、双峰道项目、盈才广场、理工学院二期、君瑞雅苑、迎水道保利项目、熙悦广场二期、信美道教育综合楼、钢丝绳厂项目。

华科雅苑（咸阳路B地块）位于黄河道与红日南路交口西南侧，东至红日南路，南至市环通电器设备有限公司，西至向阳路，北至黄河道。建筑面积7.76万平方米（其中住宅及公寓3.88万平方米、公共建筑3.88万平方米），由启迪协信（天津南开）科技城开发有限公司建设。

迎顺大厦位于迎水道和苑中路交口西南侧，东至苑中路，南至林苑北里，西至明园里，北至迎水道。建筑面积5万平方米（其中住宅及公寓1.45万平方米、公共建筑3.55万平方米），由天津中隆丰泰置业有限公司建设。

双峰道项目位于卫津路与双峰道交口西南侧，东至师北里，南至师北里3号楼，西至佳音里，北至双峰道。建筑面积9.27万平方米（其中住宅及公寓8.45万平方米、公共建筑0.82万平方米），由天津金地风华房地产开发有限公司建设。

盈才广场位于天拖北道和简阳路交口东北侧，东至华坪路，南至天拖北道，西至简阳路，北至会泽园。建筑面积13.02万平方米（全部为公共建筑），由天津天房融创置业有限公司建设。

理工学院二期位于红旗南路与育梁道交口，东至成业路、育贤苑，南至育贤道，西至育贤道，北至育梁道、育贤苑。建筑面积10万平方米（其中住宅及公寓7.4万平方米、公共建筑2.6万平方米），由天津天房卓汇置业有限公司建设。

君瑞雅苑位于欣苑路东侧，东至君瑞家园，南至中国福利彩票天津发行中心，西至欣苑路，北至欣苑大厦。建筑面积1.07万平方米（全部为住宅及公寓），由中国人民武装警察部队天津市总队后勤部建设。

迎水道保利项目位于迎水道与苑西路交口东北侧，东至苑中北路，南至迎水道，西至苑西路，北至王顶堤大街。建筑面积15.2万平方米（其中住宅及公寓11.51万平方米、公共建筑3.69万平方米），由天津金地风华房地产开发有限公司建设。

熙悦广场二期位于黄河道与密云路交口西南侧，东至密云路，南至五金城一期，西至五金城二期，北至熙悦汇一期。建筑面积6.6万平方米（全部为公共建筑），由天津北方机电城有限公司建设。

信美道教育综合楼位于华锦路与信美道交口西北侧，东至华锦路，南至信美道，西至久华里，北至久华里。建筑面积2.2万平方米（全部为公共建筑），由天津市南开区住宅配套建设管理办公室建设。

钢丝绳厂项目位于雅安道与快速路交口东北侧，东至密云路，南至雅安道，西至快速路，北至规划路。建筑面积6.08万平方米（其中住宅5.78万平方米、公共建筑0.3万平方米），由天津市南开城市建设投资有限公司建设。

整理挂牌项目10个，包括水厂南A地块，水厂南B、C地块，红旗南路南侧项目，航天集团广本4S店地块，工业用呢地块，中医药大学地块，可口可乐一期地块，新裕里，战备楼，六马路二期地块。

【房地产市场管理】 坚持"房子是用来住的，不是用来炒的"定位，严格按照住建部持续整顿规范房地产市场秩序的工作要求，进一步巩固调控成果，严防投机炒作苗头，消除隐患，维护购房群众合法权益，完善南开区住房租赁管理体系，确保南开区房地产市场平稳健康发展。全年巡查商品房项目77次，巡查经纪机构690余次，完成租赁备案4619件，32万平方米。全年成交各类房屋1.4万套，129.3万平方米，收缴契税5.35亿元。

【城建科技与节能（绿色建筑、装配式建筑、建筑节能）】 认真贯彻落实《天津市建筑节约能源条例》，按照市建委的统一部署和《市建委关于印发〈天津市2018年建筑节能和科技工作要点〉的通知》（津建科〔2018〕205号）文件要求，完善制度建设、创新工作机制、健全技术标准、强化行政监管，积极组织开展绿色建筑、装配式建筑和建筑节能工作。

2018年，编制南开区《建筑节能和绿色建筑工程质量监督技术手册》，严格按照相关内容，对涉及节能工程施工的相关内容进行检查，严格控制节能工程的施工质量。组织全区建设工程有关责任主体进行"南开区建筑节能相关知识培训"和"南开区绿色建筑相关知识培训"，宣贯建筑节能、绿色建筑及装配式建筑有关法律法规、政策、技术标准。

1. 绿色建筑推行情况。一方面按照《天津市绿色建筑评价标准》（DB/T29-204-2010）、《天津市绿色建筑评价标识管理办法（试行）》（津科教〔2010〕883号）、《天津市绿色建筑试点建设项目管理办法》（建材〔2007〕699号）等国家和天津市绿色建筑标准要求进行设计、施工，积极组织开展绿色建筑专项检查，加强既有绿色建筑监管；另一方面，在抓好现有绿色建筑建设实施的同时，积极采取有力措施，多方协调促进开工，不断加强绿色建筑推广，建设绿色南开，增强城市可持续发展能力。大力推进高星级绿色建筑发展。2018年，针对规划行政主管部门抄送的13个项目策划方案，按照要求提出装配式建筑、绿色建筑、海绵城市、建筑节能建设指标，其中明确二星级及以上绿色建筑建设要求的项目10个，项目规模占同期出让或划拨项目建筑面积的比例为97.6%（总规模99.63万平方米，二星级及以上绿色建筑项目规模97.29万平方米）。

2. 装配式建筑情况。积极落实天津市人民政府办公厅印发的《关于大力发展装配式建筑实施方案》(津政办函〔2017〕66号)文件要求,探讨推动建筑产业化发展的思路,从大力推广新技术、新材料应用入手,强制与政策激励并举,推动工程项目落地。南开区钢丝绳厂地块定向安置经济适用房项目和熙汇广场二期项目采用了装配式建筑的相关要求,现处于实施阶段。

3. 建筑节能管理情况。一是设立建筑节能专项资金并纳入区财政预算,2018年度支出建筑节能专项资金400余万元,用于南开区老旧小区建筑节能改造工程。二是加强建筑节能技术资料备案管理,2018年共受理17个公共建筑项目、5个住宅项目总计54个单位工程的建筑节能技术资料备案,备案合格率100%。三是严格按照居住建筑执行四步节能设计标准、公共建筑执行三步节能设计标准要求,对辖区内新开工的建设工程项目重点进行核查。经核查,设计标准和施工过程符合相关要求,执行率达到100%,有效推动了新建建筑能效提升。

【海绵城市建设】 编制完成《南开区海绵城市建设实施方案》。对规划行政主管部门抄送的北方城二期项目,盈创广场项目,天大双峰道项目,天津市城市档案馆库房扩建工程,南大附中地下停车场,天津市水上会宾园饭店新建配套游泳馆,天津市第25中学灵隐道校区改扩建项目,铁牛休闲广场,盈才广场项目,南开区科技实验小学改扩建工程,市委党校二期新建项目,宾水西道(邓店村)地块项目,巴博地块项目,红旗路、迎水道变电站,镇坪路、青川路变电站,天津市惩防教育基地项目的策划方案,按照要求提出海绵城市建设指标。

【建设工程质量安全】 加大建设工程质量安全监管力度。进一步完善行政执法程序,提高行政效率,切实提高行政执法工作人员执法水平,推进依法行政。依法界定执法职责,科学设置执法岗位,完善执法协作配合机制,建立健全执法程序制度,完善执法调查、取证规则,规范执法案卷管理。实施推行说理执法、行政监督劝勉、执法事项提示、轻微问题告诫、突出问题约谈、重大问题回访等柔性执法方式。强化施工现场的监督检查,采取日常巡查与专项检查相结合的方法,加大对施工现场质量安全监管力度。全年共排查出质量隐患100项,安全隐患520项,下达责令整改通知书163份、停工通知书6份。为崇德园三期、春景大厦、启迪协信A地块等33个项目260余名管理人员和工人进行了安全常识培训。

【建设领域行政处罚】 共对18起违规事件实施了行政处罚,罚款共计139.17万元。其中4起违反《天津市建设工程质量管理条例》、1起违反《天津市建设工程安全生产管理条例》、1起违反《建筑起重机械安全监督管理规定》、3起违反《天津市建筑市场管理条例》、9起违反《天津市大气污染防治条例》。

认真落实综治目标责任书各项任务,做到责任压实到位、工作措施到位、矛盾纠纷排查化解到位、督导检查推动到位;深入开展扫黑除恶专项斗争,加强宣传发动,实施单位、企业、工地全覆盖;深化线索排查,上报问题线索46条;强化行业管理,制定了3项管理措施;迎接了市第六督导组的专项督导检查,取得良好效果,全系统未发生综治目标责任书负面清单中问题。在市委政法委组织的年度考评中取得优秀成绩。

河北区

【概况】 天津市河北区建设管理委员会是天津市河北区人民政府的组成机构,是河北区城市建设行政主管部门。2018年12月,区建设管理委员会和区房地产管理局的职责整合,组建了天津市河北区住房和城乡建设委员会。

【机构职能】 河北区建设管理委员会机构职能如下:

1. 负责贯彻执行国家和天津市有关城市建设的法律、法规,研究制定全区城市建设管理的规定和办法,并对实施情况进行监督检查。承办有关行政复议、行政诉讼工作。

2. 负责制定全区城市建设中长期发展规划;根据市区年度建设计划编制河北区建设项目、计划安排,抓好定向安置房建设,并组织监督和实施。

3. 负责城建系统相关重点工作的组织、协调、推动和落实。

4. 负责建设工程安全施工和质量的监督管理工作。

5. 负责建设市场的管理、监督、检查,建筑企业的资质审查和备案,工程项目的招投标管理。

6. 组织实施年度区辖道路等工程项目新建、拓宽、改造工作,负责区管市政设施配套工作,做好市政重点工程及配套项目的协调和服务工作。

7. 负责非经营性公共建筑项目审查和移交,依据有关规定办理住宅准住证,依法依规收缴非经营性公共建筑配套费。

8. 负责建筑工程文明施工管理,配合市容等部门做好创卫、迎检等工作。

9. 负责全区节水宣传教育工作,核定区属单位用水指标,控制和管理超计划用水。

10. 参与拆迁政策的制定和实施,协调完成好城建系统承担的拆迁任务和安置居民任务。

11. 承担协税引税任务,协助有关部门完成房地产税收收缴,抓好招商引资工作。

12. 负责区管市政产权道路设施的养护维修管理工作。

13. 负责区管市政产权排水设施的养护维修管理工作,并对社会产权养护维修管理责任单位履行监督检查职能。

14. 负责全区的防汛工作。

15. 承办区委、区政府交办的其他事项。

【内设机构】 河北区建设管理委员会设有11个内设机构。

1. 党委办公室。负责党的路线、方针、政策的宣传贯彻工作;负责党委的工作计划、总结等文稿起草工作;负责组织安排党委工作会议、中心组学习,完成会议记录和文字材料的整理,督促党组织决定及决议的落实;负责共青团、文秘、保密、政治思想研究、理论学习等工作;完成领导交办的其他工作。

2. 行政办公室。负责行政运行的日常管理和各科之间的综合协调工作;负责办理各类文件的收发、阅签等工作;负责起草行政工作计划、总结和综合性文件;负责组织安排行政工作会议,完成会议记录和文字材料的整理,督促领导办公会议决议的落实;负责区两办督查、督办工作;负责档案、机要、政府信息公开、计划生育、献血、年鉴和区志编纂、爱国卫生工作;负责固定资产政府采购、调拨、报废的审批工作;负责安全、消防、车辆、食堂、机房等后勤管理工作;负责办理人大代表提案和政协委员建议答复和落实工作;负责接待群众来信来访,协调解决突发事件,做好稳控工作;完成领导交办的其他工作。

3. 组织干部科。负责基层领导班子的思想建设、组织建设和作风建设;负责科级干部的推荐、考察和任免;负责干部档案管理和后备干部的培养、选拔;负责对基层领导班子的考核和干部调动;负责组织发展工作;负责处级以上离退休老干部的管理工作;负责统战工作;负责党员信息统计工作;完成领导交办的其他工作。

4. 人事科。贯彻执行国家劳动人事相关法规政策;负责执行劳动人事管理制度,监督所属单位的执行情况;负责编制人事管理年度报表;掌握和执行各项津贴制度、标准和范围,办理审核批准手续;负责机构编制工作;负责干部职工的工资、人事、职称、考工定级、专技人员及工人网上继续教育培训、人员调动等工作;完成领导交办的其他工作。

5. 财务审计科。贯彻执行国家、市、区财经法规及相关政策;负责编制财务管理和内控制度,监督所属单位的执行情况;负责编制年度报表和财务预、决算;负责经费预算的执行;掌握和执行国有资产的保值增值、公积金、社险等工作;负责重点工程资金的监管工作;负责内部审计工作;负责机关固定资产的管理工作;负责所属单位财务管理工作;负责组织机关及所属单位的财务人员定期的专业知识培训;完成领导交办的其他工作。

6. 规划和生产计划科。参与编制中长期城市建设发展规划;负责区房地产项目的计划初审和计划结转工作;负责区建设工程、住宅项目和重点工程项目的进度统计工作;负责年度开竣工指标计划、统计、报送工作;负责房地产类项目固定资产投资统计上报;负责区经济适用房的立项及管理,协助建设单位进行选址、规划和建设等工作;负责协调补建、改造无障碍设施的相关工作;负责招商引资工作;负责市政设施养护维修工作计划的编制和资金分配并组织实施;负责道路、排水设施大中修项目的申报及施工组织;负责污水外溢治理;负责市政生产统计工作;负责区防汛办公室的日常工作;完成领导交办的其他工作。

7. 住宅配套管理办公室。负责协调相关单位做好非营业性公建配套项目中长期发展规划;负责收缴非经营性公共建筑配套费;负责非经营性公共建筑配套设施接收、移交和管理工作;负责办理15万平方米以下住宅建设项目准入证发放工作;负责做好建设项目资料的收集、整理及归档工作；负责协助相关单位做好建设项目的税收征缴工作；负责配套商业网点的管理工作；完成领导交办的其他工作。

8. 城建管理科。贯彻执行《天津市城市管理规定》，督促和落实河北区城建系统创卫工作；负责组织、检查辖区内建筑工地文明施工等工作；负责区城建系统迎检工作的组织与落实；完成领导交办的其他工作。

9. 节水办公室。贯彻执行国家、市、区有关节约用水的法律法规和管理规定；负责节约用水、计划用水、临时用水的行政管理和执法检查；负责节约用水的组织宣传工作；负责推广节水的新技术、新工艺以及其他节水成果；组织、指导建设节水型企业（单位）、节水型居民生活小区，积极推进节水型社会建设；完成领导交办的其他工作。

10. 法制监督科。负责宣传贯彻落实市政行业法规；负责实施市政设施网格化管理工作；负责对市政设施维修养护管理的日常检查和考核；负责协调解决社会群众反映的市政设施问题；负责文明施工管理及防治扬尘污染工作；负责行政事业性收费的管理监督；负责检查指导工程的监理、验收和质量鉴定工作，制定质量管理标准与制度；负责对执法人员的教育培训考核及普法工作；负责行政复议和诉讼工作；完成领导交办的其他工作。

11. 建筑节能管理办公室。负责建筑节能工程建设管理、既有居住建筑节能改造工作；负责协调补建、改造无障碍设施的相关工作；负责绿色建筑和技术推广、可再生能源建筑应用、民用建筑能耗统计、公共建筑用能运行管理；完成领导交办的其他工作。

【下属单位】 河北区建设管理委员会主管下属5个公益一类事业单位，代管1个企业单位。

1. 河北区建设工程质量安全监督管理支队。主要职责：贯彻执行市、区有关城市建设质量、安全、文明施工的规章、制度和标准；根据有关规定，承担工程质量、施工安全、文明施工的监督管理和建设市场监察；组织或参与对重大工程质量、安全事故的调查处理。

2. 河北区市政工程配套办公室。主要职责：组织实施辖区内道路、桥梁等基础设施项目新建、拓宽、改造工作；统筹协调各类配套基础设施项目建设工作；配合供水、燃气、电力等各专业职能部门做好各类专业设施的建设改造工作。

3. 河北区市政监理所。主要职责：负责区内道路占路、区管道路掘路管理、收费，市政产权排水设施管理，对社会产权养护维修管理单位进行监督检查。

4. 河北区道路管理所。主要职责：承担区管市政产权道路设施的养护维修。

5. 河北区排水管理所。主要职责：承担区管市政产权排水设施的养护维修。

6. 河北区城市房屋拆迁中心。主要职责：承担区政府安排的拆迁任务。

【基础设施建设及投资】 1. 路网建设。2018年续建五马路、思源路、龙关道、八马路、中纺前街地道、席厂下坡、智贤道、韶关道8条道路，新建革新道、辰纬路、东四经路、增产道4条道路，五马路、智贤道、韶关道、龙关道部分路段完工，中纺前街地道、辰纬路竣工，思源路进场施工，革新道、东四经路、增产道办理前期手续。志诚道泰兴路立交桥工程启动建设。中纺前街地道工程为东纵快速路附属工程，全长620米，工程起止点为东四经路至华新大街，由滨海市政公司投资建设。通过积极协调各相关部门，妥善解决了前期施工中部分居民的民扰问题，同时推动项目建设单位、施工单位加快施工进度，中纺前街地道于2018年12月31日通车。偏关北路全长798米，规划红线宽度16米，道路起止点为嘉裕道至榆关道，由道路管网公司投资建设，2018年底满足通车使用条件。2018年对河北区金田道、金海道、金霞路、李公祠大街4条道路进行了大中修改造，完成车行道2.02万平方米，人行道1.09万平方米，总面积3.11万平方米。

2. 供热工作。2018年坚持将服务配套好河北区城市发展建设、满足人民群众供热需求作为工作的出发点和落脚点，紧跟河北区开发建设步伐，继续扩大集中供热面积；全年新增供热面积25万平方米，主要集中在财富嘉苑、汇都苑、汇仁云居、诺德二期等新建项目，配套新建换热站6座。全力攻坚燃气锅炉低氮改造，落实环保减排目标，2018年改造37台燃气锅炉，共计474吨，涉及6座锅炉房。根据《市环保局关于印发天津市2018年重点污染源自动检测系统建设工作方案的通知》（津环保监测〔2018〕89号）中"20吨以上燃气锅炉均应安装污染源自动监测系统"要求，2018年安装自动监测系统40套。认真落实区委、区政府优化市容环境、全面加快美丽河北建设和街道经济社会发展三年提升计划的工作思路，进一步加大河北区架空供热管线包装工作推进力度，累计完成水明里、岷江里、望海北里、贵贤里、宁桥里、宝利等40个小区共86千米架空供热管线包裹工作，确保架空管线整齐、美观、安全，有效改善了区域环境面貌。投资400余万元对包括供热设施、供热管网在内的48个项目实施大修改造，有效提升了设施保障水平。对7个小区、共12千米腐蚀严重的老旧供热管网实施改造，解决了"跑冒滴漏"问题，消除了事故隐患。

【建筑业及建筑市场】 1. 招投标工作公开、透明。2018年河北区招投标工作严格按照招投标法律法规和市建委相关规定，区内所有建设工程的招投标流程均采取"上网、进场"模式，开标、评标和定标活动在市建交中心进行全过程监督，确保招投标活动公开、公平、公正；在服务企业的同时，进一步转变工作思路，强化对招标的事中、事后监管，定期对辖区项目招投标工作开展抽查，使招投标活动依法依规、有序规范。共完成123项招投标工作，中标总额为62.71亿元，中标规模为1239.3万平方米。其中勘察招标10项，中标总额为244万元，中标规模为81.56万平方米；设计招标30项，中标总额为11.36亿元，中标规模为101.53万平方米；监理招标23项，中标总额为1907万元，中标规模为484.55万平方米；施工招标52项，中标总额为50.57亿元，中标规模为568.39万平方米；设备采购招标7项，中标总额为3913万元；专业招标1项，中标总额为1760万元，中标规模为3.26万平方米。

2. 市场执法检查持续加强。继续坚持建筑市场"三部位"执法检查制度的同时，结合《天津市建筑市场执法监察管理办法》，加强市、区两级联动，重点加大对项目管理班子人员到岗、工程转包、违法分包的执法检查力度，取得了良好的效果。依据《天津市建筑市场管理条例》和《天津市建筑业劳务用工管理标准》等相关法律法规，积极推动新开工项目预储账户开户工作，大力宣传农民工实名制制度、月清月结制度、投诉调解制度，加强农民工工资支付专项检查的查处力度，使拖欠农民工工资现象得到有效遏制，防止以农民工的名义恶意讨薪的情况出现。

3. 进一步加强服务，做好企业资质管理工作。大力优化企业发展环境，认真贯彻落实市建委有关文件规定及区委、区政府下发的关于民营经济发展的有关政策，加强自身建设。2018年区管资质企业新增25家，其中总包企业5家，专业承包企业8家，劳务企业12家。

【区级重点工程项目】 1. 旺海国际项目。天津泰达建设集团格调中天地产开发有限公司投资开发，总建筑规模36.65万平方米，地上23.66万平方米，地下12.99平方米。主要业态包括：酒店式公寓7.08万平方米、商业6.44万平方米、办公10.05万平方米、非经营性公共建筑919平方米。项目总投资53亿元。项目于2018年8月竣工。

2. 中铁国际城诗景广场项目（1D地块）。中铁房地产集团商业地产开发管理有限公司投资开发，属于商业类项目。总建筑规模21.03万平方米，地上14.8万平方米，地下6.15万平方米。主要业态包括：酒店式公寓5.39万平方米、商业4.51万平方米、办公4.71万平方米、非经营性公共建筑2194平方米。项目总投资27.83亿元。项目2018年6月30日运营。

3. 铁东路卫生服务中心。项目位于河北区智贤道60号，可用地面积约0.3公顷，总建筑面积3365.6平方米，项目主要为公建，总投资2400万元。

4. 河北区体育中心。项目位于月纬路，可用地面积约0.2万平方米，总建筑面积0.6万平方米，其中地上0.4万平方米，地下0.2万平方米，项目为公建，总投资0.4亿元。

5. 四十八中改扩建项目。项目位于王串场一号路，总建筑面积1.58万平方米，项目主要为学校改扩建工程，总投资约9600万元。

【房地开发及行业管理】 1. 房地产项目。利用"双万双服促发展"机制，协调各职能部门及专业部门为河北区重点项目搭建服务平台，定期召开协调工作会，全力推行"容缺后补""以函代证"等形式，解决项目建设中难以突破的问题。以服务各项目单位解决问题为主线，理顺工作流程，通过召开例会、项目协调会、现场办公会等多种形式，加大走访频率，更好地为企业服务。2018年河北区建设工程项目23个，施工面积408.28万平方米，其中：竣工项目5个，为诗景广场（中铁1D）、铁东路街卫生服务中心项目、四十八中改扩建项目、旺海国际（嘉海一期）项目及体育中心项目，竣工面积60.26万平方米。新开工项目5个，为名泰南苑（杨桥）、恒茂商业中心（大悲院二期）、数控地块经适房、联合农具地块经适房、香湾颂苑（中铁3C），新开工面积67.06万平方米。主体封顶项目4个，为天津诺德中心（律东）、富海公寓、盛雅佳苑、汇仁云居二期项目。主体施工项目8个，为北宁起步区A地块、财富佳苑二期、汇都苑、天硕天博雅苑、荣都公寓、群芳苑、喜峰嘉园、名泰南苑/名泰北苑（杨桥大街地块）项目。地基基础施工阶段项目6个，为奥式商务区南片项目、琨泰名苑/琨泰公寓/琨泰中心（北运河一期）、恒茂商业中心（大悲院二期地块）、香湾颂苑（中铁3C）、隆升嘉园、盛皓嘉园项目。

2. 定向安置经济适用房项目。2018年河北区开发建设的定向安置房项目共有7个，总建筑面积为65.12万平方米，5851套；其中在施项目3个，总建筑面积为38.58万平方米，3408套，分别为喜峰嘉园项目、盛皓嘉园项目、隆升家园项目。待开工项目3个，总建筑面积为19.54

万平方米，1721套，分别为榆关道地块项目、调料一厂地块项目、汾河南道地块项目。实现竣工项目1个，为汇仁云居二期项目，总建筑面积为7万平方米，722套。

3.非经营性公共建筑建设管理。把提高服务水平，管好、用好配套设施作为首要标准，把推进小区规范化管理水平、提高群众生活质量作为主要目的，着力在提高规划水平，促进新建小区超前配套、规范配套上下功夫；着力在提高效能，充分发挥现有配套资源优势，统筹、平衡公建设施配套的多功能定位上下功夫；着力在打造品牌，在重点领域、重要区域建设一流配套项目上下功夫。2018年《河北区非经营性公共建筑配套设施接收移交管理办法》正式实施，从而确立了住宅配套建设功能完备、设施健全、布局平衡、配置合理的基本标准，逐步形成新建住宅小区服务主体多元化、服务功能完善化、设施管理规范化的运行机制。同时着力发展教育、卫生事业。通过多部门合作，优先解决中小学、幼儿园的配套建设；同卫生部门协调，积极完善和扩大区级卫生服务中心的建设力度。全区新建和接收公共配套设施9222平方米。社区服务类：接收配套居委会2个，面积205平方米；接收配套社区服务站点4个，面积930平方米；接收配套社区文化活动站点2个，面积500平方米；社区警务室2个，面积40平方米；菜市场1个，面积1500平方米；公共厕所1个，面积60平方米。教育资源类：接收配套幼儿园1所，面积3137平方米。公共卫生资源类：新建铁东路卫生服务中心，面积2300平方米。接收调整卫生服务中心3处，面积450平方米。

【城建科技与节能】 1.建筑节能和绿色建筑。为加快河北区生态城区和美丽河北建设，全面完成"十三五"建筑节能和绿色建筑发展目标，进一步提高河北区建筑节能施工质量水平，强化建筑节能质量意识，加强建筑节能质量管理，河北区连续组织举办了绿色建筑暨装配式建筑施工培训及装配式建筑学习观摩活动。培训以绿色建筑、外墙外保温系统质量通病及治理、装配式建筑施工技术为主要内容，特别邀请了绿色建筑、外墙保温、装配式建筑等行业专家作为授课老师，河北区所有在施工程建设单位、施工单位、监理单位、相关专业承包单位项目负责人及技术质量负责人共计100余人次参加了此次培训。通过加强施工技术培训，进一步强化了工程各参建方的施工质量意识，提升了其节能及绿色建筑质量管理水平，为大力推广装配式建筑奠定了坚实的基础。根据天津市《绿色建筑行动方案》及河北区《绿色建筑行动方案》的总体要求，2018年河北区新建建设项目完全按照绿色建筑标准进行设计施工。全年新建绿色建筑9个，面积80.73万平方米。积极推进绿色建筑标识工作，鼓励开发企业申请绿色建筑标识，为河北区绿色建筑树立标杆和示范。

2.装配式建筑。2018年新立项项目严格按照有关文件要求推行装配式建筑，其中在施项目4个。严格按照《关于在天津市建筑产业现代化项目规划条件中提供相关建设指标的通知》（津建科〔2016〕100号）文件执行，2018年回复规划部门将装配式建筑、绿色建筑、节能强制性标准、可再生能源利用等指标写入规划条件征求意见函16份，后续围绕指标落实继续加强跟踪，确保文件落实到位，名泰南苑、国印文苑已落实装配式要求。对区管相关工地涉及节能的检查共计70次，出动人员146人次，对不符合相关设计及规范的项目下达了整改，已全部整改到位。

【海绵城市】 河北区海绵城市建设以"问题与目标"双导向为原则，着重围绕内涝片区开展建设，逐步实现远期目标。以王串场片区为重点区域，同时结合世行贷款项目河北区绿色交通改善一、二期工程，地铁接驳工程开展海绵城市建设。在完善排水系统改造的同时，加大低影响开发（LID）改造内容，把排水系统建设与地面径流控制工程相结合。进一步深化《海绵城市实施方案》，策划相关项目；加强建设规划管控，开展系统性治理。充分发挥新建建筑、道路和绿地、水系等生态系统对雨水的吸纳、蓄渗和缓释作用，有效控制雨水径流，实现自然积存、自然渗透、自然净化的城市功能。

2018年启动世行贷款项目，绿色交通改善片区总面积达到4.5平方千米，逐步办理前期手续，预计2020年开工建设。其中，一期工程涉及道路7条，二期工程涉及道路17条，金庭道、四马路、李公祠大街实施雨污分流工程。地铁接驳工程包括11个地铁接驳站点及周边46个路段，建设金狮桥接驳公园、中山路接驳公园，对幸福公园及广场进行提升改造，该工程计划2019年开工建设。世行三期贷款项目全部采用海绵城市设计，其中包括透水铺装、雨污分流、下凹绿地、雨水花园、雨水调序等相关内容。

【建设工程质量安全】 1. 质量监督。2018年各项目阶段验收和竣工验收严格执行《天津市建筑工程质量阶段验收和竣工验收实施办法》，坚持市场、质量、安全监管联动的管理机制，规范阶段验收通知前置条件，着重对验收组织形式、验收程序、验收行为及内容加大监督执法力度，进一步推动了五方责任主体认真履职，确保阶段验收高质量进行。全年监督竣工验收工程2项、3栋，建筑面积1.31万平方米，工程质量处于受控状态。配合河北区商务委员会牵头的取缔"地条钢"活动，立足于河北区区管在建项目，逐一排查现有的钢筋使用情况，严格执法，追根溯源，不放过一个批次，确保河北区区管项目未使用、不涉及"地条钢"。活动共进行了4次，涉及项目10余个，检查约50次，检查钢筋超过140批次。为确保河北区混凝土强度全面受控，压实各责任主体责任，着重落实市质量安全总队《关于加强我市建设工程混凝土施工质量管理的通知》（津建质安总〔2018〕24号）的要求，要求各项目由三方责任主体主要负责人员，对已到龄期的混凝土进行全面的强度自测；细化混凝土强度自测要求，明确混凝土强度自测组织方式、混凝土强度自测选取，并将经签认的自查情况上报，以便积极开展自测数据跟踪复核工作，推动各方责任主体认真履行质量责任，确保混凝土强度符合设计要求。持续开展电气火灾综合治理工作，坚持每月组织各地在施项目各方责任主体对电气工程中所用原材料、施工质量进行全面自查，并将自查结果报质量科。2018年共督促自查48次，进行现场抽查19次，原材料和施工质量抽查合格率100%。加强建筑材料的检查工作。对涉及建筑工程的主要材料加强了抽测与检测，杜绝不合格材料进入工程，并对用于工程上的材料要求施工单位建立材料明细台账、随工程资料一同终身保存，便于日后跟踪追查。截至目前，累计抽测钢筋、钢筋接头、防水、保温材料、电线及实体检测183组，合格率100%。积极与第三方检测机构加强对接，加大建筑材料封样抽检力度，坚决杜绝不合格材料的使用。始终坚持"确保质量安全，建设优质精品工程"的工作原则，突出质量行为监管与实体质量监管的互动,继续强化对钢筋原材料复试、钢筋调直评估、钢筋连接工艺评定、钢筋移位、混凝土施工缝留置及处理、混凝土养护、同条件混凝土试块留置等关键环节的监管。同时查找责任主体质量行为问题,对症下药督促整改,通过强化预控交底、研究工艺改进、落实现场质量管控责任、实行实体样板引路交底、推进验收标记制度等措施,提升主体质量,取得明显成效。持续推动工程质量创优工作,明确了各项目创优目标,进行实时动态管理,积极组织开展优质工程观摩学习活动;加强日常检查推动、指导和督查,注重施工过程管理。

2. 安全监督。2018年按照市质安总队及区安委会各项工作要求,对河北区建设工程项目施工安全开展了一系列执法监督检查工作。按照市质安总队、区安委会等业务上级主管部门的工作部署,结合各在建项目实际情况,根据不同施工部位、时间节点等因素,制定了2018年安全监督执法检查工作计划,合理安排和把握安全监督执法检查各项工作,使得执法检查工作可操作性大、针对性强。根据市质安总队及区安委会关于冬季消防安全大检查工作的统一安排,对区管各在建项目施工现场进行了系统的消防安全检查,重点包括消防设施的配备、消防器材的有效期、现场农民工宿舍违规使用220伏强电等,对存在安全隐患问题的项目及时下达责令整改通知书,要求及时整改落实,确保冬季施工消防安全。为落实市质安总队及区安委会关于开展春季安全生产大检查文件精神,制定了春季安全大检查工作方案,要求各区管项目时刻树立"隐患就是事故,事故就要处理"的意识,高度认识当前安全生产工作的重要性,全面深入排查现场施工安全隐患和薄弱环节,有效防范安全生产事故的发生。为树立工地食堂食品安全意识,完善食品安全管理制度,提高建筑工地食堂食品安全管理水平,按照市质安总队关于建筑工地食堂食品安全及创建卫生城市工作有关要求,结合工地实际情况,开展建筑工地食堂食品安全进行检查,重点是建立卫生制度及落实到人、办理食品经营许可证及健康证、单独设置燃气罐存放间、食堂卫生标准等落实情况。为落实市建委及区安委会关于开展2018年"安全生产月"活动的有关要求,突出"生命至上,安全发展"的主题,结合工地实际情况,开展了系列宣传活动。一是联合属地街道办事处在阳光广场举行"安全生产月"启动仪式,开展安全宣传咨询日上街宣传活动,通过统一悬挂安全相关主题标语,摆设安全生产展示牌等方式,向社会公众宣传安全发展的重要性;二是联合区疾控中心免费向社会公众发放扑克牌、纸巾、扇子、手提袋等各类宣传品200余份,使河北区建筑项目各方责任单位牢固树立施工安全生产责任意识,营造建筑工地"安全生产月"浓厚氛围;三是向河北区建筑工地统一发放施工安全画册,要求在施工现场进行悬挂,并在项目现场向农民工发放防止事故安全手册等安全宣传材料,号召各在建项目及农民工树立"安全发展"理念,增强自我防范意识。为落实区安委会关于开展"安全生产月"系列活动的通知要求,提高辖区内房屋建设项目各方责任主体单位安全生产责任意识,有效防范安全生产事故的发生,大力普及建筑施工安全管理法律法规,严格执行施工现场安全操作规程,在名泰南苑(杨桥大街地块)项目部组织开展"施工现场临时用电安全使用操作及施工大型机械设备检查、维修保养和执行文件规范"安全培训会。由建筑施工领域经验丰富、熟悉施工现场安全管理、掌握相关法律法规的资深专家，采取课件讲解与现场实际问题对比分析的授课方式，通过结合实际发生的事故案例，使讲授和培训内容更贴近工地实际，具有实践性、可操作性和借鉴性，起到了"样板引路"作用，达到了此次培训会的预期目的。为提高建设项目施工单位安全应急处置能力，增强建设各方责任主体单位的安全生产责任意识和自救防控抵御风险的防范意识，完善施工安全应急演练内容，使演练形式和内容贴近工地实际，在名泰南苑（杨桥大街地块）项目联合建设单位（中冶名瑞置业有限公司）、施工单位（中冶天工集团天津有限公司）开展了"地库支撑架体坍塌应急救援演练"活动。该演练选材与现场实际相吻合，具有一定的操作性，各处置环节紧密有序，基本达到演练预期效果。按照《河北区安委会办公室关于开展建筑施工领域安全生产督查工作的通知》，联合河北区安监局对各区管项目开展执法检查。对检查中发现的隐患问题，现场下达执法文书，并要求项目各方单位高度重视施工现场安全生产工作，落实安全生产主体责任，及时消除安全隐患问题。为普及艾滋病防治宣传和知识，增强农民工对艾滋病的认识，学习艾滋病防治的健康知识，联合河北区疾控中心在盐坨桥项目举行了建筑工地流动人口艾滋病防治宣传活动，现场由区疾控中心等部门工作人员向农民工发放艾滋病防治宣传材料，并为农民工讲解艾滋病防治的专业知识和生活常识。按照市质安总队及河北区安委会关于开展各阶段建筑施工领域安全生产工作的部署和要求，深刻吸取安全生产事故教训，结合建筑工地实际情况，先后开展了"两会"期间安全隐患专项治理、春夏火灾防控、夏季汛期、危大工程、建筑工地交通安全等专项大检查，对存在安全隐患的问题，现场下达执法文书，要求及时整改到位；对存在的违法违规行为，一律按照相关法律法规，从严从重处理。按照开展2018年全市房屋建筑安全联合检查督查工作的部署和要求，从速行动全面开展自查，确保河北区建筑工地施工安全持续受控。制定并下发了《关于河北区建设项目落实2018年全市房屋建筑安全联合检查督查工作的通知》，要求各项目全面开展自查并上报自查报告。强化项目参建三方的主体责任和安全意识，注重对防范安全隐患的宣传和培训环节。在进行项目执法检查工作的基础上，有针对性地通过培训宣贯上级部门的相关文件内容和精神，同时由执法人员对现场实体及相关资料存在的不足进行业务指导，使项目三方主体牢固树立"隐患就是事故，事故就要处理"的意识，由被动整改问题向主动发现问题转变，不断完善现场的安全管理工作。

3. 扬尘治理。结合市质安总队开展的2018年春季开复工扬尘专项大检查，围绕扬尘治理"六个百分百"要求，结合建设项目开复工施工安全，从3月份开始在河北区范围内不间断地开展建筑施工扬尘执法检查，全面严查、严控各项控尘措施，对落实不到位的一律不允许复工。在各阶段重污染天气预警期间，持续开展了重污染天气施工扬尘执法检查工作。重点对"国控点"周边及处在基础、配套施工部位涉及土石方作业的建设项目进行检查，保障工地扬尘执法检查全覆盖。同时，"两会"等重大活动和节假日期间，支队执法人员对各在建项目全面开展扬尘执法检查，确保各工地扬尘治理整体可控。

加强多部门执法联动，形成执法资源

互补，加大项目主体责任单位扬尘治理落实不到位的违规行为，加大其违规成本；支队与区环保局开展了建筑工地扬尘治理联合检查和夜间巡查，从而进一步提高和强化了项目主体单位对扬尘治理工作的意识和责任。不断加大执法频次，强化执法力度，对国控点周边重点项目给予特别关注。对落实不到位的项目，现场下达执法文书，并采取约谈、上报、函告等措施进行处理；对存在的违法违规行为，一律按照相关法律法规，从严从重处理。同时，对问题易反复出现的项目，多次约谈项目三方负责人和组织召开现场督办落实会，要求各项目明确各自职责、标准和要求，并持续做好跟踪检查工作。

按照创建卫生城市工作的整体部署和职责任务划分，结合天津市建设工程文明施工管理有关要求和工地实际情况，围绕建筑工地扬尘治理、环境卫生管理、建筑垃圾及工地食堂管理等方面内容，要求各建筑工地开展自查自纠，对相关工作不到位的问题即整即改。期间集中开展工地内"清脏治乱"环境卫生大清整，对施工现场存在的问题，现场下达执法文书，并要求项目各方负责人高度重视创卫工作，对相关工作不到位的问题立即进行整改到位并保持常态化。为全面做好迎接中央环保督察"回头看"自查自纠工作，在河北区范围内开展建筑工地施工扬尘"地毯式"拉网大检查，对扬尘治理落实不到位的项目，一律依法依规，从重从严从快进行处理。

【执法监察】 1. 建筑市场执法。2018年累计开展建筑市场专项检查2次，累计日常检查52项次，累计下达整改通知书21份，提出整改意见60条。累计接待受理农民工投诉24起，涉及农民工510人，涉及工资金额512.98万元，受理的24起投诉已全部处理解决。

2. 工程质量执法。2018年共进行执法检查220项次，查处各类质量问题418项，其中：下达整改104份，停工5份。

3. 施工安全执法。2018年累计执法检查200余项次，出动执法人员达800余人次；下达责令整改通知书71份，提出整改意见327条；下达责令停工通知书11份，提出整改意见72条。

4. 扬尘治理执法。2018年累计执法检查500余项次，出动执法人员达2000余人次；下达责令整改通知书201份，提出整改意见484份；下达责令停工通知书60份，提出整改意见168条。

红桥区

【概况】 天津市红桥区建设管理委员会是天津市红桥区人民政府的组成机构，是红桥区城市建设的行政主管部门。2018年12月，区建设管理委员会和区房地产管理局的职责整合，组建了天津市红桥区住房和城乡建设委员会。

【机构职能】 红桥区建设管理委员会机构职能如下：

1. 贯彻党的路线、方针、政策，执行市委、区委的决策部署，全面加强党的思想建设、组织建设、制度建设、作风建设和反腐倡廉建设，切实加强干部队伍和党员队伍建设。

2. 贯彻执行国家和天津市有关城市建设管理的法律、法规，研究制定全区城市建设管理等方面的政策规定，并对实施情况进行监督检查。

3. 负责组织编制全区城建项目计划台账，并对全区建设项目进行服务和协调。

4. 负责建设工程中施工质量、安全生产及文明施工的监督管理工作；组织或参与工程重大质量、安全事故的调查处理工作。

5. 受区政府委托，做好全区住宅配套基础设施项目的计划、建设和管理；负责区内住宅建设非营业性公建配套费收缴和管理；参与住宅规划方案中配套项目的审核；完成新建住宅配套项目的实施和移交使用。

6. 负责区内供热工程的规划、计划、建设、管理；负责全区社会供热单位的管理。

7. 负责城建资金的统筹协调，组织推动城建任务的实施。

8. 承办区委、区政府交办的其他事项。

【内设机构】 红桥区建设管理委员会设有7个内设机构。

1. 党委办公室。负责党委的文电、会务、信息管理及重大工作的落实、督办和协调工作；负责党委工作计划、总结的起草工作；负责基层党组织建设和党员干部的教育管理工作；负责组织、老干部、工会、团委、妇联等工作。

2. 行政办公室。负责机关文电、机要、档案管理等日常工作；承担文稿起草、提案、安全、保密、政务公开、信息公开、督察督办、计生和后勤工作；负责机关人事劳资、干部培训和退休人员日常管理等工作。

3. 财务审计科。负责编制年度预算，

定期分析预算执行情况，负责建委内部各独立核算自收自支部门的会计核算、财务管理、内部审计、领导干部离任经济责任审计工作；负责建委所属企业的经济管理工作；负责全区市政基础建设征迁的资金统筹、平衡管理工作。

4. 城建计划科。负责区域中长期发展规划的编制；负责全区城建项目年度计划台账的编制；负责区内建设项目计划申报前的资质初审工作和商品房、经济适用房等的计划结转工作；负责区内建设项目的招商引资工作；负责建设项目实施情况和固定资产投资的统计分析工作；参与科技型中小企业的引进和帮扶工作；负责全区市政公用和交通设施的规划、计划的申报工作。

5. 建设服务科。做好对市、区重点工程的服务和协调工作，加强对工程项目的监督管理，推动重点工程建设进度。

6. 政策法规科。监督、检查本系统有关城市规划、建设、管理方面的法律、法规、规章和规范性文件贯彻执行情况；负责执法人员的法制培训和普法教育工作；负责全区经济适用房的筹划、建设以及资金平衡管理工作；受区征收办委托负责全区的市政基础建设征迁和安置工作；负责信访接待、应急管理工作；负责审查各类协议和合同。

7. 建筑节能科。负责辖区建设项目有关建筑节能和绿色建筑等法律法规的培训；按照市建委及市质安总队等部门要求落实相关建筑节能工作；负责辖区建筑市场行政执法和监督管理工作。

【下属单位】 红桥区建设管理委员会下属4个公益一类事业单位、1个公益二类事业单位，代管2个企业单位。

1. 红桥区建设工程质量安全监督管理支队。主要承担全区工程质量、施工安全、文明施工的监督管理和建设市场监察；组织或参与对重大工程质量、安全事故的调查处理。

2. 红桥区人民政府住宅建设配套办公室。主要承担全区非经营性公建配套投资计划的审核、组织实施、监督验收，协调有关部门完成新建住宅区内配套项目。

3. 红桥区节水办公室。主要承担全区日常用水及专业用水指标管理。

4. 红桥区供热办公室。主要承担全区供热系统的规划、建设、管理，对新建住宅供热配套予以指导和管理。

5. 红桥区供热服务中心。负责落实供热相关政策，提供供热政策咨询服务；保障供热在职事业编制人员利益，负责其人事、工资、保险等工作的落实。

6. 红桥区土地房屋征收中心。主要承担区政府安排的拆迁任务。

7. 正达公司。主要承担红桥区重点项目的代建工作。

【基础设施建设及投资】 2018年，在编制完成红桥区市政基础设施建设三年储备库的基础上，积极协调市、区有关部门，克服资金和程序审批难题，推进丁字沽零号路及勤俭支道界外工程、海源道、民畅道、团结路、保康东路、本溪路等项目建设。

【建筑业及建筑市场】 强化"安全第一、预防为主、综合治理"的管理模式，不断加强建筑市场管理，严格规范工程招投标程序，公开招标率、合同审查率均达100%。受理解决农民工拖欠工资投诉5件，涉及金额435万元。

【区级重点工程项目】 2018年，累计为市民族文化宫、油脂储炼厂、三条石小学、光荣道科技园配套道路等重点项目和企业协调解决各类难题70余件，有效推动了项目建设进度。孟春里、油脂储炼厂等7个项目顺利启动，大成广场、陆家嘴广场等8个项目实现完工。加快全区电网规划建设发展，制定《红桥区电网发展"1001工程"实施方案》，建立高层沟通协调联络机制，积极推动西站前广场变电站、本溪路变电站选址、规划调整工作。

陆家嘴广场

【城建科技与节能】 建立健全建筑节能目标分解评价考核机制，推进建筑节能量化管理。对西站消防中队等13个项目提出了装配式建筑、绿色建筑相关建设要求，积极推动红桥区公共建筑节能改造工作。

【海绵城市与地下管廊】 启动试点片区和苑C地块海绵城市改造工作；加紧推进6个小区旧楼改造中海绵元素融入工作。完成城市双修工作2平方千米的实施片区的选定工作，制定了实施方案。高水平完成《红桥区燃气发展规划》编制，规范区内燃气实施。

【建设工程质量安全】 加强安全管理，对市场秩序进行整顿、规范和监理。红桥区管理在施工程23个、总建筑面积108万平方米。受监工程质量合格率100%，无重大安全事故发生。

【建设领域行政处罚】 开展建筑市场质量安全排查专项行动，行政处罚14起，处罚金额523.2万元。

【建设领域行政审批】 共完成工程报建备案24项、项目总投资138亿元。完成施工招标31项（38标段）、中标总价约30亿元；完成施工合同告知或备案38项；完成监理招标27项（29标段）；完成勘察招标10项（10标段）；完成设计招标25项（26标段）。共完成施工、监理、设计、勘察4大类、93项、103标段招标。

【民计民生工作】 完成了红桥区中医院临时周转代建项目，承接西沽社区卫生服务中心等9个区重点工程代建任务；全面启动三条石小学、西站消防中队、交警红桥支队项目安置周转建设工作；完成大同门菜市场、怡德路菜市场建设工作，推进佳园里供热站改造成菜市场建设工作;完成和苑菅和园非经营性配套公建的交接工作;配合天津市燃气集团完成2018年远年燃气改造施工工作。2018年,完成30片远年二次供水改造项目;加快推进节水型单位、节水型居民小区创建工作。完成90个片区、1.43万户的"煤改电"工作;妥善改造人民家园、南江里等供热管网约8300米;实施同心楼等5个小区、5600米的老旧管网改造工程;完成本溪路一次网改造工程,积极推动红咸里等6处换热站建设改造工作;完成3个供热站、15台燃气锅炉的低氮改造工作。

东丽区

【概况】 天津市东丽区建设管理委员会是天津市东丽区人民政府的组成机构，是东丽区城市建设的行政主管部门。2018年12月，区建设管理委员会和区房地产管理局的职责整合，组建了天津市东丽区住房和城乡建设委员会。

2018年是贯彻党的十九大精神的开局之年，是决战城市转型、实施"十三五"规划承上启下的一年。东丽区建设管理委员会坚决贯彻落实区委、区政府决策部署，坚持"挂图作战"，7项民心工程建设项目圆满收官，跃进路、雪莲路、雪莲南路3条南北向道路拆迁建设取得突破性进展，散煤"清零"成果持续巩固。

【机构职能】 东丽区建设管理委员会机构职能如下：

1. 贯彻执行国家和天津市有关城乡建设管理的法律、法规、规章和方针政策；拟订全区城乡市政基础设施发展中长期规划和年度计划，并组织实施和监督检查。

2. 编制全区城乡建设发展规划，负责城乡建设项目建议书、可行性研究报告的报批；会同有关部门管理城乡建设资金；负责城乡建设综合统计工作。

3. 推进城市排水体制改革；负责重大建设项目的综合协调；负责新建区域内地下管网建设施工的综合协调管理。

4. 综合协调、督促城乡重大市政基础设施建设工程的实施；负责市政基础设施项目的建设管理；组织拟订市政基础设施项目年度投资计划并指导实施；监督管理市政基础设施建设资金。

5. 负责建设工程质量安全监督管理工作；负责全区建设工程的施工质量、安全生产和文明施工管理；参与工程重大质量事故、安全事故的调查处理。

6. 负责绿色建筑和建筑节能监督管理；组织建设行业新技术、新工艺、新材料、新设备的推广和应用。

7. 负责建筑行业管理和建筑市场监督管理；负责建筑业农民工管理；负责建筑市场信用体系建设；负责建设工程造价、招投标监督管理和合同的备案管理等工作。

8. 负责建设工程勘察设计行业管理，拟订行业发展规划；负责房地产业建设管理和综合协调；负责房屋建筑工程抗震设防管理，指导农民自建住房结构安全和抗震设防。

9. 负责供热行业管理和市场监管；指导相关行业协会工作。

10. 承办区委、区政府交办的其他事项。

【内设机构】 东丽区建设管理委员会设有10个内设机构。

1. 党委办公室。负责系统内党务工作；负责纪检监察、保密、宣传、精神文明建设和社会治安综合治理工作；负责工会和共青团工作；负责党员教育、干部管理工作；负责基层单位领导班子目标考核工作。

2. 行政办公室。负责机关政务和后勤工作；负责信息、文秘、机要、保密、档案、统计、信访和安全保卫等工作；组织、协调机关日常工作；负责提案、议案的办理工作。

3. 人事科。负责系统内人事、考核和职工教育培训工作；负责系统内事业单位职称评审工作；负责离退休人员的管理和服务工作；负责妇联工作。

4. 财务科。负责制定财务工作计划，编制预算、决算，履行合同、预算及结算手续，合理安排并监督使用资金，为领导决策提供合理数据；负责本系统财务工作的检查、监督和审计；负责机关日常会计处理工作和财务文档工作。

5. 城市建设配套办公室。负责管辖范围内各项目大小配套合同签订，收缴大配套费及非营业性公建配套费；组织协调各类基础设施配套工程投资计划的申报工作，组织东丽区市政基础设施配套实施工作；组织协调各开发项目非营业性公建的监督、检查、验收、移交工作。

6. 工程质量安全监督管理科（建筑节能管理科）。负责制定全区工程安全生产事故应急预案；负责全区建设工程质量及安全监督管理、安全教育培训；负责施工现场文明施工管理；负责工程质量验收备案和安全措施备案；组织或参与对重大工程质量、安全事故的调查处理；协调工程建设中重大技术问题，参与大、中型工程项目验收；负责工程质量保险、工伤险制度的实施；负责编制节能年度工作计划；落实和推进墙体材料发展应用与建筑节能的日常监督管理工作。

7. 市政建设管理科。负责辖区内新建项目市政配套设施的备案、考核；负责市政行政许可审批项目审批手续的审核；严格履行市政行政执法的监督检查工作；负责组织津塘公路等道路的路灯维护管理工作；负责东丽区市政设施建设综合统计资料编报工作；负责辖区内无障碍设施建设协调工作。

8. 房地产开发建设管理科。负责商品房项目资质预审，经济适用房投资计划申报，经济适用房、商品房投资计划结转；负责房地产项目建设情况各类统计报表填报；负责新建住宅商品房准许交付使用管理和发证工作；协调市级部门落实东丽区小城镇建设项目、扶持资金、贴息贷款等事宜；负责东丽区城镇建设绩效考核评比工作。

9. 供热办公室。负责制定辖区供热规划；负责辖区供热单位的行业管理；负责直管范围内的供热基础设施建设；负责直管范围内的供热设施改造。

10. 综合计划科。负责重点建设项目的综合协调；负责制定城乡建设政府规章草案和有关政策措施；负责重点工程项目征地拆迁的实施与协调；负责有关项目的规划、实施以及合同文本制定。

【下属单位】 东丽区建设管理委员会下属2个公益一类事业单位、3个公益二类事业单位和2个经营性事业单位。

1. 天津市东丽区建设工程质量安全监督管理支队。主要职责：贯彻执行市、区有关城市建设质量、安全与文明施工的规章、制度和标准；根据有关规定，承担工程质量、施工安全、文明施工的监督管理和建设市场监察；组织或参与对重大工程质量、安全事故的调查处理。

2. 天津市东丽区建筑管理站。主要职责：建筑业企业资质监督管理；建筑业企业人员培训；建设工程施工许可证核发；建设工程招投标监督管理；建设工程合同监督管理；建筑业产值统计管理；建筑市场劳务用工执法监察；建筑业农民工工资投诉及信访的接待处理工作。

3. 天津市东丽区供热站。主要职责：负责集中供热系统规划，集中供热工程设计、施工、监理，集中供热工程管理、维护等工作。

4. 天津市东丽区工程建设交易服务中心。主要职责：为区内建设工程交易提供场所、设施及相关信息服务。

5. 天津市东丽区市政工程管理所。主要职责：负责辖区内城市市政设施的管理、养护工作；负责辖区内市政基础设施执法工作。

6. 天津市东丽区建设开发中心。主要职责：提供商品住房及房管服务；负责房地产开发及商品房销售、商业用房租赁、物业管理、房屋及其设备维护修缮及相关社会服务、工程项目服务。

7. 天津市东丽建筑设计院。主要职责：承担建筑装饰工程设计、建筑幕墙工程设计、轻型钢结构工程设计、建筑智能化系统设计、照明工程设计和消防设施工程设计相应范围的乙级专项工程设计业务。从事资质证书许可范围内相应的建设工程总承包业务以及项目管理和相关的技术与管理服务。

【轨道交通及重点道路建设】 2018年，东丽区建设管理委员会积极推动市、区轨道交通和重点道路建设，协调解决地铁4号线和10号线遗留问题，保障建设项目顺利实施。完成地铁11号线拆迁面积15.6万平方米，占拆迁总量的68.6%。完成东丽湖Z8线线位和站址初步优化方案。完成津京第二输油管道项目、东郊污水处理厂迁建管网配套工程及外环线东北部调线电力切改工程拆迁任务。完成海河东路、光达路、万山道、雪莲路（京山铁路—津滨大道段）、雪莲南路（环宇道—海河东路段）5条道路建设。年内，建设万新街道增兴窑村还迁项目与东丽湖区域配套的山青道、东台山道、跃航道、鹏展道、泽林路、银桂路6条道路。维修改造中心城区、华新街道、滨海市政地区道路60千米。推进航新路、航双路及市里下放的16个项目前期工作。

【建筑业与建筑市场管理】 2018年，东丽区建筑业产值完成127.7亿元，比上年增长12.53%。东丽区建设管理委员会监管全区有资质建筑业企业346家。新申请资质82家、办理资质增项64家、资质升级4家、改制重组1家、各种日常变更70家。完成招标备案818项，总招标面积5070.3万平方米。强化合同管理机构标后服务意识，针对重点项目进行"跟踪式管理"，办理建设工程合同备案437项、合同竣工结算备案4项。新开立农民工工资预储账户131个，清户109个，审核建设单位办理施工项目报建208个，开展建筑业劳务用工及"治欠保支"专项检查106项次，下达预储账户告知书67份。开展"双万双服促发展"活动，为建筑企业破解发展难题，上报信息430篇，服务企业572户次，召开问题协调会48次，收集问题442个，解决356个，解决率达80%；三级包联企业收集问题18个，解决16个；解决两级政企互通平台问题245个，解决率达99.6%。加大招商引资力度,天津申基建筑工程有限公司和中建二局第三建筑工程有限公司天津分公司在东丽区成功注册。制定《关于简化优化建设工程项目手续办理环节的通知》等文件,优化流程7项,简化事项15条,取消审批事项8项,取消要件4项。京东亚洲一号天津东丽物流园项目在全市率先实行民营企业邀请招标转为直接发包备案,实现申报当天即取得施工许可证。

【配套基础设施建设】 2018年,东丽区建设管理委员会推进新立示范镇、军粮城示范镇二期及区属基础设施配套工作。完成新立示范镇污水泵站、军粮城示范镇二期雨污水泵站建设。实施金钟示范镇污水主干管网工程9695米,临时泵站建设顺利开工。军粮城示范镇二期北区供热一次管线、换热站及南区4座换热站完成设备安装。东丽区建设管理委员会建立配套管理联动工作机制,加强新建项目配套建设监管,签订非经营性公建配套合同3份,完成万新街道蔚秀花园、新立街道融创城等12个新建住宅项目非经营性公建验收。推动全区35项重点教育设施建设。移交保利玫瑰湾幼儿园、华城庭苑中学、小学、幼儿园等9所教育设施。揽城苑幼儿园等14所教育设施完成主体建设,好美嘉园中学、小学、幼儿园等9所教育设施开工建设,天安幼儿园等3所教育设施办理前期手续。

华明街道华城庭苑幼儿园

【环境保护及治理】 2018年,东丽区建设管理委员会按照"六个百分百"(施工工地周边100%围挡、物料堆放100%覆盖、出入车辆100%冲洗、施工现场地面100%硬化、工地100%湿法作业、渣土车辆100%密闭运输)要求对全区在施项目开展扬尘治理昼夜巡查，出动执法人员2155人次，下达停工、整改通知书166份，提出整改意见262条，整改完成率100%。年内，东丽区通过市散煤分指挥部2017年居民冬季散煤取暖清洁治理工作考核，全市排名第三。为巩固散煤"清零"成果，区散煤取暖治理指挥部召开工作部署会10次，组织发改委、农经委、商务委、市场监管局、执法局、环保局、张贵庄街道、丰年村街道、金桥街道、无瑕街道、新立街道、万新街道、金钟街道、军粮城街道、华明街道对村队剩余户和国企宿舍片区开展巡查工作，严防燃煤复烧，确保用电安全，保障人民群众温暖过冬。完成130户散煤清洁化治理集中供热补漏工作。完成金钟街道金钟路供热站、万新街道昆仑北里供热站、万新街道中国汽研中心3座9台燃气供热锅炉低氮改造工作。完成无瑕街道无瑕花园锅炉房并网工程，并网面积100万平方米。

【房地产开发及行业管理】 自下放房地产开发项目前期管理权限以来，东丽区建设管理委员会共办理揽城苑、慕湖园、赏溪苑项目等9项开发建设方案，建筑面积约254万平方米，总投资约156亿元。审核商品房新办建设计划13项，2018年新开工面积74万平方米，计划竣工面积15万平方米，计划总投资21.5亿元。同时，协助16家开发企业办理资质年检，监督企业按照相应资质等级进行建设。

【建设科技与节能】 2018年，东丽区建设管理委员会依据天津市住房和城乡建设委员会下发的《天津市2018年建筑节能和科技工作要点》的通知要求，结合东丽区实际情况，组织编制了《东丽区2018年建筑节能和绿色建筑实施计划》，指导各项工作有序开展。为建立建筑节能激励机制，降低建筑能耗，为全区经济发展提供能源空间，按照《天津市建筑节约能源条例》设立建筑节能专项资金，用于建筑节能科学技术研究、既有建筑节能改造、发展绿色建筑、可再生能源利用、公共建筑能耗监管以及建筑节能示范工程、节能项目的推广等。2018年东丽区财政批复预算30万元用于建筑节能专项资金，专项资金在使用过程中严格管理，确保资金使用效益。

2018年，东丽区建筑节能与绿色建筑各项工作开展情况良好，尤其是在装配式建筑推行、公共建筑节能改造等工作中取得了突破性进展，为全面推动美丽天津、美丽东丽建设提供助力。完成东丽湖街道恒大酒店既有公共建筑节能改造，面积13万平方米，开工面积超过三年改造任务目标的65%，超额完成区内既有公共建筑节能改造任务。完成张贵庄街道片区暖气节能改造工程，改造住宅1100户，更换节能门窗5630平方米。对完成改造的无瑕街道、丰年街道、张贵庄街道30个小区85.4万平方米建筑进行了维修养护。确定34个项目高星级绿建指标要求，不低于二星级绿色建筑面积166万平方米。对35个项目提出实施装配式建筑要求，建筑面积143万平方米，融创城北苑B2地块、金茂小王庄地块、金茂东丽成湖C1地块等装配式建筑项目开工建设。

【海绵城市与地下综合管廊建设】 2018年，东丽区建设管理委员会实施东丽区海绵城市建设，发挥海绵城市建设工作领导小组办公室职能，完善部门联动机制，形成规划、审批和建设一体化管理体系；分析、研究全区总体情况，编制完成海绵城市建设实施方案，明确3年建设任务和计划，总建设面积24.35万平方米。完成万新街道荟臻里、瀛通公寓和张贵庄街道天水丽园3个小区排水改造工程，新建雨水管道1898米。推动完成金钟示范镇67.09万平方米海绵城市及城市双修提升改造工程。加快推进城市地下综合管廊建设,发挥城市地下综合管廊建设工作领导小组办公室统筹协调作用,组织实施东丽湖地下综合管廊建设工程,协调解决规划、土地和立项等审批手续,顺利通过"两评一案"专家评审和入库工作。

【建设工程质量安全管理】 2018年,东丽区建设管理委员会共监管全区建设项目142个。竣工项目31个,长期停滞及待验项目37个,实际在施项目74个(其中新开工项目32个)。开展质量安全执法检查、房屋建筑工程开复工安全专项检查、建筑施工安全专项治理行动等8类安全生产检查以及食品安全、房屋安全、火灾防控等专项检查活动,出动执法人员5313人次,下达各类整改通知书684份,安全责令暂停施工通知书5份,提出整改意见2489条,整改完成率100%。建筑市场执法检查出动执法人员531人次,下达整改通知书82份,责令暂停施工通知书7份,提出整改意见247条。落实工程阶段性验收工作,参加工程各阶段验收228次,一次验收合格率100%。登记工程质量安全监督备案67项,发放竣工验收备案书82项,完成起重机械设备备案2214台。采取一般程序立案行政处罚案卷52项,涉及市场行为处罚33项、安全处罚6项、扬尘执法或文明施工处罚13项,总金额821万元。

【意见建议诉求办理】 2018年,东丽区建设管理委员会办理区十七届人大三次会议人大代表建议3件、区政协九届二次会议政协委员提案9件,答复率100%,满意率100%。承办区为民服务热线和群众留言反馈件2169件,接待来人、来电、来信765件。通过信访信息网答复群众诉求23件,全部按时协调解决。接待农民工上访141件、763人,涉及4333人、6772万元,妥善解决140件,关注1件。受理政府信息依申请公开284件、查处申请2件,回复率100%。全年无行政复议、诉讼案件发生。

西青区

【概况】 天津市西青区建设管理委员会是天津市西青区人民政府的组成机构，是西青区城市建设的行政主管部门。2018年12月，区建设管理委员会和区房地产管理局的职责整合，组建了天津市西青区住房和城乡建设委员会。

【机构职能】 西青区建设管理委员会机构职能如下：

1. 贯彻执行国家和天津市城镇建设、城镇基础设施建设、公用事业设施建设的法律、法规和方针、政策。

2. 负责管理城镇建设资金、城市维护资金；负责建设系统综合统计工作。

3. 负责工业和民用建筑、市政公用工程初步设计的审查、备案并指导工程设计方案招标及施工图审查工作。

4. 负责制定城镇基础设施的建设计划及方案的审核审定及监督实施；负责供热管理工作及集中供热企业资质的预审。

5. 制定建筑业发展规划和实施细则并进行相关工作的监督和管理；负责建筑施工企业的资质预审；负责外埠建筑企业进区施工的管理；负责外埠勘察设计单位和工程监理企业进区承包工程的管理；负责工程造价、工程招投标、工程合同的管理和监督；负责建筑业从业人员资格认证及管理。

6. 综合协调房地产行业的管理工作；负责房地产开发和企业资质的预审；组织拟定与房地产业相关的管理实施细则；组织、协调城镇建设和改造的开发工作；负责绿色建筑和建筑节能的监督管理工作。

7. 负责编制建材业发展规划，拟定实施细则；负责建材散装水泥、商品混凝土和新型建材的推广；负责组织指导建筑科技成果的推广及业务培训。

8. 组织协调市政公用基础设施建设、住宅建设和配套工程建设；协调指导重点工程建设；负责工程设计质量、工程质量、施工安全、施工现场的管理和监督。

9. 承办区委、区政府交办的其他工作。

【内设机构】 西青区建设管理委员会设有10个内设机构。

1. 党委办公室。负责检查、督办党务工作和落实党委决议；负责党委重要文件的起草、党务信息、调研、保密工作；负责思想政治工作、宣传工作；负责窗口建设、普法教育、通讯报道工作；负责离退休干部管理工作；负责纪检、监察和党风廉政建设工作；负责基层党组织建设工作；负责统战和对台工作；负责机关党支部、团支部工作。

2. 行政办公室。负责行政事务、会议组织、政务信息、文书档案、保密工作；负责委办公会决议事项的督查落实工作；负责组织办理人大议案、政协提案和群众来信来访工作；负责机关行政后勤工作；负责计划生育、妇女工作；协调全区建设管理方面有关的工作。

3. 人事科。负责系统内干部的管理、考核、晋升、奖惩及基层领导班子建设工作；负责机构编制与调整；负责事业单位管理；负责劳动工资、退休手续办理、干部统计、人员调配、专业技术人员资格评定、职称聘任和管理、职业资格注册考评、工人技术考级、学习教育培训工作；负责机关事业单位人员招录；负责人事档案管理。

4. 财务科。负责系统内拨款、年度预决算、数据汇总工作；负责工程建设财务管理工作；负责机关和工会的财务、资金调度；负责街镇相关建设资金的监督管理。

5. 预算审计科。负责系统内财务收支、财务制度执行的审计；负责工程款项支出及专项资金使用的审计；负责单位内部财务运行及预决算执行情况的监督；负责系统内物资和国有资产的管理；负责指导并监督基层单位财经纪律的执行等。

6. 工程计划科。负责建设项目的立项和项目建议书、可行性研究等前期手续报批和组织招标工作；负责建设项目年度投资计划和报批工作；负责组织、筹措、安排使用和管理城镇建设资金；负责系统内的工程统计工作。

7. 施工管理科。负责全区市政基础设施工程及其重点工程的施工管理及协调工作；负责建设工程报建和施工图审查；负责协调国家及市重点工程建设有关事宜。

8. 建设管理科。负责房地产项目资质预审工作；负责房地产开发项目投资计划的结转、实施管理、统计工作；负责村镇自建房建设管理、村镇基础设施建设项目申报工作；负责农村困难家庭危陋房屋改造工作；负责区域内传统民居的保护决策咨询、技术指导以及传统民居的调查、记录和整理工作；负责村镇建设调查、统计、荣誉称号推荐等工作。负责全区建筑市场的监察、施工企业资质的预审；负责建筑业从业人员资格认证及管理；负责工程造价、工程招标、工程合同的管理和监督；负责设计方案初步设计的预审；负责建材市场的监督管理；负责建筑行业的技术培训。

9. 工程配套管理办公室。负责全区基础设施配套管理；负责配套费的收缴工作；负责全区商品房开发建设的非经营性公建配套验收工作；负责开发建设方案预审工作；负责全区供热管理工作及集中供热企业资质的预审；负责绿色建筑和建筑节能的监督管理工作。

10. 建设安全生产监督管理科。贯彻执行国家及上级部门颁布的有关建设工程质量和安全的法律、法规、规定；负责全区施工安全、工程质量、工程监理行业的监督管理；组织全区建设工程质量与安全检查活动，参与协助上级建设行政管理部门组织的各项质量、安全检查活动以及安全事故的调查处理工作，对质量违规行为采取必要的行政措施；负责综治、维稳、委系统安全生产、机关安全、民兵、武装部工作。

【下属单位】 西青区建设管理委员会共有6个下属事业单位。

1. 西青区建设工程质量安全监督管

理支队。该单位为副处级全额事业单位。其主要职责如下：①认真贯彻执行国家及天津市有关建设工程质量安全、文明施工及建筑市场的法律、法规、规定；②依法办理辖区建设工程质量安全监督登记，实施质量安全、文明施工及建筑市场的监督管理；③对建设工程各责任方有关质量安全、文明施工及建筑市场的行为进行执法检查；④对工程质量、施工安全的违规行为采取整改和停工等措施，对严重违反工程建设（质量安全和文明施工）强制性标准及违反《建筑市场管理条例》者，及时调取证据材料并做出相应的行政处罚；⑤对竣工工程出具建设工程质量、安全监督报告，办理竣工备案；⑥协调、配合上级建设行政主管部门做好建设工程质量安全、文明施工的各类检查活动；⑦办理驻区建筑业企业资质登记、初审等资质管理工作；⑧完成领导交办的其他工作。

2. 西青区市政工程管理所。该所为正科级差额事业单位。其主要职责如下：负责杨柳青及精武两镇的市政（道路、桥梁、排水）设施养护管理及维修施工、赛达大道污水排水管道及泵站设施的养护管理工作。完成领导交办的其他工作。所辖市政设施包括：泵站19座（杨柳青镇13座、精武镇1座、赛达5座）；排水管道（含雨水、污水及里巷）289千米；道路设施量198万平方米；桥、涵共12座。

3. 西青区建设工程招标管理办公室。该办公室为正科级自收自支事业单位。其主要职责如下：①负责全区工程建设项目的报建备案及招标方式的确认、建筑节能技术资料备案等工作，依法监督管理辖区权限内的建设工程招投标活动；②负责对区管项目勘察、设计、监理、施工和设备材料采购招投标活动实施监督管理及合同备案工作；③负责招标公告的发布监督、投标人投标资格的确认；④负责对招标代理机构招标代理活动的监督管理；⑤负责招标文件（评标办法）备案、评标委员会组成监督、中标结果、招标投标情况书面报告的备案管理；⑥监督开标、评标和定标活动全过程；⑦确保招标全过程依法、有序、公开、公平、公正；⑧依法调解招投标活动中的纠纷，杜绝有异议的定标结果，受理和处理招投标活动中的投诉；⑨配合建筑市场管理部门做好建筑市场有序管理，查处违反招投标法律、法规的行为；⑩完成领导交办的其他工作。

4. 西青区工程建设交易服务中心。该中心为正科级自收自支事业单位。其主要职责如下：①为有关部门实行"一站式服务"提供场所服务；②为工程发包承包交易的各方主体提供完善的信息网络服务，实现信息收集、发布功能；③为工程招投标交易活动提供会务场所服务；④为工程招投标交易监督提供相关服务（开标、评标服务等）；⑤负责评标专家抽取和电子语音自动通知，配合招投标监督管理部门对评标专家实施动态管理；⑥负责收集整理进场交易活动的各类相关音像等原始记录，建立档案管理制度，统一归档管理等；⑦完成领导交办的其他工作。

5. 西青区住宅建设与建筑节能服务中心。该中心为正科级自收自支事业单位。其主要职责如下：①负责墙体材料革新和建筑节能有关法规政策的宣传工作；②负责建筑节能备案、建筑能耗监测等相关服务工作；③负责新型墙体材料的科研、设计、生产、施工以及建设单位的技术开发和推广应用等相关服务工作；④负责可再生能源利用、建筑垃圾资源化利用、既有建筑节能改造等相关技术服务工作；⑤完成领导交办的其他工作。

6. 西青区供热服务中心。该中心为正科级自收自支事业单位。其主要职责如下：①负责辖区内供热具体实施的服务工作；②指导协调辖区内保修期内新建商品房建设单位所需大型集中供热的打压试水、维修抢修、测温检查等供热服务工作；③负责燃煤锅炉改燃并网等服务工作；④完成领导交办的其他工作。

【基础设施建设及投资】 1. 市级重点道路及轨道项目。①津沧高速改造工程。项目北起外环线津静公路立交桥，南至津晋高速公路张家窝立交桥，全长5.07千米，并将现状收费站南移4.6千米至精武镇学府工业园内，总投资9亿元，征地拆迁工作已完成。

②荣乌高速辛口互通立交桥工程。项目设计为单喇叭互通立交桥，位于西青区辛口镇，与104国道相交。工程建设单喇叭互通立交桥与收费站各一座，收费站规模按四进六出实施（远期按六进十出控制），需新征地约11.8万平方米，总投资约3.07亿元，工程已完工通车。

③铁路西南环线扩能改建工程。该工程2016年已完成主线路的征地拆迁工作，征用土地67.34万平方米，拆迁面积7.5万平方米，清理鱼池155.65万平方米，清理大棚5.1万平方米，工程已完工。

④地铁5号线、10号线征拆工作。5号线已完工通车，10号线涉及西青区的征地拆迁工作已基本完成。

⑤侯台地区配套基础设施建设工程。新建春明路、香雅道等7条道路，全长约9.7千米，随路铺设雨污水及给水、中水、燃气等专业配套管线。总投资约3.3亿元，已经完成相关征地拆迁工作，部分道路已经完工。文洁路工程北起保山西道、南至复康路，道路全长约839米，道路红线宽50米。

⑥津石高速西青段全长约11.5千米，共设互通立交桥2座、收费站1座，已完成核量工作。

2. 做好配套项目建设。①液化天然气输气干线工程。该工程为国家重点项目，途径辛口镇和杨柳青镇，长约9千米，工程已完工。

②津沽污水处理厂。已协调完成该厂出水管道占地及地上物拆迁工作，工程项目已完工。

③咸阳路污水处理厂迁建工程。为缓解西青区内污水排放压力，满足区内污水排放需求，解决污水跑冒问题，改善周边市民生活环境，将现状咸阳路污水处理厂南迁至精武镇陈台子村界内，沿途铺设排水管道，将现状咸阳路污水处理厂的污水引至新处理厂，西青区负责协调工程建设前的征地拆迁工作，该工作现已完成。

④成智路、成博路、慧群道、格调松间项目大配套排水工程、格调松间项目大配套给水工程，已完成立项及选址手续。

⑤天津市涉密载体销毁中心配套工程。该工程涉及排水工程、给水工程、燃气工程，总投资约2158.26万元，已完成立项及选址手续。

⑥福保路（明进道—规划支路）工程。该道路为完善涉密载体销毁中心周边配套工程，随路同步实施照明、交通、绿化等配套工程，长576米，红线宽25米，总投资约1439.77万元，已完成立项及选址手续。

⑦嘉和路（博桦道—枣林大道）工程。该道路为完善张家窝镇路网而随路实施的市政配套管线工程，长913米，红线宽30米，总投资约5410.3万元，已完成立项及选址手续。

⑧海光路（紫阳道—海泰北道）工程。随路实施绿化、交通设施、路灯配套管线

工程。路长约551米，红线宽20米，总投资约1910万元。该项目立项及实施方案已批复。

⑨安华道(迎水南路—国兴路)工程。随路实施排水、给水、中水、绿化、交通设施、路灯配套管线工程。路长约361米，红线宽13米，总投资约1046.81万元，已完成立项工作。

3. 继续加大区级基础设施项目建设力度。全年已启动前期手续和已完工的市政基础设施项目共包含8项，总投资约17.7亿元。其中配套项目6项，道路项目2项，涉及道路18条。

①卉锦道(京福公路—星光路)配套工程项目。该项目起点为京福公路，终点为星光路，道路全长2.7千米；包括随路建设排水、照明、给水、燃气、再生水等配套工程，总投资约1.2亿元，工程主体已完工。

②泽杨道(柳霞路—开源路)配套工程项目。该项目起点为柳霞路，终点为开源路，道路全长1.6千米，本项目包括随路建设排水、照明、给水、燃气、再生水等配套工程，总投资约0.7亿元，工程部分完工。

③润杨道(柳口路—京福公路)道路改造工程项目。该项目起点为柳口路，终点为京福公路，道路全长2.3千米，包括对现状润杨道进行改造，随项目同步实施交通设施、管线切改等工程，总投资约0.5亿元，工程主体已完工。

④南站科技商务区二期配套工程。该工程包含新建裕盛路、晨溪路、丰盈道、瑞兴路、汇仁道、汇贤道、瑞雪路、瑞康路、博航环路、丰产道、瑞昌路、瑞隆路、瑞达路、汇祥道、汇才道、汇锦道、丰泽道17条道路及配套管线工程，总投资约8.1亿元，2018年已具备进场施工条件。

⑤红旗农贸市场截污改造工程。该工程包括新建污水管道1.8千米，雨水管道1.6千米，总投资约0.28亿元，已完成主体施工。

⑥G104国道配套工程。该工程包括G104国道配套管线、给水加压泵站、泰和路雨污水合建泵站3个子项工程，总投资约4.35亿元，2018年工程部分完工。

⑦京福公路(西青道—中北大道)配套工程。该项目起点为西青道，终点为中北大道，道路全长3.1千米，包括随路建设雨污水管道等配套工程，总投资约2亿元，2018年工程已办理前期手续。

⑧芦北路(津淄公路—赛达路)配套工程。该项目起点为津淄公路，终点为赛达路，道路全长1.8千米，包括随路建设排水、给水、再生水等配套工程，总投资约0.6亿元，2018年工程已办理前期手续。

【市政设施维护力度不断加大】 完成福姜路、昌凌路大修工程；对西青道、江湾路等11条道路29.7千米进行养护维修；疏通排水管道56.3千米，检查井清掏12.2万座；维修保养19座市政排水泵站的103台套机组设备。

【建设工程质量安全监管全面加强】 全区在建工程167项，总建筑面积1009.62万平方米。在严格落实监管责任的同时督促各方落实五方责任主体质量安全责任，持续加大工程质量安全的检查、巡查、抽查力度，坚持工程建设全过程监管。

【建设服务工作扎实开展】 进一步落实"放管服"工作要求，简化办事程序，提高工作效率。对招投标室全面提升改造，配合做好进驻市民中心工作；全面实行电子化评标及电子询标，2018年，共完成工程报建219项、各类项目招标774

项、各类合同708项、节能技术资料备案493项，完成开评标服务290余次。

【建设管理工作有序开展】 制定《西青区2018年农村危房改造实施方案》，做好危房改造、住房安全帮扶工作；2018年，共收取配套费1.21亿元，涉及8个项目、缴费面积33.2万平方米，组织非经营性公建配套设施移交16项、建筑面积3万平方米；深入推广装配式建筑发展，新建民用建筑100%执行绿色建筑标准；编制《2018年—2020年西青区燃气发展规划》，进一步强化全区燃气设施安全运行管理。

【供热管理平稳运行】 完成金龙花园、泉集里等小区老旧管网改造40.3千米，投资2779.14万元；全面落实煤改气等燃气工程项目质量安全监管工作；完成3家央企"三供一业"供热项目移交工作，于11月1日提前启动供暖保障工作。

【生态环境保护目标责任落实到位】 对施工扬尘进行全面管控，严格落实建筑工地"六个百分百"要求，做好重污染天气应急响应部署；积极推进35蒸吨及以下燃煤供热锅炉"清零"工作，年度削减燃煤2万吨，建成5座蓄热式电锅炉房、3座燃气锅炉房、5座换热站；铺设供热、燃气、电力管网620千米，安装户内清洁取暖设施1.62万户，改造户内采暖设施1.66万户，确保按期实现清洁取暖，年度消减燃煤10万吨。

【河长制工作】 主动对接街镇，排查50项排水管网整改项目，列入2018年河长制工作项目整改台账，组织街镇完成河长制工作中管网建设与合流制管道改造17千米。对杨柳青镇二经路排水泵站的配电站、管理用房、泵房等建筑物进行改造，对变配电设备及供电电源进行升级改造，项目于2018年5月完工并投入运行。保持正常的排水管道疏通养护工作，完成率100%。污水外溢督办解决率100%，协调市相关部门在咸阳路污水处理厂完成加装临时处理设备，协调市、区各排水部门建立良好的排水泵站启停协调机制，较好地解决了污水外溢情况。完成了王稳庄镇东兰坨村、小孙庄村、二侯庄村的污水排水并网项目，完成了大寺镇石材城的排水管道铺设。对西营门街部分区域及赵苑西里、绿荫小区、兆发家园等居住小区实施了雨污分流改造工程，铺设雨污水排水管道5千米。积极推动并完成了区内黑臭水体治理工作，极大地改善了周边环境。

【建筑业及建筑市场】 1. 进一步提高市场监管工作力度，健全监督保证体系，严肃查处违法违规案件。强化建筑市场的执法检查工作，促进市场健康发展。对建筑工程法定建设程序的执行情况，包括是否依法举行招投标、办理施工许可等进行严格监管。对农民工工资预储账户、农民工工资保证金、农民工实名制管理等进行严格检查、督查，确保农民工工资按时支付。对全区搅拌站进行了扬尘监管及质量管控。

2. 加大对在建工程的建设单位、监理单位、施工单位及各分包单位的督查、检查。严肃查处建筑工程违法发包、违法转包、违法分包、挂靠及其他市场违规行为，确保建筑业市场监管高效运行。2018年共计出动209人次，对全区在建的147个标段、建筑面积946.62万平方米进行了督查、检查。下达责令整改通知书60份，下达责令暂停施工通知书6份，现已全部完成整改。通过一系列执法检查活动，督促、警示各施工责任主体加强管理，依法依规履行义务主体责任，规范建设市场行为，最大限度地减少违法违规案件的发生。

3. 加大对全区搅拌站检查力度，强化对搅拌站落实扬尘治理"六个百分百"情况的监督检查。敦促搅拌站加装减排装置，做好搅拌设备日常运行及作业前的维护与保养、厂区内定时洒水，加强扬尘和环境污染治理等工作。2018年对全区正在投产的17家搅拌站进行质量监管及扬尘管控，出动418人次，下达责令整改通知书18份，下达责令暂停施工通知书2份，现已全部完成整改。

4. 妥善处理信访投诉，自觉维护社会稳定。受理违法施工举报案件2件，均已做处理；受理拖欠农民工工资投诉52件，涉及农民工6310人，已办结50件；受理房屋质量投诉53件，已办结53件，大多数信访投诉案件均在规定的时限内得到妥善解决。

5. 区建设工程招标管理办公室进驻西青市民中心，负责全区工程建设项目的招标备案等工作。所有招标工作全部纳入天津市建筑市场监管与信用信息平台，网上统一审核备案。通过全员的共同努力，工作量相较2017年实现迅猛增长：招标项数623个，同比增长38%，招标规模625万平方米，同比增长16%，投资额181亿元，同比增长69%。2018年5月16日起，根据市建委关于简化优化招标投标流程、加强事中事后监管的通知，进一步简化优化了招投标办理事项。

全年累计完成各类招标项目的开标、评标服务工作329次。全年过夜标15个，任务量比上年增长10%。依据《西青发改价费〔2018〕1号》文件要求，区工程建设交易服务中心收取的工程建设交易服务费实行政府指导价，其收费纳入经营服务性收费管理并规范收费标准；工程建设项目（包括施工、设备、监理、设计、勘察和桩基检测）交易服务费的收取一律按中标金额，由招标方交纳60%，中标方交纳40%。天津规定自2018年1月1日起执行。全年收取工程交易服务费195万元，比2017年减少64%。

【城建信息化建设】 1. 建立信息化规范体系。使用的信息化系统包括政务系统、信访系统和执法监督平台系统。为提高系统使用的标准化、规范化、信息化，不断加大信息化管理力度，积极拓展信息化建设的广度和深度，有效提高了工作效率。

完善城建信息化建设与管理制度。成立城建信息化建设与管理小组，实时监督处理网络安全，做到及时发现问题。定期宣贯网络安全的重要性及安全措施，制定了网络安全预案。通过对电子设备（电脑、打印机、U盘、移动硬盘、碎纸机、传真机）使用人员进行登记，做到责任到人，提高了使用人员的安全责任意识，确保了网络安全。

2. 建筑工地监管数字化。为配合西青区创建全国文明城区工作，提升施工扬尘治理力度，在加强日常巡查管控的基础上，将颗粒物在线监测、视频监控系统和无线网络通信相结合。各建筑工地开工前，均需在最高点、出入口、料场加工区等关键部位安装视频监控摄像头，并配备扬尘数据监测仪，对施工工地大气环境实时监测；一旦监控数值超标，监督执法人员可通过手机APP及时发现，迅速到场，督促工地及时采取降尘措施。通过落实"六个百分百"要求，实现对建筑工程施工现场文明施工和扬尘治理的信息化管理，同时对工地违规施工行为形成了有力震慑。

3. 落实评标专家评价信息化建设工作。全年累计在"天津市建筑工程评标专家日常行为记录"平台完成1900多人次评标专家日常行为考核,为市建委对评标专家年度考核数据收集打好基础、提供准确数据。严格专家抽取制度,累计完成评标专家抽取1900多人次,对个别评委未能响应的特殊情况及时补救,进行了应急评标专家抽取,为评标工作顺利进行提供了保障。强化网络维护,年内完成计算机评标系统升级更新3次,为评标委员会高效高质量评标保驾护航。

4. 对建设服务中心交易服务场所进行改造,2018年11月新搬迁至西青市民中心,通过前期的精心筹备和大量的准备工作,2套全新标室投入使用。开评标场所的软硬件配置均达到了较高水平。建立了六大系统平台(门禁系统、计算机评标系统、全程监控系统、计算机评委自动抽取系统、用于合议的电话会议系统、独立询标系统),预留了远程评标接口,为将来实现远程评标打好基础。

【房地产开发及行业管理】 1. 房地产市场销售情况。全年西青区共计31家房地产开发企业的51个楼盘项目在售,全年商品房(住宅类、公寓类、商业类、工业研发类等)累计销售面积73.80万平方米,同比下降25.89%,销售均价2.24万元,同比上涨9.62%。其中,新建普通住宅销售面积63.36万平方米,同比下降22.94%,销售均价2.44万元,同比上涨9.22%。

全年商品房(住宅类、公寓类、商业类、工业研发类等)累计销售金额164.84亿元,同比下降15.11%。其中,新建普通住宅累计销售金额154.75亿元,同比下降11.84%。

全年房地产税费共计4.73亿元,其中,商品房(住宅类、公寓类、商业类、工业研发类等)契税2.59亿元,二手房契税1.33亿元,个人所得税6130.83万元,增值税及附税1957万元。

2. 房地产市场服务工作。全年共受理房地产开发企业申请的商品房销售许可现场查勘109件,资金监管现场查勘45件。上述申请均按照进件流程,严格控制在3个工作日内完成进件审查和现场查勘工作。为符合备案要求的房地产中介机构提供备案登记服务,其中,涉及中介机构初始备案申请29件,中介机构变更申请12件,中介机构注销申请10件。组织召开2018年度西青区房地产市场销售人员培训会,整个培训工作分4期进行。全区50余个房地产开发项目的销售团队参加了此次培训。

3. 房地产市场监管工作。全年全区共计51个房地产开发项目和112个已备案房地产中介机构,每一季度对全区所有在售项目的房地产开发企业和已备案房地产中介机构进行不少于一次的常规巡查,对存在警示等级和失信等级的房地产开发企业每月进行不少于一次的常规巡查。除此之外,通过突击检查、明察暗访等方式对房地产开发企业或房地产中介机构进行抽查,做到巡查有记录,家家有台账。全年累计出动执法人员1437人次,共检查房地产开发企业、房地产中介经纪机构685次,发现不规范经营行为489起,全部责令企业整改。

4. 房地产市场行政处罚工作。全年涉及房地产市场行政处罚案件共3起,累计罚款金额三万元整。3家房地产中介机构因在领取营业执照后30日内,未到房地产交易行政主管部门备案等违规行为,已按照《天津市房地产交易管理条例》相关规定对其进行了立案查处和行政处罚,责令立即改正。

5. 发展住房租赁市场。建立多主体

供给、多渠道保障、租购并举的住房制度。全力支持专业化、机构化住房租赁企业发展住房租赁业务，鼓励房地产开发企业将自持部分土地用于发展住房租赁业务。已与天津泊寓康复商业运营管理有限公司、天津泊寓中北商业运营管理有限公司等企业建立工作联系，引导其将租赁住房业务尽快推向市场，保障广大群众租住需求。配合市建委做好修订住宅租赁合同示范文天津市住房租赁合同网签备案工作，强化租赁企业备案和日常执业行为的监督。

6. 配合做好房地产市场土地估价工作。为规范全区国有建设用地使用权出让地价评估行为，按照"三价联控"原则和《市国土房管局关于国有建设用地使用权公开出让有关工作的通知》有关要求，积极配合规划和自然资源局西青分局等相关部门做好拟出让土地的地价评估工作。全年出让地块主要集中在精武镇、李七庄、张家窝、中北镇4个区域，通过对上述区片房地产市场价格的系统查询和现场了解，分析整理拟出让地块周边新建商品房价格、二手房交易价格、土地已出让价格等数据，为相关部门提供客观真实的价格信息，全年共参与完成14宗地块的地价评估工作。

7. 房屋安全管理。①房屋结构拆改执法。严格按照《天津市房屋安全使用管理条例》的规定，对涉及拆改房屋承重结构的违规行为及时进行查勘，及时督促责任人整改。全年共受理房屋安全类群众举报110余件，其中8890、北方网、区信访办等转件80余件，直接电话投诉30余件；累计出动执法人员260余人次，下达责令整改4份，整改率100%。对属地综合执法部门开展房屋使用安全相关政策、业务培训，提高对政策条例的理解程度，解决难点问题，确保群众房屋住用安全。

②玻璃幕墙管理。按照全市玻璃幕墙工作方案，开展全区玻璃幕墙建筑普查工作，对于统计的171处玻璃幕墙项目进行电子照片采集，向责任单位发放自查表，将玻璃幕墙情况录入玻璃幕墙管理系统；组织召开既有建筑玻璃幕墙安全培训会，邀请玻璃幕墙协会专家对各家单位相关责任人进行培训；按照方案要求，对玻璃幕墙进行监管，发现问题及时整改。

③历史风貌建筑巡查。每月对全区管理的9处历史风貌建筑进行巡查，对违反《天津市历史风貌保护管理条例》的行为，按规定做出警示和处置，并做好台账记载，完善档案管理。

8. 开发建设方案初审及非经营性配套公建移交工作。严格按照全市配套管理政策，办理辖区内住宅项目开发建设方案初审及非经营性配套公建移交工作，确保非经营性公建设施满足居民入住需求，并按文件要求收取市政基础设施配套基金。①市政基础设施配套基金收取情况。2018年1月1日起，市政基础设施配套费和供热工程建设费合并纳入政府基金，专款专用。实际工作中，严格按文件做好市政基础设施配套基金应收尽收工作，全年共计收取配套基金1.36亿元，涉及10个项目，缴费面积共计36.7万平方米。其中涉及杨柳青镇7个、李七庄街2个、张家窝镇1个。

②非经营性配套设施移交情况。办理非经营性公建配套设施移交住宅小区13个，总建筑面积110.4万平方米，涉及移交的非经营性公建配套设施17项51处，总建筑面积2.3万平方米；其中幼儿园1处、社区卫生服务点3处、居民学校4处、居委会6处、社区警务室5处、公厕7处、警卫室1处、社区服务站4处、社区

文化活动站3处、托老所3处、文化活动室4处、社区服务点3处、社区卫生服务站2处、社区医疗服务中心1处、群防站1处、社区综合服务中心1处、小型垃圾转运站1处、文化活动点1处。

③住宅项目开发建设方案办理情况。全年办理住宅项目开发建设方案初审7件，总建筑面积117.1万平方米，并报送市建委审核；同时督促开发建设单位按照开发建设方案进行建设，确保非经营性配套公建与住宅项目同期建设。

9. 旧楼区提升改造。持续开展旧楼区提升改造工作。2018年旧楼区改造工作按照西青区总部署及各街镇摸底调查情况，结合2017年提升改造工作经验，在进行实地查勘的基础上做好施工设计，制定科学合理的施工方案，在改造前对违章建筑进行拆除，并达到"六无"标准；在改造后建立行之有效的长效管理机制，保持和巩固改造成果。全年旧楼区改造涉及精武镇、中北镇、杨柳青镇共9个改造项目，建筑面积39.44万平方米，投入经费4700万元，受益群众约1.12万人。

10. 房屋租赁登记备案。做好房屋租赁登记备案工作。全年共办理房屋租赁登记备案2098件，面积63.68万平方米；其中非补贴住宅房屋租赁登记备案1678件，面积11.23万平方米；补贴住宅房屋租赁登记备案343件，面积2.77万平方米；商业用房租赁登记备案56件，面积17.4万平方米；办公用房租赁登记备案17件，面积26.78万平方米；工业用房租赁登记备案4件，面积5.5万平方米。

11. 公用公房管理。严格按照全市配套管理政策，做好非经营性配套公建移交工作，2018年新接管李七庄街金奥国际、大寺镇金瀚园及金盛园配套公建，注销西青区杨柳青镇新华道156号（公安西青分局原办公用房）1处；督促指导各房管站开展公房检修，按计划完成公房修缮工作。

12. 房屋安全度汛工作。开展汛期既有房屋安全度汛工作。对全区既有房屋安全度汛工作进行认真研究和周密部署，通过政府办公自动化系统和领导带队的方式，将通知及时送达全区各街镇、开发区、教育局、文广局、卫计委等相关单位，做好数据统计及汛期检查工作。

13. 既有房屋结构安全冬季查勘工作。开展2018年既有房屋结构安全冬季查勘工作。向各街镇人民政府及相关单位共38家发送查勘通知，督促各单位开展工作，将各单位报送结果及时汇总；对西青区卫健委下达《严重损坏房屋通知书》，要求其采取修缮措施，消除安全隐患。

14. 物业管理。2018年，西青区备案物业服务企业40家，住宅在管项目110个，总面积近1600万平方米，从业人员1万余人。①自2018年5月开始，西青区按照"一年试点、两年铺开、三年全覆盖"的思路，在全区住宅物业管理小区中开展了"红色物业"创建工作。先后完成了广汇园、柳溪苑、大地十二城、万科假日润园等10个街镇19个社区的"红色物业"创建试点工作，并取得了初步成效。

②物业项目备案情况。为保护行政管理相对人合法权益，提高行政效率，西青区建委（原区房管局）加强协议选聘物业管理企业备案、物业管理服务合同备案等日常工作，有效发挥行政主管部门的监管效能。全年共完成旭水蓝轩、南岸家园等29件物业服务合同备案。

【城建科技与节能】 按照市建委关于推进高星级绿色建筑发展工作的要求，根据《天津市建筑节能和绿色建筑"十三五"规划》，并结合西青区实际，要求政府投资项目、2万平方米及以上大型公共建筑应当率先执行绿色建筑二星级及以上标准。积极引导保障性住房和商品房项目执行绿色建筑二星级及以上标准。每年在民用建筑项目规划条件中,明确二星级及以上绿色建筑建设要求的项目规模占同期出让或划拨项目建筑面积的比例应不低于30%。

1.加强装配式建筑建设管理。按照《天津市人民政府办公厅印发关于大力发展装配式建筑实施方案的通知》(津政办函〔2017〕66号)要求,天津市装配式建筑于2018年进入试点推广期,实施范围和内容进一步扩大,具体要求及主要工作:要求天津市民用建筑项目应当按照规定实施装配式建筑。2018年1月1日起,以下范围项目全部实施装配式建筑:2015年12月23日后立项的保障性住房项目;2017年7月7日后立项的政府投资项目;公共建筑项目;中心城区、滨海新区核心区和中新生态城商品住房项目;2015年12月23日后取得规划条件的其他区域宗地建筑面积10万平方米及以上(不含地下建筑面积)商品住房的30%部分。实施装配式建筑的保障性住房和商品住房全装修比例达到100%。全年共向区规划部门回复关于海绵城市、绿色建筑和装配式建筑等建设指标意见170次。

2.民用建筑执行节能强制性标准审核要求。按照国务院《民用建筑节能条例》和《天津市建筑节约能源条例》的有关规定,为规范对修建性详细规划或者设计方案执行民用建筑节能强制性标准的审核,接到区规划分局就修建性详细规划(总平面设计方案)或建设工程设计方案是否符合民用建筑节能强制性标准征求意见的函件时,均在4个工作日内回复意见,共计复函38次。

3.加强海绵城市建设规划管控。共函复区规划部门围绕新建、改建、扩建项目所提出的有关海绵城市规划管控主要指标意见170次。

【海绵城市与综合管廊】 1.海绵城市建设。为有效指导开展海绵城市建设,有序推进海绵城市建设试点,推进区内海绵城市建设工作,将海绵城市建设要求纳入"两证一书"、施工图审查等相关环节,从建设项目审批阶段开始把控海绵城市建设要求。在2018年2月天津市海绵城市建设工作领导小组办公室对西青区的第一次督查中,西青区工作被评为优良。邀请专家听取了海绵城市实施方案编制情况汇报并对实施方案进行了两轮深入调研及修改,主要与各部门对接项目实施周期及内容。2018年7月4日,区建委、区规划分局、区审批局、区房管局以及各街镇主管领导和负责同志对西青区海绵城市专项规划及实施方案进行了部门联审和专家评审,参会专家原则性通过了海绵城市专项规划与实施方案的编制成果,并提出了建设性的意见和建议。编制完成《天津市西青区海绵城市专项规划(2018年—2030年)》和《天津市西青区海绵城市实施方案(2018年—2020年)》,明确西青区环外地区已建成区面积83.4平方千米,2020年,城市建成区25%以上的面积即20.8平方千米达到海绵城市建设目标要求。

2.综合管廊建设方面,天津南站科技商务区综合管廊一期工程全长2.188千米,主要位于丰盈道、裕盛路、晨溪路绿化带内,标准段均为3舱综合管廊(电力舱、燃气舱、综合舱)。其中,丰盈道标准断面尺寸为7.7米乘3.0米,晨溪路标准断面尺寸为8.1米乘3.0米,裕盛路标准断面尺寸为7.8米乘3.0米,标准段管廊覆土厚度2.5米，标准段开挖深度5.5米，局部T型井开挖深度9.6米。工程已于9月30日开工。

【建设工程质量安全、文明施工】 1.强化工程质量安全监管。强化监督管理是提升西青区工程质量安全管理整体水平的基础。在做好日常监督管理工作的同时，按照市质安总队统一部署，结合不同时期的施工特点，分别开展了全区春季开复工扬尘专项联合大检查、建设工程质量安全文明施工观摩交流活动、春季房屋建筑工程安全生产暨防汛工作专项检查、全区建设工程质量安全文明施工现场观摩交流活动、危险性较大分部分项工程安全生产专项大检查、冬季房屋建筑工程安全生产专项检查等各项检查活动。其中，质量检查侧重工程主体结构的安全；施工安全重点围绕危险性较大的起重机械、基坑支护、脚手架、高支模架、临时用电、消防等重点部位和关键环节进行检查。全年监督工程总计147个标段、总建筑面积946.62万平方米；累计出动检查人员2498人次，检查工地878个次，累计下发质量整改115份、安全整改101份、停工14份；扬尘整改42份、停工16份。通过日常的监督检查，加上持续不断的执法大检查活动，有效地促进了建设工程质量安全整体管理水平的提高。

2. 全面做好施工扬尘治理工作。高度重视大气污染防治工作，采取多种监管手段对施工扬尘进行管控：首先，明确三方责任主体必须履行的施工扬尘治理相应责任；必须购置具备降尘功能的雾炮设备；必须安装远程视频监控系统及扬尘监测设备（查验合同），对施工现场扬尘治理及可吸入颗粒物直径小于10微米（PM10）的数值变化情况实施24小时实时监控。其次，强化对施工现场落实扬尘治理"六个百分百"情况的严格监督检查，特别是对各施工现场土方施工、主体施工等阶段和部位进行重点督查，对严重违反《大气污染防治条例》的责任单位一律实施上限处罚。再次，强化对非道路移动建筑机械的监管。对施工现场使用的混凝土罐车及输送泵、打桩机械、翻斗车等燃油建筑机械，一律要求登记造册；敦促总包及产权单位对上述建筑机械加装减排装置；非道路移动机械需取得环保部门发放的尾气排放达标凭证后方可进场施工；做好建筑机械日常运行及作业前的维护与保养，最大限度地减少尾气对空气的污染。同时，联合环保部门对上述各类非道路移动机械尾气排放进行监测，不达标者严禁使用。在迎接中央环保督察期间，持续性地深入施工现场第一线，严防死守，较好地履行了施工扬尘的治理之责，取得了明显的成效。

3. 努力做好"创建文明工地"和"创建卫生城市"工作。督促各建筑工地的建设、施工、监理单位成立相应的组织机构，配合做好工地围挡及其周边地区的创建工作。形成上下联动、齐抓共管的网络化管理新格局，为打好"创建文明工地"和"创建卫生城市"攻坚战提供了强有力的保障。

4. 做好业务窗口服务工作。全年办理质量安全登记备案项目136项、539.57万平方米；办理竣工验收备案项目104个、244万平方米；农民工工资预储账户共缴纳93笔、4.2亿元，返退135笔、2.29亿元；建筑施工机械安装告知未使用登记备案工程项目4个；建筑施工机械使用登记备案工程项目51个；建筑施工机械拆卸告知及使用登记注销工程项目21项，共计435台。

5. 搞好质量安全管理培训，提高从

业人员素质。按照培训计划，分别于2018年4月、10月举办了两期建筑施工质量安全培训班，聘请知名的行业专家，对全区在施工程建设、施工、监理单位的相关负责人进行了集中培训，增强了从业人员业务素质和质量安全意识，促进了西青区建设工程质量安全管理整体水平的提高。同时，注重加强自身业务能力的培养，通过业务例会和轮番讲课及平日下工地等形式，以老带新，提升整体业务水平；积极参加上级有关部门组织的各类业务、法律法规培训，采取观摩、参观等多种方式，努力提高执法人员的执法水平和监管能力。

【村镇建设】 1. 做好组织培训、政策宣传工作。组织各街镇农村危房改造负责人学习危房改造相关政策文件，进行危改户认定工作培训、危改报名系统专题培训，为危房改造管理工作提供政策支持和技术保障。

2. 建立联动机制、做好协调服务。积极协调解决街镇在危改工作中遇到的问题，通过危改工作例会、街镇实地服务、督导调研等方式统筹开展工作，切实履行好自身的工作职责。

3. 制定实施方案，做好工作落实。根据《市建委等六部门关于做好2018年农村危房改造提升工作的通知》（津建村镇〔2018〕253号）等有关规定，牵头制定完成全区2018年危房改造方案。

【建设领域行政执法监察】 组织执法人员深入学习宣传《宪法》和国家及本市法律法规，加强执法人员的普法学习和政治理论学习，把学法、用法与依法行政、廉政勤政有机结合起来，进行宗旨教育、法制教育和职业道德教育；加强依法治国的国策教育和法治理论学习，要求行政执法机关及其公职人员在行使国家公共权力时，必须按照法律、法规赋予的职权实施管理。加强各类行政法、程序法的学习，自觉将行政权严格置于法律的约束之下。加强权责一体意识教育，树立有权必有责、用权受监督、违法被追究、侵权要赔偿的执法思想。加强"忠于国家法律，坚持依法行政，认真履行职责，自觉接受监督，公正执法，文明执法"公职人员职业道德教育，并将其化于行政执法文化，融进社会价值追求，营造有利于依法行政的环境氛围。对在岗的行政执法人员严肃纪律，严格管理，强化监督。

全年累计出动检查人员2498人次，检查工地878个次，累计下发整改通知书318份、停工通知书36份。其中质量整改115份，停工0份；安全整改101份，停工14份；市场整改60份，停工6份；扬尘整改42份，停工16份。全年累计行政处罚46起，累计金额910.04万元。此举对规范各责任主体质量安全等行为起到了极大的规范作用，使监督执法工作更具威慑力。

积极畅通投诉举报渠道，公布受理举报邮箱和电话，及时受理对各类违法违规行为的投诉举报。完善调查机制和调查手段，认真组织核查，依法予以处罚，并将处罚结果及时报市建设行政主管部门。

津南区

【概况】 天津市津南区建设管理委员会是天津市津南区人民政府的组成机构，是津南区城市建设的行政主管部门。2018年12月，区建设管理委员会和区房地产管理局的职责整合，组建了天津市津南区住房和城乡建设委员会。

【机构职能】 津南区建设管理委员会机构职能如下：

1. 贯彻执行国家有关城镇建设的法律、法规、规章和方针、政策。负责编制城镇建设发展中长期规划和年度计划并组织实施。

2. 负责编制供热、燃气设施建设专项规划，参与拟定公路、道桥建设中长期规划和专项规划；按区政府规定权限审批年度投资计划；参与编制城镇总体规划、分区规划；负责城镇建设项目建议书、可行性研究报告和年度投资计划的审批；管理城镇建设资金；负责建设系统综合统计工作。

3. 负责公路、道桥、房屋建筑及配套设施等项目的建设管理；负责重大建设项目的综合协调；组织实施城建公用基础设施建设、住宅建设和配套工程建设。

4. 协调指导村镇建设、拟订村镇建设政策并指导实施；负责村镇基础设施建设、农村住房建设；协调指导城镇专项建设规划。

5. 承担建设工程质量安全监督责任，负责全区建设工程中施工质量、安全生产和文明施工管理；组织或参与工程重大质量、安全事故的调查处理；指导实施工程建设标准和技术规范。

6. 组织编制建设系统技术进步、专业技能培训计划并组织实施；负责建筑节能监督管理；编制建筑节能的专项发展计划；负责墙体材料革新、散装水泥和新型建材推广应用；协调推进建设系统信息化工作。

7. 负责房地产开发行业管理和综合协调；编制房地产年度投资计划；申报经济适用房和其他保障性住房建设计划；参与房屋拆迁和住房保障政策的制定。

8. 承担建筑业管理和建筑市场管理责任。拟订建筑业发展计划；负责建筑业企业资质审批或审核、中介机构资质审查和相关从业人员执业资格认定；负责工程造价、招投标、合同的管理和监督。

9. 负责建设工程勘察设计行业管理，拟订行业发展计划；负责有关市政基础设施初步设计的审批；负责施工图审查和施工图审查机构的监督管理；负责建筑工程抗震设防管理。

10. 承办区委、区政府交办的其他事项。

【内设机构】 津南区建设管理委员会按照编制下设9个职能科室：工程建设计划科、村镇建设科、建筑业管理科、招投标管理科、房地产建设管理科、公用事业管理科、党委办公室（人事劳资科）、办公室（法制科）、财务审计科。除上述9个科室外，工会、团委按章程设置。

【下属单位】 津南区建设管理委员会有7个下属基层事业单位。

1. 津南区建设工程质量安全监督管理支队。主要职责：贯彻执行市、区有关城乡建设质量、安全、文明施工的规章、制度和标准；负责工程质量、施工安全、文明施工监督管理和建设市场监察；组织或参与对重大工程质量、安全事故的调查处理。

2. 津南区市政工程管理所。主要职责：城市市政道路的养护管理及建设工程，城市市政排水设施的养护管理及建设工程。

3. 天津市津南区供热办公室。主要职责：区域供热管网安装、维修。

4. 天津南华建筑设计院。主要职责：工程地质勘察、建筑工程设计。

5. 天津市津南区建设工程试验室。主要职责：建筑施工企业的建筑材料、建筑构配件、设备和商品混凝土的检验及其他建设单位的有关检验工作。

6. 天津市津南区南华房产开发管理所。主要职责：接受区建委的委托，对区统建和部分平房改造交付使用后的住宅进行管理，包括小区的环境卫生、绿化、安全等。

7. 天津市津南区建设管理技术培训中心。主要职责：负责全区施工企业管理人员、专业技术人员和有关工种的培训工作，负责办理有关证书的工作。

【基础设施建设及投资】 2018年，共实施11条道路建设。

1. 微山南路延长线（景蓬道—津南区界）。道路全长约429米，宽35米，道路面积1.63万平方米，计划投资3348万元，已竣工。

2. 鑫怡路（秃尾巴河—津南区界）。道路全长约503米，秃尾巴河—南边界路宽40米，南边界路—津南区界宽35米，道路面积2.96万平方米，计划投资4857万元，已竣工。

鑫怡路

3. 南华路延长线（荣辉路—祥水路）。起点荣辉路，终点祥水路，道路全长798米，宽30米，道路面积2.77万平方米，计划投资7019万元，已竣工。

4. 海河故道人行桥工程。围内需要跨越老海河河道1处，需将原浮桥拆除后，新建一座人行桥跨越现状河道，计划投资1900万元，已竣工。

5. 博惠道（广惠道—海鑫路）。起点广惠道，终点海鑫路，道路长294米，宽40米，面积1.41万平方米，计划投资2151万元，已竣工。

6. 广惠道（裕营路—博惠道）。起点裕营路，终点博惠道，道路长287米，宽40米，面积1.10万平方米，计划投资2466万元，已竣工。

7. 津晋高速北辅道（雅润路—二八公路）。道路全长261.18米，宽25米，道路面积6529.5平方米，计划投资840万元，已竣工。

8. 双荣道（津南环线—规划荣辉路）。全长555米，红线宽25米，道路面积1.4万平方米，计划投资5096万元，已竣工。

9. 紫江路（咸水沽消防站出入口—新丰道）。道路长375米，宽20米，面积7870平方米，计划投资2464万元，施工单位已进场。

10. 阁榭路（八里台东路—科技大道）。全长772米，宽30米，计划投资5561万元。

11. 吉泰道（鑫洪路—鑫盛路）。道路全长766.99米，道路面积2.64万平方米，计划投资5203万元。

【配套工程建设】 2018年，继续实施津南区污水干管建设工程：项目计划投资6亿元，新建污水干管20千米，提升泵站3座，将全区污水通过新建污水干管接入津沽污水处理厂进行统一处理。

1. 咸水沽泵站主体已施工完毕，管道部分正在进行施工。美丽乡村自来水入户工程，计划投资1.96亿元，已完成管网铺设，总长度337千米。

2. 二八路排水工程计划投资3000万元，铺设管径300毫米—2600毫米的雨水干管1571.5米，开工建设管径300毫米—600毫米的污水干管1646米。

3. 津南环线排水工程计划投资3968万元，开工铺设管径400毫米—2600毫米的雨水干管917米，铺设管径300毫米—500毫米的污水干管910米。

4. 委托燃气工程建设单位实施建明道、鑫怡路道路燃气管线天然气工程；沽上江南红线外天然气工程；咸水沽南环线天然气工程等多项燃气工程。截至2018年底，建明道、鑫怡路道路燃气管线天然气工程已完工。委托津南水务有限公司实施融创星耀五洲、中海公园城、江宇城、沁景苑和艺郡名苑等项目给水工程。

5. 组织编制《津南区燃气发展规划（2018年—2020年）》；开展津南区"煤改气"工程安全隐患整改督导检查及相关手续办理推动工作。开展津南区燃气管道设施占压治理工作，全区涉及占压点位共计91处，其中，应由津南区处理的拆除占压物和签订安全协议的50处，已完成49处。

6. 双林、双桥、咸水沽、环兴4座污水处理厂共处理污水约3980万吨。对污水处理厂产生的污泥委托有资质单位处置，并拨付相关款项。4座污水处理厂产生的污泥约3.7万吨，全部做了无害化处理。

【供热工作】 截至2018年底，津南区完成城市地区冬季清洁取暖改造居民散煤清洁能源替代户数共计430户、供热面积约3.01万平方米；其中，煤改电274户、1.19万平方米；集中供热补建156户、1.82万平方米。项目建设及运行资金总投入758.26万元（建设资金703.46万元、运行资金54.8万元）。燃煤供热锅炉清洁能源改造31台、总容量247.5蒸吨，供热面积约70.72万平方米，已全部完成并运行正常。

1. 既有居住建筑节能改造工程。投资8500万元进行既有居住建筑节能改造，即屋面保温、山墙保温、门窗更换、栋口保温门安装和供热系统改造等项目约89.27万平方米，涉及55个小区。这是中央关于北方地区清洁取暖工作任务中的一项民心工程。截至2018年底，津南区的改造工作基本完工，其改造进度位居天津市第一。改造后会使涉及小区的室内温度提升 3℃～5℃，居住条件得到了根本改善。

2. 供热计量推广工作。按照市供热办公室关于做好推广计量收费工作的要求，有规划、有步骤、有组织地开展供热计量收费推广工作，2018年，全区新装热表 6526 块，全区供热计量面积达到 326万平方米。

【建筑业及招投标工作】 1. 企业资质审批情况。2018 年，新申报并批准设立企业 108 家、增项企业 39 家。截至 2018年，全区共有建筑业企业 467 家，其中总承包企业共 123 家（特级 1 家、一级 8家、二级 27 家、三级 87 家），专业承包企业 240 家（一级 18 家、二级 91 家、三级 131 家），劳务分包企业 104 家。2018年完成二级建造师执业初始、变更注册500 余人。

2. 建筑业技能大赛。于 2018 年 7 月底举办了建筑业技能大赛津南分赛区比赛，通过选拔，推荐 6 名选手参加市级决赛，并在市级决赛中取得了砌筑第二，抹灰第二、第三的好成绩。

3. 建筑招投标。2018 年共计审核并备案 168 件，报建各类市政配套项目935.34 万平方米、投资 475.24 亿元。招标公告备案及检查共计 266 件次，其中包括勘察招标公告 35 件、设计招标公告 59件、监理招标公告 60 件、施工招标公告112 件，涉及各类市政配套项目 515.34 万平方米、投资 110.52 亿元。中标通知书备案及招投标书面报告检查共计 604 件次，包括勘察中标通知书 80 件、设计中标通知书 146 件、监理中标通知书 173件、施工中标通知书 205 件，涉及各类市政配套项目 2886.7 万平方米、中标价144.84 亿元。建设工程合同备案及检查共计 464 件，包括勘察合同 43 件、设计合同 79 件、监理合同 90 件、施工总承包合同 129 件，涉及各类市政配套项目 543.13万平方米、合同额 83.1 亿元；分包合同123 件、合同额 6.17 亿元。2018 年共计竣工结算备案 8 件，结算规模 102.5 万平方米、结算价格 20.09 亿元。工程踏勘 115件，建设规模 493.76 万平方米、投资 83.51亿元。监督招投标活动 204 项、施工招标规模 469.08 万平方米、投资 83.05 亿元。依法对各项招投标活动进行了全过程监督，并录制监控录像 816 份。

【城建科技与节能】 1. 绿色建筑与建筑节能。2018 年对津南区 31 个新建项目进行了建筑节能强制性征求意见回复。1 月—10 月，共完成建筑节能技术资料审核备案 579 个。新建民用建筑要求全部执行绿色建筑标准。要求建设单位申报绿色建筑设计标识证书和鼓励申报绿色建筑运营标识证书，全年完成 9 个标段绿色建筑设计标识工作，其中一个为建筑二星。积极推动公共建筑节能改造工作，2018年完成 4 万平方米公共建筑改造。

2. 装配式建筑。加强项目装配式规划管控。以政府投资项目、保障性住房和大型公共建筑为示范，推进津南区的装配式建筑发展，2018 年对津南区 107 个新建项目进行了装配式建筑征求意见回复，其中 76 个项目涉及装配式建筑。推动装配式生产基地落地，天津市丙辉建材科技开发有限公司生产线已顺利投产使用。

【海绵城市】 1. 编制完成《天津市津南区海绵城市建设工作方案》和《津南区海绵城市建设专项规划》，明确了津南区海绵城市规划背景、规划范围、规划期限、规划原则、总体目标及近期建设等内容。加强项目海绵城市规划管控。全年对津南区 107 个新建项目进行了海绵城市建设意见回复，并对项目进行定期督查，保证项目的海绵城市设施建设进度。

2. 实施农村自来水入户。该工程改造范围涉及津南区4个镇29个乡村，铺设管网614.4千米，并对5090户进行楼房户管改造，投资约2亿元，已完成70%。

3. 泵站与节点工程项目。新建完成了盘沽涵洞工程和邓岑子节制闸，完成投资550万元。有效解决了葛沽镇小黑河和十八米河的水系联通问题。

4. 绿色生态屏障建设。2018年，完成新造林833.34万平方米，栽植各种苗木100余万株；完成提升改造426.67万平方米，总投资8亿元。为津南区绿色生态屏障建设打下了良好的工作基础。

【房地产开发及房地产市场管理】津南区2018年住宅类项目共计47个（商品房项目35个、保障房项目12个），其中续建项目28个，新建项目19个（商品房项目14个、保障房项目5个）。在施面积617.4万平方米，其中商品房492万平方米、保障房125.4万平方米；新开工192.58万平方米，其中商品房186万平方米、保障房6.58万平方米；竣工面积32万平方米，其中商品房32万平方米。

1. 房地产市场管理。2018年共开展市场巡查96次，下达《责令改正通知书》14份。对企业涉嫌存在其他职能部门管辖的违规行为，及时移送转交相关职能部门3件。开展房地产经纪机构巡查97家次，受理、发放房地产经纪机构备案证明26家。

对在巡查中发现问题及信访投诉比较集中的企业，2018年共对4家企业约谈5次，要求企业规范经营行为，认真做好对购房人的政策解释工作。

为切实整顿津南区房地产市场秩序，保障购房人权益，自2018年11月—12月底，津南区房地产管理局联合津南区发改委、津南区市场监管局、津南区委宣传部等九部门在全区范围内开展打击侵害群众利益违法违规行为整顿房地产市场秩序专项行动。专项活动期间，共出动执法人员257人次，出动车辆106台次，联合检查房地产开发企业19家，各部门依据职能检查房地产经纪机构62家，约谈房地产经纪机构8家，在检查过程中开展政策宣传73次，上报典型案例1件。

2018年共受理、办结186件、675幢楼的销售许可现场查勘申请；受理、办结106件、236幢楼的资金监管现场查勘申请。

2. 法制监察工作。2018年共接到房屋拆改投诉72件，开展各类执法巡查228次，下达《责令改正通知书》8份，对不属于职权范围的执法案件，及时移送转交相关职能部门9件。

3. 房地产开发情况。完成新建房地产项目开发建设方案的审批和网报工作。已经审批并网络报送了朗逸花园、观雅庭院、尚礼园、景辉花园、鸿茂花园、合祥园、汀水轩、云著花园、雍和雅苑和雍和熙苑共10个项目。

完成建设计划的预审及审批工作。审批完成兴客创业街、津南新城E地块合祥园（一期、二期）、大龙广场（一期、二期、三期）、津南新城D地块合茂园（三期、四期）项目、雍和雅苑项目、汀水轩项目、津南新城D地块和茂园（一期、二期）以及锦联经济产业园共计8个新建商品房项目。

【房屋管理】 1. 旧楼区综合提升改造。协调推动咸水沽镇开展旧楼区提升改造工作，改造工程涉及同泽园、南华里、卫国里、同泽园和照明南里10号楼5个小区，共55栋楼、建筑面积25.12万平方米，涉及居民2381户。工程8月开工，11月全面竣工。其间，定期组织相关参建人员及职能部门召开例会，进行改造项目培训，提出相关要求，按照每周进度督促推动项目进行。加强巡查，确保安全措施到位、工程质量合格、群众反响满意。

2. 既有建筑玻璃幕墙普查。组织开展既有建筑玻璃幕墙普查工作。制定《津南区既有建筑玻璃幕墙普查工作方案》，召开普查部署推动会和普查工作技术培训会，全面部署普查工作。排查既有建筑玻璃幕墙企业和单位共计130家，发放自查表共计130份。普查疑似玻璃幕墙建筑共计134幢，按要求已经上报市局和市玻璃幕墙协会待专家进一步确定。其中，存在不同程度损坏现象的17幢，已向各个单位下发维修函。截至年底，津南区检察院、津南区农经委2个单位已经修缮完毕。

3. 开展房屋结构使用安全整治工作。公开热线电话和邮箱，针对私拆乱改房屋结构等违反房屋使用安全行为的投诉进行现场执法鉴定，协调解决信访投诉及接待咨询工作。加大房屋结构使用安全宣传力度。印制《天津市房屋安全使用管理条例》《天津市既有建筑玻璃幕墙使用维护管理办法》有关内容的彩页、宣传画等宣传材料；开展房屋使用安全宣传"七进"活动、"5·12"防灾减灾宣传周系列活动、定点集中宣传活动等5次；向社会公众宣传房屋安全使用知识，提供咨询服务，接待群众700余人次，发放宣传材料700余份。开展公用公房安全管理排查整治。集中开展公用公房汛期巡查工作，对房屋结构、外檐屋面等进行查勘，向使用单位宣传房屋安全使用知识，推动落实汛期相关责任、日常自行查勘及养护工作，发现问题及时报修或自行维修。开展"安全生产月"活动。

4. 开展历史风貌建筑安全巡查，预防和遏制亡人火灾事故的发生。区房管局对历史风貌建筑周公祠进行安全检查，督促使用单位落实安全生产责任制，排除安全和消防隐患，确保安全无事故。每月按时完成巡查拍照上报工作。

5. 公用公房管理。2018年直管公房投入维修资金307万元，维修建筑面积2.3万平方米。对机关事务管理局东院、财政局、教育局、双桥河派出所、交通队、农机中心和消防双港中队共计7个单位使用的房屋进行了综合修缮，确保直管公用公房使用安全。

非经营性公建移交接管。截至2018年底，累计接管34个项目、314处、13.3万平方米，已签订移交四方协议，其中3个项目（小站福林庭苑、水墨兰庭、象博豪庭）已办理不动产权登记手续。

6. 房屋租赁管理。全年办理房屋租赁登记备案2125件、建筑面积22.25万平方米，其中，普通备案1879件、建筑面积20.16万平方米；补贴类备案246件、建筑面积2.09万平方米。

【保障性住房】 1. "两种补贴"民心工程指标超额完成。全年新增廉租补贴房家庭22户，新增经济适用房补贴家庭11户，两种补贴绑定共完成33户，完成全年任务指标的110%。

全年共受理出租人补贴奖励67户。对400多户已享受租房补贴的家庭实行动态管理，对人口、住房、婚姻和收入等发生变化的家庭及时做好资格变更手续。为10户家庭办理资格年度审核手续；完成季度核查资格重新认定75户；为17户家庭办理资格注销及停发补贴手续；为6户家庭办理资格变更手续。

2. 公租房、限价房、经济适用房实现

应保尽保。在规定的时限内完成受理、公示、审核、资格发放等一系列工作,使百姓尽早享受到保障性住房。

接待公租房咨询60多人次,其中18户家庭经审核符合政策规定,向其发放了《天津市符合公共租赁住房承租条件通知单》。

接待限价房咨询50多人次,其中8户家庭经受理、公示、审核等程序符合政策规定,向其发放了《限价商品住房购买条件审核情况告知单》。

积极推动各镇还迁楼房被安置人员信息录入工作。全年多次深入各镇推动示范镇信息录入工作,协调解决被安置人员信息录入中遇到的问题,共完成安置房信息录入审核3200户,超额完成年初制定的工作责任目标。

【物业管理】 1. 还迁区物业管理。2018年津南区还迁房项目涉及8个镇、86个小区、建筑面积1464.3万平方米。组织区物业管理联席会议成员单位针对还迁区档案管理、私搭乱盖、消防设施设备管理、环境绿化等问题进行联合检查。每月与综合执法局、市容园林委组成的检查小组,对还迁区进行问题拍照,共计2400处点位。

2. 已改造的旧楼区物业管理。2018年,津南区已改造旧楼区涉及8个镇、72个小区,共计166.9万平方米。累计拨付补助资金301.59万元。每月组织巡查,每季度与民政局、市容园林委和综合执法局联合考核,将区级补助资金落到实处。

3. 商品房社区物业管理。开展住宅小区物业服务等级化检查,对照各项目的服务内容和服务标准,对92个商品房住宅小区进行物业服务等级化检查。认定优秀小区6个、良好小区31个、合格小区54个、不合格小区1个。

完成物业企业诚信体系建设信息采集。2018年,全区共有55家企业和184个物业管理项目纳入2017年度物业企业信用等级评定工作。全区3A级企业14家,2A级企业36家,A级企业2家,C级(不合格)企业3家。

积极推动维修资金使用,解决小区共用部位抢修难题。一方面督促物业企业加强房屋共用部位定期查勘,另一方面对企业申请使用维修资金时遇到的问题积极与居委会、业委会沟通。审批完成35个项目、共64个批次申请使用应急解危专项资金,主要涉及屋面、外檐、电梯和安防系统等方面的维修更新改造。

4. 信访受理答复。全年共接待处理来人、来电,市局、区政府办、区督查办和区信访办等转来有效信访件290件,8890热线1065件,涉及45家物业企业、64个物业管理项目。在接到信访投诉后,均第一时间与信访人、项目负责人联系了解核实情况,及时解决。从信访投诉内容看,涉及物业管理方面,主要存在电梯故障、车位出售(出租)、收费3个方面问题,以及物业服务不到位问题。

5. 物业管理项目退出监管。2018年,共有11个非住宅项目退出。

6. 安全生产管理。设施设备安全隐患排查工作。重点对房屋外墙脱落、火灾隐患、电梯无法正常运行等影响业主住用安全方面进行隐患排查整治。物业管理项目涉硫化氢场所检查,督促企业硫化氢操作人员持证上岗。开展地下空间安全隐患排查。制定《津南区房管局关于在全区物业管理小区开展电动自行车消防安全隐患排查整治工作的通知》《津南区房管局物业管理小区消防安全大检查工作方案》,强化安全监管机制。

【拆迁管理】 1. 拆迁清零推动工

作。2018年，针对市委、市政府在津南区现场办公会提出的"旧村拆迁清理迟缓，势必影响生态屏障建设进度"的整改问题，区委、区政府确定的"保绿色生态屏障建设""保市区重点工程建设""保民计民生项目""保土地出让地块"的四保目标，结合年初确定的重点拆迁清零目标，确定了全年完成831处的工作目标。2018年总计完成940处，完成全年计划任务的113%，拆除房屋面积约89万平方米。

2. 国有土地征收工作。2018年，全力推动国有土地征收工作。咸水沽镇建国大街以北旧城区改建房屋征收共计565户，实现全部清零；咸水沽镇新商圈项目地块全部清零；协连三期片255户被征收户，完成253户。小站镇创盛道征收片133户被征收户，完成130户；文教厂一期涉及23户房屋租赁户全部清零；棚户区改造工作如期开工。小站镇棚户区改造项目前期工作已经完成。

3. 国家会展中心项目拆迁工作。2018年，区房管局拆迁办积极推动会展中心及配套项目海沽路、平衡地块拆迁工作。协同咸水沽镇，推动会展中心地块剩余8处滞留户拆迁，完成1处，实现突破；完成外资企业福克思腾迁，实现海沽路辛庄段全部清零；辛庄平衡地块石材城拆迁已完成总任务的99%。

4. 拆迁资金监管工作。2018年，以全区拆迁补偿安置政策总体平衡为基础，对全区涉及国有土地征收、集体土地整合拆迁等领域的补偿工作进行监管审核，向区政府提出审定意见。全年共审核非住宅拆迁补偿款298批次，住宅拆迁补偿款478批次，建设及其他项目51批次，实现"零差错"。

5. 信访接待工作。2018年，在信访积案集中攻坚化解专项行动中，牵头负责4件积案，其中3件是超过10年的咸水沽老镇区改造拆迁积案，通过耐心细致的工作，实现积案化解清零。

【建筑市场管理】 为进一步加大建筑市场执法监察力度，加强了建筑市场监察管理工作，严厉查处违反工程建设程序、工程转包及违法分包等违法违规行为，有效遏制津南区建设工程非法转包、违法分包的行为，不断规范津南区建筑市场秩序，确保工程质量和施工安全，全面提升津南区建筑市场管理水平，按照住房城乡建设部及天津市建委的统一部署，对津南区项目建筑市场行为情况进行全面执法检查，及时查处和纠正各方建设主体违法违规行为，进一步规范津南区市场秩序。2018年，共检查项目67个、总建筑面积320万平方米，下发整改通知单31份，提出存在问题1011项，下发停工通知单9份，提出问题28项，对37个项目进行处罚，总金额达2139.96万元，其中涉及违法分包工程2项、未办理施工许可证17项、未办理招投标手续18项。

【建设工程质量安全】 2018年，津南区建委监督工程232项、建筑面积1155万平方米。其中，新开工程75项、建筑面积403万平方米；2017年跨转工程157项、建筑面积752万平方米；竣工备案工程1496栋、建筑面积1124万平方米。实施建筑材料监督封样抽测126件，合格126件。接待拖欠农民工工资来访事件72件，解决拖欠工资金额4172万元，涉及农民工3265人。接待房屋质量投诉30起，已解决20起。在应急措施方面，针对大风、暴雨等恶劣气候条件，发送安全预警信息2263条。提醒施工企业切实加强安全管理，帮助施工企业积极应对不利天气。先后指导6个项目开展消防应急预案演练活动，210余名一线施工管理人员参加了应急演练。

【执法监察】 2018年，津南区建委现场检查2925次，下发《责令改正通知书》693份，发现质安问题2115件，下发《责令（局部）暂停通知书》223份，发现较大问题645件。向天津市建筑市场监管信用信息平台上传现场检查结果信息，涉及监理单位的信息共138条，其中质量管理79条、安全管理12条、文明施工管理47条；涉及施工单位的共390条，其中质量管理117条、安全管理136条、文明施工管理60条、劳务用工管理77条。2018年，津南区建委查处违法违规问题195件，对68家企业实施了行政处罚，罚款金额4246万元。

【住宅类重点项目督促统计】 每月对津南区的47个住宅类重点建设项目进行统计，督促项目方按照确定的时间开工建设，结合全区住宅类重点建设项目的工程进展情况，对全区新开工项目进行核实，提取佐证材料，根据各镇年初上报的任务指标制定专门的年度考核计划，并且认真准备政府绩效考核的有关材料。

【天津市政企互通平台的管理】 区级平台接件共567件，其中企业问题559件，项目问题8件。区建委平台接件7件，及时解决回复7件。对于企业和项目提出的问题均在时限内回复或解决。

北辰区

【概况】 天津市北辰区建设管理委员会是天津市北辰区人民政府的组成机构，是北辰区城市建设的行政主管部门。2018年12月，区建设管理委员会和区房地产管理局的职责整合，组建了天津市北辰区住房和城乡建设委员会。

【建筑队伍】 北辰区建设管理委员会建筑业队伍专业人才比例不断增加。至2018年底，有副高级工程师6名、工程师9名、助理工程师14名。结合全区城市发展战略，制定区域建设阶段性计划，组织实施主干道路、市政基础设施、配套道路和管网等建设项目的全过程施工。

【工程质量安全监管】 监管工程183个标段，完成竣工验收36个标段。组织执法检查973次。开展建筑施工安全专项治理行动，进行地毯式排查，持续深化安全生产隐患大排查大整治。监管建设工程1023.5万平方米，完成竣工验收129.6万平方米，验收合格率100%。加强扬尘监管执法力量，完成中央环保督察任务。严格落实《天津市北辰区建设工程扬尘治理"六个百分百"实施细则》和《北辰区2018—2019年秋冬季大气污染综合治理攻坚行动方案》。执行《信访条例》，受理投诉全部办结。组织全区73个项目单位开展安全生产和消防安全现场演练。2018年度建设工程荣获"海河杯"4项、"金奖海河杯"2项。

【建筑市场管理】 全年共完成各项招投标466个，其中勘察招标50个、设计招标179个、监理招标99个、施工招标114个、设备招标6个、专业招标18个。中标规模105万平方米，中标金额124亿元。协助推动中粮华润、星河时代等重大招商引资项目落地。全面推进农民工管理系统落实，严格农民工工资网上管理，实现"日清月结"。

【供热民心工程】 配合推动完成武装部锅炉房、刘房子锅炉房燃气锅炉低氮改造。巩固市建委布置的139台35蒸吨以下燃煤供热锅炉改造清零任务。圆满完成上个供热期供热保障任务，信访投诉量同比下降20%。

【建筑管理】 完成瑞恒家园等15个新建住宅项目配套非经营性公建移交工作。制定了2018年北辰区农村危改方案，完成危房改造5户，完成市区23个对口帮扶困难村四类重点人群危房情况调查工作。完成北辰区3年20万平方米的公共建筑节能改造任务，新获评星级绿色建筑11项，回复装配式建筑实施意见51

项，回复绿色建筑实施意见63项，审核并回复民用建筑指导意见45件。

【房地产业概况】 2018年，北辰区房地产管理局贯彻落实区委、区政府决策部署，牢牢抓住重点民心工程和各项管理服务，坚持民生为本、服务至上，持续推进城中村改造，抓好老旧小区及远年住房安全整治，推动5项管理服务更好更快地发挥作用，加大组织推动力度，各项工作都取得明显进展。

【城中村改造】 2018年全年完成拆迁4.17万平方米，累计完成拆迁241.91万平方米。其中，北仓镇拆迁0.72万平方米、天穆镇拆迁3.43万平方米、青光镇拆迁0.02万平方米。在还迁房建设方面，取得准入证项目3个、26.75万平方米、2472套房。包括：刘房子二期13.83万平方米、1248套房；丁赵A地块4.25万平方米、396套房；杨嘴二期8.67万平方米、828套房。

【老旧小区及远年住房安全问题整治】 北辰区2018年度老旧小区及远年住房改造共涉及6个镇街的83个片区、建筑面积342.56万平方米、5.23万户居民。首批新华里、东升里等50个小区，2018年4月份开始陆续进场施工，6月底陆续竣工，8月底前区协调办组织各成员单位完成对首批片区的全部验收工作。二批天辰公寓、强宜里等33个小区，8月份全面进场施工，11月底陆续竣工进入验收阶段，12月底前区协调办组织各成员单位完成对二批片区的全部验收工作。

【房屋征收】 围绕年内确定的讷河里6号楼、石油公司宿舍平房、新华里11和12号楼、北仓苗圃宿舍等8个重点地块征收任务，分别进行筹划准备和组织推进。讷河里6号楼116户签约91户，剩余25户，签约率为78.4%；剩余25户分两个批次下达了征收补偿决定书，其中1、2门为第一批，总计15户，3、4、5门为第二批，总计10户。石油公司宿舍平房实现清零；新华里11、12号楼完成基本情况调查、选取评估单位，并进行初评结果公示；北仓苗圃职工宿舍完成基本情况调查、面积测绘核量工作，待落实安置房源后出台征收补偿安置方案，征求被拆迁人意见。

【住房保障】 2018年度，开展两次"两种补贴、两种住房"政策宣传活动，发放宣传资料500余份。全年共受理审核廉租补贴122户、发放资格证明135户，受理审核经租补贴116户、发放资格证明127户；全年共受理限价商品房申请134件，资格证明发放102件；公租房共受理申请480件（补贴类：284件，非补贴类：196件），发放符合条件通知单378件（补贴类：247件，非补贴类：131件）；全年向出租人发放补贴148户；加强房屋租赁备案管理，办理租赁备案4092件。

【物业管理】 落实行业监管职责，加强业务培训和巡查指导。对部分镇街、居委会管理干部和业委会、物业企业相关人员进行4次集中培训，90余人参训。组织指导8个小区成立业主大会和选聘物业服务企业。严格应急维修资金及专项维修资金监管，制定应急解危维修资金使用申请管理审批制度和专项维修资金使用申请管理审批制度，完成80个批次使用应急维修资金、9个批次使用专项维修资金项目的维修工程查勘及验收100余次。对75个住宅项目进行双四级考核工作。新增物业合同备案项目21个。指导大张庄镇、普东街道、宜兴埠镇、青源街道、广源街道召开物业管理协调会8次，解决小区内私搭乱盖、拆违、消防、电梯等设备维修、制定和实行停车管理、收费制度等疑难问题。组织消防支队、所属街镇，聘请第三方机构，全面排查10个保障房小区的消防设施和地下管网。

【房屋管理】 开展房屋安全巡查，针对6处危损房屋，做好安全监管并落实安全责任；加强36万平方米直管公房和廉租房维修管理，落实8项服务承诺和入户行为规范，提高服务水平；依据天津市政府4号令及属地单位上报的既有建筑玻璃幕墙单位基本信息，聘请第三方机构，对全区68家玻璃幕墙单位进行排查，制定《北辰区既有建筑玻璃幕墙维护管理实施方案》，督促业主自查，完善相关普查信息。

【市场管理】 监督检查161家房地产开发、销售企业、中介机构，对违规售房、捂盘惜售、无证售房、发布虚假已售待售信息等行为，严格执法。2018年累计出动人员4888次，检查企业704家次，下达责令整改3件，检查房地产经纪机构653家次，下达责令整改37件，保障区内良好的房地产交易秩序。做好新建商品房、限价房、工业地产销售许可和资金监管现场查勘。检查和治理房屋违规拆改行为。加强环内19个拆迁工地管理，实行专人包片制度，24小时巡查，控制扬尘污染。

武清区

【概况】 天津市武清区建设管理委员会是天津市武清区人民政府的组成机构,是武清区城市建设的行政主管部门。2018年12月,区建设管理委员会和区房地产管理局的职责整合,组建了天津市武清区住房和城乡建设委员会。

【机构职能】 武清区建设管理委员会机构职能。

1. 组织编制全区建筑业的发展规划;组织起草建筑业、建筑市场管理的实施办法;负责全区建筑市场管理;负责建筑业企业资质管理;依法依规进行招投标管理、合同管理、工程造价、施工图纸审查备案管理;负责建筑节能监管和新型建材的推广应用;负责房地产开发项目管理以及非经营性配套公建管理。

2. 承担建设工程质量安全监管责任;负责全区工程建设中施工质量、安全生产、文明施工的监督管理和建设市场监察工作;组织或参与对重大工程质量、安全事故的调查处理工作。

3. 组织协调城区基础设施重点工程建设;负责市政公用设施和市政工程等建设项目的施工、养护;负责道路、供热、燃气的规划、建设和管理工作。

4. 负责指导村镇建设和管理;负责村镇建设年度投资计划的编制、下达和统计考核工作;负责专项资金的使用和管理。

5. 组织编制城建系统科技发展规划;组织、指导系统内科研工作和科技成果的推广;负责专业人才的培养和职工队伍的培训。

6. 负责委属企事业单位的管理。

7. 承办区委、区政府交办的其他事项。

【内设机构】 根据上述职责,武清区建设管理委员会设7个内设机构。

1. 党委办公室。负责党建、精神文明建设、纪检监察和思想政治工作;负责工会、共青团、妇联等群众团体工作;负责政工及专业技术职称评定工作;负责人事、劳资管理及职业培训工作;负责普法、安全保卫、双拥和民兵工作;负责保险的缴纳及医疗保险的报销工作。

2. 办公室。负责会议组织、秘书事务、来信来访、档案管理、城建统计、提案办复、信息文印工作;负责机关行政管理及后勤保障工作;综合协调建委内部行政执法和窗口建设工作;负责建委系统科技教育与推广工作;负责建委系统安全生产工作。

3. 村镇建设管理科。负责村镇建设和管理;负责推进小城镇和现代化村庄建设；负责制定村镇建设年度投资计划并加强考核落实；负责村镇建设专项资金的使用管理。

4. 财务审计科。负责机关及委属企事业单位的财务管理和财务审计工作；负责机关财务日常工作。

5. 市政公用事业管理科（武清区市政公用事业管理办公室、武清区供热办公室）。负责组织制定城区公用事业发展的专项规划和年度工作计划；负责研究制定有关公用事业的管理办法并组织实施；负责对城区道路、供热、燃气、路灯等市政设施实行统一归口管理；负责组织市政公用设施建设工程招投标工作，并实施工程作业监管。

6. 重点工程办公室。组织制定全区城市化发展的专项建设规划和年度实施计划；负责全区基础设施建设重点工程项目的协调和督促检查等工作。

7. 建筑业管理科。负责建筑业行业管理；负责建筑市场管理；负责建筑节能监督管理，墙体材料革新、散装水泥和新型建材的推广应用；负责新建住宅商品房建设方案审查、新建商品房非经营性配套公建管理；负责建筑业企业资质管理和建设工程施工图纸审查备案工作。

【下属单位】 武清区建设管理委员会下属4个事业单位。

1. 武清区建设工程质量安全监督管理支队。负责贯彻执行市、区有关城市建设质量、安全、文明施工的规章、制度和标准；根据有关规定，承担工程质量、施工安全、文明施工监督管理和建设市场监察；组织或参与对重大工程质量、安全事故的调查处理。

2. 武清区建设工程交易服务中心。负责为建设工程招投标提供信息、设备和场地服务。

3. 武清区招标管理站。负责招投标活动、合同签订的监督管理和备案管理工作，负责施工前期相关手续的办理工作。

4. 武清区市政工程所。负责市政公用设施和市政工程等建设项目的施工、养护。

【市政公用设施】 落实城区市政道路桥梁长效管理机制，完成城区道路、桥梁集中维修工作。其中，翻修改造便道3.37万平方米，增设盲道设施2712平方米，修补道路裂缝19.53万米、路面坑槽1.85万平方米、人行便道5000平方米，修补侧石100米、桥梁钢质护栏100米、石质护栏50米、桥梁外挂石材100平方米，完成10座桥梁栏杆及混凝土底座刷漆和粉刷工作，面积约6320平方米。推进铁路及其他重点工程。其中，完成津蓟铁路（武清段）沿途路口改造工程，实现通车；忠旺铝业配套铁路专用线工程正在进行跨杨六路津蓟铁路道口平改立工程施工；中石油锦郑成品油管道、中石化LNG液化天然气管道、中航油北京大兴国际机场京津第二输油管道工程等长输油气管线工程均完成主体施工。

【建筑业及建筑市场管理】 做好建筑业和建筑市场管理。完成建筑业资质管理人员核验入库326家，企业信息维护核验入库187家，信息变更（更新）139家，2001版标准劳务资质日常变更17家，房地产项目开发建设方案初审备案18项，新签订非经营性公建配套合同8项，组织非经营性公建配套验收移交接管工作25项，开具非经营性公建配套证明23项，完成2018年天津市商品房新办建设计划23项、商品房项目建设实施计划结转初审48项；做好建筑节能科技管理，完成建筑节能技术资料备案410项、建筑节能竣工资料备案95项，执行绿色节能标准居住项目50项、约418.35万平方米，公建项目46项、约124.74万平方米，完成新型墙体材料及散装水泥现场检查验收32项次；做好工程招投标违法行为查处，办理行政处罚结案93件；开展建筑市场执法监察，企业农民工工资保证金缴存11家，缴存保证金330万元。开展"双万双服促发展"活动，领导包联企业3个，解决政企互通平台反馈问题9个，宣传帮扶政策45次。完成2018年安全生产年度考核，6月14日在瑞丰广场举办主题为"生命至上、安全发展"的武清区安全生产月宣传活动，制作展牌3块，发放宣传画、书籍、光盘等宣传品260件。推进海绵城市建设，编制《武清区海绵城市建设实施方案》并通过专家评审和区政府审定，上报市海绵办。

【房地产开发及行业管理】 1.市场情况。2018年武清区新建商品房共上市1.81万套；上市面积203.6万平方米。新建商品房共成交1.12万套；成交面积127.2万平方米；成交金额161.3亿元；总成交均价为1.27万元/平方米。其中新建商品住宅共成交9721套；成交面积108.3万平方米；成交金额141.4亿元；成交均价为1.3万元/平方米。新建商品非住宅共成交1469套；成交面积18.9万平方米；成交金额19.9亿元；成交均价为1.05万元/平方米。二手房共成交1.2万套；成交面积123.9万平方米；成交金额108.9亿元；成交均价为8789元/平方米。

2.经纪机构备案。2018年受理95家经纪机构的备案申请，完成网上信息的受理、复核、审核，最终完成备案证明的发放工作。

3.预售资金监管项目现场查勘。2018年受理开发企业196个监管账户687栋楼的现场查勘申请，受理开发企业63个监管账户168栋楼的预售重点资金拨付现场查勘申请。

4.商品房销售许可证现场查勘。2018年受理开发企业196个监管账户687栋楼的现场查勘申请。

5.市场监管。2018年检查开发企业销售现场和经纪机构门店865次，对开发企业和经纪机构应公示信息进行逐项检查，对公示信息缺失的，责令整改。累计受理各类咨询、投诉和信访825件，转交执法监察科涉嫌违规行为案件54件，函告市场监管局9件，函告发改委3件，函告金融办2件，有效保障了武清区房地产市场的健康稳定。

【建设科技与节能】 贯彻落实《民用建筑节能条例》和《天津市绿色建筑行动方案》，按照《市建委关于印发〈天津市2018年建筑节能和科技工作要点〉的通知》文件精神，做好建筑节能减排和装配式建筑工作。

1.建筑节能工作。①建筑节能技术资料备案情况。坚持所有建设项目进行建筑节能备案，备案率达到100%；对不进行网上节能备案的项目，不予办理质量监督安全措施备案，并通过施工图审查备案、建筑节能技术资料备案和建筑节能竣工资料备案严格控制四步节能和绿色建筑的实施推广。2018年，完成网上节能技术资料备案建设项目410项，总建筑面积约650万平方米；网上节能竣工备案建设项目95项，总建筑面积约96万平方米。②推动绿色建筑发展情况。严格落实《天津市绿色建筑行动方案》，宣传、倡导、鼓励、推动绿色节能建筑发展，在土地出让前明确节能指标，带条件出让。2018年3月，武清区召开城建工作会议，对武清建筑节约能源工作进行部署，就生态武清、建筑节能、绿色建筑和可再生能源利用等提出明确工作要求。自2015年5月

1日以后取得建设工程规划许可证的所有新建示范小城镇、保障性住房、政府投资建筑和2万平方米以上大型公共建筑全部执行绿色建筑标准。2018武清区实施的绿色建筑项目包括：博翠苑、天辰园、梧桐花园、花乡家园、康盛广场、紫荆谷广场、天泽御苑、悦府嘉苑等96项工程，总建筑面积约543万平方米。③建筑垃圾资源化利用工作。加强建筑垃圾资源化利用，正在完善建筑垃圾资源化利用处置选址及方案设计工作。④新能源站点建设。目前，武清开发区已建成2家新能源站，签约1家新能源站。其中，华电分布式能源站是为工业开发区提供发电、供热、供冷、工业蒸汽和生活热水综合性解决方案的能源站，通过能源梯级式利用，解决了全区能源供应紧张和能源利用效率较低的问题，践行了低碳、清洁、高效的环保理念。信义玻璃（天津）有限公司10兆瓦光伏发电项目装机容量为10兆瓦，光伏陈列全部安装于信义玻璃（天津）有限公司厂房屋顶，占用面积约为31万平方米，有40瓦至250瓦光伏发电板4.05万块，年发电量1027万千瓦时，年节能量1129万千瓦时，折合标煤451.6吨，对节能环保有重要示范引领价值。中电投武清开发区分布式光伏发电站项目由中电投北京新能源有限公司投资建设，将在武清开发区内建筑屋顶建设分布式光伏电站，利用屋顶面积约200万平方米，规划总装机容量为16万千瓦，预计2年内全部建成投产。⑤建筑节能信息及能效管理情况。完成武清区行政区域内建筑以及机关办公建筑、大型公共建筑的基本信息核实工作，公示施工现场和商品房销售现场建筑节能信息，大型公共建筑和机关办公楼实行能效测评和标识。将建筑节能降耗工作纳入年度重点工作，加大对相关部门考核力度，保证任务落实。⑥既有公共建筑节能改造工作。根据项目实施过程中主体单位及出资方的不同，将节能改造项目分为节能改造项目和合同能源管理项目两类。通过对武清区建筑重点用能单位进行摸底调研，了解各用能单位能源消费结构及能耗状况，组织第三方机构对建筑重点用能单位进行能源审计及节能诊断，出具能源审计及诊断分析报告，给出初步的节能改造方案并预测节能改造潜力，对筛选出来的企业要求单个节能改造项目节能率达到15%以上。项目节能改造节能及能效提升改造完成之后，组织具有资质的第三方机构对其实施节能量审核，评估项目实际的改造收益并量化节能率。目前，武清区机关事务管理局与远大低碳技术（天津）有限公司既有公共建筑能效提升改造合同、招投标手续均已完成，工程改造建筑面积7.75万平方米。

2. 装配式建筑。积极推进建筑产业现代化进展，落实《市建委关于在天津市建筑产业现代化项目规划条件中提供相关建设指标的通知》（津建科〔2016〕100号）及《武清区人民政府办公室关于推进我区建筑产业现代化有关工作的通知》文件要求。目前武清区已将建筑产业现代化纳入规划选址意见书中，并向相关单位征求意见。2018年，区建委累计回复154个项目，总用地面积1651万平方米。

【海绵城市】 按照国务院办公厅《关于推进海绵城市建设的指导意见》（国办发〔2015〕75号）、《海绵城市建设绩效评价与考核办法（试行）》和市政府督查室《关于对我市2018年海绵城市建设工作开展实地督查的通知》（津政督〔2018〕67号）文件要求，武清区严格对照各项工作内容，认真研究部署，细化任务分工，积极推动落实。

1. 组织机构建立情况。为全面落实天津市关于推进海绵城市建设的工作部署，推动武清区海绵城市建设工作，武清区于2017年成立了武清区海绵城市建设工作领导小组，2018年9月，依据《武清区人民政府办公室关于调整部分临时性议事协调机构领导人员的通知》（武清政办〔2018〕6号）文件规定，由武清区常务副区长洪世聪担任组长，武清区建委、区财政局、区规划局、区水务局、区审批局、区市容委、国土武清分局等部门主要负责同志任副组长，成员单位由区直属部门等18家单位组成。领导小组下设办公室，办公室设在区建委，具体统筹协调领导小组各项具体工作，积极推进项目规划建设，督促贯彻落实。

2. 海绵城市建设实施方案编制工作。武清区结合工作实际，制定了《武清区关于推进海绵城市建设工作方案》，明确了工作目标、组织机构、任务分工及保障措施。同时，委托天津市市政工程设计研究院编制了《天津市武清区海绵城市专项规划》，按照规划编制程序召开专家论证会及部门意见征求等工作，科学制定工作方案和专项规划。2018年5月10日，通过政府采购确定天津市城市规划设计研究院为《实施方案》的编制单位，委托该单位按照合同要求及早完成实施方案编制任务，确保武清区海绵城市建设工作的顺利推进。2018年11月，《武清区海绵城市建设实施方案》通过专家评审和区政府审定并上报市海绵办。

3. 项目推动落实情况。①严格实施规划审批。对2017年8月1日以后核发的规划条件及选址意见书所涉及的建设项目，着重加强规划审批管理，将海绵城市建设技术指标全部纳入新建项目规划条件，同时在建设工程"两证一书"批复、施工图审查、施工许可等环节，将海绵城市相关工程措施作为重点明确和审查内容。截至目前，全区海绵城市建设技术指标纳入规划条件的建设项目共324个，总用地面积2727万平方米。②统筹推进在建项目海绵城市建设。下发了《区建委关于加强武清区未竣工项目海绵城市建设实施工作的通知》，对未竣工且有实施条件的40余个在建项目，严格执行《市建委关于加强海绵城市建设规划管控工作的通知》要求和《天津市海绵城市建设技术导则》规定，及时调整设计，补建完善海绵城市设施，确保海绵城市建设目标落地实施。由天津茂悦投资有限公司开发建设的臻园住宅项目，坐落于武清区下朱庄街广贤路西侧，项目整体绿地率为42%，小区的景观水体、绿地均具有雨水储存与调蓄功能。同时，本项目合理规划地表径流，使径流雨水有组织自流汇入周边绿地系统和水系，并与城市雨水管渠系统相衔接。项目景观工程地面采用透水砖铺装配合下凹式绿地，基本满足海绵城市设计指标要求。③积极推进造林工程和公园绿地建设。位于武清新城翠亨路西侧的翠亨路生态绿廊工程，长约1800米，宽约161米，工程建设面积约28.5公顷，总投资6600万元。该工程利用场地中的现状凹地和坑塘，充分结合海绵城市的建设理念，按照《天津市海绵城市建设技术导则》的要求，园区建设雨水花园8处、透水混凝土环形路和透水砖铺装6.75万平方米。此外配套建设排水管网、净水植物等内容，体现出"渗、蓄、滞、净、排"功能要素，达到小雨不积水，大雨不内涝。充分满足公园自身消纳雨水的功能，体现海绵城市给市民带来的益处，该工程已于2018年11月1日开园纳客。④完成城区西苑河综合治理工程。西苑河地处天津市武清新城建设路东侧，北运河西侧，光明道以南，前进道以北，与一支渠、二支渠相连通，全长约3.6千米，现主要承担区域雨污水的排放。按照区政府工作安排，武清区大力推进西苑河综合治理工程建设，依据规划废除暗管、开挖明渠，改善城区水环境。工程主要建设内容包含河道开挖清淤、护砌、两侧绿化景观、雨污水管线切改铺设、北运河引水管线连接、泵站提升等，工程已全部完成建设任务。⑤完成年度城区合流制管网改造任务。全年投资5510万元，对武清城区内杨崔路（京津塘高速—光明道）等3条市政道路，商业局公寓、春蕾巷等4个住宅小区，以及原人大楼（雍阳东道南侧）、武清区第一幼儿园等39个单位的雨污合流制管网进行雨污分流制改造，工程已于2018年底前全部完工。同时，武清区已编制完成武清区水系连通规划，并按任务及节点要求积极推进落实。⑥大力推进老旧小区提升改造工程。2018年武清区老旧小区提升改造涉及11个小区，包括农机局宿舍楼、林业局公寓、中医院西楼、杨村镇政府公寓、德昌巷、育英巷、公安公寓、楼前小区（农行楼）、卫生局公寓，建筑面积8.7万平方米，投资2600万元，受益业主875户。改造项目包括雨污管网分流、道路硬化、井盖更换、屋顶防水、雨水管更换、垃圾道封堵、安装室外消防栓设施等项目。截至12月底，雨污分流等项目已全部改造竣工。⑦大力推进海绵城市示范区建设。现已将国际企业社区二期项目确定为武清区海绵城市试点项目并启动建设，该项目位于武清开发区新开路，占地10.8万平方米，建筑面积约23万平方米。现有场地周边已规划设计完善的雨水管网。该项目严格按照《天津市海绵城市建设技术导则》标准进行规划设计，以控制径流总量为主要目标，综合采用下凹式绿地、屋顶绿化、透水铺装及多功能场地等多种雨水调蓄与控制措施，确保满足海绵城市的建设要求，同时为后期海绵城市在全区的推广提供重要借鉴。项目已完成主体、二次结构及内外檐装修工程，其中透水铺装、下凹绿地等海绵城市建设内容预计2019年6月底前完成建设。

【建设工程质量安全监督管理】2018年，武清区建筑工程项目322项、建筑面积1524万平方米。其中，新开工项目139项、建筑面积692万平方米，跨转项目183项、建筑面积832万平方米。截至年底，竣工项目86项、建筑面积328万平方米，在施项目236项、建筑面积1196万平方米。竣工项目一次验收合格率100%。全年开展覆盖全区29个镇街、7个园区专项监督检查20次，检查项目1540项次，下达《责令改正通知书》1072份，提出整改意见3988条；下达《暂停施工通知书》127份，提出停工意见536条，问题均整改完成。推动建设项目创优，其中9个项目获市级文明工地称号、4个项目获市级文明施工示范工地称号、12个项目获优质结构评价工程称号、5栋建筑被评为"海河杯"项目。结合"打非治违"专项行动、冬季施工质量安全大检查、开（复）工专项检查、建设工程质量安全百日大检查等专项检查，全年召开专题工作会议4次，组织应急观摩演练1次，发放宣传资料2000余份，短信平台录入750人次，发送管理、预警等相关信息69次、共2.85万条。向建筑工地推广安装远程视频监控系统，累计完成视频监控联网工地296个、扬尘监测联网工地271个，区级重点工程及创优工程项目监控实现全覆盖，建筑安全监管信息化水平提高。

【村镇建设】2018年改造农村危旧

房屋879户，其中852户同时进行了节能改造，改善农村困难群众住房条件；配合市审计组完成武清区2017年危改工作专项审计、档案审阅和入户审核工作；完成2017年度危改抽查验收工作；推进农村人居环境示范村建设，完成对梅厂镇小雷庄村人居环境提升改造工程督查指导；组织各镇街开展住建部村镇建设管理平台全国农村住房信息系统、全国村庄建设信息系统、全国扩大农村危房改造试点农户档案管理信息系统统计、录入工作等。组织村镇建筑工匠培训，开展农民自建房安全生产大排查大整治，加强农村危房改造质量安全管理。

【执法监察】 严格按照行政机关做行政处罚决定之前，应当告知当事人做出行政处罚决定的事实、理由及依据，并告知当事人依法享有的权利。告知当事人有要求举行听证的权利；当事人要求听证的，行政机关应当组织听证。不服行政处罚决定的，可申请行政复议或者提起行政诉讼的途径和期限等。依据《中华人民共和国行政处罚法》《中华人民共和国建筑法》《天津市建设工程施工安全管理条例》《天津市建设工程质量管理条例》等法律条例，2018年完成建设市场行政处罚案件主要包括未组织招标、未取得施工许可擅自开工建设等违法违规行为。全年办理行政处罚结案共记93件，处罚金约2812万元。

【燃气及供热管理】 1.燃气管理。全区采用天然气和液化石油气两种形式供气，其中天然气供气企业5家、液化石油气供气企业8家。2018年，全区供气高压管网约146千米、供气中压管网约600千米、供气低压管网约3500千米。全年办结燃气项目审批45件、信访200余件。完成《武清区燃气专项规划》编制，为武清区燃气整体规划布局提供依据。开展安全专项检查10余次，组织第三方安全检测机构对全区燃气企业及燃气设施进行全面排查。组织开展燃气安全事故应急预案演练，提升天然气管网事故应急处置能力。加强煤改气工程培训工作，组织指导各改燃村街配备应急抢险小组，定期开展燃气安全知识讲座，提高居民安全用气意识。

燃气泄露安全演练

2.供热管理。2018年，武清区有集中供热建筑面积3748.84万平方米，其中城区2580.06万平方米、镇1168.78万平方米。做好供热建设费收缴、使用和管理，全年收取建设费3.75亿元，涉及57个住宅小区项目；划拨24笔建设费至供热单位，用于热源、供热管网和换热站建设；完成新建房屋集中供热配套设施专项验收，开具新建住宅商品房供热配套证明42件；完成15个新建住宅项目热计量表招标工作管理和监督；发放2017—2018年度采暖期供热补贴资金1.17亿元；完成新建建设项目供热规划意见反馈及镇街控制性规划实施意见反馈工作，完成内容反馈62件；做好供热信访工作，处理群众来信来访8000余件；依法打击违法违规行为，对禁燃区、相关镇各集中供热单位开展安全隐患排查。

宝坻区

【概况】 天津市宝坻区建设管理委员会是天津市宝坻区人民政府的组成机构，是宝坻区城市建设的行政主管部门。2018年12月，区建设管理委员会和区房地产管理局的职责整合，组建了天津市宝坻区住房和城乡建设委员会。

【机构职能】 天津市宝坻区住房和建设委员会机构职能。

1. 贯彻执行国家有关住房和城乡建设的法律、法规、规章、政策性文件和地方性法规、政府规章，有关政策和规范、标准。

2. 负责编制住房和城乡建设相关行业发展规划。负责编制相关市政基础设施专项规划。会同有关部门拟订市政基础设施（不含与土地资源整理相关的市政配套基础设施）近期建设规划和年度建设规划，并组织实施。会同有关部门管理城市建设资金。负责住房和城乡建设领域信用体系建设。负责住房和城乡建设综合统计工作。

3. 承担城镇低收入住房困难家庭住房保障责任。组织实施住房保障相关政策、住房保障中长期发展规划及年度计划。

4. 承担推进住房制度改革责任。组织实施住房制度改革政策措施。负责住房货币分配、公有住房出售、公房租金改革和房改资金管理。

5. 承担规范房地产市场秩序、监督管理房地产市场的责任。负责房地产开发行业管理。负责制定房地产（含保障性住房）建设计划。监督执行房地产项目基础设施配套建设标准。指导推动住宅项目非经营性公建配套建设。负责房地产转让、房屋租赁等交易行为的监督管理。负责房地产开发企业、中介服务机构管理。负责房地产市场监测分析。

6. 负责直管公产房屋（党政机关办公用房除外）资产的监督管理。负责历史风貌建筑保护利用管理。监督执行国有土地上房屋征收政策制度。

7. 负责物业管理活动的监督管理。负责对辖区内房屋共用部位、共用设施设备维修资金缴存和使用监督管理。

8. 负责建筑行业和建筑市场管理。负责房屋建筑、市政基础设施项目建设管理。贯彻落实工程造价、招投标、合同、施工许可等相关政策，并监督管理。负责建筑施工企业资质及相关执业人员资格的管理。

9. 贯彻落实村庄和小城镇建设政策

并指导实施。指导农村住房建设和安全及危房改造。指导村镇建设试点示范工作。负责与市相关部门关于村镇建设工作的对接。

10. 负责建设工程（法律、法规有特殊规定的除外）施工质量、安全生产和文明施工的监督管理。监督指导已建成交付使用房屋的安全管理（村民自建房屋除外）。负责房屋安全鉴定协调指导工作。组织或参与工程质量、安全事故调查处理。负责重大项目建设综合协调。

11. 负责住房和城乡建设领域科技、教育和信息化建设工作。负责推进科技进步和成果转化工作。负责推广建筑节能、绿色建筑和装配式建筑发展工作，指导推进住房和城乡建设行业职业教育工作。

12. 组织住房和城乡建设领域招商引资工作，配合有关部门推动市政基础设施投融资工作。

13. 负责本系统人才队伍建设。

14. 完成区委、区政府交办的其他工作。

【内设机构】 天津市宝坻区住房和建设委员会设7个内设机构。

1. 办公室。负责机关会议组织、秘书事务、政务信息、保密工作；负责主任办公会议议定事项的检查落实工作；负责办理人大代表、政协委员议案、建议、提案工作；负责安全生产及安全保卫工作；负责机关的行政事务工作；负责本单位审计计划的制定、内部审计人员的培训、内部管理领导干部的经济责任审计、"三重一大"事项的跟踪审计以及资产管理、财政、财务收支审计；负责编制、上报、保管住房和建设系统档案，并做好日常管理工作；完成机关领导交办的其他工作。

2. 政工科。负责机关及所属单位的党建、纪检监察、统战、政治学习、思想教育工作；负责机关及所属单位干部和离退休干部的管理；负责机关及所属单位干部职工的奖惩、劳动工资、生活福利、保险的审核上报工作；负责人员的调配和考核工作；负责专业技术职称的申报、评定、聘任考核的管理；编制职工教育及人才培养规划，指导专业技术人才的培养和职工队伍的培训；负责协调、指导机关工会、妇联、共青团等群团组织工作；完成机关领导交办的其他工作。

3. 财务预算科。负责全委财务管理工作；负责基层单位会计人员的培训、考核工作；定期检查基层单位财务管理各项制度措施的执行和落实情况；对基层会计进行业务指导、监督与管理；检查各单位财经纪律执行情况，确保全委资产完整；负责全委固定资产的登记和各种财务报表工作；负责区市政基础设施建设资金预算管理；负责商品住宅维修资金的缴存；负责房屋应急解危专项资金审核拨付；完成机关领导交办的其他工作。

4. 法治信访科。宣传、贯彻国家及天津市有关法律、法规、规章和政策；负责执法监督工作；组织依法行政考核工作；负责机关印发规范性文件的法律审核工作；负责全委权责清单制定工作；负责拟定机关和事业单位职责；组织全委普法工作；负责行政复议和行政应诉工作；负责全委综治、维稳、防范、反恐和平安建设工作的协调和考核；负责群众来信来访和网络留言的接待、受理、转办、答复；负责重点信访事件的协调办理和督查督办；完成机关领导交办的其他工作。

5. 房地产监督管理科。负责全区城乡住房制度改革；负责廉租住房租房补贴、经济租赁房租房补贴、天津市限价商品住房购买资格证明审批等住房保障工作；参与经济适用房管理工作；贯彻落实住房货币分配、公有住房出售、公房租金改革相关政策;会同有关部门编制全区房地产业发展规划、住宅建设发展规划和危房改造计划;负责公有住房出售资金的使用管理工作;负责国有土地上各类房屋统计工作;负责国有土地上既有房屋安全使用管理工作;负责监督、推动、指导危险房屋的查勘鉴定和修缮工作;负责全区历史风貌建筑的日常保护管理工作;负责房地产转让、房屋租赁等交易行为的监督管理;负责全区房地产中介服务机构管理;负责组织实施本行政区域的房屋征收与补偿工作;负责监督房屋征收实施单位的房屋征收与补偿行为;负责商品房新办建设计划、结转建设计划工作;负责新建住宅配套非经营性公建建设和管理工作;完成机关领导交办的其他工作。

6. 综合业务管理科。贯彻、落实村庄和小城镇建设政策并指导实施;指导农村住房建设和安全及危房改造;指导村镇建设试点示范工作;负责与市相关部门关于村镇建设工作对接;负责建筑节能法律、法规、规章的贯彻执行;负责全区建筑节能的监督管理工作;组织编制绿色建筑、可再生能源建筑利用规划、年度计划并指导实施;制定指导实施全区非公共机构既有建筑节能改造计划;负责建筑节能新技术、新材料、新工艺的引进、推广和节能宣传教育、交流合作;负责全区商品房项目物业管理活动的监督管理;组织物业从业人员参加职业教育培训;负责全区商品住宅维修资金使用的监督管理;协助查处违反《天津市物业管理条例》的行为;负责建设工程招投标活动的监督管理和备案;负责市政基础设施的规划、投资、建设;完成机关领导交办的其他工作。

7. 消防科。负责建设工程消防设计审查验收相关工作。

【下属单位】 天津市宝坻区住房和建设委员会下属6个事业单位。

1. 天津市宝坻区房地产市场服务中心。负责经营性土地供应市场分析、房地产中介市场培训、购房合同与补充合同的咨询服务。

2. 物业服务中心。承担物业企业的项目备案、选聘、续聘、服务落实和项目移交等工作。

3. 天津市宝坻区房屋安全鉴定中心。负责宣传、贯彻、执行有关房屋安全的各项法律、法规;对区内规定范围内已建成交付使用的房屋安全进行鉴定。

4. 天津市宝坻区公用公房服务中心。负责宝坻区新城建设工作的政策宣传、招商引资及档案统计等相关工作;承担公产房屋数据统计、房屋及其设备维护修缮等服务工作。

5. 天津市宝坻区建设工程质量安全监督管理支队。负责贯彻、执行市、区有关城乡建设质量、安全、文明施工的规章、制度和标准;根据有关规定,承担工程质量、施工安全、文明施工监督管理和建设市场监察;组织或参与对重大工程质量、安全事故的调查处理。

6. 天津市宝坻区建设交易服务中心。负责宣传、贯彻、执行国家和天津市有关建筑市场管理、建设工程招标投标管理的相关法律、法规和规章,依法监督管理本区建设工程招标投标活动(招标站工作)。负责对本区建设工程勘察、设计、监理、施工和设备材料采购招标投标活动的监督管理(招标站工作)。负责配合建筑市场管理部门做好建筑市场有序管理,查处违法招标投标法律、法规的行为(招标站工作)。负责建设工程交易服务管理,包括信息收集传导发布、咨询服务、承发包交易服务和承发包交易管理。

【基础设施建设及投资】 1. 西环路（快速路）改建工程竣工。潮阳大道至通唐路段，全长6800米，宽32米。修建道路21.76万平方米；铺设直径300毫米~800毫米污水管道11.4千米、直径300毫米~1500毫米雨水管道13.6千米；跨河桥梁2座（百里河、窝头河）；过水涵洞1处。总投资3.15亿元。

2. 建设路小学人行天桥工程竣工。主桥跨径32米，总长39米。总投资274万元。

3. 开元路北延工程竣工。起点为开元路北延（一期）与南城西路交口，终点为北环路，全长1691米，道路红线60米，路面宽22米，面积3.7万平方米；人行道面积1.4万平方米，铺设直径600和1500毫米雨污分流排水管道各1691米。总投资2102万元。

4. 宁海路新建工程竣工。南三路至环城南路段，全长750米，道路红线20米，路面宽12米，面积9000平方米；人行道面积6000平方米，铺设排水直径600毫米~1000毫米管道1600米。总投资1800万元。

5. 吴苏路北延工程竣工。北城东路至北环路段，全长750米，道路红线30米，路面宽16米，面积1.2万平方米；便道面积6000平方米，铺设直径600毫米和1200毫米排水管道各750米。总投资1400万元。

6. 双站路新建工程竣工。南环路至建设路段，全长1457米，道路红线30米，路面宽16米，面积2.3万平方米；人行道面积1.5万平方米，铺设直径1000毫米~1200毫米排水管道2900米。总投资2300万元。

7. 威远街新建工程竣工。西环路至吴苏路段，全长2570米，道路红线30米，路面宽24米，沥青混凝土路面面积6.2万平方米；人行道面积1.5万平方米，铺设直径600毫米~1800毫米雨水管道2570米，直径400毫米~600毫米污水管道2570米；修建桥1座、涵洞1座、弱电综合管沟4037米，安装路灯270盏。总投资8900万元。

8. 北城路西延工程竣工。西城路至西环路段，全长971米，道路红线40米，路面宽16米，面积1.6万平方米，便道面积7768平方米，绿化面积1.4万平方米。总投资2105万元。

9. 西城路北延工程竣工。北城路至北环路段，全长940米，道路红线20米，路面宽16米，面积1.5万平方米；便道面积3760平方米，铺设直径500毫米污水管道410米、直径800毫米雨水管道410米。总投资1960万元。

10. 腾跃路拓宽改造工程竣工。建设路至庆丰街路段，全长292米，道路红线20米，路面宽7米，面积2044平方米；人行道面积1168平方米，绿化面积2628平方米，铺设直径500毫米雨污水管道292米。总投资445万元。

11. 西北片区污水管网及泵站建设。铺设直径1200毫米污水管道约2300米、直径1200毫米过路顶管约150米，新建2座污水提升泵站（4万立方米/日）、2座泵站配电，绿化迁移1.15万平方米，将朝霞路污水排入天宝污水处理厂。总投资4429万元。

12. 供热旧管网改造工程竣工。对城南、宝平等6座热源和地税楼、化肥厂等8个小区进行供热旧管网改造，管网改造68.23千米。总投资4300万元。

13. 对开泰路、南关大街、剧院东路、新苑街、苑北路、苑南路、幸福路、东环路、通唐路、步行街北路、南环路、钰华街、一中路、南三路、东城南路、北环路、林海路等道路进行了全面整修，累计完成主路沥青罩面21.75万平方米、混凝土罩面909.7平方米，修整便道5180.79平方米，进一步改善了道路环境。

14. 对广阳路、建设路、东环路、南环东路、南环西路、南关大街、南三路等便道进行了维护维修。截至2018年底，完成铺设便道3.11万平方米。

15. 杆线入地情况。幸福路北段、苑北路及新苑街改造工程建设中将杆线切改入地，提升街道景观美化环境，南城路、东城北路、南环路、北环路杆线切改工作完成90%，累计完成弱电杆线入地9400米。

【建筑业及建筑市场管理管理】 2018年，完成建设工程勘察招标备案166项；设计招标备案215项；监理招标备案210项；施工招标备案279项，其中施工处罚备案67项；电梯招标1项；桩基检测招标监督9项；专业招标2项。共计完成招标备案882项，中标规模2245.3万平方米，中标总价152.5亿元。办理工程建设项目报建备案287件，建设工程合同备案670件，房屋建筑和市政基础设施工程质量安全登记234件，建筑节能技术资料备案158件，房屋建筑和市政基础设施工程竣工联合验收6件，建设工程竣工验收备案7件，办结率100%。

【区级重点工程项目】 1. 完成西环路（快速路）改建、建设路小学人行天桥、开元路北延、宁海路新建、吴苏路北延、双站路新建、威远街新建、北城路西延、西城路北延、腾跃路拓宽改造、西北片区污水管网及泵站建设、供热旧管网改造工程。

2. 老旧小区改造工程。为确保改造工作任务的落实，制定了详细的实施方案，宝坻区成立了老旧小区提升改造领导小组。各部门之间加强联动保障机制，做好组织实施单位的协调配合工作，在老旧小区提升改造工作中形成合力，确保目标任务的完成。2018年完成福靖里、建行楼、福雅里、望都楼、工商局楼、荣府大楼、化肥厂楼改造工程，共计5个单栋楼宇、2个住宅小区，涉及居民616户，建筑面积约7万平方米。

【房地产开发及行业管理】 1. 多举措加强房地产市场管理。一是立足服务抓管理。市场科多措并举，制作便民服务卡，明确商品房销许查勘和资金监管查勘所需要件和要求，方便企业；坚持急件急办，加班加点，最大限度地提高效率，商品房现场查勘率达100%。2018年，共办理销售许可现场查勘126件；资金监管现场查勘62件；备案注销201件。二是着眼特色促发展。多措并举加大租赁房源筹集供应，扩大全区住房租赁市场规模。积极到天津市河东区天住领寓、西青区青春界两个专业化的住房租赁项目进行考察，学习先进的经营模式和经验；组织园区和房地产开发企业召开座谈会，就多渠道解决园区企业外来务工人员租房问题，研究探讨相关对策。整合区剩余还迁用房，努力实现全区城镇居民住有所居目标。三是严格监管抓规范。加强对开发企业和中介机构的检查、巡查频次和查处力度，2018年，共检查、巡查350次，对2家房地产企业违法违规行为进行了行政处罚。组织开发企业和中介机构召开整顿房地产秩序工作会，教育引导房地产开发企业和中介机构深刻认识规范房地产市场销售行为的重要性和紧迫性。全年共受理关于房地产行业领域的信访案件119件，办结率100%。

2. 保障改善民生，增进人民福祉。一

是加大力度保障群众住房需求。2018年，共办理廉租住房租房补贴4户，为17户不符合租房补贴的住户办理了退出资格，其中追缴4户违规补贴款11383元。为29户办理了租房补贴续租手续。办理限价房购买资格35户，为61家企业开立补充公积金账户。办理房屋租赁登记备案950件。二是多管齐下抓好物业管理工作。全年完成区内31个企业、83个管理项目的信用信息采集、评价及专家评价工作。完成81个小区的等级化管理考核工作，合格率100%。办理维修资金和应急维修资金备案32件，涉及金额1184万元。

3. 着力加强安全隐患排查。牢固树立隐患就是事故，事故就要治理理念，按照市、区两级要求，组织行业科室制定全年安全检查计划，督促与企业签订安全生产责任书，建立例会、协调联动、动态考核机制，从严从紧抓好安全生产各项工作落实。牵头组织对燃气供热企业、建筑工地开展日常安全生产检查22次，开展"打击转包违法分包""百日安全行动""夏季攻坚战"等安全专项整治活动23次，下发整改、停工通知书425份，处罚隐患突出、整改不力的建筑项目58个，保持安全生产高压态势，实现隐患治理"闭环管理"，确保了管理领域安全稳定。

【建设科技与节能】 完成天津财经大学珠江学院办公楼、教学楼等改造项目共计11.8万平方米合同签订。对151宗准备土地出让的项目就绿色建筑及装配式建筑提出了具体要求。宝坻区有四家装配式建筑构配件企业已建成或正在建设中，已经达到年产16万立方米混凝土构件和500万平方米预制外墙保温装饰一体板的能力，中建科技天津有限公司、天津科衡建筑科技有限公司、厦门固克涂料集团有限公司三家企业已申报天津市装配式建筑部品部件产业基地，天津方元绿洲新材料科技有限公司准备申报天津市装配式建筑部品部件产业基地。

【海绵城市与地下管廊】 1. 海绵城市建设。编制完成《宝坻区海绵城市建设实施方案》，已通过专家评审。回复了148个规划地块、20个规划地块变更项目和46个修详规批复阶段项目海绵城市建设要求，并计算出了落实海绵城市建设具体数据指标。

2. 地下综合管廊建设。截至2018年底，完成产值4.79亿元。其中，管廊主体浇筑累计完成5032.9米；基坑开挖累计完成5755.6米；工法桩及拉森钢板桩的施工累计完成5179米。

【建设质量安全】 2018年，共监管各类工程244项，建筑面积1200万平方米，组织安全质量专项检查416项次，下达整改、停工通知书501份，约谈项目方42家，行政处罚129起，处罚金额1337.89万元；推进文明工地创建，天悦园B区、梦泽家园A区、梦泽家园B区和丹桂园等15个项目被评为市级文明工地；协调解决农民工讨薪问题43起，为农民工讨薪230余万元。

【村镇建设】 2018年农村危改完工766户，超额完成全年750户目标任务。组织开展了全区传统建筑工匠培训，共计培训工匠390名；完成八门城镇陈塘庄村旧址传统村落的规划方案设计；推荐宝坻区石辛庄村、江石窝村、四里港村等5个村申报绿色村庄。推动完成2017年度全国人居示范村试点八门城镇欢喜庄村改造；黄庄镇小辛码村、李宦庄村，林亭口镇白毛村申报2018年度全国人居示范村试点村，已通过市级专家初审。

静海区

【概况】 天津市静海区建设管理委员会是天津市静海区人民政府的组成机构，是静海区城市建设的行政主管部门。2018年12月，区建设管理委员会和区房地产管理局的职责整合，组建了天津市静海区住房和城乡建设委员会。

【机构职能】 静海区建设管理委员会机构职能。

1. 贯彻执行国家和天津市有关城乡建设的法律、法规、规章和方针政策，研究拟订城市基础设施建设发展规划和年度计划并组织实施；负责城乡建设、住宅建设项目（包括商住楼建设项目）年度投资计划的审核；组织筹措、安排、使用和管理城建资金；管理城市维护资金；收取城市基础设施配套费。

2. 负责工业和民用建筑、市政公用工程的监理、勘察、设计、施工招标备案工作。

3. 组织协调市政公用基础设施建设、住宅建设和配套工程建设；负责建设工程质量、安全的监督管理工作；负责建设工程施工现场管理工作。

4. 协调指导各乡镇的村镇建设管理工作和小城镇建设工作；指导村镇基础设施建设；汇总掌握小城镇建设、规划情况，并负责联系市农委、市建委的相关工作；协调村镇建设专项资金及管理工作；负责全区建设统计报表工作。

5. 编制城区道路发展规划；负责城区道路的管理工作；负责城区市政公用基础设施的新建、维修、改造。

6. 协调编制城镇燃气、供热发展规划；负责城镇燃气、供热的行业管理工作；负责城镇集中供热、供气企业经营许可的初审、上报。

7. 编制建筑业发展规划；负责建筑市场管理工作，组织起草建筑业、建筑市场的管理办法和实施细则；负责建设工程招标投标监督管理工作；负责建设工程报建及合同备案工作；核查外埠进津进驻企业备案情况；管理指导工程造价；制定商品混凝土发展规划。

8. 编制建材业发展规划；负责建材业的管理；指导建材市场的工作；负责散装水泥、新型建材的使用推广。

9. 综合协调房地产行业管理工作；负责新建住宅配套非经营性公建建设和管理工作；组织协调城市建设改造和开发工作。

10. 组织落实建设项目抗震防灾规划；组织实施抗震防灾的有关办法及细

则);组织指导抗震加固工作。

11. 组织协调大中型工业、民用建筑沉降观测工作。

12. 负责编制建筑节能和绿色建筑发展规划;负责制定可再生能源建筑应用专项规划和年度实施计划;发展绿色建筑,推广建筑节能新技术、新工艺、新材料、新设备,推进住宅产业化发展;组织编制城建科技发展规划。

13. 负责城乡建设管理监察执法工作。

14. 承办区委、区政府交办的其他事项。

【内设机构】 静海区建设管理委员会设7个科室。

1. 办公室。负责委重要文件和工作计划、工作总结、信息、简报及其他文稿的起草、审核工作;负责文件收发、传阅、立卷、归档、文印、机要保密、档案管理工作;负责党委会、主任办公会、委务会议决定事项的督察落实工作;负责办理人大议案、政协提案和群众来信来访工作;负责协调内部科室关系;负责社会治安综合治理、安全保卫工作;负责机关后勤供应、维修保障和机关微机利用管理工作;承办委领导交办的其他工作。

2. 人事政工科。负责党建、精神文明建设、政治思想教育工作和党委中心组学习、委政治学习的组织工作;负责纪检、监察、统战、普法、干部职工培训考核工作;负责组织、机构编制、人事管理和劳动工资、生活福利的审核、上报,干部职工档案管理工作;负责专业技术人员职称推荐、申报、聘任和管理;负责共青团、妇女、计划生育、工会和离退休人员管理工作;承办委领导交办的其他工作。

3. 财务计划科(审计科)。负责贯彻国家的有关方针政策,执行财经纪律和财务制度,管好用好资金;负责编制机关及基层单位财务统计报表;负责固定资产登记入账;负责机关工作人员工资、福利的发放;负责对全委各独立核算单位财务运作、资金使用、执行财经纪律等方面情况的审计监督工作;管理城市维护资金;收取和管理城市基础设施配套费;承办委领导交办的其他工作。

4. 公用事业管理科(供热管理办公室)。负责组织编制城乡供热、燃气专项发展规划;负责城乡供热、燃气行业管理的政策、法规、规章的贯彻落实及管理办法的拟订和实施;组织协调供热、燃气设施建设工作;负责城镇集中供热、供气企业经营许可的初审、上报工作;负责公用项目的统计工作;承办委领导交办的其他工作。

5. 施工管理科。负责组织编制城区市政基础设施发展规划、编制城区道路路网建设规划;负责编制城区道路发展规划;负责城区道路的管理工作;负责城区市政公用基础设施的新建、维修、改造;负责编制市政基础设施建设年度计划并组织实施;负责汇总、掌握、上报市政公用和交通设施建设年度计划;负责城区基础设施建设固定资产投资年度计划、统计、上报等工作;负责组织工程建设项目前期手续工作;负责组织项目建议书、可行性研究报告和实施方案编制工作;负责组织工程建设项目的资金预算编制和决算审查工作;负责指导和监督工程招投标工作;协调基础设施项目竣工验收和组织移交工作;组织协调基础设施建设专项资金融资工作;负责建设工程报建及合同备案工作;核查外埠进津进驻企业备案情况;管理指导工程造价;承办委领导交办的其他工作。

6. 村镇建设与建材业管理科。负责

协调指导全区村镇建设和小城镇建设,拟定全区村镇和小城镇发展规划、年度计划及管理办法并组织实施;协调指导全区村镇基础设施建设、农村住房建设;汇总掌握小城镇建设、规划情况;协调村镇建设专项资金管理工作;负责全区村镇建设综合统计上报及联系市建委、市农委工作;负责编制建材业发展计划并实施行业管理;负责散装水泥、新型建材的推广和管理;综合协调房地产行业管理工作;负责编制房地产业发展规划;负责住宅建设项目(包括商住楼建设项目)年度投资计划的审核;组织协调城市建设改造和开发工作;负责新建住宅配套非经营性公建的建设和管理工作;组织起草建筑业、建筑市场的管理办法和实施细则;负责建设工程招标投标监督管理工作;承办委领导交办的其他工作。

7. 建筑节能管理科。负责编制建筑节能和绿色建筑发展规划;组织编制城建科技发展规划;负责制定可再生能源建筑应用专项规划和年度实施计划;发展绿色建筑,推广建筑节能新技术、新工艺、新材料、新设备,推进住宅产业化发展;推进可再生能源在建筑中的应用;负责推进既有建筑节能改造和建筑示范工程的应用;负责新建、改建、扩建建设工程建筑节能备案及管理工作;负责全区建筑能耗统计、系统运行和维护工作;制定商品混凝土发展规划;承办委领导交办的其他工作。

【下属单位】 静海区建设管理委员会下属10个事业单位。

1. 天津市静海区建设工程质量安全监督管理支队。负责贯彻执行市、区有关城乡建设质量、安全、文明施工的规章、制度和标准;根据有关规定,承担工程质量、施工安全、文明施工监督管理和建设市场监察;组织或参与对重大工程质量、安全事故的调查处理。

2. 天津市静海区市政工程管理站。负责为生产、生活正常提供市政工程设施管理,维护保障。城市道路设施维护管理。

3. 天津市静海区建筑勘测设计室。负责为城乡建设提供工程设计服务。

4. 天津市静海区儿童乐园管理中心。负责提供休闲场所,丰富人民群众文化生活。

5. 天津市静海区公用事业配套办公室。负责参与编制并组织落实全区集中供热、城市基础设施远期、近期规划和年度实施计划;负责供热工程建设费征收和使用的管理工作;对城市基础设施的建设、经营、利用进行统一管理;管理城市基础设施大配套费;配合有关部门做好城市基础设施配套工程的统筹建设;对相关运营企业实行行业管理等。

6. 天津市静海区除氟站。负责为防止地下水含氟高引起的地方病提供技术服务。水质检测,定期进行除氟药再生及为居民更换除氟药。

7. 天津市静海区工程建设交易服务中心。负责工程建设交易管理的组织实施,组织工程报建、招标投标、合同审查、质量监督等部门联合办公,发布工程建设交易市场信息,提供信息咨询服务,对工程交易违章、违法行为送交有关行政执法部门查处。

8. 天津市静海区建设工程招标管理站(天津市静海区建设工程合同管理站)。负责规范建筑市场,使其健康有序发展。对建筑市场的招投标进行管理。

9. 天津市静海区建筑工程试验室。负责承担全区建筑材料及制品和室内有害气体的检验工作。

10. 天津市静海区燃气管理所。负责

承担全区燃气管理有关工作。

【基础设施建设及投资】 静海新城市政基础设施建设情况。

2018年市政基础设施建设和养护管理包括道路及排水改造项目、街道里巷及老旧楼区改造项目、应急工程项目、道路养护管理项目、供热设施建设项目等，共5大项21个小项。具体包括：

1. 道路及排水改造项目7项：①支路十六排水管道工程，6月12日开工建设，8月9日竣工通行，完成油面6761平方米，便道2690平方米，直径300毫米~1350毫米的雨水管道600米，直径300毫米~400毫米的污水管道450米，检查井32座，收水井20座，路灯20座，行道树131株。②北纬二路工程，7月10日开工建设，11月16日竣工通行，完成油面6295平方米，便道695平方米，直径300毫米~1200毫米的雨水管道356米，直径300毫米的污水管道505米，检查井32座，收水井31座，路灯8座，行道树45株。③宙纬路东段工程，6月6日开工建设，11月16日竣工通行，完成路面1.3万平方米，便道4000平方米，直径300毫米~1500毫米的雨水管道1544米，直径300毫米~400毫米的污水管道825米，检查井66座，收水井37座，路灯33座。④支路二十四排水管道工程，9月21日开工建设，11月30日竣工，完成油面7128平方米，便道3054平方米，直径500毫米~1000毫米的雨水管道560米，直径300毫米的污水管道380米，检查井35座，收水井27座。⑤东兴道南延排水管道工程，9月21日开工建设，11月30日完工，完成油面7056平方米，便道1764平方米，直径1000毫米~1350毫米的雨水管道746米，直径300毫米~400毫米的污水管道549米，检查井22座，收水井11座。⑥支路十七排水管道改造工程，8月21日开工建设，10月21日竣工通行，完成油面5948平方米，便道5236平方米，直径300毫米~800毫米的雨水管道397米，直径300毫米的污水管道263米，检查井28座，收水井23座，路灯21座。⑦东兴里二号路排水管道改造工程，8月21日开工建设，10月21日竣工通行，完成油面1370平方米，便道1355平方米，直径300毫米~600毫米的雨水管道318米，检查井9座，收水井18座，路灯8座。

2. 街道里巷及老旧楼区基础设施提升改造工程。6月1日开工，11月底竣工，完成北三路东段等10个片区和1个旧楼的路面改造，完成路面5万平方米，公称直径300毫米~400毫米的排水管道9700米，新建检查井1129座。

3. 应急工程6项：①"煤改燃工程"沟槽及路面恢复，完成沥青混凝土路面2.1万平方米，面包砖路面1.51万平方米，混凝土路面4292平方米；②六中临时泵站，完成公称直径300毫米聚乙烯管道520米，公称直径400毫米聚乙烯管道31米，公称直径500毫米聚乙烯管道88米，检查井3座，特殊井2座，提升泵1台，闸板1套；③城中村黑臭水体管道工程，完成公称直径600毫米水泥承插管92米，公称直径800毫米水泥承插管429米，公称直径1200毫米水泥承插管417米，方涵40米，检查井39座；④十三排支东头路面重修工程，完成铺装油面480平方米，公称直径300毫米聚乙烯管道100米，收水井8座；⑤北外环各村口路面维修工程，完成路面挖补51平方米，沥青混凝土51平方米，二灰碎石51平方米，红砖51平方米，清运弃土23立方米；⑥春曦道——北盛路污水管道疏通清掏工程，公称直径300毫米~400毫米的管道1140米，检查井43座。

4. 道路养管维修工程。完成维修油面1.12万平方米，便道7003平方米，检查井22座，侧石153米。

5. 供热设施建设。包括团泊新城供热设施建设以及无煤化集中供热补建工程，均由天津市静海区科慧热力有限责任公司实施建设。

①团泊新城西区供热管网一期工程项目。建设供热一次管网约7.5千米，主要沿津文辅道、团泊大道、玄武湖路、常海道、东海道、盛湖路、西主干道和常海道等道路敷设，管线采用直埋敷设方式，主干线管公称直径为350毫米~1200毫米。

②团泊新城西区热供热站一期工程项目。建设供热站1座、29兆瓦燃气锅炉4台、燃气调压站、泵房及其他配套附属设施，供热能力为116兆瓦，可满足供热面积261万平方米。

③大邱庄示范镇热源厂及配套管网一期工程项目。建设热源厂1座、29兆瓦燃气锅炉2台、燃气高中压调压柜及其他配套设备设施。供热管网工程，建设换热站33座，一次管网最终规模为10.3千米。一期一次主管网全长3.8千米，建设换热站6座。

④大邱庄示范镇热源厂及配套管网二期工程项目。扩建3台29兆瓦燃气热水锅炉及配套附属设施等，配套管网路由长度为6.52千米，供热管网采用直埋敷设方式，公称直径为100毫米~400毫米，建设换热站27座。

⑤无煤化集中供热补建工程。敷设专用一次供热管网约130千米，建设4座换热站及相关水电配套、二次供热管网（至热用户室外）等相关设施。无煤化集中供热补建工程，涉及东边庄、前毕庄、后毕庄、徐庄子4个村庄，供热补建户数约3700户，总供热面积约45万平方米。

⑥国网天津静海大邀铺110千伏变电站扩建工程。该工程位于天津静海子牙循环经济产业区，新建6间隔环网箱8个、4间隔环网箱7个，新设电力13.1千米，新设架空线路21.3千米。

【建筑业及建筑市场管理】 1. 建筑产业发展情况。2018年共完成29个企业新办资质、26个企业资质增项的网上核验工作。截至2018年底，在静海区注册、纳统，具有各资质等级的总承包和专业承包建筑业企业共68家，实现建筑业总产值58.08亿元，比上年上升61.83%，利润1.48亿元，上升23.33%；劳务分包建筑业企业13家，实现建筑业总产值2.69亿元，比上年下降1.47%，利润251万元，下降62.65%。

2. 工程监管概况。2018年，静海区共监管建筑工程497项，总建设面积1593.64万平方米，其中新开工153项，600.47万平方米；跨转项目344项，993.17万平方米。年内竣工64个项目，178.39万平方米。高峰期农民工人数1.26万人。

3. 农民工工资支付监管。严格落实农民工工资预储账户和工资"月清月结"制度，加强开工前政策宣讲和施工现场检查，全年召开约谈培训会86次，召开2次农民工管理工作大会和1次农民工管理工作达标项目观摩会，进行专项检查5次，共计检查113个标段，对农民工管理工作存在问题的项目下达整改67份，全部整改到位。

4. 审批服务措施优化。主动走访建设单位，指派专人引导帮办带办，开展保姆式服务，采取"以函代证、函证结合、平行办理、容缺后补"的方式简化程序要件，促使大项目、好项目的早落地开工建设。继续开展民间投资房屋建筑工程改革试点工作，完善工程招投标监管方式，简化流程；实行电子评标、询标，坚决纠正招投标过程中的违规行为，促进了建筑业持续健康发展。

5. 项目审批情况。2018年，共办理新项目报建116个，建筑面积345.66万平方米，投资260.95亿元；完成公开招标项目98项，其中监理20项、勘察10项、设计15项、施工49项、资格预审4项；施工直接发包项目82个，直接发包登记336.28万平方米，合同额29.41亿元；完成了29个项目的新办建设计划，建筑面积269.8万平方米；完成12个项目开发建设方案编制指导与备案；办理9个批次住宅项目的准入证210件，发证面积44万平方米；办理房屋建筑和市政基础设施工程质量安全登记132项；办理工程信息变更43件；办理建筑施工机械使用登记备案1223台；发放安全备案通知书134份；办理建设工程竣工验收备案354个单位工程；办理新建商品住房销售许可查勘36个项目107件次，为643幢楼办理了销售许可现场查勘。

【区级重点工程项目】 1. 静海镇建成区黑臭水体整治工程项目。该项目包括前毕庄村、后毕庄村、北五里村、大口子门村、花园村、陆家院村、小高庄村、义渡口村10套一体化污水处理设备，建设排水收集管网、砖砌矩形排水沟总长10.42千米，道路恢复4340平方米，河沟清淤2850立方米，河沟填方2.2万立方米。

2. 2018年工业渗坑治理项目。该项目共计涉及5个坑塘（大邱庄镇2个、双塘镇2个、中旺镇1个），约17万平方米治理面积。对污染坑塘进行控源截污，清理垃圾，针对被污染坑塘的水体、底泥及周边污染土壤的污染类型，确定治理措施，实施水质及土壤的修复。

3. 静海区新能源环保发电项目。该项目位于静海区陈官屯镇静陈公路西侧、陈大公路北侧，项目包含一座1000吨/日生活垃圾焚烧发电厂，配置1条20兆瓦凝汽式汽轮发电机组，1条50吨/日餐厨垃圾预处理线，配套新建应急和飞灰填埋场，总库容约80万立方米。项目包含1座1000吨/日生活垃圾焚烧发电厂，配置1条20兆瓦凝汽式汽轮发电机组，预留二期500吨/日焚烧线扩建位置；1条50吨/日餐厨垃圾预处理线，预留二期100吨/日扩建用地；配套新建应急和飞灰填埋场，总库容约80万立方米；配套500吨/日渗沥液处理车间，预留二期300吨/日扩建用地。

4. 团泊新城污水处理及再生水利用一期工程。该项目位于团泊新城津文公路东侧，规划次干路南侧，可处理团泊新城污水1万立方米/日（土建按远期规模2.5万立方米/日建设），污水处理后的水质达到《城镇污水处理厂污染物排放标准》一级A标准并满足市政杂用水及景观用水的水质标准。生产再生水10万立方米/日，配套铺设厂外公称直径1200毫米~1800毫米的引水管道5.85千米，公称直径300毫米~1350毫米的污水收集管道62.3千米，污水泵站2座，公称直径400毫米的再生水配水管道60千米。

5. 静海天紫环保资源节约综合利用项目。该项目位于静海镇大河滩村中心街西段10号，新建分选车间、热解车间、发酵车间等处理车间，以及办公、生活、消防、污水处理、臭气处理等公用和辅助生产设施，生活垃圾综合处理项目设计处理量300吨/日。

6. 天津新能再生资源有限公司资源综合利用示范项目。该项目位于天津静海子牙循环经济产业区浙江道3号，为新建热解气化发电工程，设计日热解气化处理拆解一般性工业垃圾150吨/日，年处理5.24万吨。分期建设：一期建设50吨/日一般性工业垃圾热解气化发电生产线，配套1台10吨/日（蒸汽参数4.0兆帕/400摄氏度）的余热锅炉，1台82千瓦膨胀螺杆式低温低压发电机组；二期100吨/日一般性工业垃圾热解气化发电生产线，配套1台20吨/小时（蒸汽参数4.0兆帕/400摄氏度）的余热锅炉，1台2兆瓦中温中压纯凝汽式汽轮机发电机组。发电量一期约656万度，二期约1600万度。

7. 天津昭德置业投资有限公司汇海澔园总部经济建设项目。该项目位于团泊新城西区健康大道东侧、太湖路北侧，占地面积4.88万平方米，总建筑面积5.8万平方米，包括地上建筑面积2.6万平方米、地下建筑面积3.2万平方米。

8. 天津红星美凯龙物流有限公司电商物流交易结算中心项目。该项目位于静海国际商贸物流园内，新建单层物流仓库、仓储展示区、数据交易中心、设备用房、门卫等，其中4栋物流仓库建筑面积8万平方米，1栋仓储展示区建筑面积7776平方米，1栋数据交易中心建筑面积7105平方米，设备用房建筑面积756平方米，门卫室建筑面积140平方米。

9. 多维绿建科技（天津）有限公司装配式建筑产业基地项目。该项目位于静海经济开发区南区24号路与泰安道交叉路口，分两期建设，一期建设车间1座，二期建设车间、办公楼及附属配套设施。

10. 凯诺掌合（天津）科技有限公司智慧仓储物流基地项目。该项目位于静海国际商贸物流园徐良路与北环线交口北1100米处，占地面积8.95万平方米，总建筑面积6.8万平方米；其中6栋物流仓库建筑面积4.24万平方米，物流服务中心建筑面积1.24万平方米，展示结算中心建筑面积8561.43平方米，设备用房建筑面积756平方米，门卫室建筑面积60平方米。

11. 天津恒益国际商务区项目。该项目位于静海国际商贸物流园，占地面积约5.37万平方米，总建筑面积约7.24万平方米，其中地上建筑面积6.44万平方米、地下建筑面积8000平方米。

12. 天津市团泊湖投资发展有限公司光合中心项目。该项目位于团泊新城东区，为综合性公共设施建设，主要建设内容包括各种绿化植物、游憩设施、管理用房、服务售卖亭、动物场馆、景观小品、道路广场铺装等，总占地面积约6.05万平方米，建筑面积约4230平方米。

13. 滨海团泊新城（天津）控股有限公司朝阳学校项目。该项目位于团泊新城西区，主要建设内容包括1座综合教学楼，主体建筑地上5层，总建筑面积2.21万平方米，其中地上建筑面积2万平方米，主要布置普通教室、专用教室、教务用房以及教学辅助用房、食堂及风雨操场等；地下建筑面积2000平方米，主要布置设备用房及平战结合人防车库；同步配套建设室外运动场、道路广场、绿化、围墙及工程管线等附属设施。

14. 天津浙商置业发展有限公司朝阳星城项目。该项目位于静海北环工业区主干路二北侧3号，占地面积10.9万平方米，总建筑面积21.44万平方米，其中地下建筑面积5.3万平方米，地上建筑面积16.35万平方米。

15. 云燕庄园B区、D区项目。该项目位于团泊新城东区，建设商业、办公、地下车库、人防及附属设施。B 区占地面积 3.31 万平方米，建筑面积 2.6 万平方米；D 区占地面积 2.3 万平方米，建筑面积 6.8 万平方米。

16. 盛湖园项目。该项目位于团泊新城西区体育大道南侧、团泊大道西侧，由天津松江团泊投资发展有限公司开发建设，占地面积 6.33 万平方米，建筑面积 20.83 万平方米，其中住宅建筑面积 4.66 万平方米。

17. 美湖馨苑二期项目。该项目位于团泊新城东区，由天津高建团泊星城投资有限公司开发建设，占地面积 13.36 万平方米，建筑面积 10.63 万平方米。

18. 荷风西苑三期项目。该项目位于静海区团泊镇泽水北路南侧，由天津团泊湖裕泰置业有限公司开发建设，占地面积 3.99 万平方米，建筑面积 8.29 万平方米。

19. 瑞城西苑一期、二期项目。该项目位于团泊新城东区滨湖东路东侧，由天津中瑞兴业房地产开发有限公司开发建设。一期占地面积 4.8 万平方米，建筑面积 18 万平方米；二期占地面积 10.57 万平方米，建筑面积 12 万平方米。

20. 团泊苑项目。该项目位于团泊新城西区，由中津基业（天津）房地产有限公司开发建设，占地面积 32495 平方米，建筑面积 5.1 万平方米，其中住宅建筑面积 3.9 万平方米。

21. 东方名苑一期、二期项目。该项目位于静海区静王公路南侧，由天津市正继房地产开发有限公司开发建设。一期占地面积 3.9 万平方米，建筑面积 8.15 万平方米；二期占地面积 3.37 万平方米，建筑面积 5.79 万平方米。

22. 紫乐澜庭 1~4 期项目。该项目位于团泊新城东区，由天津团泊湖开发有限公司开发建设。一期总建筑面积 9.9 万平方米，二期总建筑面积 10.7 万平方米，三期总建筑面积 5.3 万平方米，四期总建筑面积 5.5 万平方米。

23. 依山郡项目。该项目位于团泊新城西区健康大道西侧、平湖路北侧，由天津市捷一房地产有限公司开发建设，总建筑面积 17.38 万平方米；其中住宅建筑面积 13.5 万平方米，配套公建建筑面积 5100 平方米，地下车库建筑面积 3.37 万平方米。

24. 海棠苑项目。该项目位于团泊新城西区东沙道与巢湖路交口西北侧 20 米处，由天津锦园房地产开发有限公司开发建设，占地面积 6.63 万平方米，总建筑面积 5.77 万平方米；其中地上建筑面积 4.3 万平方米、地下建筑面积 1.47 万平方米。

25. 团泊湾花苑 B 区项目。该项目位于静海区津王公路东侧、规划干路三南侧，由天津市天湖投资发展有限公司开发建设，占地面积 3.25 万平方米，总建筑面积 12.33 万平方米；其中地上建筑面积 9.57 万平方米、地下建筑面积 2.76 万平方米。

26. 水韵花苑项目。该项目位于团泊新城西区洪湖路与东沙道交口西侧，由天津新友置业有限公司开发建设，全部为七层洋房及配套用房，占地面积 3.63 万平方米，总建筑面积 5.73 万平方米；其中地上建筑面积 4.33 万平方米、地下建筑面积 1.4 万平方米。

27. 丽泽府项目。该项目位于团泊新城东区仁爱大道与清水南路交口，由天津碧昇房地产有限公司开发建设，占地面积 5.35 万平方米，总建筑面积 7.59 万平方米；其中地上建筑面积 5.89 万平方米、地下建筑面积 1.7 万平方米。

28. 棕榈岛 1 期~3 期项目。该项目位于团泊新城东区仁爱西道西侧，由天津世纪百城置业有限公司开发建设，占地面积16.29万平方米，总建筑面积12.23万平方米；其中地上建筑面积11.37万平方米、地下建筑面积8590.02平方米。

【城建信息化建设与管理】 1.扬尘在线监测和视频监控安装情况。年内共安装扬尘在线24小时动态监测设备94个（含标段共用），65个项目现场安装红外线摄像视频监控实现联网（含标段共用）。

2.规范使用行政执法监督平台。专人管理执法监督平台，做好信息录入，2018年共向执法监督平台归集执法信息307条，归集一般程序行政处罚案件132件。

【房地产开发及行业管理】 1.房地产业发展概况。2018年，全区纳入监管商品房在售项目78个，销售商品房10482套、建筑面积121.2万平方米，同比下降18.6%。其中：住宅9842套、建筑面积114万平方米，同比上升11.37%；非住宅640套、建筑面积7.2万平方米，同比下降86.87%。截至目前，商品房可售库存3.1万套、建筑面积289.6万平方米，其中住宅1.57万套、建筑面积191万平方米，非住宅1.53万套、建筑面积98.6万平方米。住宅库存主要集中在团泊新城地区。

2.项目审查情况。将开发建设方案备案申报改为网上申报、网上备案，不需再申报纸质材料；新办建设计划中没有文件规定的申报材料一律取消。2018年以来，完成了橄榄岛、中南君悦府等29个项目的新办建设计划，建筑面积269.8万平方米；完成荣锦园、泽水澜湾等12个项目开发建设方案编制指导与备案；审阅了水韵花苑、凤凰庄园等4个项目的配套服务设施规划方案；完成办理盛达里、橡树岛五期、古韵阳光家园等15个批次住宅项目的准入证316证，发证面积71万平方米。

【建设科技与节能】 1.绿色建筑发展。2018年新开工绿色建筑面积376.5万平方米，绿建标准执行率达100%。进一步完善绿色建筑相关管理制度。对团泊高星级绿建项目综合示范资金使用情况有效监管，已有北师大附属学校、管铺头幼儿园、管铺头小学、健康产业园派出所、血液病医院等7个项目，示范资金拨付到项目60%。

2.装配式建筑产业发展。年内完成《静海区装配式建筑产业发展规划》编制，并通过专家论证；在唐官屯加工园挂牌成立国家装配式建筑产业基地，盛为利华、中铁建大桥局、天房集团等装配式企业落地唐官屯加工园。

3.建筑节能发展。利用建筑节能技术资料收集系统收集居住建筑258个项目，面积166.4万平方米；公共建筑307个项目，面积239.4万平方米；可再生能源227个项目，面积130.8万平方米。根据市建委关于废止《天津市建筑节能材料、设备和技术备案管理办法》和《天津市建筑节能技术资料管理办法》的通知要求，自2018年10月8日取消天津市建筑节能技术资料备案工作。落实规划阶段审查建筑节能强制性标准，对项目修建性详细规划和设计方案中建筑物布局、朝向、形状和可再生能源的利用执行建筑节能强制性标准情况与区规划局进行工作对接，共审查建筑项目58个。大力推进可再生能源建筑应用，推行可再生能源建筑应用面积130.8万平方米。

【海绵城市与地下管廊】 1.海绵城市建设。完成海绵城市专项规划，报区政府审定后下发海绵城市建设工作领导小组和相关单位。《海绵城市实施方案》已经上报区政府。

2. 地下综合管廊建设。地下综合管廊建设项目未启动。综合管廊规划编制工作已接近尾声。

【建设工程质量安全管理】 1. 施工安全监管。2018年4月3日、7月7日、8月4日、11月25日分别组织召开了建筑工程安全生产专题会议。开展了建设工程开（复）工安全专项检查、春夏火灾防控、暑期建筑施工安全专项整治、房屋建筑安全大检查、两次建设工程起重机械检查、打击假冒特种作业操作证专项治理行动、冬季交通安全隐患排查整治、食堂卫生、班前隐患排查、领导带班、值班值守、临时用电等专项检查。共计出动检查人员1225人次，检查建设项目533项次，排查隐患347项，下达整改通知书78份，整改完成率100%。

2. 施工质量监管。重点落实工程建设各方责任主体的主体责任，深入推行工程质量标准化，加强建筑材料的管理。全年开展了两次商品混凝土质量专项检查，对重点工程、重点部位、重点建筑材料进行监督封样168组，抽查无异常；开展了开复工检查、清理"地条钢"建材检查、节能专项检查、商品混凝土专项检查、工程实体专项检查、建筑结构暨原材料专项检查、商品混凝土用砂碱含量专项检查、"质量月"活动专项检查8次专项检查，检查项目125项次，下达整改通知书50份，涉及内容91条；进行日常监督巡查437次，下达整改通知书73份，涉及内容185条，下达停工通知书2份，涉及内容3条，移交质量处罚建议书1份；所有问题均按时完成整改。

【村镇建设】 1. 村镇基础设施建设情况。投资1.59亿元，建设2座污水处理站，铺设污水管道67.88千米；投资0.25亿元，修建村内主干道路17.94万平方米；投资0.39亿元，建设和改造街道里巷27.68万平方米。

2. 村街生活污水处理和旱厕改造。由天津市首创水务有限责任公司负责实施，包含64个村街的污水处理设施建设，设计处理规模合计达1.08万立方米/天。

3. 自来水村村通工程。铺设公称直径600毫米的聚乙烯管道22.8千米、公称直径300毫米的聚乙烯管道6000米、公称直径200毫米的聚乙烯管道100米。对水厂以下农村管网进行改造，共铺设村内主管线83.01千米、村内配水管线284.67千米和16个村镇延伸工程。

4. 人居环境示范村建设。蔡公庄镇惠丰西村（2017年建设部评选的人居环境示范村）村庄提升改造的规划设计方案和40户特色民居提升改造示范设计方案通过市建委专家评审。陈官屯镇吕官屯村入选天津市人居环境示范村。

5. 农村危房改造情况。召开2次危改例会、2次专题培训会，加强政策培训，在沿庄镇召开全区危改推动现场会进行现场推动。对全区150名工匠进行全面培训，进一步提高农村建筑工匠的知识和技能。制定农村危改节能示范户做法，制定村级、镇级公示及承诺书模板，下发各乡镇执行，进一步促进危改工作规范化。年内完成农村危改800户，拨付危改补助资金1341.73万元，惠及人口1760人。

【执法监察】 1. 建筑领域执法概况。按照法律、法规的规定，认真开展建设领域执法监察工作，对静海区建筑市场进行有序管理。建筑市场执法检查中，下达整改通知书67份，涉及内容261条，整改完成率100%，下达停工通知书22份，涉及内容61条，整改完成率100%。严格落实行政执法公示制度、执法全过程记录制度和重大执法决定法制审核制度，结合"放管服"工作，执法与服务相结合，批评教育为主，行政处罚为辅。2018年立案129件，比上年减少7件，收缴罚款1958.89万元，比上年增加78.88万元。

2. 未报建工程处理情况。2018年共查处未报建工程13项，总建筑面积17.01万平方米，均做了调查笔录，下达了停工通知书，并向乡镇政府及园区管委会发函，向政府城市管理数字化指挥中心上报。

3. 打非治违情况。2018年，组织检查人员339人次，检查包括建设单位、施工单位、监理单位的受检企业267家次，下达《责令停止违法行为通知书》25份，做调查笔录12份，下达《责令停止建设通知书》11份，处罚金额1051.36万元。

4. 小产权房处罚情况。针对"小产权"工程无施工许可证擅自施工的行为，分别对工程的建设单位、施工单位启动行政处罚程序。共对56个项目下达了《行政处罚告知书》。

5. 违法建设举报处置情况。2018年接待3人次来人、来电举报，其中一个开发项目未取得施工许可证施工问题，已进行查处，并完成处罚。其余2次举报无报建手续的违法工程的，在举报前已经做了处理，下达了停工通知书，并上报至区政府城市管理数字化指挥中心。

【燃气行业发展】 2018年，静海区共有6家燃气企业参与经营，分别是津燃华润燃气有限公司、海德燃气（天津）有限责任公司、天津市力骅燃气投资开发有限公司、天津华油科思能源利用技术开发有限公司、天津市天汇燃气发展有限公司、天津中燃宏胜能源有限公司。

2018年共新建高压次高压燃气管线119千米（其中津燃华润25千米、中燃83千米、海德5.1千米、力骅5.3千米、天汇0.6千米），中压管道54.5千米（其中力骅48.1千米，天汇6.4千米），门站及调压站4座（包括中燃静海门站、良王庄高调站、靳庄子高调站，华油科思大强钢铁调压站）。

【施工扬尘治理及重要污染天气预警】 通过巡查，督促各建设项目严格落实"围挡、路面硬化、裸土苫盖、洒水喷淋（湿法作业）、车辆冲洗、渣土密闭装运""六个百分百"控尘措施，在施工现场安装红外摄像视频远程监控和扬尘在线24小时动态监测，并实现联网，同时落实重污染天气应急响应。全年共出动执法人员1075人次，检查工地2424项次，下达整改通知书344份、下达停工整改通知书161份，全部整改到位。对存在扬尘污染问题严重的项目，共立案查处79起，处罚金额298.5万元。

全年共启动重污染天气二级橙色预警4次、四级蓝色预警1次、污染天气应对3次、三级黄色预警3次。

第十九篇　行政区建设

宁 河 区

【概况】　天津市宁河区建设管理委员会是天津市宁河区人民政府的组成机构，是宁河区城市建设的行政主管部门。2018年12月，区建设管理委员会和区房地产管理局的职责整合，组建了天津市宁河区住房和城乡建设委员会。

【机构职能】　2018年，天津市宁河区建设管理委员会机关内设综合办公室、房管科、交易和市场管理科、人事财务科、建设管理科、公用事业管理科、物业管理办公室。下辖天津市宁河区市政工程管理中心、天津市宁河区房产管理所、天津市宁河区房地产开发公司、天津市宁河区建设工程质量安全监督管理支队、天津市宁河区工程建设交易中心、天津市宁河区城建中心试验室6个企事业单位，工作人员170人。

【重点工程】　1. 投资6101.86万元，启动老旧小区及远年住房改造工程，工程涉及211幢楼、663个单元、6407户，建筑面积40.09万平方米，内容包括对严损房屋、围墙、阳台、外檐及屋面防水等进行维修改造。由天津市及宁河区补贴976万元，对建筑面积4.56万平方米的31幢住宅楼屋面保温、门窗、供热计量表和雨水管等进行了改造提升。

2. 投资约1500万元，启动金华道道路及排水管道改造工程，起点金翠路，终点至靳庄桥，全长525米，道路宽度12米。新建直径600毫米～1800毫米的雨水排水管道主管道520米。工程于2018年6月竣工。

3. 投资约7000万元，启动商业道道路及排水管道改造工程，道路全长1630米，道路宽度15米。新建直径800毫米～3000毫米的雨水排水管道1700米，铺设路面面积4.89万平方米。工程于2018年12月底完成主体施工。

4. 投资7858万元，启动光明路（政府环路至光明路地道）道路及排水管道改造工程，道路全长1620米，道路宽度30米。新建直径600毫米～1500毫米的雨水排水管道1560米，新建直径400毫米～500毫米的污水排水管道1120米，铺设路面面积4.86万平方米。工程于2018年11月底竣工。

5. 启动宁河区21条道路亮灯节能改造工程。宁河区新华道、芦汉路、朝阳路等道路原有高压钠灯更换为LED灯，共更换路灯1633个。将新光明桥至205国道原有126个玉兰灯更换为LED灯，共更换路灯3271盏，并将原有经纬度控制器更换为智能控制系统。

【建设工程招投标监管】 招投标活动交易115次（其中施工招投标交易49次，监理招标交易14次，勘察、设计招投标交易27次，资格预审22次，设备招标1次，桩检招标1次，专业招标1次）。办理勘察、设计、监理、施工直接备案102项，备案造价共计1.2亿元；办理勘察、设计、监理、施工直接发包登记110项，登记总造价9.7亿元。

【报建备案】 全年办理工程新建报建备案70项，报建面积415.04万平方米，报建投资额386.26亿元，工程增补报建15项，增补面积-0.7万平方米，增补金额778.94万元，变更报建16项。

【建设工程合同备案】 全年审查施工总承包合同17份，合同造价10.47亿元；审查监理合同29份，合同造价1732万元；勘查设计13项，造价364万元；审查专业及劳务分包合同38项。

【建筑节能管理】 全年办理建筑工程节能备案工程54项，节能备案面积117.92万平方米。

【工程质量安全监督】 2018年，承接工程质量安全监督共计94项、建筑面积308.2万平方米，其中，住宅面积175.5万平方米、公共建筑面积36.2万平方米、工业厂房面积96.5万平方米；新接工程63项，面积149万平方米。竣工11项，面积46.9万平方米。工程竣工验收合格率100%。完成竣工验收备案105项、建筑面积70.8万平方米。

【建材检测】 2018年，共完成建材检测约1.35万组，其中包括混凝土抗压强度检测9004组、蒸压加气砌块检测32组、结构实体检测24组、室内空气检测3组、钢筋原材料检测1270组、钢筋接头检测1222组、土密度检测161组、钢筋机械连接检测915组、砂浆抗压强度检测446组、烧结普通砖检测26组、轻集料混凝土小型空心砌块检测2组、水泥检测72组、混凝土抗渗检测269组等。

【农村危房改造】 2018年，完成农村危房改造750户，完成计划指标的100%。

【住房保障】 全年办理廉租住房租房补贴2件、出租人申领补贴5件；办理限价商品住房申请审批3件；完成单位新建住房补充公积金5件，完成单位调整补充住房公积金共50件。

【物业管理】 2018年，全区有物业管理项目51个，物业管理面积560.79万平方米，其中住宅项目38个、管理面积499.01万平方米；非住宅项目13个、管理面积61.78万平方米。物业服务企业15家，全年办理物业服务合同备案4件。

【商品房备案和二手房交易】 全年办理商品房备案核税查询约1900件，二手房交易核税查询约1400件。

【房地产交易资金和市场监管】 2018年，全区房地产交易资金监管率为87.5%，监管开发企业16家。市场巡查198次，共巡查中介机构26家、98次。

【房屋安全管理】 根据宁河区实际情况制定了防汛应急预案并成立了防汛应急小组，成立防汛抢险队，做好防汛准备工作。按照《天津市既有建筑玻璃幕墙使用维护管理办法》要求，对宁河区既有建筑玻璃幕墙进行实地巡查和摸底，建立台账，组织辖区内121处玻璃幕墙建筑使用单位进行安全培训，发放文件和自查表，共排查隐患25处，确保房屋使用安全。建立既有建筑玻璃幕墙建筑系统，掌握每处玻璃幕墙建筑情况和动态。

按照《市国土房管局关于做好2018年全市房屋建筑安全联合检查督查工作

的通知》要求，以居委会为单位，严格按照8条禁令，共排查了28个项目，出动人次2700次，共发现一般隐患1327处，已整改1326处，另一处已下达整改通知书。未发现重大安全隐患的存在。

【公用公房管理】 全年完成全区27处登记在市人民政府名下的公用公房划转工作，建筑面积3.3万平方米、占地面积4.65万平方米。完成公用公房汛期及冬季查勘工作，并向各有关单位发放相关资料。

【历史风貌管理】 继续加强对历史风貌建筑保护监管，对宁河区唯一一座历史风貌建筑重点保护对象天尊阁派专人进行每月一次现场勘查，巡查率100%，并做好巡查记录。全年共巡查12次、拍照12次并向上级单位报告。按照《市国土房管局关于印发2018年天津市历史风貌建筑财政补助维修项目申报指南的通知》文件要求，督导历史风貌建筑维修责任单位申报相关材料，做好历史风貌建筑保护工作。

【房屋征收与补偿】 成立拆迁工地指挥系统，安排专人每日对拆迁工地进行拍照上传系统，完成拍照并上传360次。追踪拆迁进度，完成12次拆迁进度报表。做好拆迁工地安全大整治大排查工作，时刻追踪工地扬尘治理情况，做到工地"六个百分百"。完成芦台镇光明路打通及周边区域房屋征收项目，涉及被征收户305户，其中住宅286户、公共建筑19户，已全部拆除。宁河一中片区棚改项目涉及被征收户1404户、约5.5万平方米，1325户已签订房屋征收补偿协议。

【执法检查】 2018年，执法单位共上街巡查120次，出动执法巡查人员264人次，处理违规拆改墙体行为7件。全年按月向住建部报送执法巡查情况统计表12次，及时登录天津市行政执法监督平台录入执法巡查信息120条，积极做好平台的各项数据维护工作。对宁河区15个售楼现场进行了130次巡查，对29个经纪机构进行了75次巡查。同时，受理来电来访17件，上街宣传1次，发放宣传材料200余份，解答群众问题50余人次；积极参加市国土房管局组织的业务培训，并全员通过考核。

【市政基础设施】 2018年，宁河区城市道路全长60.72千米、面积63.52万平方米，路网密度每平方千米6.12千米，雨水管道15.93千米、污水管道27.73千米，服务面积17平方千米。

【市政道路改造维修】 1.光华路路面维修工程。光华路（新华道至三八河路）段破损严重，该路段长330米，宽11米，维修面积约3630平方米。工程造价约75万元。

2.道路、便道维修工程。维修震新路、金翠路、光华路等路面1.81万平方米，维修新华道、沿河路、金煌道等便道2108平方米。

3.路面恢复情况。恢复震新路、沿河路等燃气管沟462平方米；恢复金翠路、供热2号站供热管沟约3100平方米。

4.龙泽馨园二期排水配套工程。铺设直径300毫米～800毫米的水泥混凝土承插口管1928米，砌筑检查井47座，收水井70座，砌筑出户井90座。

5.滨江锦园一期排水配套工程。铺设直径300毫米～500毫米的水泥混凝土承插口管4173米，砌筑检查井94座，收水井75座，砌筑出户井200座。

6.桥北新区人行道弯道处改造工程。改造混凝土大侧石860米，改造花岗岩大侧石75米，拆除面包砖1149平方米，铺设面包砖247平方米，铺油902平方米。

【市政排水管网维护】 2018年，投资45万元启动下水维修工程，共维修收水井230座、补修检查井盖142个、维修各型检查井189座。修补收水篦子209个、疏通下水368次、维修路面塌陷688平方米。投资40万元启动镇内下水疏通工程，疏通（直径300毫米～600毫米）管道3.5万米，清掏收水井1976座，检查井920座。

【直接管理公产住房存量】 2018年，全区直管公产住宅房屋559.81平方米。按建筑形式划分，包括楼房494.7平方米、平房65.11平方米；按照房屋建筑等级划分，全部房屋属于基本完好状态；按照房屋建筑结构划分，包括砖混结构494.7平方米、砖木结构65.11平方米。

【房屋修缮】 2018年，完成修缮直管民用公房200平方米。完成城区内170幢楼房室外检查井、化粪井的春秋两季清掏工程，疏通楼房室外下水管线248次，共计5500米，疏通室内下水39户。

【燃气管理】 2018年，全区天然气供气累计4.7万户，工业、商业和公共建筑有246户。天然气供气量5797.01万立方米。供气企业入户安检4.07万户次，入社区宣传安全使用燃气常识21次，发放各类安全用气材料2.8万份。

【城市地区"煤改燃"工作】 2018年，芦台镇6个社区实施"煤改燃"工程，由中燃公司负责实施改造。铺设中压管道12.1千米、低压管道111.5千米、架空管道47.2千米；安装IC卡表3102户；壁挂炉安装3102台，正式通气点火2742户。

【城市地区集中供热补建工作】 2018年，芦台镇实施集中供热补建工程，由奕兴供热公司负责实施。新建管径300毫米～1000毫米的一次供热管网总长度为5.26千米，新建换热站5座，改造扩建换热站6座，新建热计量站1座，补建面积36.4万平方米，补建户数5478户，通暖4851户。

【信访工作】 2018年，共接待群众来访、来电、来信158次，办理信访办转件320件，回复网民留言170件，办理8890便民服务专线1795件，区委、区政府交办信访事项126件，市委巡视整改交办信访事项7件，办复率均达到100%。

蓟州区

【概况】 2018年，蓟州区各类建筑累计开复工772.56万平方米，同比增长12.43%，其中在施面积648.17万平方米，同比增长11.81%，竣工124.39万平方米，同比增长15.75%；房地产项目在施面积459.44万平方米，同比增长15.59%，竣工100.34万平方米，同比增长21.23%。2018年，蓟州区在建在售商品房项目累计34个，新建商品住宅上市面积77.55万平方米、6228套，商品住宅累计成交54.75万平方米、4504套，成交均价1.38万元/平方米。

2018年，蓟州新城一期示范小城镇试点建设任务全面完成，73个村、5万余人还迁入住；市级特色小镇申报和创建工作取得积极进展；占地33.33万平方米的人民公园建成并对外开放；京哈高铁蓟州站具备开通运营条件；对接京冀的侯玉公路、邦喜二线新建、仓桑公路改建等工程加快实施；清洁取暖工程稳步实施，"气代煤""电代煤"工程有序推进，配送无烟型煤14.3万吨，保证蓟州区百姓安全温暖过冬；推进"四好农村路"建设，大修乡村公路80千米，硬化村内道路443千米，累计开通公交和"村村通"线路54条，实现"公交客运到村、路面硬化到户"。

【机构职能】 2018年12月29日，蓟州区住房和建设委员会由区建设管理委员会和区房地产管理局合并组建成立。作为区政府工作部门，蓟州区住房和建设委员会内设7个科室，负责蓟州区建筑企业管理、建筑市场管理、建设工程施工质量安全监督管理及扬尘治理、建筑业劳务用工队伍管理、农村危房改造、房地产市场监管、拆迁清点、物业管理、直管公产房屋管理等工作，并会同蓟州区城市管理委员会等相关部门负责燃气、供热、建筑垃圾综合管理等工作，同时按照区委、区政府关于蓟州区民心工程的统一安排部署，牵头组织、协调区文昌街道办、区水务局、区供电分公司等部门共同开展老旧小区综合提升改造工作。

【建筑业及建筑市场管理】 1.建筑企业资质管理。全年新办理建筑企业资质38家，其中施工总承包三级企业23家、专业承包企业8家、劳务分包企业7家。蓟州区共有建筑企业183家，包括市属24家、区属159家，区属企业中三级总包45家、专业承包54家、劳务分包60家。完成建筑业产值68.2亿元。

2.组织建筑业职业技能大赛。按照天津市城乡建设委员会、天津市人力资源和社会保障局、天津市总工会、中国共产主义青年团天津市委员会联合印发的《市建委关于印发〈天津市第七届建筑业职业技能大赛方案〉的通知》（津建筑〔2018〕290号）部署，结合区总工会"蓟州工匠"培育行动要求，区建委、区总工会、团区委、区人社局召开天津市第七届建筑业职业技能大赛蓟州分赛区暨蓟州区"蓟州工匠"培育行动集中技能大赛，55家建筑施工企业组织岗位练兵，共推荐出70余名选手参加区级选拔赛，经过理论考试和实际操作比武，3人进入市决赛，最终2人获得优秀选手，天津市蓟州区建设管理委员会被评为优秀组织单位，原区建委企业管理科科长杨建东荣获先进个人。

3. 建筑市场管理。落实招标投标政策，做到监督与服务并重，全年依法应招标工程累计进场交易87个标段，总中标金额44.38亿元，无投诉事件发生。严厉打击建筑市场施工转包、违法分包等行为，维护建筑市场正常秩序，共开具执法单144份，办理行政处罚案件58件。全力做好建筑业劳务用工管理，落实实名制、工资入卡等8项管理制度，积极做好投诉接待，全年新增预储账户资金8.3亿元，通过预储账户发放工资6.5亿元，接待调解投诉92起、980余人次，同比下降24%，投诉所欠工资总额1680.75万元全部发放到工人手中，劳务用工队伍管理情况基本稳定。

【房地产开发及行业管理】 1. 房地产项目开发建设。2018年，蓟州区房地产项目累计开复工面积559.78万平方米，其中在施面积459.44万平方米，竣工面积100.34万平方米。

2. 房地产市场监管。继续规范房地产市场秩序，整顿规范房地产开发销售中介行为，及时向区所有开发企业和中介机构传达市级会议精神，制定相关实施方案。加强新建商品房销售监管，对蓟州区37个项目不定期巡查，保证企业销售合规。进行商品房销售许可现场查勘和商品房预售资金监管现场查勘，全年受理32家企业销许和资金监管查勘业务181件，查勘建筑540栋，按照操作规程审核、审批和上传数据。落实"津八条""蓟十条"文件精神，为房地产开发企业提供服务，到企业销售现场指导56次。受理商品房买卖合同注销申请183件，涉及开发企业25家。落实《市国土房管局等十一部门关于开展打击侵害群众利益违法违规行为整顿房地产市场秩序专项行动的通知》（津房〔2018〕58号）精神，召集政法委、法院、公安局、发改委、市场和质量监管委等13部门召开专项行动联席会，针对蓟州区发生的房地产相关群访和聚集维权事件进行研讨和会商；联合物价及市场监管部门进行联合检查2次；专项行动中共检查开发企业42家、中介机构10家，发现并立案查处无证售房2件，政策宣传52次，约谈开发企业5次，责令整改2次，转其他部门处理1次。排查整治非法集资，蓟州区37个开发项目和32家中介机构递交承诺书，承诺不参与互联网金融和非法集资活动。

3. 农民住宅小区建设。①研究制定相关政策措施，形成《蓟州区农民住宅小区建设分配管理暂行办法》，制定"以函代证"措施，加快项目开工进度；②深入各镇乡实地对接，分批次协调组织各审批部门和成员单位到各试点镇乡实地调研，上门服务，深入各试点镇乡实地查看工程进度；③组织召开专题会议研究解决问题，明确费用减免、手续简化、人防建设、黄线报批、资金补贴和农民保障等相关办法，为推动农民住宅小区建设打下坚实基础。2018年，蓟州区主推的农民住宅小区项目共12个，其中，在建5个项目、第一批6个项目、第二批1个项目。已开工项目9个，包括在建项目5个和第一批项目4个。

4. 组织实施老旧小区综合提升改造。完成2018年老旧小区综合提升改造工程前期各项手续，结合工程实际，组织实施飞雁二区、金属公司家属楼和原劳动局家属楼给排水、供暖、道路、车棚、环境等综合提升改造工程。惠及3个小区、182户居民；3栋楼房，2排平房，1.45万平方米，完成投资463万元。

【建设科技与节能】 1. 加强建筑节能管理工作。一是制定蓟州区2018年建筑节能和绿色建筑年度实施计划并按照考核要点明确分工专人负责。二是按照《天津市建筑节约能源条例》第五条规定，报请区政府设立建筑节能专项资金和纳入年度财政预算，区政府已批准设立建筑节能专项资金并纳入年度财政预算。三是对《建筑节能和绿色建筑工程质量监督技术手册》重新进行了修订，并严格按照手册予以落实。四是组织建筑节能、绿色建筑及装配式宣贯培训工作，共开展4次。五是加强民用建筑基本信息统计工作，设立专人负责建筑能耗统计软件运行工作，确保基本信息数据进行实时更新且数据准确，蓟州区2018年民用建筑基本信息统计工作已全面完成。

2. 制定绿色建筑发展计划。严格落实《市建委关于推进高星级绿色建筑发展有关工作的通知》（津建科〔2017〕410号）文件，至2018年底，蓟州区规划条件（选址意见书）阶段民用建筑项目29个、建筑面积175万平方米，其中按照二星级及以上绿色建筑建设要求的项目15个，施工面积68.25万平方米，二星级及以上绿建项目占比为39%。蓟州区云山苑项目（1号楼~32号楼）已取得一星绿色建筑设计标识证书，建筑面积10.40万平方米。

3. 加快中德生态城建设。成立由区长牵头的"能源与气候保护管理体系（EKM）工作小组"，推动天津市蓟州区中德生态城建设，生态城已取得德国能源署的确认。该生态城核心区在控规指标中明确了新建建筑被动式建筑比例。

4. 建筑节能工程能效测评管理。2018年，蓟州区新建、改建和扩建的国家机关办公共建筑筑1项、大型公共建筑4项，均属于主体在施阶段。

5. 公共建筑节能改造。与远大低碳技术（天津）有限公司签订合同能源管理项目合同，当年实施的改造项目全部使用合同能源管理模式。实施的既有公共建筑节能改造项目为天津市蓟州区人民医院，改造面积9.5万平方米。

【装配式建筑发展情况】 1. 项目建设。转发《市建委关于加强装配式建筑建设管理的通知》（津建科〔2017〕391号），要求蓟州区所有建设单位和开发企业严格落实文件精神。按照《市建委关于在天津市建筑产业现代化项目规划条件中提供相关建设指标的通知》（津建科〔2016〕100号）文件要求，蓟州区建委积极配合规划、审批部门，对规划、审批部门抄送的项目策划方案，提出预制装配式建筑比例，确保在规划条件中载明是否实施装配式建筑。2018年共回复区审批局函件58个项目（共涉及建筑面积252万平方米，其中住宅92万平方米、公共建筑86万平方米，其他为工业项目），符合装配式建筑项目29项，应实施装配式建筑的面积97.25万平方米，占比38.6%；其中实施装配式的住宅13.25万平方米，占比14.4%。在施的蓟州区下营镇生态旅游特色小镇项目为装配式建筑，由天津市莹润房地产开发有限公司开发建设，总建筑面积1.8万平方米，其中装配式建筑面积1.4万平方米，已主体封顶。蓟州区渔阳镇南关村定向安置经济适用房（盛阳家园）项目为装配式建筑，由天津市荣达安居房地产开发有限公司开发建设，桩基部分已经施工完毕。

2. 装配式建筑产业基地建设。按照市建委《关于组织申报2017年装配式建筑产业基地的通知》（津建科便函字〔2017〕8号）要求，积极推动装配式建筑生产企业落地，多次到北京、天津建筑产业现代化生产基地进行考察和调研。装配式构件生产企业蓝宝迪科天津建筑科技有限公司在蓟州区京津州河科技产业园投产。该企业投资1.8亿元，占地15.33万平方米。依托北京市住房保障中心和北京市路桥集团合资组建的北京燕通建筑有限公司提供的技术、管理、市场等帮助，初期建设2条年产能10万立方米，可满足50万～100万平方米装配式建筑需求的产品生产线。按照蓟州区建筑现状和近几年新开工程总量，该生产基地已经能够满足全区建设发展需求，同时还能为北京副中心通州区及京津冀地区提供服务。装配式建筑产业基地的落地，一方面可以在增加大量工作岗位的同时提高财政收入，形成人才、企业、政府良性互动的发展格局；另一方面可以以装配式建筑带动建筑业、建材业及钢铁等传动行业转型升级，形成贯通上下游产业链的产业联盟，实现1+1>2的积极效应。

【海绵城市】 委托天津市城市规划设计研究院完成《天津市蓟州区海绵城市规划（2017年—2030年）》和《蓟州区海绵城市建设实施方案（2018年—2020年）》的编制工作。新城A2地块和蓟州人民公园均按海绵城市要求进行建设。

【建设工程安全管理】 1. 加大执法检查。在做好日常安全管控工作的基础上，精心组织、周密安排，分别开展房屋建筑工程开复工质量安全专项大检查、建筑工程消防安全专项检查、春季房屋建筑工程安全生产暨防汛工作专项大检查、全市房屋建筑工程质量安全暨建筑材料专项大检查、建筑施工安全生产大检查通知、建设施工领域今冬明春安全检查方案等大检查活动，实现蓟州区建筑工程标段安全大检查全覆盖，未发生较大以上安全生产事故。全年共下达《安全隐患整改通知书》536份、《停工整改通知书》37份，行政约谈8起，经济处罚13起，创市级文明工地2个。

2. 加强重大危险源管控。对超过一定规模危险性施工节点进行逐一登记，加强高大模板、脚手架和深基坑工程管理。严格执行高大模板、脚手架、深基坑工程专家论证评审制度，对危险性较大的分部分项工程专项施工方案的编制、审查、论证、审批和实施严格监督管理，全年完成新城示范小城镇A2第三中学模板工程、盘龙悦城网架工程、凯新美苑深基坑工程、山湖郡苑深基坑工程、碧水云天高支模工程、星湖广场深基坑工程和信息工程学校梁超跨工程7处重大危险源的监控工作，做到入场前提前辨识到位，施工前论证到位，施工中管控到位。

3. 落实起重机械设备使用登记。推行建筑起重机械设备产权备案、检测机构监测、安装（拆卸）告知、使用登记制度。严禁使用已淘汰型号的起重机械设备。全年中塔式起重机审核登记188台，施工升降机审核登记116台，施工吊篮审核登记385台，物料提升机审核登记98台。查处使用安装起重机械未告知、未经检测使用起重机械设备、安装人员未持证等违规行为6起。

【建设工程质量管理】 1.认真执法检查。开展建筑节能专项检查、建筑材料专项检查等各类检查7次，严格日常执法检查程序，监督检查覆盖率100%，工程质量合格率100%，一次验收合格率95%以上，辖区整体工程质量稳定受控。2018年，创市级"优质结构奖"8项、建筑工程"海河杯"3项；下达《隐患整改通知书》228份、《停工整改通知书》10份，经济处罚5起。

2.加强原材料管理。成立原材料监督封样小组，固定三名监督人员不定期对辖区内建筑材料抽检，把监督封样常态化，同时建立不合格材料台账，记录不合格材料的生产商、供应商信息，作为后期监督工作重点抽查的依据。全年累计抽检原材146组，未发现不合格建筑材料。

3.开展城建系统"质量月"活动。对蓟州区在建工程项目布置"质量月"活动工作安排，要求各施工企业制定具体的活动方案，监理企业督促具体实施。活动共发放工程质量基本常识宣传材料100余份，悬挂标语横幅120余条，各工程项目纷纷开展工程质量知识竞赛、问卷调查、技能培训等活动。

【施工现场扬尘治理】 全年安装扬尘检测设备95台、视频监控设备55套，开工项目基本实现扬尘监测、视频监控全覆盖。增设冲洗设备287台（套），配备雾炮340台。下达《隐患整改通知书》229份、《停工整改通知书》88份，行政约谈29次，行政处罚16起。工地周边围挡、物料堆放覆盖、土方开挖湿法作业、路面硬化、出入车辆清洗、渣土车辆密闭运输"六个百分之百"的扬尘防控措施落实到位。

第十九篇 行政区建设

【"煤改燃"工程】 实施每日调度制度，组织涉及"煤改燃"任务的相关责任主体召开工程建设协调会，推动工程开展，全年铺设市政中压管道460千米、村内中压管道400.5千米；完成村内架空低压管道2060.5千米；安装燃气表11.68万台、壁挂炉9.65万台；水路连接7.12万户，开通燃气卡7600户，通气点火5100户。积极推进高压管道建设，确定从位于宝坻区的2条长输管线（林亭口的中石化长输管线、牛道口镇的中石油长输管线）处各开口建设一条高压管道为蓟州区提供气源保障，经过设计、选线、征地等工作，完成布管74千米、焊管73千米、下管72千米。建成下仓、礼明庄、燕山、新城、下营和出头岭6座LNG液化天然气供气场站。针对蓟州区"煤改气"工作要求，组织中国市政华北设计研究院对蓟州区燃气专项规划进行修编，已通过燃气专项规划专家论证，上报区政府审批。

【村镇建设】 1.农村危房改造。2018年，农村危房改造工作深化"放管服"改革，加快推进"互联网+政务服务"，运用互联网手段畅通申请渠道，农户通过"天津农村危房改造"微信平台自主报名申请，提出危改诉求。在农村危改对象认定中，改变以往由农户承担贫困举证责任的做法，运用现场核实、查阅档案、联网筛查和引入危房鉴定第三方专业机构等方式，提高认定精准度，确保精准识别、应改尽改。年初下达蓟州区农村危改计划数为1200户，全年完成1297户。

2.农村人居环境示范村申报工作。根据《市建委市农委关于2018年天津市改善农村人居环境示范村提升改造有关工作的通知》（津建村镇〔2018〕245号）精神，组织蓟州区各镇乡开展天津市农村人居环境示范村申报工作。共有渔阳镇西

343

井峪村、出头岭镇官场村、孙各庄满族乡隆福寺村、罗庄子镇铁岭子村、东赵各庄镇孟辛庄村和上仓镇陈家桥村6个村进行申报。经过市建委、市农委组织专家现场实地考察、座谈，专家最终听取专题汇报，对汇报材料进行评审、答辩，渔阳镇西井峪村被确定为美丽乡村示范村，东赵各庄镇北孟辛庄村和孙各庄满族乡隆福寺村被确定为人居环境整治示范村，上仓镇陈家桥村被确定为保障基本示范村。

【物业管理】 以人民为中心，以全面提升行业专业化管理服务水平和服务质量为抓手，加强行业指导、培训和监管力度，进一步构建诚实守信的物业市场环境，促进行业健康有序发展。组织63个小区的双四级考评。就安全生产隐患排查治理工作进行14次专题部署，下发5个专项工作实施方案，组织行业开展"5·12"防灾减灾日等集中宣传、安全生产月、"守护生命"网络知识竞赛、119火灾宣传月、"事故隐患集中排查治理"等相关专项活动，出动安全检查人员320余人次，指导、推动物业项目消防安全隐患问题解决。完善维修资金内部审核工作制度，加大对企业、项目的指导力度，按月对蓟州区长期停滞项目进行梳理、推动，受理各类维修资金使用93件、总金额1296.60万元。受理并完成应急解危专项资金结算划款2件、金额1.94万元。组织、推动6个镇、街、园区，22个居委会和31个业委会等区内各层面完成物业企业2017年度信用等级评定工作，涉及蓟州区15家物业企业、72个项目，其中3A企业11家、2A企业4家。及时处理、回复1163件、1187人次的业主（居民）来电来访及转来信访件。就新修改的《天津市物业管理条例》、车位分配和选聘、续聘物业服务企业等行业的重难点、内业档案规范化管理、电梯设备专业化管理与新技术运用工作等组织了宣传、培训、交流。组织开展敲开百家门、"我的责任"清零行动等行业八大行动。

【供热管理】 有序开展年度集中供热工作，运行平稳，质量达标；完成大唐3号、4号机供热改造配套热网工程大唐管网大秦铁路南5千米报建手续；完成穿越大秦铁路、穿越洲河、穿越暗渠等重点、难点路段的方案确定工作；完成琳琅阁、嘉悦花苑、山湖郡苑等新建项目并网工程，总投资778万元，建设5座换热站，铺设管网长度约1900米；开展蓝天保卫战燃煤供热锅炉清零的督查工作，与各镇、乡、园区对接，收集现场图集影像资料，对燃煤锅炉是否存在未严格按要求淘汰改造燃煤锅炉、淘汰类燃煤锅炉是否拆除烟囱或物理阶段烟道及改造类燃煤锅炉是否都正常运行治污设施、达标排放情况进行回头看。组织实施2018年民心工程项目，实施清洁环境行动，扩大集中供热范围，实施商贸街、中昌路管网铺设和部分居民区并网工程；依法依规签订新建项目配套合同，收取新建项目供热工程建设费4112.69万元，已拨付供热工程建设费4088.5万元；结合供热案例宣传供热用热政策法规及相关知识，组织供热单位开展热计量培训工作。

【历史风貌管理】 蓟州区共有历史风貌建筑6处，分别为：独乐寺、鼓楼、文庙、鲁班庙、关帝庙、平津战役指挥所旧址。蓟州区认真贯彻《天津市历史风貌建筑保护条例》，坚持"保护为主，抢救第一，合理利用，加强管理"的工作方针，建立主管领导监管，主管科室管理责任体系，形成齐抓共管格局。每月定期对辖区内的6处历史风貌建筑进行安全巡查，重点巡查对历史风貌建筑进行改变使用用途、擅自修缮、擅自移动、损毁保护标志等违法行为，及时将每月巡查报表上传到市风貌办。通过坚持经常性巡查监管，确保蓟州区历史风貌建筑的使用安全。

【**行政审批服务工作**】 对服务内容、办事程序、申办条件、收费标准、监督电话进行公开，实行现场审批审核，要件齐全做到立等可取，不断提高审批效率，全年共办结审批手续1044项，其中房地产开发项目开发方案14项，建设计划11项，工程建设项目报建备案63项，质量监督登记63项，安全施工措施备案61项，分包合同备案59项，建筑节能技术资料备案294项，施工、监理、勘察、设计合同备案共209项，竣工验收备案270项。

第二十篇 社团及协会

工会工作

2018年，工会认真学习贯彻习近平新时代中国特色社会主义思想、习近平总书记关于工人阶级和工会工作的重要论述，深入贯彻落实中央、市委关于加强群团工作的意见，习近平总书记对群团改革工作的重要指示和中央群团改革工作座谈会精神，学习贯彻中国工会十七大精神，坚持和加强党对工会工作的领导，着力适应机构改革后的新形势、新任务和新要求，推进工会建设和工会各项工作落实。全委各级工会组织的政治性、先进性和群众性得到明显增强，干部职工队伍政治建设得到进一步加强，围绕中心、服务大局、担当作为、开拓进取的生力军作用得到进一步发挥，圆满完成了全年各项工作任务。

【坚持党的领导】 坚持把政治建设放在首位，强化政治引领。工会将工作的政治性作为灵魂和统帅，以政治建设统领工会工作。认真履行工会团结带领职工坚定不移听党话、跟党走的政治责任，组织各级工会干部通过会议及举办专题培训班等形式，深入学习习近平新时代中国特色社会主义思想和党的十九大精神，用党的最新理论武装头脑，指导实践，推动工作。通过知识竞赛、主题演讲等形式，组织职工深入学习宣传贯彻习近平新时代中国特色社会主义思想，推动当代中国马克思主义、21世纪马克思主义在职工群众中深入人心，落地生根，引导广大职工群众牢固树立"四个意识"，坚定"四个自信"，切实做到"四个服从"，坚决践行"两个维护"，确保工会系统全体干部职工思想上、政治上、行动上与以习近平同志为核心的党中央保持高度一致。

【理论学习和知识竞赛】 积极承担引领广大干部职工听党话、跟党走的政治责任，组织干部职工深化习近平新时代中国特色社会主义思想和党的十九大精神、中国工会十七大精神的学习宣传贯彻，利用办公自动化（OA）系统下发学习通知，并组织系统内百余人工会干部专题培训班，进行党的创新理论和党的十九大精神专题宣讲及工会业务知识培训；开展"中国梦 劳动美——学习贯彻习近平新时代中国特色社会主义思想和党的十九大精神"主题演讲比赛；会同相关部门组织开展不动产登记业务知识比武竞赛和迎"七一"党的知识竞赛，通过学习、培训和比武竞赛活动，进一步强化干部职工的政治意识、大局意识、学习意识和创新意识，提高职工岗位知识和业务水平。

【充分发挥职能作用】 1. 着力做好机构改革中职工思想稳定工作。按照上级部署，坚持把增强政治性放在首位，着力抓好机构改革中服务基层和服务职工工作。2018年下半年，开展了"下基层、访职工、解难题、促改革——联系服务在基层活动"，先后深入基层工会调研服务30余次，为基层和群众解难题、办实事，宣传机构改革的重大意义，用中央部署和市委要求统一干部职工群众思想，凝聚大家服从改革、支持改革的思想意识，确保了机构改革中干部职工思想不散、工作不断、队伍不乱。

2. 开展劳动竞赛，推动行业技能提升。结合业务工作职能和服务社会的实际，与权籍处、天津国土资源和房屋职业学院等部门和单位共同举办了全市不动产登记人员岗位知识竞赛和技能比武，推动一线窗口工作人员提高服务意识，提升职业技能，充分体现出"以人民为中心"的发展思想和服务宗旨。通过竞赛不断培育和选树工匠精英骨干团队，激发广大干部职工的主动性、积极性和创造活力，积极投身各领域建设。

3. 开展评先评优，树标立尺、岗位争先。工会通过选树典型、表彰先进，激发广大干部职工立足岗位、积极进取、创先争优。充分发挥民主，并坚持严格把握评选标准，按照规定推荐程序，好中选优，积极向天津市总工会推荐成绩突出、技术过硬、职工认可的先进集体及个人。天津市总工会授予天津市城市房屋拆迁管理办公室拆迁安置部"工人先锋号"荣誉称号；授予信访处王娜同志、天津市保障住房建设投资有限公司叶启贵同志、天津市历史风貌建筑整理有限公司朱虹同志天津市劳动模范称号；授予天津市土地整理中心"全国职工书屋"荣誉。

4. 开展帮扶和慰问，惠及职工群众。"两节"慰问共走访慰问劳动模范20名、困难职工7名、一线职工130名。为让困难职工感受到组织的温暖，工会积极开展金秋助学及大病救助活动，在对直属各单位进行全面摸底的情况下，严格把握政策和标准，共审核通过天津市房产总公司、天津市国土资源和房屋管理研究中心及天津国土资源和房屋职业学院的4名同志申报全国总工会困难家庭子女上学救助款。充分发挥工会会员卡的作用，协助患大病职工申得大病保险救助。

5. 开展夏送清凉活动，关爱一线职工。2018年暑期慰问由局、处两级共同组织，按照天津市总工会"夏送凉爽安全度夏"活动的总体部署，会同基层单位对系统内高温高湿和露天作业项目及人员情况进行了摸底调查，确定了7个单位、14个项目、150人作为暑期慰问重点，由局（委）领导带队慰问，累计发放慰问品金额达1.6万余元。

【规范各项制度落实】 1. 强化职代会制度，推动民主管理落实。按照工会法及工会基层组织建设规范，推动机构改革后基层工会的建会、入会工作。落实定期组织召开职工大会或职工代表大会制度，鼓励职工源头参与单位的各项管理与整体发展。督促直属各单位对职工提案做到件件有回复，并在合理、合规范围内研究解决干部职工切身利益和普遍关注的问题。

2. 细化大病职工慰问制度，规范资金管理。根据天津市总工会《关于印发〈天津市总工会关于设立职工重病关爱资金的实施办法（试行）〉的通知》（津工通〔2018〕62号）和市级机关工会联合会《关于印发〈天津市市级机关工会联合会关于职工重病慰问的实施办法（试行）〉的通知》（津市级机关工〔2018〕27号）等文件精神，让系统内更多职工得到帮助，做好职工大病帮扶工作。草拟委工会职工重病关爱文件，明确帮扶资金的管理、使用，让帮扶资金在规定范围内作用最大化。

【凝聚职工向心力】 2018年全年，工会组织了内容丰富、形式多样的各类活动，充实了职工业余文化生活，提高了单位的凝聚力和向心力。三八妇女节期间，组织女性健康知识讲座，活跃了职工文化生活；五一劳动节前，组织直属单位职工参加市总组织的五一嘉年华活动；5月底组织了系统内职工乒乓球比赛；六一儿童节前夕，组织进行了学生辅导用书及家庭教育类书籍的互换捐助活动并组织家庭教育讲座；参加天津市职工羽毛球、乒乓球比赛，取得了优异的成绩；组织开展了七一党建知识竞赛和学习党的十九大精神知识竞赛；举办了职工心理健康咨询讲座，全年邀请专业心理咨询师共开展沙龙活动15次，提高了职工自我调节、自我减压的能力；组织女职工参加了市妇联举办的女职工权益保障法律知识竞赛；组织老劳模、退休职工代表参加了市退管会举办的北戴河疗休养活动。

【适应机构改革后对工会工作的新要求】 坚持把政治建设放在首位，努力抓好习近平新时代中国特色社会主义思想和党的十九大精神的学习。委工会积极响应住房和城乡建设委成立对工会工作的新任务、新要求，组织干部职工群众深入学习贯彻习近平新时代中国特色社会主义思想和党的十九大精神，全面贯彻落实市总十七届三次全会和中国工会十七大的各项部署要求，紧紧围绕打赢全面从严治党攻坚战、保障天津高质量发展和机构改革，深入推进工会工作改革创新，切实增强各级工会组织团结教育、维护权益、服务群众功能，更好发挥党联系职工群众的桥梁纽带作用，团结动员广大职工自觉服从服务于住房城乡建设工作大局，正确对待利益关系调整，在立足岗位建功立业服务保障天津高质量发展中发挥主力军作用，以优异成绩为"五个现代化天津"建设做贡献。进一步转变工作作风，及时深入基层调研，了解职工所想所期所盼，帮助解决职工实际困难，更好地发挥工会作用。

妇联工作

2018年，天津市城乡建设委员会妇女联合会认真贯彻落实党的十九大精神，在中国妇女十二大、天津市妇女十四大精神的指引下，在委机关党委和工会的指导下，不断加强自身建设，积极推进妇女工作，助力城乡建设发展。

【以政治建设为统领】 坚持把政治建设放在首位，组织广大女职工认真学习贯彻党的十九大精神、中国妇女十二大精神和天津市妇女十四大精神，引导女职工在习近平新时代中国特色社会主义思想的指引下，增强"四个意识"，坚定"四个自信"，坚决践行"两个维护"，与新时代同行、为新目标奋斗、在新征程中建功立业、做新时代新女性。

经过推荐，选派冯立平同志参加中国妇女十二大会议，选派廖敏、李晓芬、张红三位同志参加天津市妇女十四大会议。选派同志亲身感受了会议氛围，领会了会议精神，为今后更好地开展妇女工作明确了目标和方向。

【组织开展活动】 1. 组织机关和各直属单位女职工观看天津市纪念三八国际妇女节108周年大会，认真学习、深入领会会议精神。

2. 组织参加市级机关纪念三八国际妇女节座谈会、市级机关妇联"巾帼筑梦新时代"系列讲座。

3. 组织开展女职工维权行动月活动，以涉及生育保护相关法律法规为重点内容，广泛宣传保护女职工权益的相关法律法规。

4. 举办"秀出你的美"个人形象提升讲座，提高女性审美和个人魅力，系统内100余人参加，得到广泛好评。

5. 组织参加"引领女性阅读 建设文明家庭"读书征文活动，倡导简约适度、绿色低碳的生活方式，引导女职工多读书、读好书、善读书，自觉践行社会主义核心价值观，在推动天津经济社会发展中展作为、建新功。

6. 为单身干部职工拓宽交友渠道，组织参加市级机关第29届鹊桥联谊会活动，搭建相识、相知、相恋的交友平台。

【展现女性风采】 1. 组织参加市级机关"最美女性"活动，经过推荐、网络投票推选，冯立平和张建超两名同志被评为市级机关"最美女性"。

2. 组织开展妇女知识竞赛网络答题活动，各单位女职工踊跃参加，取得良好成绩。

3. 组织女职工每周集中锻炼，十余年坚持邀请资深健身教练亲临授课，极大提高了女职工身体素质。

天津市建筑业协会

【推进行业信用建设】 1. 规范行业信用管理,根据形势需要修改诚信企业评选办法。组织专家修订《天津市优秀诚信施工企业评选办法》,按照新修订的办法开展2018年度天津市建设行业优秀诚信企业评选工作,强化行业自律。

2. 建立信用平台,实现对企业的动态监管。在天津市建筑业协会网站建立信用平台,推行企业"红黑名单",严格执行"守信激励,失信惩戒"制度。对扰乱市场秩序的有关企业进行约谈并纠正其行为,实现对企业信用行为的有效监管,维护行业秩序。

【强化项目管理】 1. 组织项目成果经验交流活动,83个工程项目进行了成果交流,推荐35项成果走向全国项目成果交流舞台。组织编辑优秀项目管理成果形成汇编,起到传播建设工程项目管理经验和知识的作用,为工程项目提质增效给予启迪和借鉴。

2. 推广建筑信息模型(BIM)技术,增加技术交流。在天津和北京两地组织两期建设工程BIM、智慧建造成果推广应用观摩交流活动。观摩内容包括专家讲座、优秀BIM成果经验交流和项目现场智慧建造,300余人参加经验交流和参观活动。组织完成了天津市建设系统第二届BIM成果大赛,共56项成果参评,32项成果发布。

3. 天津市建筑业协会与建筑专业核心期刊《建筑技术开发》合做出版《天津建筑业——施工项目管理探讨与实践》论文集,共收录文章164篇,受到广大会员一致好评和认可。

【促进协会间协作与发展】 2018年,天津市建筑业协会与内蒙古自治区建筑业协会、河北省建筑业协会三地缔结友好协会关系。加强三地会员企业之间的合作与交流,搭建会员企业合作共赢平台,做到资源共享、信息共有、携手发展、共同进步,开启三地建筑业发展的新篇章。

在京津冀建筑业协会联合会第六次工作交流会中,围绕服务雄安新区、推进京津冀三地建筑业发展一体化进程展开交流,就当前形势下加强协会自身建设、党建工作以及推动企业"走出去"等问题进行研讨。这些交流研讨对合力推进建筑业三地一体化向纵深发展,三地企业在新的发展形势下抓住机遇,突破重围,共同深化合作,携手前行具有现实意义。

【推动工程创优示范引领】 1. 在"海河杯"评审申报材料中增加了工程概

况、工程实景照片，有效地避免了因对工程建设情况了解不全面而出现分组不合理的现象。在评审中严格按照《评审细则》，坚持回避原则，从专家库中抽取专家成立评审检查组，合理优化检查路线，使每项工程的验检时间更加充裕、检查更加全面细致。

2. 细化了优质结构评价的6项推荐做法，即混凝土施工缝处理、现浇楼板养护、剪力墙烂根预防、砌体原浆压缝、压中砌筑、构造柱独立支模。在此基础上，在土建工程上继续推广二次结构节点抗裂及管线安装中墙体抗裂措施。这些措施的实施和改善，进一步提升了天津市"结构海河杯"的创优水平，并在质量通病治理方面取得了较好成效。

3. 组织召开创精品研讨会，持续规范建设行为，提高企业综合素质。研讨会邀请专家分专业对工程创优要点、申报及迎检过程中的注意事项等进行详细讲解。不仅使参会企业人员更加了解、熟悉"海河杯"奖项的评审标准、要求，也使专家库专家对工程检查、评判的标准掌握得更加精准。

4. 积极总结创优特色、亮点，分享创优经验。充分利用协会平台，广泛收集创优工程经验、亮点照片、工艺做法等，精心制作国家级获奖项目工程的特色亮点图集。图集内容涵盖装饰装修工程、屋面工程、给排水与机电安装等各专业，图文并茂。图集深受会员企业，尤其是那些满怀创优热情但欠缺经验的企业欢迎，为创优工作指明了方向。

5. 积极开展群众性质量管理小组活动。针对中国质量管理协会发布的《QC小组活动准则》，开展普及、推广、应用和三级成果发布活动。协会组织了针对不同层次、不同范围的系列培训活动，共354人参加各类型培训，对548项成果进行交流，316项成果进入协会竞选性成果评审，90项成果推荐到中建协、中施协参加全国成果交流。

6. 对标提升，开拓思路，学习先进管理经验。多次组织建设施工企业开展观摩学习活动，对提升工程质量的经验做法进行推广交流。通过对标学习，使天津市建筑企业拓展了视野，提高了认识，明确了今后项目管理方向，坚定了创优争先的决心。

【推动文明工地创建活动】 1. 以企业需求为导向、开展培新活动。对外地进津有创优意愿的企业和天津市一些中小型专业技术水平偏低的企业，深入企业及施工现场以讲座的形式介绍天津市市级文明工地的创建意义及申报程序、评审标准，推动企业创建天津市市级文明工地的积极性，促进了天津市安全文明工地的创建水平。

2. 以现场为载体，开展实地观摩。组织各企业相关专业人员参观学习，互相借鉴，加强交流。2018年，组织天津市15家骨干企业对广州市安全文明工地进行观摩学习，吸取外埠区域的优秀做法，使企业在扬尘治理、污水回收利用等方面有较大收获。组织天津市建筑企业400余人参加东郊污水处理厂项目的观摩交流活动，通过对项目现场、物业化生活区、安全管理、信息化技术应用的实地观摩，使企业对智慧化、信息化文明工地的创建有了新的认识。

3. 以项目为着力点，开展重点帮扶。组织专家对天津市水利工程公司、中辉集团等十几个会员企业的项目进行策划、指导。专家们深入项目施工现场进行前期策划、布置和实地指导，并开展创建文明工地专题讲座。

【抓好行业团体标准建设】 2018年，经国家标准化管理委员会审查，天津市建筑业协会正式成为发布团体标准的社会组织。中国建筑业协会安全分会准备编制《建设工程项目施工工地安全生产标准化建设基本规范》，作为受邀参编单位，天津市建筑业协会负责安全技术相关条目的编制。

【组织安管人员安全生产考核工作】 为方便会员企业，提升服务质量，将原来5个工作日取证压缩到3个工作日，受到广大企业的欢迎和好评。2018年共完成了4期安管人员安全生产考核工作，共计考核2.61万人次，比2017年增加了3154人次。进津调入348人，遗失补证132人，错证修改及身份证升位359人，换发C3综合类证书342人。

【开展公益活动】 1. 开设"行业发展大讲堂"公益讲座活动，助推行业发展产生积极影响，全年成功举办6期，近2000人参加，为广大企业传授先进理念、科学方法和创新技术，满足广大会员企业知识理念的需求。

2. 组织开展新常态下建筑业改革发展高峰论坛，天津市各大集团、驻津央企、建筑施工企业董事长、总经理和有关负责同志共计400余人参加了论坛。论坛围绕深化建筑业"放管服"改革，引导企业把握政策与形势变化，共同探讨建筑业高质量、持续健康发展，反响强烈。

3. 携手电台开展培训，农民工业校走进直播间。2018年，天津市建筑业协会与天津市总工会建筑行业进城务工人员工作委员会、天津广播电台携手，将农民工业校开办到电台直播间，通过空中电波创建开展农民工业校大讲堂。通过这种全新的方式提升外来务工人员的思想道德、法治观念和技能水平，为天津发展建设、助力农民工兄弟迅速融入城市贡献力量。

【举办天津市第七届建筑业职业技能大赛】 由天津市城乡建设委员会、天津市人力资源和社会保障局、天津市总工会和共青团天津市委员会主办，天津市建筑业协会与天津市施工队伍管理站联手承办了天津市第七届建筑业职业技能大赛。大赛共设砌筑工、钢筋工、装饰装修（镶贴）工、装饰装修（抹灰）工、BIM技术应用5个工种。全市共设立了18个分赛区，历时4个月，共有200多家企业、8万余人参与岗位练兵，152名选手进入决赛。大赛在原传统竞赛项目中强化了镶贴的城市景观效果，砌筑、抹灰和钢筋加工中增加常见质量通病防止评价指标，新增BIM技术应用职业技能工种，迎合了当前建设工程发展特点。

【组织开展村镇工匠培训】 为贯彻落实天津市城乡建设委员会《关于做好2018年农村危房改造提升工作的通知》)（津建村镇〔2018〕253号）要求，组织开展村镇工匠培训工作，在蓟州区、宁河区等6个区免费举办村镇建筑工匠培训班7期，涉及6个区的100余个乡镇，累计培训建筑工匠2200余人，提高了建筑工匠的理念和技术水平，为引导和规范农民建房打下坚实基础。

【通过专题调研了解和反映企业诉求】 1. 召开建筑材料市场价格走势情况调研座谈会。确切分析掌握主要建材供应及价格实际情况，探讨施工企业应对之策，降低企业损失。天津市十余家骨干施工企业负责人参加，主要就企业目前的经营情况、原材料价格波动情况进行了充分的反映、沟通，企业一致表示会议起到了互通信息、增加共识、助力发展的积极作用。座谈会情况报告提交天津市城乡建设委员会，引起政府管理部门的高度重视。

2. 开展施工现场专业人员管理工作调研座谈会。通过3次专题调研座谈会和多次深入企业调研，天津市建筑业协会针对各企业所面临的共性和个性问题认真梳理，形成书面报告材料上报。开展《管道保护法》宣贯，针对如何将管道保护纳入安全管理体系进行调研座谈。开展以"智慧生产，安全护航"为主题的施工企业安全与生产管理大讲堂，120余家企业总经理、生产副总、总工程师、安全总监等300余人参加会议。

2018年，天津市建筑业协会通过开展调研，反映企业比较困惑、行业反映强烈的问题，形成了8篇共5万字的调研报告。

【探索创新服务新途径】 1. 与天津市城乡建设委员会法规处合做出版《工程建设常用法律法规汇编》；与天津市城乡建设委员会建筑业处联合在网站建立企业家信箱；与天津市人民政府国有资产监督管理委员会主动对接，沟通了解政策，为企业提供咨询。

2. 开展十九大宣讲进企业活动，为农民工发放十九大报告，集中项目上职工和农民工党员开展宣誓活动。共组织宣讲活动4场，参与人数近1000人。开展"中国梦 劳动美"学习贯彻习近平新时代中国特色社会主义思想和党的十九大精神主题演讲比赛，共100余人参加了比赛。经过各基层工会层层选拔，共25名选手参加了复赛，15名选手进入了决赛。会同南开大学组成服务分队，分别赴5个项目进行了普法宣讲和现场咨询交流。发放《维权在线》《宪法》等材料，共1000余名务工人员参与活动。

3. 深入重点工程项目，开展以"唱响新时代 展示劳动美"为主题的"送医 送药 送健康 送文化 送法律 送演出"慰问活动。共组织了9场慰问活动，普惠农民工1800余人。联系天津市职工医院体检服务车，把健康体检送到项目，为8个项目工地2400余人送去健康体检，保障他们在酷暑下健康作业。邀请天津市职工医院专家为农民工宣讲卫生防病知识，提供义诊和健康咨询，现场赠送常用药品1200份。

天津市房地产开发企业协会

【开展系列培训】 2018年4月27日，与中国北方人才市场（天津市人才服务中心）合作开展人力资源培训。邀请人力资源专家讲授关于人才引进对开发企业的影响、中高级专业管理人员招聘及推荐、职称评定、档案管理等内容，使开发企业能够及时有效了解相关人才政策，提高人力资源领域的专业水平。

2018年5月21日、7月27日，先后两次组织开展房地产统计培训工作。邀请天津市统计局投资处负责人介绍《中华人民共和国统计法实施条例》及"国家统计局联网直报系统"重点内容，帮助企业及时准确上报市统计局及天津市城乡建设委员会相关统计报表。

2018年6月20日，与天津市律师协会合作开展房地产法律风险防控专项培训。邀请知名律师事务所讲授关于房地产开发企业涉诉案件数据分析、土地使用权取得过程中的焦点问题、项目建设施工常见法律风险、房产交易与流转疑难问题、项目转让（并购、合作）开发过程中有关风险等内容，帮助开发企业妥善应对房地产开发经营过程中涉及的相关法律问题。

2018年9月19日，邀请天津市基础设施配套办公室相关领导讲授房地产相关配套政策。强化对会员企业服务，帮助开发企业准确把握房地产相关配套政策，顺利开展房地产项目开发建设。

【全国"广厦奖"申报参评】 为推动天津市房地产项目品质提升，鼓励企业做优做强，天津市房地产开发企业协会（以下简称"协会"）积极推动全市开发项目评优评奖。"广厦奖"作为房地产项目全国综合性大奖，以建设资源节约型、环境友好型的社会主义和谐社会和生态文明为宗旨，旨在评选出规划设计水平高、环境好、质量优、性能好、绿色低碳、老百姓满意的好房子，在推进住宅产业化、"四节一环保"和解决广大群众住房问题等方面的示范、带动作用显著。

2018年5月11日，协会完成对北辰区"南仓新苑"住宅小区项目的"广厦奖"推荐工作。该项目由天津市津房置业发展有限责任公司开发建设，属于保障房，为城中村改造项目，总建筑面积11.6万平方米。12月25日，"南仓新苑"项目获得全国"广厦奖"。

8月24日，协会完成对北辰区"铭辰雅苑"住宅小区项目和河北区"诗景广场"项目的"广厦奖"推荐工作。"铭辰雅苑"住宅小区项目由天津九昌房地产开发有限公司开发建设，为普通商品房项目，总建筑面积6.5万平方米。"诗景广场"项目由中铁房地产集团商业地产开发管理有限公司开发建设，为复合型商业建筑，总建筑面积21万平方米。12月25日，"铭辰雅苑"住宅小区项目获得全国"广厦奖"候选项目。

【房地产开发行业统计工作】 截至2018年底，全市共有房地产开发企业1480家，比2017年增加116家，其中外埠企业575家，比2017年增加11家。

房地产开发投资实际完成2424.49亿元，比2017年增长8.6%。住宅投资额为1863.5亿元，比2017年增长19.5%；非住宅投资额为560.99亿元，比2017年下降16.7%。内资企业房地产投资额为2315.79亿元，比2017年增长14.1%；外资企业房地产投资额为108.7亿元，比2017年下降46.8%。中心城区完成开发投资592.09亿元，比2017年下降10.1%；环城四区完成开发投资751.4亿元，比2017年增长10.7%；滨海新区完成开发投资379.6亿元，比2017年增长29.3%；远郊各区完成开发投资701.4亿元，比2017年增长16.5%。

房屋累计施工面积8652万平方米，比2017年增长5.4%；房屋新开工面积2479万平方米，比2017年增长6.2%；房屋竣工面积2092万平方米，比2017年增长2.8%。新开工方面，中心城区开工面积204万平方米，比2017年下降31.1%；环城四区开工面积696万平方米，比2017年下降8.3%；滨海新区开工面积516万平方米，比2017年增长115%；远郊各区开工面积1063万平方米，比2017年增长2.3%。竣工方面，中心城区竣工面积537万平方米，比2017年增长19.1%；环城四区竣工面积663万平方米，比2017年下降3.4%；滨海新区竣工面积393万平方米，比2017年增长18.4%；远郊各区竣工面积499万平方米，比2017年下降33.1%。

天津市物业管理协会

【推动行业自律，践行"八大"行动】在行业行政主管部门指导下，天津市物业管理协会完成《天津市物业服务行业自律公约（试行）》起草工作，成立了天津市物业管理协会行业自律委员会。2018年12月协会成功召开物业服务"八大"行动中期推动暨行业自律公约签署大会，5家企业代表交流了开展物业服务"八大"行动的基本做法和取得的效果。会员企业负责人和部分非会员企业近500人现场签署《天津市物业服务行业自律公约（试行）》，向行业和社会公开做出承诺，标志着全行业自律工作迈上新的台阶。

【行业培训交流工作与时俱进】 1.注重专业人才储备，坚持组织物业管理从业人员培训，确保业内人员执业能力稳步提升。开展拟任项目经理培训工作，2018年参培学员达到1100余人。为方便学员，满足企业需求，积极协调落实就近开班的便企措施，先后在宝坻、北辰、大港开班培训，受到行业行政管理部门和物业服务企业的好评和欢迎。

2.开展专业交流培训。结合企业需求，以贯彻落实《天津市特种设备安全条例》为契机，面向全体会员企业举办电梯设备专业化管理与新技术运用交流会。以"增强主体责任意识，加强特种设备安全工作，预防特种设备事故，保障人身和财产安全，促进经济社会可持续发展"为题，全面介绍目前天津市在用电梯基本情况，深入解读《天津市特种设备安全条例》主要条款内涵要求，明确电梯使用管理应注意的事项，进一步增强了物业服务企业依法管理维护电梯设施的责任意识和电梯安全使用意识，对运用新技术促进和提高电梯规范化专业化管护水平有了新的认识和把握。

【为会员提供常态化服务】 1.持续提供法律咨询服务。协同法律咨询委员会每月举办一次"法律咨询日"活动，为企业解答企业自律、企业维权、内部劳动关系、纠纷处置、案件诉讼和疑难案例等方面问题，专委会主任到一线做主讲，认真对待每一个咨询问题，做到有问必答，件件有着落，会员企业坚持依法经营和运用法律维权意识明显增强。

2.丰富会员企业活动。三八妇女节期间分别召开行业女经理、女专家和工作在一线的女员工代表2个座谈会。组织会员企业参加消防安全及应急救援技术装备展览会、市容环卫清洁设备创新产品展示会以及天津市物业管理行业"互联网+"

创新发展论坛等活动,引导企业在跨界交流中找到新的发展机遇和新的增长点,为企业跨界交流发展共赢牵线搭桥。

【发挥宣传主渠道作用】 天津市物业管理协会充分用好《天津物业管理》内刊、协会网站和微信公众号宣传载体,积极营造有利于行业发展的舆论环境。

1. 改版升级内刊《天津物业管理》,版面设计更加注重美观和时尚。结合形势任务每期设立主题鲜明的专栏,把宣传行业行政主管部门提出大力开展物业服务"八大"行动与会员企业响应落实"八大"行动要求的新举措、新实践相结合。《天津物业管理》内刊功能作用得到充分发挥。

2. 加强网站和微信平台使用管理。做好关注度较高的网站公告栏、行业信息、物业园地、会员动态等栏目的信息发布。2018年,网站发布信息514篇,年度浏览量32万余次,日均浏览量883次,访客数量约6.5万人次。微信公众平台年度信息发布184篇。

【加强与兄弟省市协会友好联系】 2018年5月30日,天津市物业管理协会承办五省市物业管理行业友好协会专题研讨会,与北京、上海、重庆、广东物业管理协会就"如何建立政府主导委托协会管理的行业信用体系"进行交流探讨。专题发言各抒己见,相互交流,形成共鸣。

【全覆盖式走访调研】 2018年,天津市物业管理协会对全市16个行政区的物业管理部门进行全覆盖上门走访,征求指导意见和建议,倾听需求帮促发展。经过认真分析、反复研究,形成了6个方面的调研报告,提出的改进和完善性意见建议受到重视,为下一步工作精准用力提供了依据。天津市物业管理协会又开展了深入街道社区上门走访调研工作,相互学习交流社区治理经验做法,充分发挥协会与街道社区各自功能作用,实现共建共赢目标。

第二十一篇
媒体聚焦

宣传报道情况

2018年，天津市住房和城乡建设委员会紧紧围绕深入学习习近平新时代中国特色社会主义思想和十九大精神、贯彻中央和市委的重大决策部署、落实城乡建设重点工作等，开展了有计划、有重点、有深度的宣传报道工作，及时把握宣传导向，结合主题进行分类报道。先后在《天津日报》《今晚报》、天津电视台、天津广播电台、津云、北方网等媒体进行了全面深入报道，共计129篇次，为推进各项工作全面发展营造了良好的舆论氛围。

1. 2018年2月3日

《天津日报》一版：《城市颜值"刷新" 幸福指数"走高"——城建系统建设服务单位走访见闻》。

2. 2018年2月3日

《今晚报》一版：《肿瘤医院地铁站通过交叉重叠隧道群实现同台换乘 探地铁隧道如何"拧麻花"》《地铁5、6号线全部站点公布 6号线南段计划一季度通车试运营》。

3. 2018年2月3日

北方网：《春节前夕天津市建委认真开展"双联"送温暖活动》。

4. 2018年2月16日

《天津日报》一版：《建设者团圆 京津冀相连——京唐城际铁路宝坻南站维修工区项目部春节见闻》。

5. 2018年2月17日

《今晚报》一版：《本市部分特许重点工程民心工程建设春节不停歇 三个工地上的忙碌身影》。

6. 2018年2月19日

《今晚报》一版：《工地夫妻房 让我有了"家"》。

7. 2018年2月20日

《今晚报》一版：《群众满意了 才是好方案》。

8. 2018年2月22日

《天津日报》一版：《弹性供热屋更暖 清洁取暖天更蓝——天津着力提升供热水平增强民众获得感》。

9. 2018年2月22日

《今晚报》二版：《市建委着力研究解决问题 推动民心工程建设起好步》。

10. 2018年2月26日

津云：《天津市建委传达贯彻全市"双万双服促发展"动员会精神：聚焦民愿民盼 改善群众居住环境》。

11. 2018年3月1日

天津电视台《百姓问政》：市建委党委书记宋力威走进电视台直播间，对承担的民心工程向市民承诺。

12. 2018年3月3日

天津电视台：《市建委"双万双服"促发展 民营企业招投标政策"破冰"》。

13. 2018年3月8日

《天津日报》：《房地产开发企业将"守信受益 失信惩戒"》。

14. 2018年3月12日

《天津日报》一版：《宪法修正案表决通过在我市广大干部群众中引起热烈反响 坚决拥护宪法修正案 毫不动摇维护宪法权威》。

15. 2018年3月15日

《天津日报》《今晚报》、天津广播电台、天津电视台、津云、北方网等11家媒体：《我市延长供暖至3月26日24时》。

16. 2018年3月17日

《天津日报》《今晚报》、天津广播电台、天津电视台、津云等媒体：《3月16日开始天津在建1734个项目要全面复工》。

17. 2018年3月31日

《天津日报》一版：《百姓当"考官"公仆写"答卷"——我市各职能部门"一把手"对20项民心工程做出庄严承诺》。

18. 2018年4月4日

津云：《天津市建委开展不作为不担当问题专项治理》。

19. 2018年4月9日

天津电视台《都市报道60分》：《市建委加强招投标管理,确保中心城区老旧小区及远年住房改造工程质量》。

20. 2018年4月17日

津云：《市建委主要领导深入蓟州区帮扶村宣讲扶贫精神》。

21. 2018年4月24日

津云：《天津市建设工程质量安全工作会议召开》。

22. 2018年4月26日

天津电视台《天津新闻》《都市报道60分》：《市建委与和平区举办居民群众协调会,协调推进电台道泵站实施工作》。

23. 2018年5月5日

《今晚报》一版：《把马克思主义运用到新时代伟大实践中》。

24. 2018年5月8日

津云、北方网：《"天津农村危房改造"微信公众号开通》。

25. 2018年5月12日

北方网：《天津市建委深入基层企业开展服务 助推城乡建设高质量发展》。

26. 2018年5月14日

天津电视台大型政论片《不负重托奋力前行——献给习近平总书记视察天津讲话五周年》：《提前并延长供热期,用实打实的获得感,撑起群众的幸福感》。

27. 2018年5月15日

北方网、《城市快报》：《天津市建委推出六项举措 简化优化招标投标流程》。

28. 2018年5月18日

《天津日报》：《老旧小区海绵城市改造试点启动》。

29. 2018年5月28日

天津电视台《天津新闻》：《市建委组织供热部门着力完善睦南道87号供暖工程方案》。

30. 2018年5月29日

《天津日报》一版：《市建委贯彻落实"三个着力"重要要求 以"钉钉子"精神建设"美丽天津"》。

31. 2018年6月4日

《今晚报》一版：《12319城建热线服务中心大兴学习调研亲民尚能之风 亲民热线 一拨就通一打就灵》。

32. 2018年6月4日

《今晚报》二版：《市建委今起开展安

全生产排查整治行动 严防建设领域安全事故发生》。

33. 2018年6月5日

《今晚报》一版：《高温橙色预警 本市下发通知 露天高空作业错时错峰》。

34. 2018年6月6日

《天津日报》一版：《认认真真办实事 实实在在解难题——市建委深入基层企业助推高质量发展》。

35. 2018年6月9日

天津电视台《天津新闻》：《坚持以人民为中心的发展思想，改善郊区农村居住条件，小康路上不落一人》。

36. 2018年6月14日

央广网：《打好污染防治攻坚战 天津积极推进污水处理项目建设》。

37. 2018年6月14日

《天津日报》：《亚洲最大半地下式污水处理厂启建》。

38. 2018年6月18日

《今晚报》一版：《5座污水处理厂提标改造》。

39. 2018年6月23日

天津电视台：《百姓问政》。

40. 2018年6月24日

《今晚报》：《12319城建热线服务中心党支部为群众办实事解急难 一根电话线 一座连心桥》。

41. 2018年6月26日

天津电视台：《敢作为 勇担当 特事特办 加速民心工程配套》。

42. 2018年7月1日

津云：《一条得民意的连心线》。

43. 2018年7月9日

天津电台《天津新闻》：《市建委在"双万双服促发展"活动中，坚持"产业第一，企业家老大"理念，优化建设项目招投标环节，以政策创新破冰，提升建设效率，为全市经济社会发展服好务》。

44. 2018年7月10日

天津电视台《天津新闻》：《市建委在工程项目审批环节做减法，在服务过程中做加法，围绕提速为企业赢得时间，缩短成本，为推动建设项目快速投入建设运营创造良好条件》。

45. 2018年7月14日

《今晚报》《民生之问》栏目关注老旧小区加装电梯，以《本市加装电梯进展如何存在哪些瓶颈难题》为题，对我委标准设计处编制《天津市既有住宅加装电梯设计导则》情况进行解答。

46. 2018年7月17日

北方网：《天津市建委精准发力整改 深入推进不作为不担当问题专项治理》。

47. 2018年7月18日

《天津日报》：《市建委全域"创文" 提高群众获得感幸福感安全感 价值引领 改善环境 惠民利民》。

48. 2018年7月19日

天津电视台：《百姓问政》。

49. 2018年7月27日

《天津日报》、北方网、《每日新报》：《中石油桥下陈塘铁路卡口通车》。

50. 2018年7月27日

《每日新报》：《供热旧管网改造9月底完成 燃气旧管网改造10月底完成百余小区 今冬"双气"更好使》。

51. 2018年7月27日

《城市快报》：《2018年民心工程建设领域工程项目进展顺利》。

52. 2018年7月27日

津云：《大雨下后不看海 今年天津40个老小区进行"海绵城市"改造》。

53. 2018年7月28日

《天津日报》：《通过暴雨考验 基本未出现内涝积水 居民"点赞"老旧小区海

绵改造》。

54. 2018 年 7 月 30 日

《天津日报》:《今年公共建筑节能改造任务开工近半》。

55. 2018 年 7 月 30 日

《中老年时报》:《多项民心工程迎"年中考"卡口道路、供热老旧管网改造等项目进展顺利》。

56. 2018 年 7 月 30 日

《今晚报》一版:《6 处卡口道路改造年内完工 中石油桥下陈塘铁路卡口通车》。

57. 2018 年 7 月 30 日

《今晚报》二版:《本市供热、燃气旧管网改造 9 月底、10 月底相继完工 让冬天家更暖 让做饭火更足》。

58. 2018 年 7 月 30 日

《每日新报》:《本市今年改造 5000 户农村危房 打造成"津派"农村特色民居》。

59. 2018 年 7 月 30 日

《每日新报》:《中石油桥下陈塘铁路卡口完成改造 5 米变 10 米解决混行老问题 6 处"嗓子眼儿"道路年内全通畅》。

60. 2018 年 7 月 31 日

《每日新报》:《至 2020 年 500 万平方米公共建筑"变"节能 170 万平方米年内完成》。

61. 2018 年 7 月 31 日

《今晚报》一版:《本市老旧小区海绵城市改造试点效果显现 年内改建 40 个海绵小区》。

62. 2018 年 7 月 31 日

天津电视台《天津新闻》:《天津:改进施工方式 燃气改造完成过半》。

63. 2018 年 8 月 2 日

天津电视台《天津新闻》:《直面问题 民心工程暖人心》。

64. 2018 年 8 月 7 日

《城市快报》:《海绵城市改造试点 老小区初过"暴雨关"》。

65. 2018 年 8 月 8 日

津云:《天津农村危房改造进入攻坚阶段:让每一个贫困户都住上暖心房》。

66. 2018 年 8 月 10 日

《天津日报》一版:《"计划工作一刻也不能打盹"——记市建委综合计划处(建设金融处)处长王士敏》。

67. 2018 年 8 月 10 日

《今晚报》一版:《市建委综合计划处处长王士敏,急群众和企业之所急,拓宽工作思路——敢于担当解难题》。

68. 2018 年 8 月 11 日

《天津日报》二版:《书写人生华章 建设美丽天津——我市党员干部群众学习王继才同志先进事迹热潮持续高涨》。

69. 2018 年 8 月 11 日

《今晚报》六版:《加快泵站建设 强化配套管网》。

70. 2018 年 8 月 13 日

《今晚报》一版:《5 年已有 2 万余户困难农户住上新房 今年将再添 5000 户农村危房改造提高补助标准》。

71. 2018 年 8 月 14 日

天津电视台《天津新闻》:《以党建促服务 架起"连心线"》。

72. 2018 年 8 月 20 日

《天津日报》:《我市健全农民工工资支付监控制度 施工单位须设立工资预储账户》。

73. 2018 年 8 月 24 日

津云:《暴雨不积水、盖房子像搭积木 未来天津的城市建设将是这样》。

74. 2018 年 9 月 2 日

天津电视台《天津新闻》:《40 个老旧小区年内完成海绵城市试点改造,解决积水、污水跑冒等问题》。

75. 2018年9月13日

天津电视台《第一观察》：我委加强建设工地扬尘管控的措施。

76. 2018年9月14日

《今晚报》：《天津既有住宅加装电梯设计导则10月实施 三种方案可选》。

77. 2018年9月15日

天津电视台：《天津：主次贯通 完善道路微循环》。

78. 2018年9月25日

《天津工人报》：《援疆一线视频传祝福》。

79. 2018年9月28日

津云：《天津建筑业职业技能大赛决赛举行 152名技术能手实战比拼》。

80. 2018年9月29日

北方网：《天津市第七届建筑业职业技能大赛决赛侧记：新时代新技术新工匠》。

81. 2018年9月30日

天津政务网：工程建设项目如何优化审批流程、精简审批事项、转变管理方式。

82. 2018年10月4日

《今晚报》一版：《本市启动城市修补老旧小区更新改造试点，两个片区先行——精修细补 让城市更宜居》。

83、2018年10月5日

津云：《天津干部援疆：扶贫扶智共行 民丰县成首个脱贫县》。

84. 2018年10月7日

《今晚报》一版：《国庆节前援疆干部刘建伟回津，忙着民族团结周活动准备工作——一位援疆干部的繁忙假期》

85. 2018年10月8日

《今晚报》一版：《本市发布改革试点实施方案 工程项目审批时间年底减半》。

86. 2018年10月10日

天津电视台新闻频道在《第一观察》栏目，对市建委推进全市供热管网改造、五大道地区散户补热、供热系统干部职工加强管网维护为新供热季平稳运行做好准备的情况进行了报道。

87. 2018年10月12日

《天津日报》二版：《件件有回音 件件有效果——市建委工作组服务南开区纪实》。

88. 2018年10月12日

《天津工人报》：《津门"好巴郎"南疆撒大爱》。

89. 2018年10月17日

津云：《天津供热季即将到来 11月1日具备供热条件》。

90. 2018年10月18日

《天津日报》：《市领导检查部署供热和燃气安全工作》。

91. 2018年10月18日

《天津日报》：《全市供热单位进入临战状态》。

92. 2018年10月18日

《今晚报》：《本市供热进入临战状态 月底完成各项准备工作 11月1日前具备供热条件》。

93. 2018年10月23日

津云、北方网：《天津推进工程建设项目审批制度改革 项目审批时间压减一半以上》。

94. 2018年10月25日

天津广播电台《行风坐标》：介绍今冬供热工作准备情况，解读相关政策和服务举措，解答市民群众的来电咨询。

95. 2018年10月25日

天津电视台《百姓问政》：地铁建设情况。

96. 2018年10月27日

津云：《定了！津城11月1日零时起正式供热》。

97. 2018年10月28日

《天津日报》一版:《我市推进工程建设项目审批制度改革,今年年底前工程项目审批时间压减一半以上》。

98. 2018年10月31日

天津电视台:《天津:全力以赴 把温暖送到千家万户》。

99. 2018年10月31日

津云:《本市供暖提前启动:温暖的背后》。

100. 2018年11月1日

天津政务网:介绍今冬供热管网改造、供暖期安排、保障服务工作。

101. 2018年11月1日

天津广播电台《行风坐标》:介绍今冬供热有关情况。

102. 2018年11月1日

《今晚报》一版:《集中供暖供热首日,您家暖和了吗》。

103. 2018年11月1日

津云:《[本市供暖提前启动]津云实录:暖了？暖了！或曰,微暖！》。

104. 2018年11月2日

天津广播电台:《供暖第一天 供热部门多措并举确保供热稳定》。

105. 2018年11月2日

天津电视台《第一观察》:今冬供热启动情况。

106. 2018年11月5日

《中国建设报》一版:《天津工程项目审批时间压减一半以上》。

107. 2018年11月6日

津云:《天津11月1日提前启动供热,听听市民都说啥》。

108. 2018年11月7日

天津广播电台《公仆走进直播间》:全市供热情况。

109. 2018年11月13日

《今晚报》:《家里暖气仍感觉不热咋办 申请测温 注意这些细节》。

110. 2018年11月14日

天津电视台《天津新闻》:《应对重污染天气 天津启动Ⅲ级应急响应》。

111. 2018年11月15日

天津广播电台《天津新闻》《天津早晨》:供热以来各有关部门保障供热稳定运行的措施。

112. 2018年11月22日

天津政务网:《市住建委召开机构改革动员部署会议》。

113. 2018年11月25日

《天津日报》一版:《双万双服促发展 市建委创新管理制度打通市政项目开工"堵点"》。

114. 2018年11月25日

《今晚报》一版:《本市6处卡口改造和5条配套道路新建改造陆续完工 打通"微循环"出行更顺畅》。

115. 2018年11月29日

天津电视台《第一观察》:回顾启动供热一个月来,全市城乡集中供热情况。

116. 2018年12月3日

天津电视台《都市报道60分》:对建成道路两侧路灯产权及后续管理问题进行报道。

117. 2018年12月4日

津云:《深入基层 问需企业 天津住建委着力为企业解决难题》。

118. 2018年12月6日

《今晚报》:《市住建委做好服务助企业解决实际问题 件件有回音 件件有效果》。

119. 2018年12月7日

《天津日报》:《全市党员干部热议人工智能 人工智能知识教育普及活动持续引发反响》。

120. 2018年12月7日

津云:《天津加快工程建设审批制度改革 涉水审批办理时限少于法定时限40%》

121. 2018年12月15日

津云:《天津生态环境局精简审批事项 8个行业37个类别项目免于环评管理》。

122. 2018年12月20日

《天津日报》:《奋力书写天津高质量发展新篇章——习近平总书记在庆祝改革开放40周年大会上的重要讲话引起我市党员干部群众热烈反响》。

123. 2018年12月21日

《天津日报》:《我市首批60幢历史风貌建筑整理完毕 小洋楼招商 风景这边独好》。

124. 2018年12月26日

津云:《解民忧、暖民心 "我要稳稳的幸福"》

125. 2018年12月29日

津云:《多年"瓶颈路"变通途 天津6处卡口工程全部完工》。

126. 2018年12月29日

津云:《告别"蜗居"搬进新楼房 108万平米棚户区改造圆百姓安居梦》。

127. 2018年12月29日

天津广播电台:棚户区改造工作专题报道。

128. 2018年12月31日

天津广播电台《公仆走进直播间——委办局长访谈》特别节目:介绍棚户区改造、地铁建设、海绵城市建设等工作的进展和成效。

129. 2018年12月31日

津云:《五座污水处理厂升级改造 地铁已批复项目2023年完工》。

第二十二篇

大事记

2018年天津市城乡建设大事记

2月

2月7日，市建委组织召开2018年全市建设工程招投标第一次工作会议。

2月8日，市国土房管局召开2018年国土资源和房屋管理工作会议暨党委扩大会议。

2月23日，《天津市绿色建筑管理规定》（津政发〔2018〕2号）、《天津市既有建筑玻璃幕墙使用维护管理办法》（津政发〔2018〕4号）经2018年市人民政府第3次常务会议通过，自2018年5月1日起施行。

2月28日，召开2018年天津市城市建设管理工作会议。

3月

3月7日，市建委与中国人民银行天津分行共同签署《关于开展天津市房地产开发企业信用体系建设合作备忘录》，在全国房地产开发行业率先开创了建设行政主管部门与中国人民银行共同合作、服务企业的新篇章。

3月13日，《基坑工程地下水回灌规程》通过专家审查，自2018年5月1日起实施。该规程为全国第一部基坑工程地下水回灌规程，规范了基坑地下水回灌工程中勘察、设计、施工、运行等各个环节，对基坑地下水回灌技术的应用和推广具有重要意义。

3月14日，市建委发布《关于修订印发〈天津市建筑市场主体信用奖惩办法〉的通知》（津建发〔2018〕2号），进一步完善守信激励、失信惩戒的奖惩机制，促进建筑市场主体诚信自律，强化建筑市场主体信用约束。

3月16日，金湘军副市长到市国土房管局调研指导工作，听取国土资源和房屋管理工作情况的汇报，对2018年国土房管工作提出明确要求。全体局领导出席会议，局有关部门负责同志参加会议。

3月23日，金湘军副市长现场查看南开区老旧小区、河西区棚户区改造情况，并召开中心城区棚户区改造、老旧小区及远年住房改造工作推动会。市国土房管局等部门、相关区政府负责同志参加会议。

4月

4月16日,市建委党委书记、主任宋力威在上仓镇宣讲习近平总书记精准扶贫攻坚重要讲话精神。

4月24日,市建委召开2018年建设工程质量安全工作会议。

4月24日,下发《市建委印发〈天津市既有公共建筑节能改造项目奖补办法(暂行)〉的通知》(津建发〔2018〕3号),进一步推进公共建筑节能改造工作,规范既有公共建筑节能改造奖补资金管理。

4月26日,天津地铁6号线一期工程南段水上公园东路站至梅林路站开通试运营,标志着6号线一期工程实现贯通运营。

5月

5月14日下午,中国燃气控股有限公司(以下简称"中燃集团")与天津市人民政府战略合作协议签约仪式在天津迎宾馆隆重举行。双方将在天津市LPG产业链、LNG储备、分布式能源、合同能源管理、集中供热、农村煤改气、天然气高压管网等领域进行合作。

5月28日,天津市第十七届人民代表大会常务委员会第三次会议审议通过《关于修改〈天津市物业管理条例〉的决定》,自公布之日起施行。

6月

6月1日,《天津市人民政府办公厅关于进一步做好我市房地产市场调控工作的通知》(津政办发〔2018〕14号)印发实施。

6月14日,"天津市建设领域科技专家管理系统"顺利通过验收。系统正式运行后,将进一步保证专家选取工作的客观性、严肃性、公正性,充分发挥天津市建设领域科技专家团队的引领作用,对促进建设行业绿色发展具有重要保障意义。

6月20日,红桥区棚户区改造专项债券(一期)通过财政部上海证券交易所政府债券发行系统成功发行,标志着自财政部、住房城乡建设部3月1日联合印发《关于印发〈试点发行地方政府棚户区改造专项债券管理办法〉的通知》(财预〔2018〕28号)以来,全国首单棚改专项债正式落地。

6月26日,市建委与市公安局、市人社局联合召开会议,对在天津市建设工程推广农民工"实名盾"工作进行部署。

7月

7月25日,天津市召开海绵城市建设工作领导小组会议。

7月25日,金湘军副市长主持召开市政交通基础设施指挥部第一次工作例会。指挥部各成员单位、16个区负责同志参加会议。

7月30日,金湘军副市长调研指导历史风貌建筑保护工作,现场考察老城博物馆、静园、庆王府、山益里等历史风貌建筑以及老城厢、五大道等历史文化街区。市国土房管局等部门负责同志参加调研。

8月

8月2日，由天津市建委主办，北京市住建委、河北省住建厅在天津市施工队伍管理站召开了京津冀建筑市场管理工作一体化研讨会。

9月

9月20日，《天津市工程建设项目审批制度改革试点实施方案》（津政发〔2018〕22号）印发，由市建委牵头开展全市建设项目审批制度改革，全面落实工程建设项目审批制度改革试点任务，深入推进"一制三化"改革。

9月27日，市委常委、市委政法委书记、法治天津建设领导小组副组长赵飞同志率法治天津建设领导小组第一督察组对建委系统《宪法》学习宣传实施和"七五"普法中期工作进行专项督察。

9月28日，由市建委、市人力资源和社会保障局、市总工会和团市委联合主办的天津市第七届建筑业职业技能大赛市级决赛在天津市建筑工程学校隆重举行。

9月28日，市国土房管局等十一部门印发关于开展打击侵害群众利益违法违规行为整顿房地产市场秩序专项行动的通知。

9月30日，市政府印发《天津市公共租赁住房管理办法》（津政发〔2018〕24号），自2018年10月1日起施行。

10月

10月11日，金湘军副市长检查南开区棚户区改造情况并召开现场推动会。市国土房管局等部门、相关区政府负责同志参加会议。

10月17日，召开2018年供热工作暨燃气安全动员会，全面部署今冬供热和燃气安全工作，全力以赴确保人民群众安全温暖过冬。金湘军副市长出席会议并讲话。

10月22日，天津地铁5号线丹河北道站至中医一附院站开通试运营，标志着天津市轨道交通"O"形网络正式形成。

10月24日，金湘军副市长现场察看和平区小洋楼，并在市国土房管局召开会议，研究部署小洋楼招商引企工作。

10月31日，天津市供热应急与能耗监测管理平台（三期）上线运行。

11月

11月2日，市建委、市财政局、市国土房管局、市规划局联合印发《关于加快推进被动式超低能耗建筑发展的实施意见》（津建科〔2018〕535号），推进绿色建筑高质量发展。

11月27日，新组建的天津市住房和城乡建设委员会挂牌。根据《天津市机构改革方案》，将原天津市城乡建设委员会的职责、原天津市国土资源和房屋管理局的房屋管理职责整合，组建天津市住房和城乡建设委员会，作为市政府组成部门。

12月

12月3日,地铁1号线东延线双林站、李楼站开通试运营,天津市轨道交通运营里程达到220千米。

12月10日,《京津冀城市地下综合管廊消耗量定额》编制完成,"京津冀工程造价信息共享·天津"上线运行,京津冀计价体系一体化工作稳步推进。

12月30日,市委办公厅、市政府办公厅印发《市住房和城乡建设委职能配置、内设机构和人员编制规定》。